沃州叢話
보배섬 진도설화

3

[설화조사위원(가나다 순)]
김명선
김현숙
박영관
박정석
박주언
윤홍기

[설화 정리 및 편집]
사단법인 남도학연구소

沃州叢話
보배섬 진도설화 3
임회면, 지산면, 조도면, 부록

ⓒ 진도문화원, 2018

2018년 6월 4일 초판 1쇄 인쇄
2018년 6월 11일 초판 1쇄 발행

지은이 진도문화원
펴낸이 박해진
펴낸곳 도서출판 학고재
등록 2013년 6월 18일 제2013-000186호
주소 04168 서울시 마포구 새창로 7, SNU장학빌딩 17층
전화 02-745-1722(편집) 070-7404-2810(마케팅)
팩스 02-3210-2775
이메일 hakgojae@gmail.com
ISBN 978-89-5625-373-2

*이 책은 저작권법에 의해 보호받는 저작물입니다.
*수록된 글과 이미지를 사용하고자 할 때에는 반드시 저작권자와 도서출판 학고재의 서면 허락을 받아야 합니다.
*잘못된 책은 구입한 곳에서 바꿔드립니다.

沃州叢話
보배섬 진도설화

3

학고재

[일러두기]

1. 읍면별 설화 수록 순서는 진도군 행정 체재를 따름
2. 설화 원문은 가급적 구술한 발음을 그대로 표기하되, 이해하기 어려운 방언은 ( )에 설명을 넣음
3. 구연 도중에 이야기 구성상 필요한 조사자와 청중의 말은 ( )로 표기함. 생략된 말, 제보자의 구연 동작이나 구연 상황은 [ ]로 표기함
4. 제보자가 구연한 설화 내용이 대화체 형식이면 " ", 강조하는 문구이면 ' '로 정리함
5. 설화 원문에 등장하는 이름을 밝힐 수 없는 경우에 '이○○'와 같이 표시함
6. 설화의 내용을 이해하기 쉽도록 설화의 줄거리를 별도로 정리함
7. 각각의 설화에는 자료코드, 조사장소, 조사일시, 조사자, 제보자 등의 정보가 포함되어 있는데, 이 가운데 자료코드는 다음의 기준에 준해 정리함

    자료코드: 진도군 우편번호_설화 구분_조사년월일_조사마을_제보자_001
    예)589_FOTA_20170420_SDR_PJS_001

    -진도군 우편번호: 589
    -설화구분: FOTA 또는 MONA
      *FOTA는 folktale의 약자로 구전설화, MONA는 modern narration의 약자로 근현대 경험담
    -조사년월일: 20170420의 순으로 표기함
    -조사마을과 제보자는 영문 이니셜로 표기함

목 차

■ 진도 설화를 발간하며…　　006
■ 진도의 특별한 이야기　　010

1. 진도읍 설화
2. 군내면 설화
3. 고군면 설화
4. 의신면 설화
5. 임회면 설화　　013
6. 지산면 설화　　293
7. 조도면 설화　　419

■ 설화 조사를 마치며…　　562
■ 부록-진도 설화 유형별 목록　　571

진도 설화를 발간하며…

 한반도 최서남단에 위치한 보배의 땅 진도는 명량의 세찬 물살과 신비의 바닷길, 첨찰산 상록수림, 그리고 다도해 해상국립공원이 절경을 이룬 명승처이다. 아울러 섬이면서도 드넓은 들판과 비옥한 갯벌이 풍요를 이루며, 예로부터 시서화가 뛰어나고 진도아리랑, 강강술래가 흥겨운 민속문화예술의 보고로 널리 알려져 왔다.
 역사적으로 고려 때에는 세계를 제패한 몽골제국에 항거하여 삼별초군이 또 하나의 고려 해상왕국을 이곳에 세웠으나, 여몽연합군에 패배하여 웅지를 꺾어야 했다. 또, 왜구의 침략으로 섬을 비우고 영암과 해남을 전전하며 살아야 했던 유랑의 시대도 있었다.
 조선조 정유재란 때에는 충무공 이순신 장군이 향민들과 더불어 사즉생(死則生)의 결의로 세계 해전사에 빛나는 명량대첩을 이룬 전쟁의 중심에 우리 고장 진도가 있었다. 또한 서울에서 멀리 떨어진 변방의 섬으로 노수신, 이덕리, 김이익, 정만조 등 대학자와 선비들이 길게는 20여 년이 넘는 시간을 살다간 유배의 땅이었으며, 온 섬에 말떼들이 들을 덮는 국영목장이기도 하였다.

이러한 자연과 역사적 배경 속에서 선비문화와 토속문화가 어우러진 진도 특유의 문화유산이 생성되었고, 역사와 인물, 마을과 지명, 권선징악과 희로애락, 자연과 풍수에 얽힌 수많은 이야기들이 전해 내려오고 있다.

우리 고장 설화 가운데 조선조 중기 김몽규가 『옥주지』에 쓴 '강도(糠島)의 전설'이 있다. '옛날 인진도(因珍島)가 아직 행정구역을 정하지 않았을 때에 무안과 나주가 다투다가 대바구니에 등겨를 담고 각각 고을 이름을 써서 바다에 띄워 놓았다. 무안의 대바구니는 정처 없이 떠돌아 어디론지 가버리고, 나주의 대바구니는 조수에 따라 떠다니다가 진도군 임회면 연동리 이름 없는 섬에 닿게 되어서 도착한 작은 섬을 강도(糠島)라 부르게 되었다. 이에 따라 진도는 나주군 관할이 되었으며 이로부터 진도를 '바구니섬'이라 부르게 되었다.'는 이야기 이다.

진도의 구비문학은 1980년 전남대 지춘상 교수가 한국정신문화연구원에서 실시한 구비자료조사에 참여하여 『한국구비문학대계 진도군편』을 출간하였고, 김정호 전 진도문화원장이 『전남의 전설』에서 진도군의 구비설화 자료를 수합하였다. 이외에도 『진도군지』와 『옥주의 얼』, 그리고 진도문화원에서 발간하는 『진도문화』, 『예향진도』와 박주언씨가 발행한 『계간 진도 사람들』에도 실려 있다.

　이번 설화 조사 사업은 진도에서 살아온 사람들의 이야기를 찾아 구술한 내용을 영상 촬영하여 디지털로 아카이빙하고 이를 채록하고 정리하여 책자로 발간하는 것이다. 수집된 설화에는 조상들의 숨결이 담겨 있을 뿐 아니라 진도 사람들의 웃음과 눈물, 역경을 헤쳐온 삶의 지혜들이 켜켜이 쌓여 있었다. 구술한 영상을 보거나 설화를 읽는 사람들은 시간과 공간을 넘나들며 과거와 현재가 조율함을 경험하게 될 것이다.

　이번 사업을 통해 750여 편의 설화가 수집 채록되는 값진 성과를 이룩했지만 아직도 수많은 이야기가 군민들 사이에서 회자되고 새로운 이야기로 변화하고 재창조되고 있음을 간과해서는 안 될 것이다. 이에 따라 진도문화원에서는 앞으로도 조상들의 얼이 서린 설화 수집을 위해 지속적인 노력을 기울여나가고자 한다. 선인들의 삶이 흠뻑 담겨진 설화들을 문화콘텐츠의 씨앗으로 삼아 스토리가 있는 문화관광자원으로 새롭게 싹을 틔

워야 하겠다.

  그동안 애써 구술해 주신 어르신들의 노고에 진심으로 감사드리며 자료수집에 열정을 가지고 채록해 주신 김명선, 김현숙, 박영관, 박주언, 윤홍기 조사위원 여러분의 정성에 감사드린다. 아울러 이를 정리하고 편집해 주신 남도학연구소 서해숙 대표, 이옥희 박사, 홍은숙, 김미라, 김영미 연구원과 사업을 총괄한 서만석 사무국장의 노고에 감사드린다.

  특히 설화사업을 추진할 수 있도록 물심양면으로 도움을 주신 전라남도와 진도군, 진도군의회에 경의와 감사를 드린다.

2018년 3월
진도문화원장 박 정 석

진도의 특별한 이야기

묵향(墨鄕) 설화
진도는 묵향의 깊이가 남다른 지역이다. 소치 허련, 미산 허형, 소전 손재형 등 남종화와 서예의 대가들에 관한 이야기와, 서당, 서재, 학행비, 학계 등 학문에 관한 설화들이 다수 전하고 있다.

율향(律鄕) 설화
진도 사람들의 음악적 재능과 소리에 대한 사랑은 자타가 공인할 만큼 특별하다. 민요, 판소리, 대금 등에 관한 이야기들이 풍부하게 넘쳐난다. 박종기 대금, 강강술래, 진도아리랑, 엿타령, 섬타령, 닻배노래 등 음악과 민요에 관한 이야기들이 다수 전하고 있다.

예향(藝鄕) 설화
율향 만으로는 충분히 담아낼 수 없는 예향 진도의 면모를 담은 이야기들이 다채롭게 펼쳐진다. 노래 외에도 영화, 창극, 포장극단, 씻김굿, 풍물 등 진도의 예능에 관한 이야기들이 다수 전하고 있다.

소전박물관

의향(義鄕) 설화
나라가 위기에 처했을 때, 정의가 필요할 때 물러서지 않았던 진도 사람들에 관한 이야기가 여러 편 전하고 있다. 삼별초, 임진왜란, 한국전쟁, 5·18 등에 관한 이야기이다.

해향(海鄕) 설화
진도의 바다에서 생산되는 해조류와 어패류에 대한 다양한 이야기와 섬 사람들의 웃음과 눈물이 깃든 설화들이 셀 수 없이 많다. 진도김, 진도미역, 꽃게파시, 삼치파시, 고기잡이, 그물, 김 양식, 전복 양식, 어류 양식, 해조류로 만든 음식, 고기잡이 떠난 남편 기다리는 삶 등에 관한 이야기들이 다수 전하고 있다.

울돌목

5 임회면 설화

임회면 개관

임회면은 본 도의 서남부에 위치하고 있으며 면의 동쪽은 의신면, 서쪽은 지산면, 북쪽은 진도읍에 접하고, 남쪽은 남해에 닿아있다. 여귀산을 제외하고는 한복산, 백야산 등 300m 이하의 구릉성 산지가 대부분을 이루고 있다. 이들 산지에서 발원하는 석교천, 고방천, 백동천 등의 하천 연안에는 소규모 평야가 분포하고 있다. 남쪽은 남해와 닿아있다. 남쪽 바다에는 죽도, 사자도, 신도 등 11개의 섬들이 산재한다.

선사시대 유물인 고인돌이 석교리, 용호리, 삼막리 일대에 산재되어 있어 이 시기에도 많은 사람들이 거주한 것으로 보인다. 백제시대에는 매구리현(買仇里縣)에 속했다. 매구리현 치소는 진도현 남쪽 25리로 기록되고 있는데 곧 임회면 봉상리이다. 삼국통일 후 지방행정제도 개편으로 경덕왕 16년(757) 첨탐현(瞻耽縣)으로 바뀌어 뇌산군(牢山郡)의 영현이 되었다. 고려 태조 23년(940)에 첨탐현을 임회현(臨淮縣)으로 개칭하였고 현종 9년(1018)에 진도군에 병합되었다. 세종 28년(1446)에 '여귀산목장'이라는 기록이 보이고 영조 37년(1761)에 간행된 『옥주지』에 상만리, 중만리를 마방이라고 표시하고 있어 당시에 이 일대가 목장이었음을 알 수 있다. 조선 고종 26년(1889)에 임회면이 임일면(臨一面)과 임이면(臨二面)으로 분리되었다. 고종 32년(1895)에 목장면(牧場面) 소관 석교리와 연동리를 임이면으로 이관하였다. 구한말 임일면 관할리는 14개리로 염장, 선항, 하미, 중미, 상미, 호구, 용산, 도장, 길우, 고산, 매정, 폐동, 사동, 죽림이며 임이면 관할리는 18개리로 하석, 고방, 봉상, 송정, 송월, 중만, 상만, 귀성, 탑립, 신동, 굴포, 남선, 남도, 서망, 팽목, 연동, 백야, 만세이다. 1914년 행정구역 개편에 따라 임일면 임이면을 임회면으로 통합한다. 당시 임회면 관할리는 명슬리(상미, 중미), 삼막리(선항, 하미), 염장리(염장, 칠전리 각 일부), 용호리(호구, 용산, 도장), 고정리(길우, 고산, 매정), 사령리(폐동, 사동), 죽림리(죽림, 탑립, 강계), 상만리(귀성,

상만, 중만), 봉상리(송월, 송정, 봉상), 석교리(하석, 고방), 백동리(백야, 만세, 신동), 굴포리(굴포, 남선), 신동리(남도, 서망), 연동리(팽목, 연동)이다.

1921년 임회면 장구포제방이 준공되었다. 1986년 석교리에서 고방리와 구분실리를 각각 분리하였다. 1987년 임회면 염장리가 진도읍으로 편입되었고 1992년 죽림리에서 동헌리가 분리되었다.

교통은 동쪽과 북동쪽은 의신면, 북쪽은 진도읍, 북서쪽과 서쪽은 지산면과 각각 접하고 있다. 북쪽의 진도읍에서 이어진 18번 국도가 임회면의 서쪽과 남쪽을 지나 의신면으로 이어져 있다. 18번 국도에서 갈라진 2차선 도로와 소형 차로가 각 마을까지 연결되어 있다. 항만 시설로는 팽목항이 진도항으로 연안항이 되고 1종어항인 서망항과 2종어항인 굴포항이 있다.

명승 및 문화유적으로는 남도국립국악원, 장전미술관, 상만비자나무, 상만오층석탑, 남도진성, 쌍운교·단운교, 석교리백목련, 삼막리·용호리·석교리·연동리 등의 고인돌군, 상만사지, 여귀산봉수, 오봉산, 굴포연대, 죽림사지 등이 있다. 서남부일대는 다도해상 국립공원에 속한다.

〈참고문헌〉
『진도군지』(진도군지편찬위원회, 2007)

임회면

조사마을

임회면 고정리 매정마을

임회면 매정마을 전경

매정리(매정마을)는 임회면 고정리에 속하는 행정리이다. 마을 앞에 매화나무가 많았으며 바닷물이 매화나무 있는 곳까지 닿는다 하여 '매착개(梅着浦)'로 불리다가 '매차개'로 변했다. 그 후 매화나무 옆에 정자를 지었다 하여 매정리(梅亭里)라 부르게 되었다. 1500년 경 경주이씨 이제현의 10대손인 이순의 셋째 아들이 전라남도 장성군 삼계면에서 매정리로 옮겨와 살면서 마을이 형성되었다. 1914년 행정구역 개편에 따라 길우리, 고산리와 함께 고정리로 병합하여 임회면에 편입되었다.

매정리는 100m 내외의 저산성 산지 서사면에 입지하고 있는데, 북서쪽에 넓은 농경지가 위치하며 석교천이 농경지를 통과하여 흐른다. 동북쪽은 고산리와 접하고 있으며, 서북쪽은 석교천을 경계로 지산면과 접하고 있다. 그리고 매정리는 임회면 북서쪽 18번 국도변에 위치한다.

주민들의 주요 소득원은 쌀, 보리, 구기자이다. 마을 전면에 발달한 석교천 범

람원과 배후습지를 간척하여 농경지로 이용하고 있다. 마을 조직으로 동계, 상조계, 저축계가 있다. 유물유적으로는 경주이씨 문중의 사우인 대등사(大嶝祠)와 열부 밀양박씨 지묘(1944)가 있다.

2017년 12월 현재 32세대에서 51명의 주민이 살고 있다. 주요 성씨는 경주이씨, 김해김씨, 밀양박씨 등이며, 경주이씨 익재공파 21대손이 거주하고 있다.

임회면 굴포리 남선마을

임회면 남선마을 전경

남선리(남선마을)는 임회면 굴포리에 속하는 행정리이다. 본디 남도만호진 소속 마을이었는데, 1896년 굴포리에서 분리되었고, 임회면의 남단에 위치하고 있으며 해안 경관이 수려하여 가히 신선이 노닐만하다 하여 붙여진 이름이라고 한다. 또한 도를 닦는 절이 있어 '절골'이라 부르는데, '쩍골'로 불리기도 한다. 1800년경 밀양박씨가 처음으로 들어왔으며, 1850년경 김해김씨가 옮겨와 살면서 마을이 형성되었다. 이후 1896년 굴포리에서 분리되었다가 1914년 행정구역 개편에 따라 다시 굴포리로 병합하여 임회면에 편입되었다.

자연지리적으로 질매봉(258m)-상골재(152m)-소산(154m)으로 이어지는 산릉 북동쪽 완경사면에 입지한다. 남선리 뒤쪽의 완경사면은 밭이며, 전면의 간척지는 논으로 이용되고 있다. 남선리 서쪽으로는 남선제(南仙堤)가 위치한다. 일설에 의하면 배후산지인 월출산에 사람의 모습과 똑같이 생긴 바위가 있었는데, 이 바위로 인하여 남선리에 쌍둥이가 많이 생긴다 하여 1910년경 남선리 사람들이 바위를 깨트려 버렸다고 한다.

남선리는 임회면 남쪽 18번 국도변에 위치하는데, 서쪽은 굴포리, 북쪽은 백동리와 각각 접하고 있다. 18번 국도에서 갈라진 2차선 도로가 남선리까지 연결되어 있다.

2017년 12월 현재 총 75세대에서 122명의 주민이 살고 있다. 주요 성씨는 밀양박씨 김해김씨 진주강씨 등인데, 밀양박씨는 현재 6대째에 이르고 있으며, 김해김씨는 5대째에 이르고 있다. 주민들의 주요 소득원은 쌀과 외대파이다. 마을 조직으로는 운상계, 동계, 부녀계가 있고, 유물유적으로 절부 밀양박씨 기념비(1955)가 있다.

임회면 굴포리 번답마을

임회면 번답마을 전경

번답마을은 임회면 굴포리 남선마을에 속한 자연마을이다. 남선마을에서 50m 떨어진 곳에 위치하고 있으며, 2017년 12월 현재 11호에서 21명이 사는 작은 마을이다.

임회면 명슬리 상미마을

상미리(상미마을)는 임회면 명슬리에 속하는 행정리이다. 예전에 명슬리는 매시리 매스레로 불리다가다. 후에 '매'가 '미'로 변하였고, 미시리의 위쪽에 위치한다 하여 상미리(上彌里)라 부르게 되었다. 1400년경 방씨가 처음 들어왔다고 하나 자세한 기록은 전하지 않는다. 그 후 1705년경 김해김씨가 들어와 살면서 마을이 형성되었다. 1914년 행정구역 개편에 따라 중미리와 함께 명슬리로 병합되어 임회면에 편입되었다.

자연지리적으로 대곡산(236m), 삼막봉(258m), 대학봉(190m), 봉호산(191m)으로 이어지는 산릉의 남서사면에 입지한다. 상미리는 이들 산지에서 분기한 저산성 산지로 둘러싸여 있어 분지를 이룬다. 상미리 뒤쪽은 밭으로 경작되고 있으며, 전면에는 골짜기를 따라 논이 발달해 있다. 상미제(上彌堤)는 상미리 뒤편 산록에 위치한다.

상미리는 임회면 북동쪽에 위치하며, 서쪽으로 중미리와 접하고 있다. 18번 국도에서 갈라진 2차선 도로가 상미리를 지난다. 상미리에는 마을 서쪽에 위치한 광대바위 곁에서 야밤에 광대들이 농악놀이를 하며 불을 피웠는데, 그 광경이 너무나 아름다워 신선이 내려와 구경하다 승천할 시간이 지나버려 바위로 변해버렸으며, 뱀도 넋을 잃어 그 자리에 굳어 돌로 변하였다는 이야기가 전한다.

임회면 상미마을 전경

마을은 인심이 좋고 후덕해서 6·25전쟁의 국난 속에서도 마을이 단합하여 인명 피해가 없기로 유명한 마을이다. 2017년 12월 현재 총 47세대에서 78명의 주민이 살고 있다. 주요 성씨는 김해김씨, 밀양박씨, 경주이씨 등이며, 김해김씨가 8대째 이르고 있다. 주민들의 주요 소득원은 쌀이다. 마을 조직으로는 상조계, 동계, 부녀계가 있다.

임회면 봉상리 봉상마을

임회면 봉상마을 전경

봉상리(봉상마을)는 임회면 봉상리에 속하는 행정리이다. 풍수지리상 봉상리의 지형이 봉황의 날개에 해당한다는 데서 유래하였다. 1450년경 입향조인 정씨가 봉상리에 처음으로 들어왔으며, 1573년경에는 신안주씨 22세손 주보(朱

寶)가 봉상리에 들어와 자리를 잡았다. 그 후 1800년경 진주하씨 하윤위가 임회면 하미리에서 봉상리로 옮겨와 살면서 현재의 마을이 형성되었다. 본래 진도군 임이면에 속해 있던 지역인데, 1914년 행정구역 개편에 따라 송월리, 송정리를 봉상리로 병합하여 임회면에 편입시켰다.

자연지리적으로 여귀산(457m)에서 서쪽으로 분기하는 산릉 사이에 입지한다. 봉상리 전면에 곡저평야가 동서 방향으로 좁고 길게 뻗어 있고, 서쪽으로는 봉상제(鳳翔堤), 동쪽으로는 봉상2제(鳳翔二堤)가 각각 위치한다.

봉상리는 임회면 서남쪽에 위치하며, 서쪽은 구분실리, 서남쪽은 송월리와 각각 접하고 있다. 18번 국도에서 갈라진 2차선 도로가 봉상리까지 연결되어 있다. 봉상리 내에는 소로가 남북 방향과 동서 방향으로 지난다.

2017년 12월 현재 48세대에서 89명의 주민이 살고 있다. 주요 성씨는 진주하씨, 밀양박씨 등이다. 주민들의 주요 소득원은 벼, 보리, 외대파이다. 마을 조직으로는 동계, 문중계, 친목계가 있다.

임회면 봉상리 송월마을

송월리(송월마을)는 임회면 봉상리에 속하는 행정리이다. 1914년 행정구역 개편에 따라 송정리와 함께 병합하여 봉상리라 해서 임회면에 편입되었다.

자연지리적으로 희여산(269m) 질매봉(258m)-연대봉(149m)-여귀산(457m)으로 이어지는 산릉으로 둘러싸인 남서쪽 완경사면에 위치하며 남쪽으로는 농경지가 펼쳐져 있다. 송곡제(松谷堤)는 송월리 동쪽에 위치한다.

송월리는 임회면 남쪽 18번 국도변에 위치한다. 남쪽은 신동리, 남동쪽은 중

임회면 송월마을 전경

만리, 북서쪽은 봉상리, 북동쪽은 구분실리와 각각 접하고 있다. 18번 국도에서 갈라진 2차선 도로가 송월리까지 연결된다.

2017년 12월 현재 32세대에서 66명의 주민이 살고 있다. 주민들의 주요 소득원은 쌀과 외대파이다. 유물유적으로 전주이씨 사우인 정혜사(靖惠祠)와 영모사(永慕祠)가 있다.

임회면 봉상리 송정마을

송정리(송정마을)는 임회면 봉상리에 속하는 행정리로, 마을의 오른쪽에 노송이 울창한데서 송정리(松亭里)가 유래되었다 하며, 1500년대에 김해김씨가 들어와 살면서 마을이 형성되었다고 한다.

임회면 송정마을 전경

자연지리적으로 희여산(269m) - 월출산(110m) - 질매봉(258m) - 연대봉(149m) - 여귀산(457m)으로 이어지는 산릉으로 둘러싸인 분지 지형에 입지하며, 이들 산지의 동쪽 완경사면에 위치한다. 송강제(松江堤)는 송정리의 남서쪽에 위치한다. 그리고 교통은 임회면 남쪽 18번 국도변에 위치한다. 동쪽은 송월리, 북동쪽은 봉상리, 북서쪽은 구분실리와 각각 접하고 있다. 18번 국도에서 갈라진 소형차로가 송정리까지 연결되어 있다.

2017년 12월 현재 총 44세대에서 80명의 주민이 살고 있다. 주요 성씨는 김해김씨, 전주이씨 등이며, 주민들의 주요 소득원은 쌀, 보리, 외대파이다. 마을 조직으로는 동계, 운상계, 친목계가 있다. 유물유적으로는 김해김씨 사우인 영모사(永慕祠, 1942)와 김필근 추모비(金弼根追慕碑, 1958)가 있다.

임회면 삼막리 하미마을

임회면 하미마을 전경

하미리(하미마을)는 임회면 삼막리에 있는 행정리이다. 명슬의 아랫부분에 있어 하미라고 부르게 되었다. 속명은 하미실, 아래매슬, 삼막골이다. 1400년경 진양하씨가 진도읍에서 이주하여 시거한 뒤 경주이씨, 함양박씨가 입주하여 마을이 형성되었다고 알려져 있다. 하미리가 속한 하미리는 본래 진도군 임일면의 지역으로서 삼막봉 밑이 되므로 삼막골 또는 삼막이라 하였는데, 1914년 행정구역 개편에 따라 선항리, 하미리를 병합하여 삼막리라 해서 임회면에 편입되었다.

자연지리적으로 대곡산(236m)-삼막봉(三幕峰, 258m)-대학봉(190m)-봉호산(191m)으로 이어지는 산릉의 남서사면에 입지한다. 마을은 이들 산지에서 분기한 저산성 산지로 둘러싸여 있다. 마을 뒤쪽은 완경사면으로 밭으로 경작되어 이용되고 있으며, 전면에는 논이 발달해 있다.

임회면의 북동쪽에 있으며, 동쪽은 삼막봉을 건너 창포리, 서쪽은 고정리, 남쪽은 명슬리, 북쪽은 진도읍 염장리와 각각 접하고 있다. 교통으로는 국도 18호선의 도로가 마을 앞을 남북으로 지나면서 진도읍과 서망항으로 연결되어 있어 비교적 편리한 편이다.

2017년 12월 현재 하미리에는 63세대에서 107명이 거주하고 있으며, 주요 농산물로 쌀농사와 대파, 봄배추 등을 경작하고 있다. 마을의 조직으로는 대소사시에 주민화합과 부조를 목적으로 하는 상조계, 연말 주민 결산 총회인 동계, 부녀자 단합을 꾀하는 부녀계가 조직되어 있다. 유물유적으로는 진주하씨 문중의 제실인 원모사(遠慕祠), 자은사(紫恩祠)가 있다. 마을 주민의 성씨는 진양하씨, 함양박씨, 김해김씨 등이 거주하고 있다.

임회면 상만리 상만마을

임회면 상만마을 전경

상만리(상만마을)는 임회면에 속하는 행정리이다. 옛날에 마방역이 있던 마을로 상마(上馬)라 하였으며, 상만리(上萬里)는 상마에서 유래하였다. 1440년 경 경주김씨가 처음으로 들어왔으며, 1550년경 밀양박씨 전주이씨 등이 옮겨와 살면서 마을이 형성되었다. 본래 진도군 임이면에 속해 있던 지역으로, 1914년 행정구역 개편에 따라 귀성리 중만리를 병합하여 상만리라 해서 임회면에 편입되었다.

상만리는 자연지리적으로 여귀산(457m)과 연대산(149m) 산릉 사이에 발달한 곡저평야를 끼고 여귀산 남쪽 산록 완경사면에 입지한다. 남서쪽으로는 정금제(井金堤), 서쪽으로는 개용제가 각각 위치한다. 상만리는 임회면 남쪽 18번 국도변에 위치한다. 북동쪽은 탑립리, 서쪽은 중만리와 각각 접하고 있다. 18번 국도에서 갈라진 소형차로와 소로가 상만리까지 연결되어 있다.

2017년 12월 현재 총 58세대에서 102명의 주민이 살고 있다. 현재 주요 성씨는 밀양박씨, 전주이씨, 경주김씨 등이며, 경주김씨 14대손이 거주하고 있다. 주민들의 주요 소득원은 쌀이다. 마을 조직으로는 대학계와 진흥계가 있다.

유물유적으로 진도 상만리 오층석탑(전라남도지정문화재 제10호), 상만리사지 석불좌상, 구암사석불, 구암사석탑이 있으며, 천연기념물 제111호로 지정된 진도 상만비자나무가 있다. 또한 매년 정월보름 마을 전체 주민이 모여 거목에 제사를 지내고 있다.

주요 기관 및 시설로는 국립남도국악원, 경주김씨 사우인 상만사(上萬祠), 신안주씨 사우인 영모사(永慕祠), 김해김씨 사우인 충록사(忠錄祠), 상만교회 등이 있다.

임회면 석교리 구분실마을

임회면 구분실마을 전경

구분실리(구분실마을)는 행정구역 상 임회면 석교리에 속하는 자연 마을이다. 구분실의 원래 이름은 한자로 '거북 구(龜)'자에 '똥 분(糞)'자, 그리고 '열매 실(實)'자 구분실(龜糞實)이었다고 한다. 그런데 이름 첫 자인 '거북 구(龜)'자는 획수가 많고 어려워 '아홉 구(九)'자로 바꾸고 가운데 자인 '똥 분(糞)'자 역시 혐오감을 주어 동네 이름으로 쓰기엔 적합지 않아 '똥 분(糞)'자를 나눌 분(分)자로 바꿔서 원래의 구분실(龜糞實)은 구분실(九分實)의 현재 이름으로 바뀐 것이다. 1550년경 전라남도 화순군 능주에 살던 신안주씨 22세 주현(朱弦)이 옮겨와 살면서 마을이 형성되었다. 임회면 석교리에 속해 있다가 1986년 행정구역 개편에 따라 석교리에서 분리되었다.

구분실리는 자연지리적으로 희여산(296m)에서 부용산(221m)으로 이어지는 산릉의 동쪽 완경사면에 입지한다. 전면에는 농경지가 펼쳐져 있다. 구분실리 서쪽 농경지 가운데 구분제(九分堤)가 있다. 구분실리는 임회면 서쪽 18번 국도변에 위치한다. 남서쪽은 송월리, 동쪽은 봉상리, 북쪽은 석교리와 각각 접하고 있다. 18번 국도에서 갈라진 2차선 도로가 남동 방향으로 구분실리를 지난다. 2017년 12월 현재 총 17세대에서 30명의 주민이 살고 있다. 현재 주요 성씨인 신안주씨가 구분실리에 거주한 이후 13대째에 이르고 있다. 주민들의 주요 소득원은 쌀과 외대파이다. 마을 조직으로는 운상계와 상조계가 있다. 유물유적으로는 신안주씨 문중의 사우인 영모사(永慕祠), 박인준학행비, 금암선생기념비가 있다.

임회면 석교리 석교마을

임회면 석교리 석교마을

석교리(석교마을)는 임회면에 속하는 행정리이다. 예전에 돌다리가 있었다고 하여 독다리, 돌도리라 하다가 석교리(石橋里)라 하였다. 1780년 경 남평문씨가 처음 들어왔으며, 이후 밀양박씨 등이 들어와 살면서 마을이 형성되었다. 본래 진도군 임이면에 속해 있던 지역으로, 1914년 행정구역 개편에 따라 하석리와 고방리를 병합하여 석교리라 해서 임회면에 편입되었다. 1986년 군 조례 제1056호에 의거하여 석교리에서 고방리와 구분실리를 각각 분리하였다.

자연지리적으로 석교천의 범람원과 부용산(芙容山, 221m) 남동쪽의 산록 완경사면에 입지한다. 남쪽은 구분실리, 북동쪽은 고방리, 북쪽은 십일시리와 접하고 있다. 석교리는 18번 국도와 803번 지방도가 만나는 교점으로 교통의 요지이다. 18번 국도에서 갈라진 2차선 도로가 남북 방향으로 석교리를 지난다. 석교리는 임회면의 중심지로 행정 상업 교육의 기능을 수행한다.

2017년 12월 현재 총 169세대에서 304명의 주민이 살고 있다. 주민들의 주요 소득원은 쌀이다.

주요 기관 및 시설로는 임회면사무소, 진도경찰서 임회지구대, 임회우체국, 예비군 임회면중대, 서진도 농업협동조합, 임회새마을금고, 석교초등학교, 석교중학교, 진도국악고등학교, 진도군 임회보건지소, 임회시장 등이 있다. 유물 유적으로 일제강점기 일본 천황을 참배한 신사터가 남아 있다.

임회면 용호리 호구동마을

호구리(호구동마을)는 임회면 용호리에 있는 행정리이다. 1350년경 길우마을 뒤 윗꿀(원동)에 진주하씨가 입촌하였으나 터가 협소하여 1400년경에 진주하씨 21대손 하윤상이 시거한 것으로 알려져 있다. 호구리가 속한 용호리는 본래 진도군 임일면의 지역으로서 1914년 행정구역 개편에 따라 용산리, 도장리와

임회면 호구동마을 입구

함께 호구리를 병합하여 용산과 호구의 이름을 따서 용호리라 하여 임회면에 편입되었다.

자연지리적으로 여귀산(女貴山, 457m)에서 분기한 산릉을 배후 산지로 하고 앞에는 석교천(石橋川)의 지류가 흐른다. 석교천의 지류 건너 마을 맞은편에는 대곡산(236m)-삼막봉(258m)-대학봉(190m)-봉호산(191m)로 이어지는 산릉이 펼쳐져 있다. 여기에서 용산제로 흘러온 물은 주변의 농경지에 농업용수를 제공하여 논농사를 경작하고 있다.

임회면의 중앙부에 있으며, 동쪽은 명승리, 서쪽은 사령리, 남쪽은 죽림리, 북쪽은 삼막리와 각각 접하고 있다. 교통로는 군도가 마을 앞을 지나 의신면과 연결되고, 광석초등학교 부근에서는 18번 국도와 연결되어 진도읍을 쉽게 이용할 수 있다.

2017년 12월 현재 호구리에는 총 109호에서 191명의 주민이 살고 있다. 주요 농산물은 쌀이며 이 외에도 대파, 봄배추 등이 생산된다. 마을의 조직으로는 마을의 결산 및 화합을 도모하는 동계와 애사시에 주민화합과 상부상조를 목적으로 하는 운상계가 있다. 주민들에 의하면 동계와 운상계는 200년 이상 되었다고 한다. 이외에도 1950대에 결성되어 마을운영에 앞장서고 있는 청년회가 있다. 주요 성씨로는 창녕조씨, 진주하씨, 김해김씨 등이 거주하고 있다. 유물유적으로는 진주하씨 사우인 보은사(報恩祠) 등이 있다.

임회면 죽림리 강계마을

임회면 강계마을 전경

강계리(강계마을)는 임회면에 속하는 행정리이다. 강개머리라고 불렸으나 그 유래는 알 수 없고, 음과 뜻에 맞추어서 강계(江界)로 바꾸었다고 한다. 1720년경 최초로 신안주씨가 정착하였고, 그 후 밀양박씨, 김해김씨, 청주한씨가 들어와 살면서 마을이 형성된 것으로 알려져 있다.
자연지리적으로 서쪽에 여귀산(女貴山, 457m), 북쪽에 봉호산(峰虎山, 191m)이 있으며, 동쪽과 동남쪽으로는 남해와 접해 있다. 취락은 여귀산 기슭과 바다가 접하는 해안에 입지한다. 논과 밭도 산록경사면을 따라 남북 방향으로 길게 늘어서 있다. 북동쪽은 동헌리, 남서쪽은 죽림리와 각각 접하고 있다. 18번 국도가 해안선을 따라 동남 방향으로 이어져 있다. 또한 논과 밭 사이로 소형차로가 연결되어 있다.

2017년 12월 현재 총 51 세대에서 90여명의 주민이 살고 있다. 현재 주요 성씨는 김해김씨 청주한씨 진주소씨 등이다. 주민들의 주요 소득원은 김, 미역, 석화 등이다. 마을 조직으로는 어촌계와 부녀회가 있다. 강계리 바닷가에는 석화구이로 유명한 천막식 식당들이 들어서 있다.

임회면 죽림리 동헌마을

임회면 동헌마을 전경

동헌리(동헌마을)는 임회면에 속하는 행정리이다. 옛날에는 죽림리였으나 1992

년 분리되어 동구와 헌복동이 합하여 동헌리가 되었다. 옛부터 수산업이 발달하였고, 해변의 청송 방풍림이 옥주 20경에 들 정도로 경치가 아름다운 마을이다.
자연지리적으로 대학봉(190m)에서 봉호산(191m)으로 이어지는 산릉과 여귀산(457m)에서 봉호산(191m)으로 이어지는 산릉으로 둘러싸여 있는 바닷가 마을이다. 완경사면은 밭으로 개간하였다. 동헌리는 임회면 동쪽에 위치한다. 동남쪽으로는 강계리와 접하고 있다. 18번 국도에서 갈라진 소형차로가 동헌리까지 연결되어 있다. 밭 사이로도 소형차로가 발달하였다.
2017년 12월 현재 33세대에서 68명의 주민이 살고 있다.

임회면 죽림리 죽림마을

죽림리(죽림마을)는 임회면에 있는 법정리이자 행정리이다. 예전에는 죽림리 지역이 속에 깊숙히 있다하여 '속동'이라 칭하였는데 '죽림'으로 변하였다고 한다. 이는 비봉귀소(飛鳳歸巢)라는 명당에서 연유하였다고 하는데, 예부터 봉은 죽실(竹實)을 먹는다는 이유로 붙여진 것이며, 봉치라는 재의 이름도 있다.
1650년경 나주임씨가 정착한 것이 시초라 전해지며, 이후 김해김씨와 광주이씨 등이 입주하면서 마을이 형성되었다. 본래 진도군 임일면의 지역으로 1914년 행정구역 개편에 따라 임이면의 탑립리를 병합하여 죽림리라 하여 임회면에 편입되었다.
북쪽의 봉호산(191m)과 남서쪽에 있는 여귀산(457m)의 줄기가 마을 뒤로 뻗어 분기한 산릉에 둘러싸여 있으며, 동쪽으로는 멀리 의신면에 속한 접도가 한

임회면 죽림마을 전경

눈에 들어온다. 여귀산에서 흘러온 물을 모아 죽림제를 만들어 농경지에 농업용수를 제공하여 농사를 경작하고 있다.

임회면의 남동부에 있으며, 동쪽과 남쪽은 바다, 서쪽은 상만리, 북쪽은 명금리와 각각 접하고 있다. 교통은 18번 국도가 마을을 동서로 지나며, 의신면으로 연결하고, 서쪽은 진도 남도진성과 지산면과도 연결되고 있다.

2017년 12월 현재 77세대에서 133명의 주민이 살고 있다. 주요소득원은 쌀, 대파, 김, 미역 양식이다. 마을의 조직으로는 부녀자 친목 단합을 위해 1973년에 결성된 부녀회와 마을발전을 위해 1970년에 결성된 청년회가 있다. 유물유적은 김해김씨 유적 죽림사(竹林寺), 김남옥대선사비, 여귀산봉화지, 소양삼자혜비 등이 있다. 마을의 성씨로는 김해김씨, 광주이씨, 경주석씨 등이 거주하고 있다.

임회면 죽림리 탑립마을

임회면 탑립마을 전경

탑립리(탑립마을)는 임회면 죽림리에 있는 행정리이다. 여귀산(女貴山, 457m)을 중심으로 좌우에 두 개의 돌탑이 있었는데 상만리로 옮겼다는 설이 있으며, 예전에 탑이 있어서 '탑립'으로 불렸다고 한다. 1600년경 해남에 살던 김해김씨가 이곳을 지나다가 산의 형세가 좋아 정착하면서 마을이 형성된 것으로 알려져 있다.

원래 죽림리는 임일면, 탑립리는 임이면에 속해 있었다. 1914년 행정구역 개편에 따라 임일면과 임이면을 통합하여 임회면이 되었고, 탑립리는 죽림리에 편입되었다.

남쪽 해안을 조망하며 여귀산(女貴山, 457m)을 배후산지로 입지하고 있으며, 주변의 기반암 노출 산지는 빼어난 경관을 나타내고 있다. 여귀산자락(구릉)에서 흘러온 물로 농업용수를 하여 농사에 이용하고 있다.

임회면의 남동부에 있으며, 동쪽과 남쪽은 바다, 서쪽은 상만리, 북쪽은 여귀산을 넘어 용호리로 연결되어 있다. 교통로는 국도 18호선의 도로가 마을 뒤를 동서로 지나 의신면을 거쳐 진도읍으로 연결되고 있다.

2017년 12월 현재 탑립리에는 26세대에서 45명의 주민이 살고 있다. 주요 농산물은 쌀과 대파 정도이다. 마을의 조직으로는 1820년에 상부상조와 친목도모를 위한 상조계가 있으며, 1910년에 같은 목적으로 결성한 갑계, 1970년에 결성된 자녀 교육 및 목돈 마련을 위한 저축계가 있다. 현재 주민의 성씨는 김해김씨, 밀양박씨, 진주소씨 등이 거주하고 있다. 유물유적으로는 김해김씨의 사우인 보덕사(寶德祠)가 있다.

〈참고문헌〉
디지털진도문화대전(http://jindo.grandculture.net)
『진도군지』(진도군지편찬위원회, 2007)

임회면

설화를 들려준 사람들

임회면 고정리 매정마을

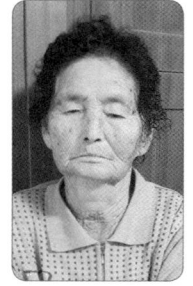

김내동 (여, 88세, 1930년생)

제보자는 아들을 대신해서 손자와 손녀를 맡아 훌륭히 키워서 장한할머니상을 3차례나 받았다. 아이들이 구김 없이 자라도록 온갖 정성으로 보살피고 자존심도 강해서 아이들이 남들에게 궂은 말을 듣지 않도록 언행도 잘 살폈다고 한다.

제공 자료 목록

589_MONA_20170417_MJR_KND_001 장한 할머니상 받은 할머니

강돈지 (여, 76세, 1941년생)

제보자는 의신면 돈지리에서 시집와서 지금까지 이 마을에서 살고 있으며, 성격이 매우 활달한 편이다. 그리고 생활력이 강해서 본인이 노력한 만큼 잘살 수 있다고 믿고 있으며, 비록 예전 삶의 방식들이 힘들었지라도 바다를 터전으로 하던 간척 이전의 생활에 많은 애착을 가지고 있었다.

제공 자료 목록

589_MONA_20170417_MJR_KDJ_001 매정 앞바다 간척사업
589_MONA_20170417_MJR_KDJ_002 톳밥, 무수밥, 쑥밥
589_MONA_20170417_MJR_KDJ_003 결혼 전에 한 세 가지 약속
589_MONA_20170417_MJR_KDJ_004 먹구렁이와 호박 태몽 꿈

박용자 (여, 80세, 1938년생)

제보자는 가난한 대가족 집으로 시집왔으나 긍정적이고 낙천적인 성격으로 남편과 억척같이 일하고 노력하여, 지금은 비교적 편안한 생활을 하고 있다. 젊은 시절때는 일이 많아서 고생은 했으나 시할머니가 예뻐해 주어서 시집살이로 마음고생은 하지 않았다고 한다.

제공 자료 목록

589_MONA_20170417_MJR_PYJ_001   열세 명의 가족과 고생한 이야기
589_MONA_20170417_MJR_PYJ_002   대가족 밥상 풍경

강보단 (여, 80세, 1938년생)

제보자는 할아버지가 지어주신 특이한 이름 때문에 부끄럽기도 했지만 자부심을 갖고 살아왔다. 성격이 쾌활하고 적극적이어서 나이에 비해 훨씬 젊어 보인다. 마을형국이 조리에 물이 가득 차서 부자가 많은 형상인데, 마을 분위기가 옛날 기운만 못해서 많이 아쉽다고 했다.

제공 자료 목록

589_MONA_20170417_MJR_KBD_001   특이한 이름 석자
589_MONA_20170417_MJR_KBD_002   조리 모양의 매정리

박재순 (남, 68세, 1950년생)

제보자는 도시에서 살다 은퇴 후 처가가 있는 이 마을에 정착하여 지금까지 농사를 짓고 있다. 비교적 젊은 나이(67세)에 노인회장을 맡아 마을 일에 솔선수범하고 있는데, 성품이 긍정적이고 온화하며, 합리적이고 사리에 맞게 일을 처리하여 마을 사람들에게 많은 칭찬과 인정을 받고 있다.

제공 자료 목록

589_MONA_20170417_MJR_PJS_001 젊은 노인회장의 포부

이화자 (여, 78세, 1940년생)

제보자는 수줍음이 많은 성격이나 기억력이 좋아 이야기를 할 때는 손가락으로 하나씩 꼽으면서 열심히 빠짐없이 말해주었다. 과거 정월 대보름날에 행해지는 수많은 풍속이 있었는데, 지금은 거의 사라져 버려서 아쉽다고 말하면서 진도문화원지는 하나도 빠짐없이 읽으신다고 한다.

제공 자료 목록

589_MONA_20170417_MJR_LHJ_001 정월대보름 놀이의 추억

이삼덕 (여, 84세, 1934년생)

제보자는 비교적 조용한 성품으로 다른 분들이 이야기할 때 조용히 듣는 편이었다. 그러다 이야기 순서가 되자 쑥스러워 하면서도 예전 어려웠던 시절의 이야기를 차분하게 구연하였다. 이야기 속에서 그 힘든 시기를 잘 넘기고 한세월 꿋꿋하게 살아오신 분의 끈기와 자존심이 묻어 있었다.

제공 자료 목록

589_MONA_20170417_MJR_LSD_001 썩은 보리밥 먹기

임회면 굴포리 남선마을

강진간 (남, 79세, 1939년생)

제보자는 임회면 남선마을에서 태어나 중학교를 졸업한 뒤에 지금까지 농사를 짓고 있다. 그는 25년간 마을 이장을 했기 때문에 마을에 관한 이야기를 많이 들려 주었다. 특히 윤선도 공덕비를 세우기 위해 다른 마을 이장들과 함께 해남에 사는 윤선도의 후손을 찾아가 자료를 구하고 진도군에 도움을 청하는 등 마을을 위해 적극적으로 앞장서기도 했다.

제공 자료 목록

589_FOTA_20170609_NSR_KJG_001	쩍골, 절골이었던 남선
589_FOTA_20170609_NSR_KJG_002	팽나무로 가늠하는 남도석성의 역사
589_FOTA_20170609_NSR_KJG_003	태풍으로 옮긴 새 당집
589_FOTA_20170609_NSR_KJG_004	윤선도 꿈에 나타난 구렁이
589_FOTA_20170609_NSR_KJG_005	원을 막아준 윤선도 공덕비
589_FOTA_20170609_NSR_KJG_006	명당 먹통바위를 알아본 윤선도
589_MONA_20170609_NSR_KJG_001	애기 업은 무당을 도깨비로 착각하다
589_FOTA_20170609_NSR_KJG_007	참나무등에 있던 독담벌
589_FOTA_20170609_NSR_KJG_008	청동기 때부터 사람이 살았던 백동리
589_FOTA_20170609_NSR_KJG_009	호랑이도 놀란 할머니의 고함 소리
589_MONA_20170609_NSR_KJG_002	남선마을 인구 변화 추이
589_MONA_20170609_NSR_KJG_003	도깨비에 홀린 남자
589_FOTA_20170609_NSR_KJG_0010	어머니가 들려준 도깨비 이야기
589_MONA_20170609_NSR_KJG_004	굴포 바다에 침몰한 중국 배
589_FOTA_20170609_NSR_KJG_0011	오봉산 쇠말뚝
589_FOTA_20170630_NSR_KJG_0012	어명을 받은 어사묘

이길삼 (남, 82세, 1937년생)

제보자는 임회면 남선리에서 출생하여 한평생 마을에 살면서 크고 작은 일도 깊이 생각하여 조언하는 등 마을의 정신적 지주 역할을 하고 있다. 그는 마을에 남아있는 유적 중에 신기하고 이상한 점들은 잘 기억하여 마을 분들과 같이 공유하고 마을역사에 기록될 수 있도록 알리고 제보하는데 자부심을 갖고 있기도 했다.

제공 자료 목록

589_FOTA_20170630_NSR_LKS_001	공룡 발자국이 새겨진 시룻떡바위
589_FOTA_20170630_NSR_LKS_002	남선에 있는 고름장 터
589_FOTA_20170630_NSR_LKS_003	해지 모퉁이 돌에 새겨진 말 발자국
589_FOTA_20170630_NSR_LKS_004	묘에서 나온 색깔 좋은 녹두색 병

김상례 (남, 83세, 1936년생)

제보자는 임회면 남선리에서 출생하여 이 마을에서 지금까지 농사지으면서 살고 있으며, 평소 근면, 성실하고 이웃과도 화합을 주도적으로 도모하고 있다. 그는 산골빠가 뼈에 좋다는 말과 가루를 내어 약으로 먹던 광경을 직접 보았기에 신기하고 놀라웠다는 이야기를 들려주었다.

제공 자료 목록

589_MONA_20170630_NSR_KSR_001   뼈에 좋다는 명약 산골빠

임회면 굴포리 번답마을

박청길 (남, 78세, 1940년생)

제보자는 남선리 번답마을에서 출생해서 농업에 종사하면서 주경야독하여 서예가와 시인으로 활동하고 있는 등 선비적 삶을 살아가고 있다. 마을 연혁비를 세우기 위해 손수 마을 자료 정보들을 수집 분석해 군지에 실린 내용을 수정할 정도로 마을에 대한 관심이 높다. 특히 자신이 살고 있는 임회면 남선리 번답마을에 지대한 애정을 갖고 역사적 사료와 유물, 유적에 관심을 갖고 있으며, 더 나아가 진도 전체에 대한 고증과 역사적 사실을 살피는 작업도 관심을 기울이고 있다.

제공 자료 목록

589_FOTA_20170630_BDR_PCG_001	학이 춤추는 형상의 무학재
589_FOTA_20170630_BDR_PCG_002	빈대바위와 무학사
589_FOTA_20170630_BDR_PCG_003	쩍골이라고 불렀던 남선마을
589_FOTA_20170630_BDR_PCG_004	달이 잘 보이는 근월제 서당
589_FOTA_20170630_BDR_PCG_005	소가 누워있는 소산들
589_FOTA_20170630_BDR_PCG_006	윤선도가 막은 남선둑이 간척사업의 시초
589_FOTA_20170630_BDR_PCG_007	동령포와 월출산 이름 속의 비밀
589_FOTA_20170630_BDR_PCG_008	남선마을 역사를 찾기 위한 노력
589_FOTA_20170630_BDR_PCG_009	도깨비가 잘 나오는 참나무등
589_FOTA_20170630_BDR_PCG_0010	날로 번창해간다는 번답마을 유래

임회면 명슬리 상미마을

김구보 (남, 76세, 1942년생)

제보자는 상미리에서 태어나 농업에 종사하면서 문중의 각종 책임을 맡아 일가의 화목을 위해 노력하고 있다. 그리고 그동안 마을 이장을 역임하는 등 마을 발전에도 앞장서고 있다. 그는 차분한 목소리로 마을 소개를 잘해주었으며, 특히 예전 조상들에게 들어서 개인의 기억 속에 그칠 뻔한 이야기들을 찾아서 잘 전달해주셨다. 또한 상미마을의 따뜻한 기후와 마을 사람들의 온순한 성품을 연관 지어 이 지역 특성을 실감나게 구술해주었다.

제공 자료 목록

589_FOTA_201709018_SMR_KGB_001	600년 된 상미마을 역사
589_FOTA_201709018_SMR_KGB_002	마을을 지켜주는 선바위, 호랑이바위, 눈바위
589_MONA_201709018_SMR_KGB_001	6·25때도 평화로웠던 마을
589_FOTA_201709018_SMR_KGB_003	뱀골재 세 개의 동삼 이야기

임회면 봉상리 봉상마을

윤춘엽 (여, 71세, 1947년생)

제보자는 임회면 죽림리에서 이곳 봉상마을로 시집와서 2남 1녀를 두었다. 비교적 활달한 성격인 제보자는 언변이 좋고 표정도 풍부하여 청중들을 집중하게 했다. 어릴 때 부모님께 들은 옛이야기, 시집오기 전에 겪은 할머니 굿 이야기, 시집와서 시어머니 장례식 후 꿈 이야기 등을 구체적이면서 실감나게 구연해 주었다.

제공 자료 목록

589_MONA_20170422_BSR_YCY_001 죽림마을 흔들바위 대참사
589_MONA_20170422_BSR_YCY_002 안방까지 바닷물이 들었던 사라호 태풍
589_FOTA_20170422_BSR_YCY_001 제삿날에 오신 영혼
589_FOTA_20170422_BSR_YCY_002 서럽게 죽은 혼백 위로
589_FOTA_20170422_BSR_YCY_003 비지랑굴의 도깨비
589_FOTA_20170422_BSR_YCY_004 귀신이 만지면 아프다
589_MONA_20170422_BSR_YCY_003 서마장자, 우마장자만 찾는 당골네
589_FOTA_20170422_BSR_YCY_005 저승에서 돈 받으러 온 시어머니
589_FOTA_20170422_BSR_YCY_006 전깃불 단 것처럼 훤하네
589_FOTA_20170422_BSR_YCY_007 죽어서도 자식 생각하는 어머니
589_FOTA_20170422_BSR_YCY_008 궂은 날 신랑무덤에서 나는 소리

하영순 (남, 73세, 1945년생)

제보자는 한동안 객지에서 살다 고향으로 돌아와 마을 이장을 하면서 마을일에 헌신적으로 봉사하고 있다. 그는 전달력과 표현력이 좋아 예전부터 내려오는 이야기를 막힘없이 술술 풀어내어 조사자들을 감동시키기도 했다.

제공 자료 목록

589_MONA_20170424_BSR_HYS_001 6·25전쟁에 얽힌 일가족의 비극
589_FOTA_20170424_BSR_HYS_001 행암네 하납씨 해창 다녀오기
589_MONA_20170424_BSR_HYS_002 신호를 착각해 목숨을 잃은 진준이
589_MONA_20170424_BSR_HYS_003 아버지 목숨을 구해주었더니

임회면 봉상리 송월마을

이기정 (남, 77세, 1941년생)

제보자는 전주이씨 석보군파의 족보에 관심이 많고 지역에서 봉사활동을 열심히 하는 분이다. 그가 들려준 석보군파 제각 이야기는 이 제각이 서울 등 도시에 있지 않고 이곳 진도에 있게 되었는지에 대해 궁금증에서 출발하여 주변 식견이 높은 어른들께 묻고 대화하면서 그 답을 찾아간다는 내용인데, 이를 보더라도 제보자가 적극적이고 활동적인 분임을 알 수 있다.

제공 자료 목록

589_FOTA_20170424_SWR_LKJ_001   전주이씨 석보군파 제각
589_FOTA_20170424_SWR_LKJ_002   누구나 말에서 내려야 했던 송월리 하마석

임회면 봉상리 송정마을

이평진 (남, 73세, 1945년생)

제보자는 임회면 송정마을에서 태어나 농업에 종사하면서 지역문화에 관심을 가지고 여러 활동을 하고 있다. 제보자는 비교적 차분하면서도 상세하게 이야기를 들려주었는데, 특히 이 지역의 조상에 관한 이야기는 목소리에 힘이 들어가면서 즐겁고 활기차게 이야기를 구연해 주었다.

제공 자료 목록

589_FOTA_20170604_SJR_LPJ_001   도깨비가 업어서 건너 준 다리

김복진 (여, 72세, 1946년생)

제보자는 지산면 월촌마을에서 태어나 임회면 송정마을 이평진씨에게 시집와서 평생을 농업에 종사하면서 근면성실하게 살아오며 부녀지도자로 활동하는 주부이다. 제보자는 어렸을 때 어른들께 들었던 여기산 전설을 잘 기억하고 있었고, 특히 집안 조상인 쌍동자 할아버지 이야기는 생기발랄한 목소리로 전달해 주어 끝까지 집중해서 듣게 되었다. 윗대 할아버지 할머니께서 들려주던 이야기를 마음에 깊이 잘 새겨 두었다가 조사자들에게 전해준 정성이 고맙고 감사했다.

제공 자료 목록

589_FOTA_20170604_SJR_KBJ_001   우렁각시가 여기있어 여기산
589_FOTA_20170604_SJR_KBJ_001   눈동자가 네 개인 쌍동자 할아버지

임회면 삼막리 하미마을

하영호 (남, 73세, 1945년생)

제보자는 하미리에서 출생해서 일찍이 농업에 종사하면서 남다른 농사 방법으로 농업기술을 선도하여 농가 수익을 높이고 있다. 그리고 마을 이장도 하면서 봉사적 삶을 살고 있다. 제보자가 살고 있는 하미마을의 유래와 위패수가 많은 하씨 제각 이야기, 이 동네 세분의 당골 이야기 등을 상세하게 구연해 주었다.

제공 자료 목록

589_FOTA_201706012_HMR_HYH_001   망자가 탄 가마 상여와 상여집
589_FOTA_201706012_HMR_HYH_002   초상집에서 며칠을 먹고 살던 풍경
589_FOTA_201706012_HMR_HYH_003   하미골에 있었던 세 개의 사창(社倉)
589_FOTA_201706012_HMR_HYH_004   사제뜰에서 하미로 이사한 이유
589_FOTA_201706012_HMR_HYH_005   위패 수가 가장 많은 하씨 재각
589_FOTA_201706012_HMR_HYH_006   미륵이 떠내려가다
589_FOTA_201706012_HMR_HYH_007   하미에 살았던 당골들
589_FOTA_201706012_HMR_HYH_008   임금 앞에서 연주한 대금의 명인 박종기
589_FOTA_201706012_HMR_HYH_009   마을의 안녕과 풍년을 기원하는 거리지 제사

임회면 상만리 상만마을

이계진 (남, 86세, 1932년생)

제보자는 지금까지 상만을 떠나본 적이 없는 토박이로 마을 사람들과 함께 진도문화원 소속 짚풀공예반을 운영하면서 즐겁게 생활하고 있다. 고령임에도 정정한 모습으로 여러 이야기를 구연해주었는데, 이야기 도중에 전설에 대한 객관적인 시각을 견지하기도 했다.

제공 자료 목록

589_FOTA_20170511_SMR_LKJ_001	상만리에 책계를 조직했던 12 선생
589_MONA_20170511_SMR_LKJ_001	상만에서 10년을 왕래하며 연구한 이또 교수
589_MONA_20170511_SMR_LKJ_002	귀성에서 훈련한 일본군 상륙작전
589_MONA_20170511_SMR_LKJ_003	6·25때 초소와 산털이
589_MONA_20170511_SMR_LKJ_004	전사자, 유가족이 없는 상만
589_FOTA_20170511_SMR_LKJ_002	상만을 지켜주는 600년 된 비자나무
589_FOTA_20170511_SMR_LKJ_003	석불에서 나이만큼 뛰어내리기
589_FOTA_20170511_SMR_LKJ_004	대흥사로 간 동자부처
589_FOTA_20170511_SMR_LKJ_005	두 마을 장사들의 힘 자랑
589_FOTA_20170511_SMR_LKJ_006	죽은 아이들을 장사지낸 아장목

임회면 석교리 구분실마을

주광현 (남, 72세, 1945년생)

제보자는 진도군 임회면 구분실에서 태어나 고향에서 학창시절을 보내고 목포교대와 광주교대 교육대학원을 거쳐 수필가이자 시인으로 문학 활동을 하고 있다. 그는 고향 주변의 역사적인 인물과 거기에 얽힌 교훈적인 이야기를 상세하게 들려주었다.

제공 자료 목록

589_FOTA_20170424_GBS_JKH_001	대학자 송오선생 아버지의 훈육
589_FOTA_20170424_GBS_JKH_002	학문에 매진하라는 엄격한 가르침
589_FOTA_20170424_GBS_JKH_003	시아버지의 며느리 훈육
589_FOTA_20170424_GBS_JKH_004	의술과 인술의 산실 구분실 약국

임회면 석교리 석교마을

하양수 (남, 73세, 1945년생)

제보자는 진도문화원 이사로서 주위 분들의 신망이 두텁고 화합을 도모하는 분이다. 어릴 때 겪었던 신기한 경험을 통해 우리들이 삶에서 놓쳐서는 안 될 정신적인 요소들에 대한 환기를 시켜주었다. 그리고 조상과 전통문화를 계승해온 현대인으로서의 자신에 대해 많은 생각을 해보게 했다.

제공 자료 목록

589_MONA_20170424_SKR_HYS_001 작은 아버지의 영혼과 이장
589_FOTA_20170424_SKR_HYS_001 몽당 빗자루와 밤새 싸운 천하장사

임회면 용호리 호구동마을

조 은 (남, 82세, 1936년생)

제보자는 조상들의 정신을 면면히 계승하고자 노력하고 있고 문화유산의 소중함을 널리 알리고자 애쓰고 있다. 그 일환으로 제보자는 조부의 평전 집필을 준비하고 있는데, 조부는 일제강점기에 호남을 대표한 갑부 가운데 한 분이었다고 한다.

제공 자료 목록

589_FOTA_20170526_HGDR_JE_001   용산 저수지와 호구마을 소나무
589_FOTA_20170526_HGDR_JE_002   갑부가 사용한 절구통 한 쌍
589_FOTA_20170526_HGDR_JE_003   임사정(臨司亭) 지명의 유래
589_FOTA_20170526_HGDR_JE_004   금광에서 번 돈으로 지은 100년 고택

김환산 (남, 79세, 1939년생)

제보자는 호구리 출신으로 가난한 집안 형편 때문에 7년간의 선원생활을 한 후 농사를 짓기 시작하여 지금은 마을 이장을 하며 마을을 위해 봉사하고 있다. 그는 입담이 좋아 재미있고 유쾌한 이야기를 많이 들려주었는데, 이야기를 듣던 청중들도 함께 즐거워했다.

제공 자료 목록

589_FOTA_20170526_HGDR_KHS_001 팽나무 두 그루에 꽂아놓은 돌
589_FOTA_20170526_HGDR_KHS_001 이야기로 도둑 잡은 노부부
589_FOTA_20170526_HGDR_KHS_001 호랑이 혈이라 소나무 숲을 만든 호구마을
589_MONA_20170526_HGDR_KHS_001 광석초등학교 교명의 유래
589_FOTA_20170526_HGDR_KHS_001 수탉도 내일 조도 가려나 보다

임회면 죽림리 강계마을

최영심 (여, 83세, 1935년생)

제보자는 강계리에서 한학자의 자녀로 태어나 23세 때 충청도 금산으로 시집을 가 1남 2녀를 낳았다. 남편은 숙환으로 돌아가시고, 아들은 중국으로 사업차 떠나고 해서 8년 전에 친정동네인 강계리 옛집을 찾아와 선산 관리와 집 관리를 하면서 외로이 살고 있다.

제공 자료 목록

589_FOTA_20170415_KKR_CYS_001	강계 앞바다 두 개의 샘

소진덕 (여, 89세, 1929년생)

제보자는 강계에서 태어나 강계로 16세에 결혼해서 1남 3녀를 낳았다. 남편은 건실한 사람이었는데, 김발 마장 사업을 하다 실패하여 채권자에게 살던 집을 넘겨주고 동네 회관에서 생활하면서도, 빚을 다 갚아주었을 정도로 신의 있는 사람이었다. 일제시대 때 동네 육상선수로 활동했던 이야기를 할 때는 눈동자가 빛났다.

제공 자료 목록

589_MONA_20170415_KKR_SJD_001	6·25때 비극의 장소, 죽림 송림 해변
589_FOTA_20170415_KKR_SJD_001	풍어 기원하는 연신굿
589_MONA_20170415_KKR_SJD_002	술 동우 감추기
589_MONA_20170415_KKR_SJD_003	산감 몰래 나무하기
589_MONA_20170415_KKR_SJD_004	조카 영초의 씻김굿
589_MONA_20170415_KKR_SJD_005	달리기 선수로 활약한 어린 시절
589_FOTA_20170415_KKR_SJD_002	옹기배가 많이 들어온 옹구막
589_MONA_20170415_KKR_SJD_006	뜨고, 널고, 띠고 한겨울 김발 하기
589_FOTA_20170415_KKR_SJD_003	술잔을 받고 길을 비켜준 도깨비

임회면 죽림리 동헌마을

윤홍기 (남, 67세, 1951년생)

제보자는 임회면 죽림리(동헌리)에서 태어나 전남대학교 법과대학을 졸업하고 서울의 한국증권거래소에서 30여년간 근무하다 은퇴한 뒤 7년 전에 귀향하였다. 그는 현재 진도문화원의 감사로 활동하면서 한시, 서예, 국악 등도 배우면서 즐겁게 생활하고 있다. 기억과 향수 속에서 어린시절 마을의 모습과 각종 추억들을 세밀하고 따뜻하고 실감나게 이야기하였다.

제공 자료 목록

589_FOTA_20170916_DHR_YHG_001　하늘을 가릴 만큼 울창했던 여귀산 숲
589_FOTA_20170916_DHR_YHG_002　바다 한 가운데 갯샘
589_MONA_20170916_DHR_YHG_001　돌아온 백구
589_MONA_20170916_DHR_YHG_002　초등학교 시절의 대피 훈련
589_MONA_20170916_DHR_YHG_003　물 반 고기 반
589_MONA_20170916_DHR_YHG_004　꿩과 노루 사냥

임회면 죽림리 죽림마을

김명선 (남, 69세, 1947년생)

제보자는 죽림마을에서 태어나 40년간 교육에 종사하다 퇴임 후 귀향하였다. 죽림 바다가 내려다보이는 곳에 집을 짓고 살고 있으며 진도 문화원이사로 활동하면서 지역의 역사와 민속을 연구하고 알리는데 정성을 쏟고 있다. 활동적이고 유쾌한 성격으로 구술하는 동안 웃음을 담고 재미있게 전달해주셨다. 특히 진도군 임회면에 호랑이가 있었다는 문헌을 통해 죽림성대(城垈)의 용도를 역추적 한 이야기를 상세히 설명해주었다.

제공 자료 목록

589_FOTA_20170817_ JRR_KMS_001   호랑이를 피해 죽림 성(城)터에 살던 사람들
589_MONA_20170817_JRR_KMS_001   사라호 태풍에 진도까지 떠밀려온 제주 해녀

박순실 (여, 88세, 1930년생)

제보자는 진도면 포산리에서 죽림마을로 시집와서 슬하에 3남 3녀를 두고 큰 고생 없이 순탄하게 살고 있는 분이다. 이야기를 하면서 중간에 긴 한숨을 쉬며 바위가 앞뒤로 흔들리는 부분은 손짓까지 하면서 이해를 돕도록 구술해주었다.

제공 자료 목록

589_MONA_20170415_JRR_PSS_001   낭떠러지로 굴러 떨어진 죽림 흔들바위

이길재 (남, 80세, 1938년생)

제보자는 죽림에서 태어나 젊은 시절에는 마을출구선수로도 활동했고 마을 이장, 마을 개발위원도 역임했다. 본인이 마을 청년들과 애기바우를 넘어뜨려 마을에 닥친 재앙을 해결한 이야기를 누구보다 생생하고 실감나게 구술해 주었다.

제공 자료 목록

589_FOTA_20170415_JRR_LKJ_001   젊은이들이 넘어뜨린 애기바우

이송금 (여, 87세, 1931년생)

제보자는 죽림마을의 토박이로 이야기도 잘하고 유머감각도 있으며 초등학교 시절 칠판 앞으로 나와 틀린 글자, 문제를 도맡아 고칠 정도로 적극적이고 활달한 성격을 가지고 있다. 제보자는 죽림마을의 자랑거리를 유창하게 들려주었고, 힘들 때 먹던 매생이밥과 톳밥, 좁쌀밥 이야기는 조리과정까지 하나도 빠짐없이 자세하게 들려주었다. 제보자의 고생담이 지금 세대에게는 아련한 추억의 풍경으로 작용할 것 같다.

제공 자료 목록

589_MONA_20170613_GRR_LSK_001   보리밥으로 연명했던 살림살이
589_MONA_20170613_GRR_LSK_002   배고픈 시절, 매생이밥과 톳밥
589_MONA_20170613_GRR_LSK_003   맞칠 사람, 고칠 사람 하면 나
589_MONA_20170613_GRR_LSK_004   경치 좋고 아름다운 죽림마을 자랑

이천심 (여, 87세, 1931년생)

제보자는 죽림마을에서 외동딸로 태어나 지산면 인지리 설씨를 부군으로 맞아 슬하에 5남 2녀를 두고 다복한 가정을 이루었다. 내성적인 인상으로 차분하게 구술하고 고령인데도 어렸을 때 배운 한문을 잘 읽기도 한다고 했다. 또한 힘들었지만 즐겁기도 했던 지난시절을 구수하게 들려 주었다.

제공 자료 목록

589_MONA_20170613_JRR_LCS_001	6년 배움을 채워준 죽림 간이 학교
589_FOTA_20170613_JRR_LCS_001	구술샘에서 불 피우는 기우제
589_MONA_20170613_JRR_LCS_002	죽림 앞 갯벌에서의 조개잡이
589_MONA_20170613_JRR_LCS_003	풀 캐고 나무하기

차화자 (여, 82세, 1936년생)

제보자는 의신면 노상리에서 가난한 집으로 시집와서 힘든 시집살이를 했으나 열심히 노력하여 지금은 여유롭게 살고 있다. 제보자는 순박한 웃음을 보이는 밝은 성격을 가지고 있으며, 마을 사람들과 즐겁게 대화하고 웃으며 화목하게 지내는 분으로, 특히 제보자는 힘든 시집살이를 감칠나게 잘 표현해 주었다.

제공 자료 목록

589_MONA_20170613_JRR_CHJ_001	우리는 즐거운 할머니 3인조
589_MONA_20170613_JRR_CHJ_002	일 많고 식구 많은 짭짤한 시집살이

최수봉 (남, 89세, 1929년생)

제보자는 일찍 부모님을 여의고 자수성가한 농업인이다. 성실하고 근면하며, 평생 남과 다투는 경우를 보지 못했다고 마을 사람들이 증언하기도 했다. 죽림마을의 산증인으로 지역에서 일어난 작고 큰일들을 상세히 기억하고 있어서 생생하고 실감나게 구술해 주었다.

제공 자료 목록

589_FOTA_20170415_JRR_CSB_001	풍년을 기원하는 죽림마을 축제
589_FOTA_20170415_JRR_CSB_002	해남 대흥사로 간 죽림사 북
589_MONA_20170415_JRR_CSB_001	죽림 저수지 둑에 있는 묘

임회면 죽림리 탑립마을

소두영 (남, 77세, 1941년생)

제보자는 오랫동안 마을의 이장을 하면서 헌신적으로 마을일에 앞장서온 부지런한 분이다. 이야기도 구성지게 잘 들려주었는데, 이야기마다 탑립마을의 역사와 경치와 사연이 담겨있어 마을 풍경을 고스란히 잘 느끼게 해주었다.

제공 자료 목록

589_FOTA_20170415_TRR_SDY_001　상만 남장사와 탑리 여장사의 탑 싸움
589_MONA_20170415_TRR_SDY_001　어렵게 낸 탑립마을 진입로
589_MONA_20170415_TRR_SDY_002　통발 놓아 문어잡기
589_MONA_20170415_TRR_SDY_003　최초로 전기가 들어온 탑립마을
589_FOTA_20170415_TRR_SDY_002　떨어진 아이를 잘 받아준 팽나무

소연단 (여, 99세, 1919년생)

제보자는 현재 99세로 이 동네 최고령이시며 '아픈 곳이 없어 걱정'이라고 스스로 말 할 정도로 건강한 분이다. 주위 자녀들이나 마을의 사람들이 죽는게 제일 안타깝고 슬프다고 말하면서, 예전 탑립마을은 골짜기여서 살기 팍팍했지만 지금은 너무나 살기 좋아졌다고 했다.

제공 자료 목록

589_MONA_20170415_TRR_SYD_001　살기 좋은 탑립마을

윤영환(남, 78세, 1940년생)

제보자는 어려운 살림 속에서도 자식들을 잘 키워내고, 지금은 북, 장구 등을 배우면서 여유롭게 생활하고 있다. 젊은 시절 신랑을 말에 태워 여러마을을 돌아다니던 기억이 생생한 이야기와 아버지가 자식의 일에 두발 벗고 나서서 해결해준 부성애가 가득 담긴 이야기, 그리고 묘 주인의 사람 됨됨이와 아량에서 죽은 사람보다 산사람을 배려한 우리 이웃들의 넉넉함에 대한 이야기 등을 들려주었다.

제공 자료 목록

589_MONA_20170415_TRR_YYH_001 말 타고 장가가던 시절
589_MONA_20170415_TRR_YYH_002 산소에 불 낸 사연

임회면

마을에 전해오는 설화

임회면 고정리 매정마을

장한 할머니상 받은 할머니

조사코드   589_MONA_20170417_MJR_KND_001
조사장소   진도군 임회면 고정리 매정마을 마을회관
조사일시   2017. 4. 17
조 사 자   윤홍기, 김명선
제 보 자   김내동(여, 88세, 1930년생)

> **줄거리** 제보자가 손주들을 모두 거두어서 보란 듯이 훌륭하게 키워내자 진도군에서 장한 할머니상을 주었다는 이야기이다.

우리 손자들 키울 때에 큰아들이 이혼을 해 논께, ○○이 ○○이 우리 손지들(손주들) 할 수 없이 엄매가 받아서 키웠지라. 그래갖고 손지 딸이 고등학교를 보냈는데, 지가 은행에 댕기면서 대학교 댕겼다 합디다.

그라고 또 ○○이는 목포대학 댕겼어라. 그케 하고 원체 내가 팔자가 사나서, 또 내가 아그들 이혼했다고 그런 말 듣기 싫어서 머이마는 키워서 서울 숭실대 댕겨갖고 시방 서울에서 은행에 대니고(다니고) 있소. 그라고 가이나는 고등학교만 보내갖고 당해 아직 결혼은 안 시키고 스물여덟 살 먹었는데, 즈그 오빠 결혼 시킬라고 한다고 합디다.

 그래서 동네에서 아잡씨들이(아저씨들이) 장한 상을 해갖고 초등학교에서 받고, 중학교에서 받고, 읍에 군수님상까지 받았습니다. 동네 사람들은 몰라요. 손지들 다 4년제 대학까지 보냈어요. 시방 ○○이도 저그 독일 비료공장 다니고….

매정 앞바다 간척사업

조사코드 589_MONA_20170417_MJR_KDJ_001
조사장소 진도군 임회면 고정리 매정마을 마을회관
조사일시 2017. 4. 17
조 사 자 윤홍기, 김명선
제 보 자 강돈지(여, 76세, 1941년생)

> **줄거리** 갯벌을 막기 전에는 배가 마을 모퉁이까지 들어와 낙지, 게, 반지락 등을 잡아서 먹고 살았지만, 간척한 뒤에는 논을 받아 농사를 지으며 살았다는 이야기이다.

(조사자 : 간척사업하기 전에는 이 앞까지 물이 들어 왔지요?)

그런 때는 반지락, 기(게) 그런 것 잡고, 또 개매기(개막이) 한번 하면 고기 잡으러 갔고 그런 것 밖에 없어라. 나무 쳐갖고 실어 나르고 그랬어라. 매정 모퉁아리까지 배가 들어 왔었제 옹구배도(옹기배도) 들어왔어.

 아니 옛날에 내가 결혼해서 여그 와갖고 얼마 안 될때 여기 와서 살 때는, 지금 도로 밑에다 물이 철떡철떡 하면 애 아빠랑 자전거 타고 가다가 물로 뚝 떨어지고 넘어지고, 지금은 개 막아갖고 물이 없는데, 개 안 막았을 때는 낙지도 파먹고 기도 잡아먹고, 반지락도 잡아가지고 읍내에 폴로(팔러) 댕기고 뻘둑에 장어도 민물 갱물(갯물) 할롱한데 잡아서 먹고 그랬는데… 지금 개 막은 뒤로는 깨끗하게 그런 것이 없제. 개 막아서 삼시로(살면서) 저 논 막아갖고 고생 원없이 했소.

(조사자 : 저 논들은 어떻게 나눠 줬나요?)

그때는 없는 사람, 있는 사람 해갖고 나놔(나눠) 줬어라. 아따 우리가 그것을 외우것소. 싫증나면 팔아 불고 그랬제. 그런것 갖고는 말 못해라. 땅이라는 것은 왔다갔다 했지라. 지금도 글안하요(그렇지요). 있는 사람 덜 주고 없는 사람은 더

주고 했어라. 그것은 정확하게 해 줘야제.

(조사자 : 그때 이장이 누구였습니까?)

그때 이장은 우리 신랑이었소. 그럴 때는 산, 밭, 논 그런 것 다 평수 따져갖고 적은 사람은 더 주고, 그때는 매정 들녘이 여가 있잖애(있지않고) 저그 용호리, 사령, 어디어디 다 외지에가 있어갖고 이 집 앞에는 물만 쭉적쭉적 하고 아무 것도 없었어라.

그라고 옛날에는 소 구루마 끅고(끌고) 댕기면서 용호리 남바구 그런데까지 가서 모두 가실하고(가을일하고) 모하고 그랬어라. 어디 뻘을 파요. 울력은 안했어.

(조사자 : 개 막을 때 포크레인 그런 것으로 했나요?)

그것은 농어촌 기반공사에서 해서 한 것이제. 동네 울력으로 한 것은 없어요.

톳밥, 무수밥, 쑥밥

조사코드 589_MONA_20170417_MJR_KDJ_002
조사장소 진도군 임회면 고정리 매정마을 마을회관
조사일시 2017. 4. 17
조 사 자 윤홍기, 김명선
제 보 자 강돈지(여, 76세, 1941년생)

줄거리 흰쌀밥이 귀한 옛날에는 톳밥, 쑥밥, 무수밥, 지충밥을 해먹었는데, 이것도 없어서 굶기도 하면서 살았다는 이야기이다.

옛날에는 쑥 뜯어서 밥해 먹고, 저 바다에 가서 꿀메다(굴캐서) 밥해 먹고, 무수

㈜ 캐서 그놈 밥해 먹고, 돈도 없으니까 찰로 굶기도 하고….
이케(이렇게) 입고 싶은 옷도 못 입고, 신고 싶은 신도 못 신고, 어디 가고 싶어도 그런 것 없은께 못하고 신도 배급 나왔제. 그렇게 살면서 아그들을 가르쳤제 정말.
(조사자 : 옛날에 먹었던 음식 얘기들 좀 해주세요.)
톳밥, 쑥밥, 무수밥 그렇게 세가지 해먹었는데, 놈은(남은) 한 가지라도 더 먹었는가. 또 옛날에 지충밥도 해 먹었어. 서숙은 그 껍덕까지(껍질까지) 먹었어라. 그것도 없어서 못 먹었제, 그것은 동네마다 그랬제, 그때 한국 사람들은 다 그렇게 살았제.

결혼 전에 한 세 가지 약속

조사코드 589_MONA_20170417_MJR_KDJ_003
조사장소 진도군 임회면 고정리 매정마을 마을회관
조사일시 2017. 4. 17
조 사 자 윤홍기, 김명선
제 보 자 강돈지(여, 76세, 1941년생)

> **줄거리** 친정 삼촌의 소개로 선보러 온 남자를 피하려고 큰집으로 도망까지 갔으나 결국 말 몇 마디 나누고 결혼을 했다. 그러나 결국 속아서 고생을 많이 했다는 이야기이다.

(조사자 : 중매해서 선 본 얘기 한번 해주세요.)
시아버지가 우리 동네에 친구가 있었어. 어느날 계를 하러 와갖고

"나는 여그서 자부하나 맞쳐야 되겠네. 며느리 하나 맞쳐야 되겠네"
그란께는 친정 삼촌을 소개해갖고, 또 우리 집에 연락해갖고, 그케 해서 중매결혼 했제. 연애결혼 안했어라.
그때 어디에서 손님 온다는 얘기는 안 하고 내가 목화를 따다가 방에서 까고 있는데,
"아가 손님 왔다"
"뭔 손님이요"
그라고 가만히 창을 내다보니, 키 큰 청년이 서 있었어. 그래서 내가 얼른 눈치를 채고 저 뒷문으로 내빼갖고는 우리 큰집에 가서 있었어. 그란데 내중에는 인자 집안 할머니가 와갖고는
"손님 폴세 진즉에 가버렸다. 달아나는 너 볼라고 그제 있것냐?"
하길래 집에 와서 큰방 문을 연께 방에 쫙 앉았어. 방으로 들어온께 사람들은 다 나가부네. 둘이서 말을 하라고. 그때 하도 부끄러워서 뒤돌아 앉아 있었어. 뭔 말 몇 자 물어 본께는 대답했던가 말았던가 해갖고 그케 해서 결혼했어.
(조사자 : 신랑 되실 분한테 뭔 말을 물어봤나요?)
내가 어렸을 때 일을 무서워했어라. 그래서 딱 시가지를(세가지를) 물어 봤어. 저그 일이 많안가(많은가) 적은가? 식구가 많안가 적은가? 여기서 삿(살) 것인가 맛(말) 것인가? 딱 물어본께, 여기에서 살지 안 하고 책장시를(책장사) 할란다고 하데. 나 이런 얘기 생전 안했는데 오늘 하요. 진도에서 안 살고, 그래서 내 속으로는 일 안 하고 책장시 하면 쓰것다 생각하고 있는데, 또 한 가지는 즈그 식구가 많안께, 또 우리 친정은 식구가 없었어라.
당분간 고생을 쪼깐(조금) 할 것이라고 그래. 또 한 가지는 형님이 집이 없은께 오랫동안 같이 산다고 합디다. 시숙님이 집에 없으니께. 그래갖고 살다보니까 그것도 저것도 아니고 책장시가 어디가 있어? 나가는 것도 어디가 있어? 모두가 다 거짓말 입디다.
내가 속아갖고 왔소 그런 것 저런 것 속아갖고 여기 왔소. 그란데 나는 시집살

이는 안 했어 근디 고생은 원 없이 했소. 그런 얘기를 어찌게 다한다.

먹구렁이와 호박 태몽 꿈

조사코드 589_MONA_20170417_MJR_KDJ_004
조사장소 진도군 임회면 고정리 매정마을 마을회관
조사일시 2017. 4. 17
조 사 자 윤홍기, 김명선
제 보 자 강돈지(여, 76세, 1941년생)

줄거리 뱀꿈을 꾸고 첫아들을 낳았는데, 두 번째 꿈에서 호박 꼭지가 떨어져 결국 아이를 잃었다는 이야기이다.

(조사자 : 누구네 집에 구렁이가 나왔다던가 그런 얘기 좀 해주세요.)
옛날에는 구렁이도 많았고, 비올라 하면 담 우에가(위에) 많았고, 구렁이는 감나무 우에도 잘 올라갔어. 구렁이 꿈이 좋은가? 구렁이는 아들 꿈이여. 나는 우리 첫째 낳을 때 꺼만 먹구렁이 꿈을 꾸었어.
태몽이 있을라 할 때 내가 친정 행낭채에서 자는데, 집 뒤에가 장독이 있었어라. 거가 스프링이 꾸물꾸물 안하요. 그란데 뭣이 반짝반짝하더니 그것이 슬슬 기어가 그것이 스프링이 아니고 뱀이 되었어. 뱀 꼬랑지에 조그만 송아지가 같이 따라와. 그러니까 뱀에다 송아지가 나 자는 데를 덮친께, 그냥 무서라고 깜짝 일어나서 깬께, 엄마가
"너, 어찌 그라냐? 흉한 꿈 꿨냐?"

하고 물어봐.

"저그 장독에서 시커먼 구렁이가 나한테 덤벼들어 오길래 놀라갖고 깼다."

고 그랬어 그란께 엄마가 그것이 태몽 꿈이다고 했어. 그래갖고 그것이 아들 꿈이었던가 첫째 아들을 낳았어. 그 아들은 서울 살고 저 밥은 벌어먹고 살어라. 한 가지 다른 꿈은, 또 애를 하나 가졌는데 그것도 태몽이라 합디다. 들에를 갔는데 덜 익은 호박이 하나 있어. 그래서 그놈 딸라고 덩실로 들어가서는 그놈 요캐(요렇게) 잡을라 한게, 꼭지가 썩었던가 떨어져서 굴러가 버렸어.

그래서 내가 애를 실수를 했어. 그래갖고 그것이 태몽 꿈이었는데, 그 호박을 내가 땄으면 쏫것인데(쓸 것인데), 제대로 꼭지가 빠져서 굴러서 실수했다 안하요. 그것도 태몽 꿈이랍디다.

열세 명의 가족과 고생한 이야기

조사코드　589_MONA_20170417_MJR_PYJ_001
조사장소　진도군 임회면 고정리 매정마을 마을회관
조사일시　2017. 4. 17
조 사 자　윤홍기, 김명선
제 보 자　박용자(여,80세,1938년생)

> **줄거리**　결혼해서 열세 명의 가족과 함께 살면서 동네 샘에서 물 길어다가 이를 끓여먹고 살았다는 이야기이다.

나 결혼한께 식구가 나까지 열 서(열셋) 닙띠다(입디다). 그란데 살다난께 한 삼년

산께 시할마니 돌아가셨제, 그 다음에 또 시할아버지 돌아가셨제, 그 다음에 또 시아버지 돌아가셨제, 아주 식구를 몇을 보냈어요. 그라고 이제 남은 것은 나 혼자 있소, 우리 자석들 하고. 그런 말을 어떻게 한다 여기다가 아이고. 고생이란 말은 차마 말할 수도 없소.

매정은 물을 끓여 먹었어라. 그랑께 그 옛날 사람들은 고생 안한 사람들 다 있다? 시아잡씨(시아저씨) 돌아갔을 때, 밤새 물을 떠다 저 샘 때려갖고 갖다 여다(머리에이고) 고놈 먹었어라. 형제간들이 많안께(많아서) 일을 많이 했어라.

대가족 밥상 풍경

조사코드   589_MONA_20170417_MJR_PYJ_002
조사장소   진도군 임회면 고정리 매정마을 마을회관
조사일시   2017. 4. 17
조 사 자   윤홍기, 김명선
제 보 자   박용자(여, 80세, 1938년생)

줄거리 웃어른들과 아들들은 밥상을 받아 식사하지만 여자들은 부엌 바닥에서 옹조리에 밥과 반찬까지 함께 담아 먹었던 예전 대가족 식사 풍경에 관한 이야기이다.

할아부지, 할머니 겸상해서 드리고, 또 시아버지 하고 아들네들 하고 먹고, 일꾼 따로 먹고, 그리고 우덜은(우리들은) 땅바닥에서 먹었제, 상 받쳐 먹었다? 그런 때는 그릇도 없은께 옹조리에다 담고, 된장 간장 김치 깍두기 담고, 그라고 부끄럽다고 여런이(여럿이) 그냥 돌아앉아서 먹었고. 잔뜩 식구가 많안께.

밥을 하면 보쌀(보리쌀) 우에(위에) 쌀 쪼깐(조금) 언그면(얹으면) 어른들만 딱 드리는데, 제일 먼저 하납씨(할아버지) 밥만 뜨고 시압씨(시아버지) 밥 뜨고 우덜은 쌀 부족한께 맨 보리밥만 먹고, 쌀 좀 더 뜨면 쪼깐 맛있어 그렇게 먹고 살았지라. 애기 안고 젖 먹임시로 부엌에서 먹었제, 어른들은 방에다 드리고 수저 젓가락이야 다 있었지라.

숭늉 만들어 먹고 그랬제. 시어머니도 같이 서서 먹고 할머니가 그렇게 좋읍디다, 먹는 것도 그렇게 나를 많이 챙겨줬어. 울퉁불퉁한 정제 바닥에 앉아서 먹고 그랬제.

썩은 보리밥 먹기

조사코드	589_MONA_20170417_MJR_LSD_001
조사장소	진도군 임회면 고정리 매정마을 마을회관
조사일시	2017. 4. 17
조 사 자	윤홍기, 김명선
제 보 자	이삼덕(여, 84세, 1934년생)

> **줄거리** 어느 한 해에 비가 많이 와서 보리가 썩어버렸는데 버리지도 못해, 그 썩은 보리로 밥을 지어먹었다. 그 때 임신 중이었는데도 무탈하게 아기를 잘 낳았다는 이야기이다.

그란데 보리 썩던 해가 우리 큰딸 낳던 해였어. 한해는 보리가 썩어갖고 못도 롬(모내기철)인데 보리를 몰리는데(말리는데) 뒤껴(뒤집어) 놓으면 비 오고, 또 뒤껴 놓으면 비 오고 해서 완전히 그 보리가 썩어 불었어.

그래갖고 완전히 썩은 밥을 먹었어. 참말로 날보리를 씻어갖고 고놈 갈아다가 소다 넣고, 사까리(사카린) 넣고 그래갖고 고것으로 끼니로 잇고 살았소, 밀가루는 나중에사 나왔어.

기영이 할라(조차) 배갖고 영락없이 죽은 줄 알았제. 근디 썩은 보리밥 먹고도 사고는 없었어. 7월 달에 날껀데(낳을 것인데) 아주 탱탱 붓어갖고 댕김시로(다니면서) 놈도 부끄런께 저그 밭에 앉았다가 영락없이 애 낳더니 죽을 거라고 그렇게 생각했는데 안 죽읍디다.

그래갖고 그 뒤로 애기 낳고 밀가루도 나오고 강냉이 가루도 나오고 했어요.

특이한 이름 석자

조사코드　589_MONA_20170417_MJR_KBD_001
조사장소　진도군 임회면 고정리 매정마을 마을회관
조사일시　2017. 4. 17
조 사 자　윤홍기, 김명선
제 보 자　강보단(여, 80세, 1938년생)

> **줄거리** 할아버지가 지어 준 이름을 바꾸지 않고 잘 간직하고 살아왔고, 해와 달을 시계 삼아 열심히 일하며 살아왔던 지난날에 대한 이야기이다.

나는 일만해서 몰라. 놈(남) 잠잘 때 일하고, 놈 놀 때도 일하고 했은께. 챙피한께 말 안해. 이름도 얼마나 이쁜지 하하하, 그란께 내가 암 말도 안하고 있소. 하하하. 한국에는 없는 이름이요.

할아버지가 자식들이 딸만 낳고, 아들은 낳으면 죽어불고 그란다고 아니 어째 이상하게 호적에 올림시로 친정어머니가 보전에서 왔다고 '강보단'으로 이름을 지어 놨소. 그란께 할아버지가 이름을 잘못 지었다고,
"딸은 애 낳으면 누구 엄마라 하제, 뭔 이름을 진다냐?"
하고,
"이름 좋은께 바꾸지 마라."
했다고 그랬어. 어디 가서 이름대라 하면,
"아이고 내 이름 너무 이쁜데."
그라문 찬찬히 보고
"참 이쁘요."
그라제 다르지 않았어.
내가 재금을(분가를) 나갖고 참 놈보다 부자로 살아볼까 그라고 어른하고 나하고 맞은께라, 새벽에 놈 자면 한숨이나 자는가 마는가, 새벽에 나가서 막 곡석도 돌봐주고, 캄캄할 때 이녁 것 해놓고 놈으(남의) 것 하고, 다 알어라. 그라고 애기들 5남매 가르치고 놈한테 손 안 벌리고 사요. 놈들 엄마들은 내가 애기 낳고 3일 만에 일하고 한께 큰 일 났다고 금방 죽는다고 했제.
아침에 그런 때는 시계도 없고 그란께, 한숨 자고 나가서 일하면 저그 광전, 고산 그런데 가 논두럭 비다, 논에 뭐하다가 그라다 나면 닭 울고 그라면 앗다, 인자 날 새는 모양이다 그랬어.
피오동다가 거름 이고 다니고, 낮에는 놈 일하고, 내가 진짜 하늘이 알고 땅이 알제 진짜 성실히 살았소, 그런 애기 안할려고 했는데 그란께 누가 이런 소리 하믄 그냥 울음 나오제.

조리 모양의 매정리

조사코드	589_MONA_20170417_MJR_KBD_002
조사장소	진도군 임회면 고정리 매정마을 마을회관
조사일시	2017. 4. 17
조 사 자	윤홍기, 김명선
제 보 자	강보단(여, 80세, 1938년생)

> **줄거리** 매정리는 조리형국이라 물이 찰랑거려야 좋다고 하는데, 지금은 개를 막아버려 옛날만 못하고 예전 훌륭한 마을 분들도 돌아가시고 안 계셔서 아쉽다는 이야기이다.

우리 삼촌이 그라드만. 아니 매정은 집 앞에가 물이 찰랑찰랑해야 좋닥 해(좋다고 해).

"삼촌 어째 그래라?"

그란께, 매정이 조리형이라 안하요(합디다). 동네가 그란께 물이 한나(가득) 차야 좋은데, 소포개 막은 것이 안 좋아. 어른들이 이캐 다 돌아가시고 진짜 우리 매정이 옛날에는 임회에서 제일 부촌이었는데, 지금은 최고로 빠져부렀어. 어디다 내세울 것이 없어라.

아니 농토갖고 부자 된 줄도 모르고, 저런데 물이 한나 찼을 때가 구루마, 소해서 나락 짐 지고 막 했는데. 그런 때는 밭에는 서숙이 있고, 제때 일을 못 한께 완전히 개울까지가 쌀이고 했지라. 잔뜩 많애서 내도 못 한께, 지금은 그런 것이 없어라, 바다 막은 뒤로.

나는 무릎이 아파서 걸음을 못 걸어, 우리 동네는 젊은이들이 없어. 옛날에는 집집마다 일꾼을 들이고 살았는데, 그란데 지금은 어른들이 다 돌아가셨어. 그 어른들만 있으면 지금도 안 빠질텐데 애들은 나갔지만.

매정에는 부자들이 많았어라, 그란께 조리는 물이 있었야제. 이전 말이요, 참말로 이전에는, 그런데 그 좋은 어른들이 안 계셔 살만한 사람들이.
그런데 어디 나가면 '매화 매' 자가 아니고, 어디 나가서 매정에서 왔다고 하면 '매정할 매' 자라고 해. 글먼 우리가 '매정할 매' 자가 아니다고 말해.
우덜(우리들) 시집오기 전에 큰 나무들이 섰을 때는 부촌이었는데, 그것을 베어 불어서 지금 못살게 되었는 것이요.

젊은 노인회장의 포부

조사코드 589_MONA_20170417_MJR_PJS_001
조사장소 진도군 임회면 고정리 매정마을 마을회관
조사일시 2017. 4. 17
조 사 자 윤홍기, 김명선
제 보 자 박재순(남, 68세, 1950년생)

> **줄거리** 제보자가 처가인 이 마을에 들어와 살게 되면서 마을과 사람들이 좋아 정이 들었다. 그리고 노인회장을 하면서 마을에 남자 어르신들이 많지 않아 아쉽지만 최고령인 어른이 계셔서 중심과 질서가 잘 잡혀 다행이라는 이야기이다.

나는 여기 사람이 아닌데, 그래서 나는 처음에 여기 오는 것을 반대 했는데, 어차피 장인 장모 살던 처갓집이 비어 있으니까 할 수 없이 이 동네로 와서 지금 햇수로 10년차 되었는데, 와서 보니까 처음에는 몰랐는데, 동네 어르신들도 꾕장히 반갑게 맞이 해주고 생각보다 어르신들이 참 좋더라고.
그라고 다만 아쉬운 점이 젊은이는 둘째 치고, 남자 어른 분들이 빨리 돌아가시고 여자들만 계시다 보니까 동네가 어찌 보면 질서가 묘하게 된 것 같기도 하고.

어른들이 계시면 일사천리로 해서 또 온 일이 잘 될 텐데, 가만히 지켜보니까 그래도 지금 살아계시는 분 들 중 제일 나이 잡수신 이재민 어르신이 나이가 97세인데, 그 어른 한분 계시는데 그 어른이 말씀하시면 동네 사람들이 모두 따라주고 더구나 또 경주이씨 집성촌이라 뭔 일하다 보면 금세 단합이 잘돼. 내가 보니까 그런 점이 참 좋은 것 같애.

노인 회장 맡은 지가 불과 얼마 안 되니까 잘 모르지만 앞으로 노인회장으로 잘해드려야 될 텐데, 내 마음으로는 잘 하려고 생각하는데 마음대로 될 란가 모르겠어요. 더 많이 노력 할게요.

정월대보름 놀이의 추억

조사코드 589_MONA_20170417_MJR_LHJ_001
조사장소 진도군 임회면 고정리 매정마을 마을회관
조사일시 2017. 4. 17
조 사 자 윤홍기, 김명선
제 보 자 이화자(여, 78세, 1940년생)

> **줄거리** 정월대보름에는 꽹과리 치기, 뱀 쫓는 글 써서 붙이기, 내 더위 팔기, 오곡밥 해먹기, 밤에 치밥 얻어먹기, 밤에 논두렁에 불 피우기 놀이, 새벽에 소변 받아 밭에 주기까지 정월대보름에 하는 풍습에 대한 이야기이다.

정월대보름이 되면 큰 대에다 국기 달고, 농사 잘 되라고 팽소리 그것도 하고, 뱀 못오게 한다고 글 써갖고 담 독에다 군데군데 붙이고, 또 내 더위 판다고 내 더위 사가라고 '내독' 그러고 하고,

그라고 또 보름날 저녁에 밤에 치밥(키밥) 얻으러 댕긴다고, 밤에 아그덜이 전부 얻어다가 돌아앉아서 먹고, 보름에는 밥은 다 주지라.
나물, 명태, 짐(김), 밥, 고사리노물, 콩노물, 녹두노물 그런 것 갖고 오고, 또 그라고 보름날 새우고 아침 일찌가니(일찍) 새벽에 일어나서 소매를(소변을) 이고 거름을 밭에 주고 오랍디다. 농사가 잘 된다고.
소매통을 보리밭에 주고 디딜 봅는다고(밟는다고) 하고 밥은 오곡밥이었어요. 쌀, 보리, 퐅(팥), 조, 콩 이었지요. 오곡밥 해서 낮에 먹고, 밤에 치밥 얻으러 오면 인자 치밥 오곡밥 주고, 밤에 놈의 밭에 논두럭에 불 피고 장난으로 했제.

임회면 굴포리 남선마을

쩍골, 절골이었던 남선

자료코드	589_FOTA_20170609_NSR_KJG_001
조사장소	진도군 임회면 굴포리 남선마을 제보자 자택
조사일시	2017. 6. 9
조 사 자	김명선, 윤홍기
제 보 자	강진간(남, 79세, 1939년생)

> **줄거리** 예전에 이곳에 절이 있어서 남선을 '쩍골', '절골'이라고 불렀는데, 일제강점기 때 마을 이름을 '남선'이라고 했다는 이야기이다.

우리 마을 이름이 남선이 아닐 때는 '쩍골' '절골'이라 했는데 절이 있었닥 해. 그 절이 아까 이야기하다시피 삼국시대 신라 말 때나 생겼을까? 거가 절이 있다가 없어진 이유는 빈대가 많아서 없어졌다는 그런 말이 있어. 그건 확실히 몰라. 지금도 가서 보면 물이 좋고 멍에(머위)같은 것이 많어.

그래서 그 절 때문에 여그를 '쩍골', '절골' 불렀닥 해. 그랬는데 그 후로 김장백 씨가 처음으로 첫 이장을 할 때 그 분이 남선이라고 이름을 지었닥 해. 그때가 언제냐면 일제시대여. 그래갖고 지금까지 여그를 '남선'이라 부르제.

팽나무로 가늠하는 남도석성의 역사

자료코드	589_FOTA_20170609_NSR_KJG_002
조사장소	진도군 임회면 굴포리 남선마을 제보자 자택
조사일시	2017. 6. 9
조 사 자	김명선, 윤홍기
제 보 자	강진간(남, 79세, 1939년생)

줄거리 역사적 기록은 남아있지 않으나 남도석성은 세종 23년에 쌓았다고 하는데, 성 위에 있는 팽나무 수령만 보더라도 굉장히 오래되었음을 짐작할 수 있다는 이야기이다.

남도석성은 역사적으로 보면 세종 23년에 첫 번째 발령을 받고 시작이 되었어. 그런데 아무리 찾아봐도 성을 쌓다는 그 내력이 없어. 그러기 때문에 몇 년도에, 어느 때에 성을 쌓았던가 하는 것은 찾아볼 수 없다고 그러더만. 면에 물어봐도 기억이 없기 때문에.

옛날에 우리 초등학교 다닐 때 거그를 가서 보면, 성 바로 욱에가(위에가) 이렇게 퉁근(두꺼운) [양팔로 원을 그리며] 팽나무가 따박(작고 통통한) 해갖고 크는 것을 봤어. 그런 것을 보면은 굉장히 오래됐다고 봐야지. 성은 아무렇게도 더 이상 모르것드만.

태풍으로 옮긴 새 당집

자료코드 589_FOTA_20170609_NSR_KJG_003
조사장소 진도군 임회면 굴포리 남선마을 제보자 자택
조사일시 2017. 6. 9
조 사 자 김명선, 윤홍기
제 보 자 강진간(남, 79세, 1939년생)

> **줄거리** 정월 대보름에 당제를 모셨는데, 어느 해에 태풍으로 당집 지붕이 굴포 웃동네로 날아가자 그 자리에 당집을 옮겨지었다. 나중에 당집을 없애면서 예전 당집으로 옮기고 나중에 생긴 당집은 배중손 장군 사당이 되었다는 이야기이다.

당집 모양은 빙 둘러 흙돌담을 쌓고, 그 위에 초가지붕을 덮었어. 출입문은 하나고 당집이 낮기 때문에 허리를 구부리고 들어가야 했어. 당집 바닥에는 아무것도 깔아있지 않았고 흙바탕 그대로 였제. 정월 대보름날 걸궁을 치며 당굿을 해. 남선당집은 할매당이라 했어.

그 당시는 뺑 돌려서 담이 있는데 지붕이 마람(이엉)으로 되어 있어. 근데 한 태풍이 시게(세게) 불어서 그 태풍 때문에 마람 이은 지붕이 바람에 밀려서 굴포 웃동네 앞으로 날아가 있었어. 그랑께 동네 어른들이

"이 자리보다 거그다가 자리가 좋아서 당 할머니가 욜로(여기로) 옮겨온 것 아니냐."

그래갖고 당을 또 걸로(그곳으로) 옮겨서 지었어. 위쪽에다. 그래서 쭉(계속) 그 자리에 있는데 새마을 사업이 시작한 후로 아마 없애졌을 거여. 새마을 사업이 시작 되면서부터 미신타파 하는 운동이 일어났어.

'그것이 미신이다' 그래갖고는 그 당시 당이란 것이 없어지고 여그 있는 당, 본래 있는 당에다가 다시 만들었는데, 그 당을 없애불고 그 자리에 배중손 사당이 생겼구만. 그 자리가 당이 있는 것도 우리가 알고 없어진 것도 알아.

(조사자 : 당이 윤선도 사당 말씀인가요?)

현재 있는 것은 배중손 장군 사당이고, 그 전에는 초가로 맨들어진 당이 2개 있었는데 그 후로 새마을 사업이 거의 끝나갈 무렵에는 그 당을 기와집으로 다시 지었제.

우리가 알기로는 그저 당 제사만 지낸 줄 알아. 일부에서는 '윤선도 할아버지 제사가 아니냐' 이렇게 본 사람도 있어.

당 제사는 언제든지 정월 보름날 굴포에서 굿, 장구, 농악을 하면서 제사를 모시는데 어르신들이 이상하다 하는 것은, 날씨가 좋은 날도 굿 치러 나가면 굿을 칠 때까지 샛바람이 불어 온당께. 샛바람이 바다에서 불어와. 그런께 당 할머니가 제산 줄 알고 신경을 쓰신 것이라고 제사를 모신닥 해.

그것도 새마을 사업이 한참 할 때 부터는 점차 약해져서 안 해졌어. 지금은 안 해. 그런데 지금은 윤씨 집안에서 1월 15일 보름날 모시고 있어.

윤선도 꿈에 나타난 구렁이

자료코드	589_FOTA_20170609_NSR_KJG_004
조사장소	진도군 임회면 굴포리 남선마을 제보자 자택
조사일시	2017. 6. 9
조 사 자	김명선, 윤홍기
제 보 자	강진간(남, 79세, 1939년생)

> **줄거리** 윤선도가 원을 막을 당시 석축을 세우기를 여러 번 실패하던 중, 꿈속에 큰 구렁이를 보았는데 구렁이가 있던 자리에 석축을 쌓았더니 쓰러지지 않았다는 이야기이다.

윤선도가 원(저수지)을 막는데 쌓아놓으면 몇 번이고 무너지자, 결국은 이제 여기 굴포 와서 잠을 자는 데 꿈을 꾼께, 실제 석축은 그 아래 가까운 자리에다가 하다가 자꾸 넘어지고 넘어지고 실패했는데, 꿈에 큰 구랭이가(구렁이가) 거가 있는데 가서 보니까 구렁이는 없어지드래.

그래서 다음 날 아침에 그 자리를 갔더니 구렁이가 있던 자리에 하얀 서리가 있거든. '이것이 표시구나' 생각하고 그 자리로 돌을 옮겼닥 해. 그 자리가 상당히 길어. 지금 현재 있는 돌이 직선이 아니고 구부러지고.

그래서 그 자리로 옮겨서 석축을 쌓았는데, 그게 안 쓰러지고 지금까지 지탱한다 그런 말을 들었어. 그래가지고 그 때가 지금 한 300년이 훨씬 넘겠지.

원을 막아준 윤선도 공덕비

자료코드 589_FOTA_20170609_NSR_KJG_005
조사장소 진도군 임회면 굴포리 남선마을 제보자 자택
조사일시 2017. 6. 9
조 사 자 김명선, 윤홍기
제 보 자 강진간(남, 79세, 1939년생)

줄거리 윤선도가 설씨 부인과 굴포에서 10여년 사는 동안 굴포에 원을 막아주어 후대까지 마을 사람들이 농사를 지으며 잘 살게 되자, 굴포, 신동, 백동, 남선 4개 마을에서 윤선도의 공덕을 기리기 위해 비석을 세웠다고 한다.

여기 비석을 보면 년도를 알겠는데 그 비석은 내가 그 당시 이장을 할 때 여그, 4개 마을 백동, 신동, 굴포 이장들 데리고 나까지 너니(넷이) 해남 윤선도 집을 찾아갔어.

"우리 조상들이 옛날에 윤선도의 큰 혜택을 받아 농사짓고 잘 살고 있은게, 공덕비를 세울라고 마음먹으요. 그러니 자세한 내력을 좀 알켜(가르쳐)주시오."

하니까 그 분들이 6대 손인가 되는디 그곳을 관리를 하고 있데만. 윤선도 노고단 관리소장을 하고 있고 그 당시 그분이 연세대학교 나왔다고 해. 나이가 그때 우리들보다 더 먹었어. 내가 그때 나이가 약 40은 되었을 거여. 한 20년 되겠구만. 그 분 얘기가,

"내가 언제 할아버지 일기장을 봉께, 섣달 그믐께 여기서 사는 할아버지 두 분이 쌀을 차대기에다 담아 짊어지고 왔는데, 즈그(자기) 하랍씨한테(할아버지한테) 와서 윤선도를 찾아가서 선생님이 여그다 이케 원을 막아 주어서 농사 짓은 쌀이요. 그래서 우리 잘 살고 있습니다. 그 주민들이 지금까지 고맙다는 이야기를 하고 살고 있습니다."

하고 인사를 하러 왔드래. 그 내용이 일기장에 써있었는데, 그래서

윤선도 공덕비

"그 일기장을 지금 찾을 수 있느냐?"
고 물었더니
"지금 찾을라면 한참 찾아야 되고 내가 그걸 본지 오래된께 한 며칠 있어야 되겠소. 내가 찾아가지고 그 내용을 기록해서 가지고 가겠은께(갈테니) 그때까지 기다리쇼."
우리는 그 이야기를 듣고 왔는데 약 2년쯤 된께, 그것을 가져 왔다더라고. 그래서 그 내용을 면장님하고 군수님께 보여 주었어.
4개 마을 이장들이 해남을 찾아가기 전에 우리들끼리 계획을 세워가지고 윤선도 공덕비를 세운다 하니까 면장님이 하는 말이,
"그것을 세울라면 확실한 근거 자료가 있어야 하는데, 옛 사람들의 말만 듣고는 안된께 더 자세한 것을 확실히 알아가지고 근거를 찾아서 비석을 세우게 노력하시오"
하는 말을 듣고는 우리들이 해남까지 갔고 그것이 오기를 기다렸더니 가져 왔어.
군수님한테 가져갔어, 물론 면장님께 먼저 보이고 군수님이 보고는,

"이런 정도는 해도 되겄으니 하시오."

그래서 굴포, 신동, 백동, 남선 마을에서 거그 들어간 비용 얼마씩 걷어가지고 세운 것이 지금 가면 비석이 있어. 그 비석이 남아있다고.

내가 비석 세우기 위해서 어르신들께 이야기 하니까,

"우리들이 이렇게라도 남겨 놓아야 우리 후손 때 가서 알제. 이런 것이 없으면 여그다가 어느 분이 사업을 해서 둑을 쌓아서 농사짓게 되었다는 내용을 모른 께, 우리들이라도 이러한 근거를 만든 것이오."

그렇게 이야기를 해갖고 해 놓은 거란 말이지. 그래서 여기 있는 주민 다 알고 있어.

명당 먹통바위를 알아본 윤선도

자료코드　589_FOTA_20170609_NSR_KJG_006
조사장소　진도군 임회면 굴포리 남선마을 제보자 자택
조사일시　2017. 6. 9
조 사 자　김명선, 윤홍기
제 보 자　강진간(남, 79세, 1939년생)

> **줄거리** 윤선도가 우연히 배에서 산 높은 곳, 좋은 자리에 묘를 쓰는 것을 보고서 명당임을 직감하였다. 윤선도가 그곳 바위를 '먹통바위'라 한 후로 마을 사람들도 그렇게 불렀으며, 실제로 그 묘의 후손이 장관이 됐다는 이야기이다.

윤선도는 옛날에 굴포서 한 십여 년 살았어. 정확한 햇수는 십 여년일거여. 윤선도가 거기서 함께 산 지산면 인지리 설씨 부인은 본 부인이 아니고 속은(사실

은)둘짼지 셋짼지 몰라도 설씨 부인을 데리고 굴포 마을에서 몇 년 살았어. 어느 때냐 하면은 원 막을 그 시기나 되겄지. 조선 중기 때 그 당시 나이로 봐서는 52세 정도나 되었던가. 원을 막을 때, 그저 사람을 부리는 것이 아니라 사람을 많이 사서 이렇게 쓰고 본래 즈그 집이 부자였닥 해(부자라고 한다). 농토가 많은 부자였닥 해.

큰 벼슬도 하고 본관은 물론 해남이고, 살면서 아마 몇 년 걸쳐서 끝났을 거라 봐, 한 해 두해가 아니라. 그 당시 제주를 많이 다녔고 진도도 많이 다녔어. 자기는 저수지할 때 1년이나 2년 하면 일이 끝나겄지 했는데 많이 걸린께 고통 많았겄지 돈도 많이 들고.

배를 타고 굴포에 와서는 앞에 멀리 있는 산인데 여그서는 큰 산 여귀봉쪽 산인데, 그 산 높은 지역에서 묘를 쓰는 것 같아 보이는데 그 자리가 자기가 보았을 때는 아주 좋은 자리 같아. 고산 윤선도가 풍수지리에 능한 사람이여 문학에만 능한 것이 아니라.

'저 자리가 고관대작(高官大爵) 자리인데, 어떤 분이 저기다 묏을(묘를) 쓸까?' 곰곰이 생각하다가 '저 집안이 보통 집안이 아니겄다.' 거기 가봤다고 하는데 실제 가봤는지 안 가봤는지 확실치는 않아. 어른들 말만 그래. 가서 본께 큰 바위가 있고 묏자리가 좋아.

"저 바위가 먼 바윈고?"

한께, 일한 사람이

"벌바위라 합니다."

"벌바우가 아니라 먹통바위 같이 보인다."

하도 자리가 좋아서 큰 사람이 나올 것 같은께, 걍(그냥) 변통 없는 말로 말했다는 것이여. 그라고 지났는데 그것이 사실일까 아닐까 사실을 확인 안 해봤어. 어른들 말만 들었지.

최근에 와서 김병삼씨가 육군 소장을 지내갖고, 그 분이 체신부 장관까지 했어. 그랑께 여기 있는 어른들이 하는 말이, 나는 그때만 해도 젊었제.

"대처 고산 윤선도가 풍수지리는 참 박사다! 박사여! 그 당시 하는 말이 고관대작이면 즈그들은 요새 같으면 옛날에 대감이나 지금 같으면 장관이라 생각했는데, 체신부 장관 된 것 본께 대체 맞기는 맞다. 잘 본 사람이다."
이런 이야기를 하는 것을 내가 들었어.
"벌 바우라고도 하고 먹통바우라고도 해."
그래서 그 후로는 상만, 중만, 송월 저쪽 사람들이 거그를 '먹통바우'로 불렀어. 그런 이야기만 들었어.

애기 업은 무당을 도깨비로 착각하다

자료코드 589_MONA_20170609_NSR_KJG_001
조사장소 진도군 임회면 굴포리 남선마을 제보자 자택
조사일시 2017. 6. 9
조 사 자 김명선, 윤홍기
제 보 자 강진간(남, 79세, 1939년생)

> **줄거리** 차가 다니지 않는 산길(원골)을 깊은 밤에 젖먹이 아이를 업은 무당과 한 아저씨가 각각 모른 채 가다가 서로를 도깨비로 착각하고 무서움에 떨었던 추억에 관한 이야기이다.

새마을 사업이 시작되기 전이제. 지금부터 60년전 이라고 보면 돼. 그 시절에 그때만 해도 정월 초믄 무당들이 이집 저집 다니면서 굿을 많이 하고 점치러 다니고 그랬어. 병이 나도 그들이 와서 굿을 하고 그때도 이 지방에서는 무당들이 직업을 그걸로 해서 먹고 사는 사람들이 있었어.

무당을 굿쟁이라 할까? 당골이라 할까? 한 분이 전문적인 굿쟁인데, 여그서 굴포서 굿을 하러 갈 때 젊어서 애기를 낳아갖고 애기가 젖을 먹은께 등에 업고 굴포리에 가서 굿을 했어. 하고 난께 12시가 넘거든 새백이(새벽이) 되아. 정월 초라 깊은 겨울이여.

애기를 등에 업고 즈그 집으로 가. 즈그 집이 어디냐 하면 남동이여. 굴포서 남선을 지껴서(지나서) 남동으로 가는 길이 있는데, 남선서 남동을 가는 그 길이, 산길이 한 2킬로는 못되고 1킬로는 넘고 2킬로 가까이 되었닥 해.

동녕개에서 남동으로 가는 옛날 산길이 지금은 버스가 다니는 길이라 괜찮은디 그때는 사람만 걸어 다녔어. 산속이나 다름없어 그런데 그 골창(골짜기) 이름이 원골인가 할꺼여. 아주 거그가 아주 도깨비도 잘나고 그건 몰라 우리가 말로만 들었은께.

원골 이름이 아주 악하다(惡)는 뜻일 것 같아. 원한이 있다는 '원(怨)'자. (그 골창이) 사람도 더러 죽고.

등에서 자던 애기가 깨어나면 등에서 울거든. 가다 더러 울고, 울고 밤이 깊어서 새백(새벽)이 되었는데 애기가 상당히 울면

"울지 마라, 울지 마라."

달기면서(달래면서) 가고, 또 안 울면 그대로 가고 그 산길을 갈 때 '여가 무선 자리다' 곧 무섭다는 것을 자기도 생각하고 가지. 날은 디게(매우) 어둡고 눈은 하나씩 떨어지고 상당히 추운 날인데 구름은 꽉 쪄갖고(가득차서) 앞이 잘 안보이제.

그 당시에 즈그 동네 남동 사람이 나이도 지긋한데, 우리 동네다 딸을 여워갖고(시집보내서) 딸네 집에 왔다가 술을 거나하게 먹었어.

술을 거나하게 먹었어도 즈그 집에 간다고, 즈그 딸은 못 가게 해도 쌀쌀(천천히) 간다고 가는 길이 무당하고 거의 같은 시간에 나섰든가 그 분은 100미터 이상 앞으로 가지고 애기 얶은 무당은 100미터 이상 떨어져서 가게 됐던 모양이여.

긍께 인자 뒤에서 애기 울음소리가 나거든. 술 먹은 영감님이 가만히 생각하니 거그도 무선 자린께 자기도 '거그가 무선 자린데 도깨비가 틀림없이 났다.' 옛날에 즈그들이 알기로는 도깨비가 나서 사람들이 죽고 그랬는데 나도 이것 큰일 났다. 술 먹은 김에 찌벅찌벅 가는데 길은 사납고 자빠지기도 하고, 갈라고 하지만 술을 먹어서 빨리 못가고 애가 터져.

그런데 애기 울음소리가 차차 가까워지거든 더욱 무서워서 환장할 일이제. 그래서 아무리 빨리 갈라고 해도 발걸음은 잘 안 떼어지고. 가다가 애기 울음소리가 점점 가까워진께 인자 겁이 나고 어쩌고 하다가 넘어져갖고 채 일어나지도 못하고 일어날려고 하지만 잘 안 되고 그란께, 그라고 있는 순간에 애기 울음소리가 무지무지 가까워져.

근디 이 무당은 전혀 모르제. 앞에가 사람 있는 줄 전혀 모르제. 무당은 빨리 갈라고 애를 쓰고 가는데 한참 가다 사람 같은걸 볼바(밟아)갖고 넘어지면서,

"워매 이것이 뭐시냐?"

그랑께 넘어져갖고 있는 영감도

"지금 뭔 일이야?"

소리를 지르거든. 깊은 밤중이라 둘이다 무섭던지 거기서 둘이 정신을 잃어갖고 소리 지르다 알고 본께 즈그 동네 사람들이여.

그렇게 무선 꼴을 당했단 것을 실제 우리들이 들어보고 그런 세상에는 무서운 일도 많이 있었어. 미신을 너무나 믿기 때문에 의지하고 살다가 그런 꼴을 당하는 걸 봤어.

참나무등에 있던 독담벌

자료코드	589_FOTA_20170609_NSR_KJG_007
조사장소	진도군 임회면 굴포리 남선마을 제보자 자택
조사일시	2017. 6. 9
조 사 자	김명선, 윤홍기
제 보 자	강진간(남, 79세, 1939년생)

> **줄거리** 남선과 굴포 사이에 절이 있었고, 절과 주변 산 위까지 참나무가 많아 '참나무등' 이라고 불렀다. 그리고 그곳에는 아이들이 죽으면 돌로 무덤을 만든 '독담벌'이 있었다는 이야기이다.

옛 어른들 얘기가 남선서 굴포로 가는 그 자리가 '참나무뚱'이라는 말이 있어. 어째서 참나무뚱이라 했냐 하면, 지금 큰 도로 있는 데서부터 저 산 있는 쪽으로가 굵은 참나무가 많이 서 있었닥 해. 그래서 참나무가 많이 있는 뚝이다. 그래갖고 참나무뚱이라 불렀다는 그런 이야기가 있어.

지금 남선과 굴포 사이에 절이 있지. 도로변에, 절이 있는데서 저 욱에 산 있는데 까지를 참나무뚱이락 해. 어른들보고 물어본께 참나무가 많이 있어서 참나무뚝인데 우리들 지금 사람들은 참나무뚱이라 불러.

거기에는 애기들 죽으면 묻는 '독담벌'이라고 돌로 만든 애기 무덤이 있었어.

청동기 때부터 사람이 살았던 백동리

자료코드   589_FOTA_20170609_NSR_KJG_008
조사장소   진도군 임회면 굴포리 남선마을 제보자 자택
조사일시   2017. 6. 9
조 사 자   김명선, 윤홍기
제 보 자   강진간(남, 79세, 1939년생)

> **줄거리** 제보자가 어렸을 때 백동리에 있는 초등학교 뒤 부근에 10기 정도의 고인돌이 있었던 것으로 보아 청동기시대부터 백동리 사람이 살았을 것이라는 이야기이다.

그때는 절(寺)만 있었제 동네는 사람이 없었고. 단 사람이 있는 것은 우리 지금 현대 사람들이 생각할 때는 남동, 남동은 사람이 살았을 것이여. 이런데는 사람이 별로 없었고.

굴포 같은 데나 백동이나 사람이 살았어도 얼마나 살았는지는 모르제. 그래도 사람은 살았지.

사람이 살았다는 증거는 어떻게 해서 아냐 하면은 자네들은 알 것이제. 돌로 기둥을 세워갖고 욱에다(위에) 큰 돌을 놓은 것 그런 것 봤제. 그것보고 고인돌이라 하제. 그 돌들이 이 근방에서 백동가면 초등학교 있지? 초등학교 뒷 부근에가, 우리가 초등학교 1학년 정도나 될 때에는 한 열개정도 있었어 고인돌이. 그런데 지금은 하나도 없지. 고인돌이 있는 것으로 봐서는 고인돌의 역사를 보면 고인돌이 청동기시대 그때부터 있다고 추측하지.

이 근방 백동쪽 백야산 부근에서부터 사람이 살기 시작했다고 보는 거여.

호랑이도 놀란 할머니의 고함 소리

자료코드	589_FOTA_20170609_NSR_KJG_009
조사장소	진도군 임회면 굴포리 남선마을 제보자 자택
조사일시	2017. 6. 9
조 사 자	김명선, 윤홍기
제 보 자	강진간(남, 79세, 1939년생)

> **줄거리** 제보자의 할머니가 시집을 와 첫 아이를 임신 중이었을 당시, 어두운 밤중에 송아지를 물고 가는 호랑이를 보고 고함을 질러 쫓아낼 정도로 야무지고 담력이 크신 분이었다고 한다.

할머니가 시집을 와서, 참 우리 할머니가 얼마나 야무진 사람이냐면, 17살에 첫 애기를 뺐어. 그해 초여름이나 되었을까 호랑이가 와서 집에 있는 송아지를 물고가. 그때만 해도 여그 가까운 데서 호랑이가 살았던가봐. 송아지를 물고 간께, 애기 배서 배가 불럭한(부른) 할머니가 바지랑대를 찾았어.
"뭔 바지랑대냐?"
한께 큰 대로 되어 있닥 해. 마당에 있은께 그놈을 못 쳐든께, 찍찍 끄꼬(끌고) 가면서 호랑이를 향해 소리를 질렀닥 해. 힘대로 소리를 질렀닥 해.
"동네 사람들, 호랑이가 우리 송아지 물고가요!"
하고 소리를 지르면서 바지랑대를 끌고 여자가 어두운 밤인데 초밤, 저녁밥 먹고 그란께 호랑이가 송아지를 물고 가다 놨두고 갔드라냐. 그래서 동네 사람들이 송아지를 잡아 먹었닥 해.
우리 할머니가 얼마나 힘이 씬지(센지) 알아? 그 할머니가 우리 초등학교 다닐 때 돌아가셨어. 야든살(여든살) 넘어서 돌아가셨어. 그때만 해도 동네가 호랑이가 있었던 모양이여. 그러니까 지금부터 150년 전이나 될까?

남선마을 인구변화 추이

자료코드	589_MONA_20170609_NSR_KJG_002
조사장소	진도군 임회면 굴포리 남선마을 제보자 자택
조사일시	2017. 6. 9
조 사 자	김명선, 윤홍기
제 보 자	강진간(남, 79세, 1939년생)

줄거리 남선마을에 1972년부터 1980년까지는 500여명 살았으나 80년대 후로는 차차 줄어 지금은 63호, 110여명이 산다는 이야기이다.

그때 연도로는 72년부터서 79년, 80년까지가 남선에 젤로(가장) 인구가 많았을 거여. 그때 이장을 하면서 전부 일지를 썼거든.

그러면 그 당시 제일 인구가 많았을 시기가 언제냐면, 1979년, 8년, 9년 그 시긴데 인구가 480명에서 500명 가까이 되었고 진도 전체 인구도 12만, 13만 명 가까이 되었제.

그러다가 80년대 넘으면서부터는 인구 증가가 없었어. 그러면서 차차 줄었지. 그 당시 가구 수가 97호였는데 지금은 63혼가 돼.

지금 인구는 110명 정도 되고.

도깨비에 홀린 남자

자료코드 589_MONA_20170609_NSR_KJG_003
조사장소 진도군 임회면 굴포리 남선마을 제보자 자택
조사일시 2017. 6. 9
조 사 자 김명선, 윤홍기
제 보 자 강진간(남, 79세, 1939년생)

> **줄거리** 제보자가 중학교 때, 도깨비에 홀려 나가는 마을 총각을 마을 사람들은 무서워서 잡지 못했는데 제보자가 총각의 허리를 용감하게 붙잡아 마을 사람들과 함께 총각을 살렸다는 이야기이다.

도깨비를 내가 보지는 못했는데, 중학교 1학년 때 우리 일가 되는 사람이 나이가 한 30대 노총각이었어. 근데 십일시 갔다 오다가 그때가 저녁때나 되었을까? 어떤 여자가 백동초등학교 미처 못 와서 만나가지고 자기와 같이 가자고 해서 집에까지 왔어.

와 갖고 즈그 집으로 들어갔는데, 즈그 집 안에는 즈그 여동생들만 서니가(셋이) 있었고 즈그 부모네들은 집에 없었어.

즈그 오빠가 들어와서 말을 하고 있는데 혼자서 말을 하거든,

"오빠, 어째서 혼자 말을 하요."

그 말도 저 말도 필요 없이 둘이 한참을 얘기를 하고 주고받아 '이상하다.' 즈그 오빠 하는 말이

"이 여자가 쩌그서 만나서 나 따라 와갖고 집으로 들어왔는데, 또 나보고 가자고 하냐. 그란께 나는 그래서 지금 그랄란다."

"여자가 어디 있소?"

"여그가 있냐."

하니까 여자는 없고 자기 혼자 하는 말이거든.

가만히 본께 눈빛도 다르고 말이 묘하니 돌리치고(다르고) 오빠 말하고 말소리가 다른께 무서워서 이웃집 사람들게 즈그 오빠가 이러이러 한다 하니까,
"오매매 그럼 도깨비에 홀린 것이다."
그때가 바로 6·25가 끝나는 무렵이었어. 그란께 그 자리가 사람이 많이 죽은 자리여. 백동욱에(백동위에) 사람이 서넌가 너넌가 죽은 자리여.
'거기서 죽은 귀신이 도깨비 되아갖고 왔다.' 하고는 동네 사람들이 대충 나와서 보고 하는데 즈그 여동생들은 무서라고 동네 사람들 보고
"우리 오빠 잔(좀) 잡으시오. 못 가게 잡으시오."
그래도 즈그 오빠는 그 여자가 같이 가자고 한다고 즈그 집서 나와갖고 계속 가. 그때 본께 확실히 남, 여 할 것 없이 나와서 본 사람들이 한 십여 명 되는데, 십여명 중에서도 남자들이 몇이 있었어. 그런데 그 따라간 남자를 못 붙들어. 무서라고 도깨비 홀렸다 한께.
그래서 그랬던지 나도 그때 중학교 1학년인데 잘라고 빠자마만 입고 공부를 하다가 나갔어. 그란께 초저녁이여 얼마 안됐어.
그 사람을 꼭 우리들이 형님이라 하제. 우리하고 일가된께 붙들었으면 쓰겠는데 아무도 붙드는 사람이 없어. 그런데 보는 사람들이 즈그 여동생들이 하는 말이
"우리 오빠 잔(좀) 붙드시오. 우리 오빠 잔 잡으시오! 잡으시오! 잡으시오!"
해도 동네 사람들이 안 잡아.
나는 여기서 보니까 잡았으면 쓰겠는데 잡을 사람이 안 나와.
그때 보면 내가 이상 야무진 놈이여. 그때 내 나이가 17살이나 되었을까? 중학교 1학년인께 17살은 못 되었을 거여 아마 어리제.
내가 쫓아가서 그 형님 허리를 꽉 잡았네. 째깐한(작은) 내가 거기다 비하면 형님은 서른 살 먹은 총각이제 결혼을 늦게까지 안 했갖고, 그때는 나이가 서른이 되도록 결혼 안 하면 완전히 노총각이여.
그 당시 상당히 어렵게 사는 사람이었어. 그때 내가 붙들고 있은께, 딴 사람들

이 왔어. 그래서 못가게 하고 즈그 집으로 데려다 준적이 있어. 도깨비 홀렸다는 것은 동네 사람들이 다 알제. 그후에사 그 여동생들이 나보고 하는 말이, 나보고 오빠라 하제,

"앗따, 오빠 그때 본께는 아주 용감합디다."

어머니가 들려준 도깨비 이야기

자료코드   589_FOTA_20170609_NSR_KJG_0010
조사장소   진도군 임회면 굴포리 남선마을 제보자 자택
조사일시   2017. 6. 9
조 사 자   김명선, 윤홍기
제 보 자   강진간(남, 79세, 1939년생)

> **줄거리** 마을 사람이 일을 보러 다른 마을에 갔다가 밤에 돌아오는 길에 도깨비에 홀려 마을을 헤매 다니다 가족들을 만나 집에 돌아왔지만 결국은 죽게 되었다는 이야기이다.

우리 어머니한테 들은 얘기여. 우리 어머니가 92세에 돌아가셨는데, 우리 어머니가 젊었을 때 시집이라고 왔는데 도깨비 홀려갖고 죽은 사람을 이 동네서 봤닥 해.

그 사람은 남동인가 어디를 갔다 오다가 밤에 도깨비 홀려갖고 집에를 못 오고 이리저리 허둥대고 돌아다니다가 못 오고 있었어. 근디, 즈그 식구들이 다음 날 즈그 아버지가 안온께 쌀쌀(천천히) 밖까테(밖에) 나가서 이리저리 찾아보다가 어디서 만났닥 해.

만나서 본께, 그 도깨비 홀린 사람은 어른이제. 손에다가 막대기를 하나 들었는데, 그 막대기가 얼마나 애를 썼던가 껍질도 벗어지고 막 뿌러지고 옷은 갈기갈기 찢어지고 피를 흘려서 애를 많이 썼던 모양이제.

그래갖고 즈그 집으로 와서 그래도 못 살고 얼마 안가서 죽었닥 해.

그래서 우리 어머니가 이야기 한 것을 들었어. 그것이 어째서 그랬는지 술 먹고 오다가 자빠진께 겁을 집어먹고 그래서 그랬던가 인자 모르지. 근디 도깨비 홀려서 죽은 것을 봤다고 그런 얘길 하드만.

굴포 바다에 침몰한 중국 배

자료코드 589_MONA_20170609_NSR_KJG_004
조사장소 진도군 임회면 굴포리 남선마을 제보자 자택
조사일시 2017. 6. 9
조 사 자 김명선, 윤홍기
제 보 자 강진간(남, 79세, 1939년생)

> **줄거리** 2차 세계대전 때, 굴포 바다에 미군 비행기의 폭격을 맞은 중국 배가 있어 배에 실려있는 물건들이 뭍으로 밀려왔으며, 마을 사람들은 파손된 배에 남아있던 것을 가져오기도 했다는 이야기이다.

옛날에 일본하고 미국하고 전쟁을 했는가 제2차 대전이었을까? 해방 전 이제. 그 전쟁 끝난께 해방됐제. 그 전쟁 때 중국밴(배)데 동네 어른들 말을 들으면 시시(수수) 같은 것이 바다에 밀려와서 많이 주서(주워) 왔닥 해.

그래갖고 뒤로 알고 본께, 그 배가 굴포 가까운 데서 미군 비행기가 폭탄을 던

져서 어긋나 불었어(추락했다).

그 배는 완전히 찌그러져서 물건이 다 파손되고, 배가 나무밴가 어쨌던가 배는 완전히 까란지고(가라앉고) 깨져갖고 있은께, 그 배까지 들어가서 배에 남아 있는 것을, 먹을 것을 전부 가져왔다는 말을 들었어.

그때가 일제시대 일꺼여.

오봉산 쇠말뚝

자료코드	589_FOTA_20170609_NSR_KJG_0011
조사장소	진도군 임회면 굴포리 남선마을 제보자 자택
조사일시	2017. 6. 9
조 사 자	김명선, 윤홍기
제 보 자	강진간(남, 79세, 1939년생)

줄거리 일제강점기 때 일본이 우리 민족의 정기를 끊기 위해 오봉산 정상에 쇠말뚝을 박았다는 이야기이다.

일본이 쇠말뚝을 박았다는 말은 들었어. 어느 자리에다 박았다는 건 정확히 모르고. 어느 산 끄트머리 위치 그런 정도만 말하드만. 여기서 듣기로는 귀성 오대산 끄트머리에다 말뚝을 박았대. 어찌 그런 말을 해. 그랬던가 어쨌던가 몰라도.

어명을 받은 어사묘

자료코드	589_FOTA_20170630_NSR_KJG_0012
조사장소	진도군 임회면 굴포리 남선마을 제보자 자택
조사일시	2017. 6. 30
조 사 자	김명선, 윤홍기
제 보 자	강진간(남, 79세, 1939년생)

줄거리 암행어사가 어명을 받고 내려왔다가 서울로 올라가던 중 전염병에 걸려 죽자 죽은 그곳에 묻어주었다. 남선 마을 동네 옆에 큰 묘가 그 암행어사의 묘라는 이야기이다.

우리 선조 어르신한테 들었는데, 지나가다가 여그 동네 옆에가 묘가 상당히 큰 묘가 있어. 그래서
"이 묘는 어찌 상당히 크다."
고 내가 한께,
"이 묘는 '어(御)'자 따라가 어사또 묏이다."
어찌게 하며 하는 말이, 이 근방 어르신들한테 옛날에 들어본께 어사가 남동서 상만쪽으로 가다가 여기서 한 분이 돌아가셨대.
누군지는 모르고, 돌아가신 분이 상당히 옷도 좋게 입고, 몸도 좋아서 여기다 묘를 썼대. 그 뒤로 알고 본께, 그 사람이 임금 명을 받고 시골을 왔다가 서울쪽으로 가는 도중에 전염병에 걸려서 고자리에서 죽었닥 해. 그 묘를 어명이라 쓴 그 어(御)자를 들먹이면서 그러면
"그 묘 안에가 좋은 것이 있것소."
"몰라, 파봐야 알제."
그런 취미가 있는 사람들을 만났거든. 어디서 놀면서 그런 얘기를 한께,
"그래."

아무 소리 안하고 저만 알고 뒤로 알고 같이 앉아서 놀면서 내 얘기를 듣고, 바로 거그를 가서 쇠꼬챙이로 짚어 봤닥 해. '좋은 것이나 있나' 하고 아무리 짚어봐도 찾을 수 없었닥 해.
"어째서 그런 큰 사람이 돌아갔으면 분명히 금이라도 있을 것인데 없을까?" 하고 앉아있는 사람들이 그렇게 말했어. 내 나름대로 가만히 생각해본께, '즈그 살고 있는 지방에서, 즈그 집에서 돌아가셨으면 갖게, 좋게 하면서 묘에다 거그다 무엇을 엿(넣을)건데, 객지에 돌아다니다 어디서 죽은지도 모르게 죽었는데 거그다 무엇을 엿건냐.'
내 그 생각이 들고 아무것도 없다는 것이 오히려 맞는 말이다 이렇게 짐작했어.
(청중1 : 그란데 전설로 보면 계속 어사또 묏이다(묘다) 하고 말을 했었어.)
(청중2 : 그래 '어(御)'자도 들어가고.)
(청중1 : 그 안에가 골동품이 있는지는 난 몰라.)
(조사자 : '어사묘'라고 글을 써도 거짓말이라고는 안하겠지요?)
(청중1 : 그라제, 우리 동네가 근거가 있는데. 그러나 묏은 흔적이 없어. 밭 임자들이 파서 없애 버렸어. 저 건네 동선네 밭거리도 파불고, 용수네 밭자락도 파불었어. '암행어사 어(御)'자. 그런데 재작년까지 있었어. 묏도 아주 커, 징하게 (엄청나게) 컸었어. 아! 그 멧이 세반데(세군데) 있었어. 동선네 밭자리 거기고, 용술네 밭자리 있고, 동운데 밭자리 있고 세 개.)

공룡 발자국이 새겨진 시룻떡바위

자료코드	589_FOTA_20170630_NSR_LKS_001
조사장소	진도군 임회면 굴포리 남선마을 노인당
조사일시	2017. 6. 30
조 사 자	김명선, 윤홍기
제 보 자	이길삼(남, 82세, 1937년생)

줄거리 휴양림 옆 시룻(시루)떡바위 위에 공룡발자국이 있다는 말을 옛날 어른들로부터 들었는데, 지금도 물이 빠질 때면 시루떡바위 위의 공룡 발자국을 볼 수 있다는 이야기이다.

바위 이름을 보면은 딴목섬에서 좌측으로 돌면 '오리굴'이라고 있어 오리굴. 또 지금 현재 휴양림 옆에를 가면은 '시룻떡바우'가 있어. 영락없이 떡같이 생겼어 거그가 물이 살짝 쓰면은(빠지면) 무엇이 있냐 하면은, 다른 사람들은 잘 몰라 낚시질 하는 사람들은 잘 알까? 공룡발자국이 있어.

동네 사람들도 잘 몰라. 시룻떡바우, 밑에가 있어. 낚시하는 사람들은 잘 몰라. 첨 듣제 지금 가서 봐도 있어.

시어보지는(세어보지는) 안했제. 있는 것만 알지. 정확히 뭐할라면 현장을 구경하면 알제. 시어보지는 안했어도 공룡발자국이 있어. 꼭 새 발자국 같은 것도 더러 있고 그란것 같애. 물이 빠져야 보여.

공룡 실물은 안 봤지만 관광 댕기면서 공룡 발자국을 많이 구경했어. 내가 바다 낚시를 꽹장히 즐겨. 그란데 옛날 어른들도 거가 공룡 발자국이 있다는 그 말씀을 내가 들었어.

그 할압씨(할아버지)들은 살았으면 150살은 잡쑨(잡수신) 어르신들한테 들었는데, 그라면은 그 시룻떡바우가 아까침에 그 바로 밑에 가면 물 얼마 안 써도 그것이 나와, 공룡발자국이. 그때는 유심히 안 봤는데, 쩌쪽 남쪽으로 돌으고(향하고) 그랬는가 북쪽으로 돌으고 그랬는가 그것은 확인 안 해 봤어. 물이 지금 들었을 거여, 지금 물이 현재 들고 있어. 그래서 지금 갈 수는 없고 아마도 물 쓰면, 혹시 시간 되면은 내가 봐서 예를 들어서 남쪽으로 걸어갔는가 북쪽으로 걸어갔는가 그것 쫌 확인 할라고. 지금 생각한께 그런 생각이 드네. 그란데 보면은 황새 발자국 같은 것도 더러 있는 것 같아. 그 공룡발자국 있는가, 동시에 그런 것도 있는 것 같애.

남선에 있는 고름장 터

자료코드 589_FOTA_20170630_NSR_KSR_002
조사장소 진도군 임회면 굴포리 남선마을 노인당
조사일시 2017. 6. 30
조 사 자 김명선, 윤홍기
제 보 자 이길삼(남, 82세, 1937년생)

> **줄거리** 남선리 동령개 위에 고려장을 했던 터인, 큰 바위가 있었는데, 마을 사람들이 그곳에 골동품을 파러 가기도 했다고 한다. 지금도 땅을 파보면 그 흔적이 있을 것이라는 이야기이다.

고름장(고려장) 터는 동령개 위에 있는데, 이 친구도 알고 저 형님도 알 것인데 이장네 집 뒤에가 있어. 거그 이름은 고름장턴데, 거그를 그전에 우덜 알기 쉽게, 병록이네 아버지 등 몇 사람들이 골동품을 파로 가는데 우덜이(우리들이) 따라갔어. 우리 어려서 어찌게 됐냐 하면은, 큰 바위 속에다 상을 차려 놓고 바위를 덮어 놨어.

현재도 거기를 더듬으면 나올거여. 거기서 골동품을 꺼내다가 돈을 만들어 쓰는 것을 내가 알고 있어. 그라고 깨진 것은 거기다 버리고.

그것도 내가 알기로는 내가 지금 82세인데 여나무살(11세~13세) 먹어서 그런 때 구경했은께, 한 70년이 넘어서 그것도 흔적이나 있는가, 지금도 아마 땅을 파면 있을 것이여.

고름장터라고 해 고름장터라고 어른들이 말씀했어. 고린장턴데 옛날 어른들이 고름장터라 해.

해지 모퉁이 돌에 새겨진 말 발자국

자료코드 589_FOTA_20170630_NSR_KSR_003
조사장소 진도군 임회면 굴포리 남선마을 노인당
조사일시 2017. 6. 30
조 사 자 김명선, 윤홍기
제 보 자 이길삼(남, 82세, 1937년생)

> **줄거리** 해지 모퉁이에 말 발자국 모양이 새겨진 돌이 있는데, 만호가 세금을 받아서 말에 싣고 가다가 말이 그 돌을 밟아서 말 발자국 모양이 생겼다는 이야기이다.

옛날 상투 꽂고 살 때, 만호가 남도 성안에 계실 때 세금을 받아갖고 곡식인지 돈인지 난 그것은 모르겠어. 그란데 받아갖고 말을 타고 말에다 싣고 가는데, 거그 보고 해지모퉁이라고 장소 이름이 해지모퉁이어. 거기가 말 발자국이 있다고 그랬어.

세금 받아갖고 말 타고 싣고 가는데, 말이 딛어서 말 발자국이 있다고 그랬어. 우덜(우리들) 나무할 때 보면 그 발자국이 영락없이 있었어. 그란데 지금은 내나(결국에) 길 내는 바람에 다 떨어서 없애버렸제마는, 그런 소리를 들었어.

묘에서 나온 색깔 좋은 녹두색 병

자료코드   589_FOTA_20170630_NSR_KSR_004
조사장소   진도군 임회면 굴포리 남선마을 노인당
조사일시   2017. 6. 30
조 사 자   김명선, 윤홍기
제 보 자   이길삼(남, 82세, 1937년생)

> **줄거리** 20년 전쯤 남선에서 남동쪽으로 길을 낼 당시 제보자가 연고가 없는 묘 일곱 기를 이장하는 과정에서 마지막 무덤에서 녹두색 병과 구리 술잔 두개를 발견했다는 이야기이다.

옛날에 우리 동생도 우리 친구도 알 것이여. 남동쪽으로 길을 낼 때 무연고 묏을(묘를) 광고를 내 놨어. 그라면 몇 개월인가 해서 임자가 없으면, 기한이 넘으면 파게 되었어.

그래서 그때 남선리 노인회에서 맡아갖고 하는데, 그때 일곱 비상인데 번호를 1부터 7까지 이렇게 정해갖고 우리 마을 젖태서(옆에서) 부터 파기로 정했단 말이여.

남동쪽은 7이고 했는데 나는 첫 번째 하고 두 번째 묏을 역불로(일부러) 가서 정확히 보기 위해서 가서 팠어. 세 번째 묏까지 이렇게 계속 파는데 뼈가 하나도

없어.

다 죽곽 안에 사람 묻은 자리는 무엇으로 했냐 하면은, 백회로 해서 그렇게 좋게 해놨어. 몇 백 년 된지 몰라도 죽곽을 그케(그렇게) 좋게 했는데, 네 번째 묏에서 이빨이 하나 나오던만. 다섯 번째, 여섯 번째도 없고, 일곱 번째 묘 질(제일) 우개를 포크레인으로 딱 파는데 파란 녹두색 같은 병에서 하얀 물이 쏟아져 아주 맑게 그케(그렇게) 맑을 수 없어.

그란데 그 그릇도 내가 지금까지 나이를 먹었어도 그렇게 좋은 색깔은 처음 봤어. 완전히 녹두색인데 그렇게 좋을 수가 없어. 그런데 인지리 누가 총무론가 있을 때, 죽은 광박이가 그 놈을 씻고 있는데, 고놈이 지 자가용 갖고 와서 잔(좀)보자 하더니 좋은께 그냥 차에 싣고 가버렸어.

그란게 광박이가 있다가 저놈 때려 직인다고(죽인다고) 쫓아갔는디 차타고 가는 놈을 잡을 수 없어서 가라고 놔 두어라 하고, 거기는 무엇이 있는가 다시 더듬어 보았어.

인자 좋게 손으로 파는 것이여. 파는데 술잔 같은 것이 두개가 있어 테두리 정도 흔적만 있더라고 상당히 크고 둥그런 것이 두 개가 있어. 사그(사기) 같으면 안 삭제. 구린지 뭔지는 몰라도 다 썩고 테두리만 있어. 입구 그릇 테두리만 2개가 나와.

(조사자 : 녹두색 병은 사기로 되었고요?)

그것도 사긴지 뭔지 모르지. 확인도 안했는데 인지리 고놈이 빼서갖고(빼앗아) 차로 싣고 가버렸어. 길 낼 때 그런 적이 있었어. 그란게 말하자면 알기 쉽게 고름장터란데가 거그만 한 것이 아니라 남쪽도 하고 양지바른 따뜻한 데라 그그도 그렇게 했는가 내 생각이 그렇게 들어 거기가 양지바른 데가 아닌가?

(조사자 : 길 만든지 얼마나 되었나요?)

우리 남선서 남동쪽으로 길을 낼 때여. 상당히 오래 되제, 한 20년 그케 될까? 금새 그래갖고는 지금 또 생각이 난 것이 그 묏을 어디로 옮겼냐 하면은 고잿밭등이라고 알제? 자네들 고잿밭 등에다가, 고잿밭 뜻도 몰라. 고잿밭고랑에다가 번호대로 모셨어.
그란데 저번에 가서 보니까 누가 벌초 하느니도 없고 하니, 묘만 풍풍하니 테두리만 있제. 엉망이여 엉망. 누가 벌초하는 이도 없고 흙만 떠다가 모셨제. 그래도 그 분들은 복 있는 어른들이여 흙이라도 담아서 정확히 모셨어.

뼈에 좋다는 명약 산골빠

자료코드	589_FOTA_20170630_NSR_KSR_001
조사장소	진도군 임회면 굴포리 남선마을 노인당
조사일시	2017. 6. 30
조 사 자	김명선, 윤홍기
제 보 자	김상례(남, 83세, 1936년생)

> **줄거리** 남선리 잔등에 '살아있는 돌'이라는 '산골빠'가 있었는데, 그곳의 돌을 먹으면 뼈가 붙는다는 말이 있어서 뼈를 다친 사람들이 그 돌을 갈아 먹었다는 이야기이다.

산골빠는 여기 잔등, 바로 동령포 넘어 가자면 잔등이여. 거가 내가 알기는 저런데서도 빼가 이케 좀 아프고 이런 사람들이 산골을 주수러(주우러) 거기를 다녀.
내가 어렸을 때도 보면 거가 '산골빠' '산골빠' 그라고 댕겨. 참말로 가서 보면 지금 그 질 밑에 헌 질이(옛 길이) 있어. 거그는 몰라. 그란데 그 터에가 바위가 하나 있었어. 산골바위가, 방만한 바위가 깔려갖고 있는데 거기서 우덜이 산골을 찾아서 네모난 귀 안떨어진 놈을 주서서, 이상(제법) 한 스무 개 주서(주어) 갖고 오고 그랬단 말이여. 거기가 전부 도로가 되아분께 지금은 볼 수 없고.
그러나 저그 맥수로 돌아가는 그 길 첫머리는 상골이 지금도 있을란지도 모르겠어.
지금은 그런 것을 먹으면 사람한테 해롭다고 그랬는데, 옛날에는 그것을 사람이 먹었단 말이여. 우덜이 있을 때 뼈가 좋아진다고 그랬어.
그런데 맥수로 돌아가는 길 첫머리였는디 그런데는 몰라. 분명 그때는 산골이 많이 있었어.
(조사자 : 산골이란 어떤 뜻인가요?)
산골이란, 독(돌)이 살아있다 그 말이어. 살아있는 돌인데 그란데 그 돌이 어찌게 생겼냐면 검은 것도 있고 쪼금 불그스럼한 것도 있어. 니모(네모) 빤듯빤듯하니 아주 정사각형을 좋다고 그랬었는데.
(청중1 : 지금도 모르겠는데 상골일까 살아있다는 산골일까?)
(청중2 : 살아있어 그 돌이.)
(청중3 : 산골이어. 내가 실제로 주워 왔는데, 우리 어머니가 바다에 가서 미끄러져 가지고 팔이 끊어져 부렀어. 옛날에 약이 없으니까, 구리 갈아서 드시고 산골을 드시면은 뼈가 붙는다 해서 내가 역불로(일부러) 가서 주서 왔는데, 확실히 빤딱빤딱하니 사람이 만들 수는 없어. 그렇게 빤짝일 수 없고 정확히 니모(네모) 빤듯해. 어디 하나 귀퉁이 닳아진 것도 없고.)
(청중2 : 그란데 귀 떨어진 것은 사람이 먹을 수 없어.)
(청중1 : 크기가 쌀 한나 쯤 된 것도 있고, 여태까지 우리가 말은 상골빠, 상골빠 그랬는데 지금 우리가 생각해본께, 살아있다는 산골반가, 상골반가 그 말이 맞는가 이 말이 맞은가? 모르겠어.)
(청중3 : 알기 쉽게 동네 어르신들로부터 전통적으로 내려오는 말씀에 의하면 상골바라고 그랬어. 가서 뭐 주서온나 그케만 알제. 그러나 살아있는 돌이다 해서 산골바라 하자고. 우리 또래 사람들은 거가 산골을 주서다가 먹었어. 다른 동네로도 주수러도 다녔고, 뼈 다치고 부서진데 효과가 있어.)

임회면 굴포리 번답마을

학이 춤추는 형상의 무학재

자료코드　589_FOTA_20170630_BDR_PCG_001
조사장소　진도군 임회면 굴포리 번답마을 제보자 자택
조사일시　2017. 6. 30
조 사 자　김명선, 윤홍기
제 보 자　박청길(남, 78세, 1940년생)

> **줄거리** 남선 마을 뒷산이 학이 나래를 펴고 춤추는 형상이어서 무학재라고 불렀고, 작은 무학재 옆에는 심한 가뭄과 추운 겨울에도 항상 물이 흐르는 무학골이 있었다.

큰 마을 뒷산이 학이 나래를 펴고 춤추는 모양이여. 그래서 옛날 어른들이 '무학재'라고 이름을 붙인 모양이여. 남선 연혁비에도 보면은 무학재라는 문헌이 나와.

가다가 큰 마을 연혁비가 세워졌으니 읽어 보면 알겠지만, 그 연혁비도 내가 고희 기념으로 내 시비하고, 또 우리 형님이 남선 마을 연혁을 만들려고 계획을 세웠었어.

근디 그 형님이 결국 자료 발굴하다가 아파서 돌아가셨어. 그래서 못하고 말았는데, 그 뒤로 내가 시비를 계획하면서 다른 마을도 보통 가보면 연혁비가 세워졌는데, 우리 마을에 더구나 '내 욱에(위의) 형님이 계획했던 연혁비를 내가 다시 세워야 되겠다' 그런 뜻을 가지고 다른 마을로 자료 발굴도 다녔었고 문헌에서 찾아보기도 하고 그래서 연혁비를 내 시비와 같이 세웠어.

역시 우리 마을 뒷산 형국이 학이 나래를 펴고 춤을 추는 그런 형태여서 아마

어른들이 무학사, 무학재라고 불렀던 모양이여.

무학재로 올라가자면 길 오른쪽으로 큰 산 고랑이 있어. 산골물이 흘러 그란데 그 물은 큰물은 아니어. 많은 물은 아닌데 졸졸하니 작은 산골인데도 그 물이 금년같이 가물 때도 물이 마르지를 안 해. 그란데 그 물은 무학재 올라가는 바로 길옆에가 있어.

무학재가 큰 무학재 있고, 작은 무학재도 있고 두 개여. 마지막 올라가면 그것이 큰 무학재고, 보통 우리가 말하는 작은 잔등이라는 데가 작은 무학재여. 작은 무학재 거기는 절이 있었어. 그 절이 무학재에 있기 때문에 무학사였어.

그란데 그 절이 크냐 적으냐 하는 것은 우리가 알 수 없어. 어른들로부터 구전해 오는 말을 들었을 때 절이 있었다는 것만 내가 듣고 있었어. 그러니까 그 절이 있기 때문에 금년 같은 큰 가뭄에도 물이 마르지 않은 그런 좋은 샘이 있었고, 겨울에도 그 샘물은 얼지를 안 해. 그란데 또 그 샘물이 깊지도 안 해. 바가지로 뜰 정도로 사람들이 손으로 끌쩍끌쩍 해놓으면 거가 항상 물이 고여 있어.

그란데 아무리 더운 여름에 가도 물은 아주 시원해. 요새 냉장고에 저장해 놓은 물처럼. 그리고 또 아주 추운 겨울에 가도 그 물이 욱에는(위에는) 얼었지만 그 얼음을 깨면은 그 밑에는 맑은 물이 있어.

우리 어렸을 때는 무학재 주변에서 소를 많이 방목 했었거던. 아침에 가서 풀 먹이고 조반 먹으로 올 때 잡아서 매 놓고 올 때도 있었지만은 들녘에 곡식이 없을 때는 소를 방목해불어.

지금은 산이 울창하기 때문에 방목할 수 없는데, 해방직후로 우리나라 좋던 산이 벌목해가지고 민둥산으로 되어 있을 때는 방목을 했어. 그때 소 먹이로 다닐 때도 항상 그 물을 먹었었고, 또 땔감 나무를 하러 다닐 때도 무학재 그 산에서 해 오는데, 나무하러 갈 때, 또 목마를 때는 거그서 먹고 오고, 올라갈 때나 내려 올 때나 또 여름에 더울 때나 그 샘물로 세수하고 했어. 그 샘물이 목욕할 정도로 수량이 풍부하지는 않아.

빈대바위와 무학사

자료코드 589_FOTA_20170630_BDR_PCG_002
조사장소 진도군 임회면 굴포리 번답마을 제보자 자택
조사일시 2017. 6. 30
조 사 자 김명선, 윤홍기
제 보 자 박청길(남, 78세, 1940년생)

> **줄거리** 무학재에 있던 무학사에 빈대바위가 있었고, 그 절은 빈대가 들끓어 중들이 떠났고 점차 시간이 지나면서 절도 사라지고 말았다. 어렸을 때는 빈대바위 위치를 알았었는데 지금은 기억을 하지 못해서 아쉽다고 한다.

그란데 그 절이 조그만한 절이겠지. 기록에는 안 나왔기 때문에 그 절이 언제 생겼고 언제 없어졌느냐 하는 것도 문헌에는 안 나왔어. 내가 조금 전에 말했듯이 어른들이 입으로 전하는 걸 말로만 듣고 이야기를 하는데, 조그만한 절이 있다고 추측이 돼. 그 절이 없어진 이유는 '빈대바위'가 있었대.

빈대가 하도 많이 번성해서 중이 살 수가 없어서 결국은 중이 절을 두고 나오니까, 그 절을 관리할 사람도 없고 빈채로 있다가 세월이 몇 년이 지났는지는 몰라도 그 절이 없어졌다해.

그란데 옛날 어렸을 때 아버지 따라서 무학재 나무하러 다니고 풀 베려 다닐 때는 이것이 빈대바위라고 가르쳐 준 기억은 나는데, 지금 그 위치는 기억을 못해. 이것이 굉장히 아쉬워. 그때 내가 기록이라도 해놨으면 좋았을 텐데. 그때는 기록할 생각도 없었고, 그래서 지금 굉장히 아쉬워.

그래서 절이 없어진 것이고, 역시 거가 무학재가 있었기 때문에 절 이름이 무학사여. 또 아까 이 큰 가뭄에도 마르지 않는 샘물이 흐르는 곳 그 골짜기를 무학골이라 해.

쩍골이라고 불렀던 남선마을

자료코드 589_FOTA_20170630_BDR_PCG_003
조사장소 진도군 임회면 굴포리 번답마을 제보자 자택
조사일시 2017. 6. 30
조 사 자 김명선, 윤홍기
제 보 자 박청길(남, 78세, 1940년생)

줄거리 옛날에는 이 마을을 절이 있어서 '절골', '쩍골'이라고 불렀다는 이야기이다.

절이 있었기 때문에 외지 사람들은 남선을 '쩍골'이라고 된 발음 넣어서 부르기도 해. 그란데 사실 어째서 쩍골이라고 됐냐 하면은, 절이 있었기 때문에 절골인데 거기다 발음을 되게 해갖고 쩍골이라고 이렇게 해.
지금도 아마 노인들은 그렇게 부를 거여.

달이 잘 보이는 근월제 서당

자료코드	589_FOTA_20170630_BDR_PCG_004
조사장소	진도군 임회면 굴포리 번답마을 제보자 자택
조사일시	2017. 6. 30
조 사 자	김명선, 윤홍기
제 보 자	박청길(남, 78세, 1940년생)

> **줄거리** 남선에 근월제라는 서당이 있었는데 다른 마을 사람들이 와서 공부했던 것으로 봐 주변 마을보다 먼저 남선에 서당이 생긴 것이라 한다. 서당이 남향이어서 밤에 공부를 하다 보면 달이 잘 보여 근월제라고 한 것 같다는 이야기이다.

우리 동네가 서당이 있었대. 연혁 자료를 조사하다 보니까 '근월제'라고 있었어. 지금은 그 분이 돌아가시고 안 계신데 우리 동네 최고령자였던 그분이 근월제에서 수학을 했었대. 우리 장형도 그때 수학을 했었고. 또 백동, 굴포, 신동 분들이 우리 마을에 근월제 서당에 와서 공부를 했다는 거여. 당시에는 백동, 신동, 굴포에는 서당이 없었던 모양이여.

내가 지금 생각해보아도 백동서 갑부집 아들이 남선에 와서 우리 장형과 같이 수학을 했었대. 그런데 그분은 우리 장형 보다 연세가 훨씬 높은 분이여. 그리고 신동서 오신 분도 우리 형님하고 같은 연배고, 굴포에서 오신 분은 우리 형님보다 연세가 높은 분이고 그랬어.

나는 서당 갈 형편도 못 되고 나이도 어리니까 못 갔어. 우리 형님 말씀 들으니까 백동 양두익씨라는 분도 우리 마을에 와서 수학을 했고, 신동 강문규씨도 했고, 굴포 조만인가 찬인가 이런 분들이 수학을 했닥 해.

그분들은 우리 형님보다 연장자여. 아마 우리 형님이 최연소자였던 모양이야. 신동 문표씨 하고만 같은 연배고 나머지 백동, 굴포 분들은 우리 형님보다 더 연상이여. 이것만 봐도 아마 이 근동에서 우리 남선에 최초로 서당이 생겼으니까 나는 그때 서당을 못 다녔지만서도 우리 남선의 자랑이여. 다른 마을보다 조금이라도 한발이라도 앞선 곳이 아니냐 이런 자긍심을 갖게 돼. 그런데 그 이름을 어째 근월제라 했냐? 이것은 어른들한테 물어 봤더니 나한테 가르쳐준 사람이, 근월제가 '가까울 근(近)'자고 '달 월(月)'자 '집 제(齊)'자로 나한테 전달한 사람이 이 근월제라는 이름을 어느 분이 지었는지를 자기도 모른대.   서당 다니면서 훈장한테 글만 배웠을 뿐인데 글을 배우면서 동생 말 듣고 생각해 보니까, 왜 하필이면 근월제라고 서당 이름을 불렀을까? 직접 훈장 밑에서 공부를 하면서도 왜 서당 이름을 근월제라 했는지 지금 같으면 물어봤을 텐데 안 물어 보아서 굉장히 아쉽네.

이 서당이 남향으로 되어 있어. 근월제 서당을 할 때는 내가 어려서 기억이 안 나는데, 거기서 서당을 계속 하잖아. 내가 철이 들었을 때는 그 서당이 없어졌어. 그런데 그 서당 건물이 남향이기 때문에 평야(대개) 서당은 주경야독이라고 낮에는 일하고 밤에 많이 공부하잖아.

"옛날에 낮에 공부하는 사람이 있겠지만은 건물이 남향이기 때문에 밤에 공부하러 가서 보면은 달이 잘 보이거든. 서당이 남향으로 앉아 있기 때문에 그래서 근월제라고 했는지도 모르겠네."

이렇게 말해 주었는데 확실하지는 않아.

소가 누워있는 소산들

자료코드	589_FOTA_20170630_BDR_PCG_005
조사장소	진도군 임회면 굴포리 번답마을 제보자 자택
조사일시	2017. 6. 30
조 사 자	김명선, 윤홍기
제 보 자	박청길(남, 78세, 1940년생)

> **줄거리** 마을 뒷산이며 무학재 올라가는 서쪽이 소가 서 있는 형상이어서 '소산들'이라고 하고, 이외에 남선 마을엔 '쇠젖골' '동맥동' '구수둠벙' 등 소와 관련된 지명이 있다는 이야기이다.

아까 남선 큰 마을 뒷산이 무학재라고 말했잖아. 무학재는 학이 넓게 날개를 벌리고 나는 형이잖아. 여기가 바로 무학재 올라가는 길이여. 그라믄 이 길에서 서쪽으로는 '소산들'이라고 불러 소산들. 바로 큰 마을 뒤에, 그래서
"왜 소산들이라 하는가?"
나는 이것을 물어 봤어. 그랬더니 이 산 형국이 소가 누워있는 형국이여. 족보에 보면 사실상 '소가 서있다' 그래서 '소선들'인데 부르기 싶게 소산들이라 했다고 했어.
소가 서있는 것이 아니라 누워있는 소산들이라고 했고 남선 지명은 소에 대한 지명이 몇 가지 있어.
우선 큰 마을 뒷산이 이름 그대로 소산들. 그러니까 또 동녕개 산골바 넘어가는 그 고개서부터 우리 남선 집 앞으로 통해서 생이질로 내려가는 자그만 냇이 있어. 그 냇 이름이 '쇠젖골'. 분명히 소가 있으니까 소젖이 흐르는 골이 있어야 제. 그런깨 남선 집 앞으로 흐는 것이 바로 쇠젖골이여.
또 소가 있으니까 어미가 있으면 새끼가 있을 것이여. 바로 남선 회관 뒤에 동산이 있어, 조그만 동산이 그것이 '동맥등'이어. '송아지 동(犝)'자 '뛸 맥(脈)'자

'동맥동' 이라고 부르는 사람이 많이 있어.

남선 사람들은 그랑께 동맥동이라고 부르는 것은 실제 부르기 좋게 부르는 것이고, 이 소에 대한 지명으로 생각 할 때는 동맥동이 아니라 동맥등이여, 송아지가 뛰어노는 등이다.

보면은 거가 동산으로 되어 있잖아. 그리고 또 소에 대한 지명이 또 하나 있어. 쩌그 동녕개 앞 바다 썰물이 딱 써면은(빠지면) 그 모래밭 가운데가 이런 돌이 상당히 많이 고와(모여) 있어. 돌이 모아져 있어.

돌이 이렇게 주섬주섬 자연스럽게 모아져 있는데 이 안에는 어느 정도에 물이 써버려도 바닷물이 고아있어. 이것 보고 '구수둠벙'이라 해.

이것은 소 여물주고, 소 먹이 주는 통이 구수잖아. 옛날 그 통근 아람들이 나무를 파서 거기에 소죽도 끓여 넣어 주고 여물도 담아주고 바닷 가운데 거기가 구수둠벙, 소 구수.

그런데 남선은 소에 대한 지명이 우선 소산들, 앞에 냇이 쇠젖골, 그리고 회관 뒤가 동맥등 송아지가 뛰어노는 자리, 그리고 동녕개 가면은 구수둠벙 등 소에 대한 지명이 네 군데나 있어.

소에 대한 지명이 네 개나 한 마을을 이루고 있다는 것은 자랑스런 일이잖아. 그만큼 소에 대한 전설이 많다는 뜻도 되고.

윤선도가 막은 남선둑이 간척사업의 시초

자료코드	589_FOTA_20170630_BDR_PCG_006
조사장소	진도군 임회면 굴포리 번답마을 제보자 자택
조사일시	2017. 6. 30
조 사 자	김명선, 윤홍기
제 보 자	박청길(남, 78세, 1940년생)

> **줄거리** 윤선도가 진도에서 유배살이를 하고 있을 때, 남선리 갯벌에 농토를 만들기 위해 둑을 쌓는데 완공될 쯤 되면 자꾸 둑이 터져 고민하던 중, 둑을 세울 자리를 계시해주는 하얀 서리 꿈을 꾸었다. 하얀 서리를 보았던 자리에 둑을 세웠더니 둑이 무너지지 않았다는 이야기이다.

윤선도 이야기도 어른들한테 들은 이야긴데, 윤선도가 벼슬하다가 유배당했었잖아 그런데

"굴포서 살았다는 것이 문헌에도 나와 있는가?"

(조사자 : 살았다는 문헌 보다는 새마을 간척사업 홍보 영상이 군산에 있는데, 윤선도가 진도 굴포에서 둑을 쌓은 것이 시초다. 간척사업의 시초다. 그렇게 나와 있어요?)

우리나라 간척사업의 역사 중에서 시초다. 굉장히 의미가 있고 역사가 길구만. 그란데 내가 어렸을 때부터 들은 이야긴데 윤선도가 굴포서 살았던 그 집터도 갈켜주었어. 윤선도 살던 집터를 지금도 기억하고 있어.

그때는 옛날 몇 백 년 전이라 지금은 다른 사람들이 살고 있는데, 이분이 '여그다가 방조제 둑을 쌓으면은 요안(이안에) 농토가 많이 생기것구나. 이 지역 사람들이 농사 지어 먹고 살기 충분 하겠구나' 이런 판단을 하고 방조제를 쌓는데 거의 완공 될 즈음이 되면은 둑이 터지고, 또 부실하게 쌓져서 그런 것 이라고 생각하고 역시 아주 힘을 다 드려서 완고하게 방조제를 쌓다 하드래도 완공해 놓으면 또 터지고 한 서너 차례 터져 버리더란 거여.

윤선도 집터였다고 전해지는 장소

이상하다고 하며 그 문제만 골똘이 생각하느라고 뭐 잠을 못자고 그것만 생각하고 있는데, 살며시 잠이 들었던가 꿈을 꾸니까는, 서리가 올 시기가 아닌데도 현재에 있는 방조제 위치로 이렇게 구부정하니 하얀 서리가 와 있다는 거여. 겨울철이나 늦가을에 서리가 온 것은 '아, 때가 되니까 서리가 오겠지' 이렇게 생각할 수도 있는데, 계절적으로 시기적으로 서리가 올 시기가 아닌데도 윤선도 꿈에 보니까는 서리가 하얗히 현재 방조제 위치대로 서리가 와 있더라는 거여. 참말로 막 꿈을 깨놓고 보니까 서리가 와 있어서,

'야 이상하다. 6월달에 서리가 올 리가 없잖아. 시기가 절대 아닌데도 꿈속에서 하얀 서리가 오는 것을 보고 아! 방조제를 여기다 막으면 쓰겠구나. 하늘이 나한테 제시를 해 주는구나.'

이렇게 생각하고 서리 따라 거기다 방조제를 축성한 후로는 한 번도 터지는 일이 없었어.

그 이야기를 듣고는 그러면 그 윤선도 꿈에 서리가 앉았던 자리에다 방조제를 축성하면은 터지지 않겠구나 이런 생각을 하기 전에는 이 방조제가 현재의 위치가 아니고 다른 위치에 있었을 것 아니냐 하는 의문이 생긴다고.

그라면 그 전에 쌓던 위치는 어디였을까 내가 곰곰이 생각을 해보았어. 가다가 보면 알겠지만은 현재의 위치는 이 자리고 그 전에 쌓던 자리는 개안이 제일 가장 짧은 자리, 마을 앞으로 해서 이렇게 가다 보면 조그만이 축광이 쌓졌어. 이 축광은 이상호라고 그 친구랑 나랑 같이 78년에 이장을 했던 동생인데, 자기 사비를 들여서 쪼그만 어선들 파도를 피하기 위해서 자기 사재를 털어서 여기다 축성을 했어.

그랬는데 아마 내가 추측해 볼 때 여기서 쨱벌 건너가는 짧은 이 자리가 아닌가 이런 생각이 들었어. 이렇게 축성했다면 이 아래 있는 농토가 훨씬 넓어지니까 더 좋을 것 아니라고? 그리고 윤선도가 생각할 때도,
'이 짧은 거리에다 축성했으면 좋겠다. 그라면 비용도 적게 들 것이고 이 안에 많은 농토가 생기니까.'
이런 생각을 해서 여그다가 아마 축성을 했던 것이 완공해 놓으면 터지고 터지고 그래서 결국 고민한 끝에 꿈에 하늘이 계시해서 현재 위치에다가 쌓았다는 말이 나오겠구나 그렇게 생각해 볼 때 과연 윤선도가 처음 축성했던 자리는 이 자리가 아니었을까 내가 추측해본 것이여.

동령포와 월출산 이름 속의 비밀

자료코드	589_FOTA_20170630_BDR_PCG_007
조사장소	진도군 임회면 굴포리 번답마을 제보자 자택
조사일시	2017. 6. 30
조 사 자	김명선, 윤홍기
제 보 자	박청길(남, 78세, 1940년생)

> **줄거리** 동령포와 월출산은 남선마을 기준으로 봤을 때 서쪽에 있는 곳인데, 지명의 뜻을 보면 동쪽과 관계된다. 아마도 남서마을보다 500년 앞서 생긴 남동마을에서 이 이름을 지었을 거라는 이야기이다.

'동령포' 이것은 이름 자체가 동령개라 하거든. 동령개는 사실상 우리 마을인데도 어울리는 말이 아니여.

왜냐하면 동령포는 서쪽에 있잖아. 서쪽에 있으니까 이 이름은 아마 남선에서 붙인 이름이 아니다고 나는 생각해. 그러면 이 이름은 어디서 붙였는가? 이 동령포를 동쪽에 있다고 생각할 때, 동령포 서쪽에 있는 남동서 붙인 이름이 아닌가 그래. 남동은 우리 남선보다 기억은 안 나는데 500년인가, 몇 백 년 앞서서 만호가 있어서 앞서 생긴 마을이여.

그런데 이 동령포라는 것은 남동서 볼 때는 분명 동쪽이지, 동쪽에 있는 포구니까 동령포제. 남동서 지어준 이름이겠구나 난 이렇게 생각해. 동네 사람들하고 앉아서 이야기 할 때도 나는 그렇게 이야기해.

바로 우리 번답마을 뒤 월출산 큰 산 있잖아. 이것도 월출산이여. '달 월(月)'자, '날 출(出)'자 월출산이거든. 우리 남선서 보면은 이것은 분명히 서쪽에 있어. 그래서 월몰산이지. 해가 월출산으로 지고, 달이 월출산으로 지고, '월출산'이나 '동령포'나 남동서 붙인 이름이여.

그러니까 월출산이나 동령포는 남선서 붙인 이름이 아니고 남동서 붙인 이름이라고 믿어야 맞지, 남동이 남선보다 500년 앞서.

남선마을 역사를 찾기 위한 노력

자료코드	589_FOTA_20170630_BDR_PCG_008
조사장소	진도군 임회면 굴포리 번답마을 제보자 자택
조사일시	2017. 6. 30
조 사 자	김명선, 윤홍기
제 보 자	박청길(남, 78세, 1940년생)

> **줄거리** 남선의 입도조로 들어온 박씨의 역사를 살펴보니 집안의 역사와 맞물려 추적할 수 있었다. 그래서 남선에 300년 전쯤 마을이 형성된 것으로 본다는 이야기이다.

남동은 우리 마을 보다 500년이 앞선 마을이여. 우리 마을은 약 300년 밖에 안 되었어. 진도군에서 발행한 진도 군지에는 남선이 160년인가 백깨(밖에) 안 되었다고 역사가 짧게 되어있어. 그래서 군지가 내게 두 권이나 있는데, 최초에 발간한 것도 있고 최근에 발간할 것 까지 두개나 갖고 있는데, 남선이 160년 이라는 것은 너무나 역사가 짧아.

그래서 더구나 우리 마을 연혁을 생각하면서 자료 수집도 했고 그런데다가 더구나 궁금증을 풀기 위해서 우리 족보를 들춰 보았어. 그란데 군지에 보면은 남선에 제일 먼저 들어온 시조 성씨는 박씨라고 나와 있어. 제일 먼저 들어온 시조 성씨가 박씨여. 그라면 우리가 박씨거든. 그리고 남선서는 밀양박씨외 다른 박씨가 산 예가 없어.

'그라면 우리 할아버지 되겠구나.' 이런 생각을 가지고 우리 족보를 한 번 들춰 보닌까, 진도 입도조 우리 할아버지는 서망으로 입도를 했어.

최초 입도한 할아버지가 나의 13대 할아버지 서망서 사시는데, 우리 6대조 할아버지가 남선으로 왔어. 그라고 그 후로 우리 집안 다른 할아버지들이 신동으로 가서 살았어.

우리 6대조 할아버지가 신동 조카들한테 놀러 갔다가, 그해 그 겨울에 눈이 많이 와서 저녁때 남선으로 온다 해서, 신동서 조카들이 못 가게 말겼다해(말렸다고한다).

"아니 괜찮다. 내가 집을 못 찾아 가겠냐."

고집에 간다 하니까

"조심해 가십시오."

했는데 남선서는 안 오셨어. 신동 간지만 알제. '눈이 많이 와서 못 오시고 주무시고 내일 오시겠지.' 이렇게만 생각하고 잊어버리고 있다가 그 뒷날도 안와. 근께 연락을 해 보니까 어제 저녁때 가셨다 해서 동네 사람들 동원해서 눈 속을 찾으니까 신동서 남선으로 건너오는 그 길 밭 어덕(밭언덕) 높은데 거가 눈이 쌓였어. 그리 미끄러져 들어가 부렸어. 못 나오고 거기서 돌아가셨어.

그래서 우리 할아버지 출생년도하고 남선으로 이사 가신 그 연세를 보통 30세 내지 40세로 잡았어. 그 당시는 뭐 50넘으면 살기도 어려울텐데, 그때 이사 가신 적 없고 30세 40세에서 계산해 볼 때 300년 전 초 1700년경. 그래서 남선 연혁비 세울 때, 마을 총회할 때 설명도 하고 제시도 하고 그랬더니

"자네가 추측하고 있는 것이 자네가 제시한 것이 맞것네. 그렇게 하기로 하세."

그래서 저 연혁에다가 1700년경에 남선에 사람이 살기 시작했다.

도깨비가 잘 나오는 참나무등

자료코드 589_FOTA_20170630_BDR_PCG_009
조사장소 진도군 임회면 남선리 번답마을 제보자 자택
조사일시 2017. 6. 30
조 사 자 김명선, 윤홍기
제 보 자 박청길(남, 78세, 1940년생)

> **줄거리** 남선에서 굴포 가는 중간 지점에 '참나무뚱'이라는 작은 고개가 있었는데, 묘가 많아 도깨비가 잘나오는 곳으로 알려져 밤에는 어른들도 가기를 꺼려했으나 지금은 평평한 길이 되었다는 이야기이다.

이것은 도로가 좋게 포장이 되고 버스가 다니는 길을 만들기 위해서 지금 남선서 굴포 가는 중간 지점이 '참나무뚱'이라고 불러.

그런데 그때 우리 어렸을 때는 고개였어. 자금한(조그만) 고개. 그리고 거가 산이여 그리고 도로 우(위), 아래 양쪽에가 전부 다 묘가 많이 있어.

참나무뚱은 참나무가 많이 자랐었고 그러니까 참나무등 이라 불렀을 거여.

어른들 말씀이 그리고 거기가 굉장히 도깨비가 잘난다고 들었어. 저녁때라면 사람이 꺼려하고 안 갔어. 나도 우리 외가가 굴포기 때문에 아버지나 형님이 외삼촌네 집에 심부름을 보낼라 해도 저녁때 가라면 안 갔어.

저녁때 갔다가 올라면 도깨비 만날 염려가 있으니까 안 가고, 밤에는 아예 어른들도 굴포 그 길은 꺼려하는 길이었어.

지금 참나무뚱은 도로를 낼라고 깎아내불어서 판판한 평지고 양쪽 다 언덕을 제거해 부러서 길이 좋게 되었제.

날로 번창해 간다는 번답마을 유래

자료코드	589_FOTA_20170630_BDR_PCG_009
조사장소	진도군 임회면 남선리 번답마을 제보자 자택
조사일시	2017. 6. 30
조 사 자	김명선, 윤홍기
제 보 자	박청길(남, 78세, 1940년생)

줄거리 제보자가 '번답'이라는 한자를 통해 '마을 앞 들녘이 남선 사람들의 소유로 번져 번창해간다'는 의미로 추론하고 작품을 썼다는 이야기이다.

(조사자 : 답은 '논 답(畓)'자라 하지만 '번(繁)'은 어떤 의미인가요?)

이것도 내가 우리 마을 지명에 대해서 작품을 쓰면서 어른들한테 물어보니까는, 글쎄 그저 옛날부터 번답으로 불렀으니까 그냥 그렇게 알지 깊은 의미나 뜻을 갖고 대답해 주는 사람이 없어.

그래서 내가 지금 작품집을 보면서(내면서) '너와 나의 고향'이라는 제목에다가 이곳 지명 열 세 갠가 몇 개를 넣어서 작품을 썼어.

그런데 나는 어떻게 생각 했냐 그라면 이것은 확실히 어른들한테 들은 의미는 아니여. 내가 생각할 때 '기름이 물위에 번져간다'는 표현은 남선 사람들이 논을 소유하기는 쪼금 했는데, '이 많은 들녘이 자꾸 남선 사람들의 소유가 늘어난다' 그래서 그 뜻을 생각하여 시를 쓴 것이여.

그러니까 우리 남선은 비록 가난하게 살았지만은 이 앞이 '번답(繁畓)'이기 때문에 논 답(畓)자가 들어가서 번답이란 이름이 붙었어. 그래서 남선 논들이 자꾸 자꾸 늘어나고 번져간다, 번창해간다란 의미로 번답을 생각해서 내가 작품을 썼어.

임회면 명슬리 상미마을

600년 된 상미마을 역사

자료코드 589_FOTA_201709018_SMR_KGB_001
조사장소 진도군 임회면 명슬리 상미마을 제보자 자택
조사일시 2017. 9. 18
조 사 자 김명선, 윤홍기
제 보 자 김구보(남, 76세, 1942년생)

> **줄거리** 1400년에 상미마을에는 방씨가 먼저 들어와 살았고, 나중에는 전주이씨들이, 그 후엔 도강김씨가 득세하고 살았다는 것을 선산을 통해 추측해볼 수 있고, 김해김씨는 1810년경에 득세하고 살았다는 이야기이다.

1400년경에 마을의 역사가 시작 되았지요. 제일 먼저 방씨가 들어와 살았는데 그때는 마을 형성이 안 되고 여기 저기 살았을 것 아니요.

방씨가 들어와 산 후로 전주이씨들이 집촌해서 살았어요. 왜냐면 흔적이 있어. 지금 서북간에가 묘지가 있는데 묘지가 한 1000평 되는 산이 있는데, 그 산에가 왕의 능처럼 묏이(묘가) 커요.

이런 묏들이 한 30비상이 있어가지고 거가 비석이 있고 그래나서 우리 마을 역사를 보면 전주이씨가 집촌해서 살았다는 것이 증거가 되요. 그 후로는 도강김씨가, 또 북쪽에는 좋은 산이 있는데 그 산에도 큰 묘지가 한 23비상 정도 있는 것을 내가 알아요.

전부 비석이 세워졌고 해서 추적해 보면은 역서(여기서) 도강 김씨들이 집성해 갖고 득세를 하고 살았다고 그렇게 인정이 되지요.

우리 김해 김씨가 여기 들어와서 정착을 한 것은 약 200년 전인 1810년 정도에

우리 마을에 와서 김해 김씨가 상당히 득세하고 살았어요. 이 마을에가 제일 많이 호수가 있을 때가 한 67호가 살았는데 거즘 김해김씨 였습니다.
나머지 박씨가 몇 집, 이씨가 몇 집, 이렇게 살았어요. 그 후로 우덜이(우리들이) 이렇게 살고 있어요.

마을을 지켜주는 선바위, 호랑이바위, 눈바위

자료코드 589_FOTA_201709018_SMR_KGB_002
조사장소 진도군 임회면 명슬리 상미마을 제보자 자택
조사일시 2017. 9. 18
조 사 자 김명선, 윤홍기
제 보 자 김구보(남, 76세, 1942년생)

> **줄거리** 상미마을을 수호하는 바위가 3개 있는데, 마을 앞산에 선바위, 북쪽 덤밭골에 있는, 호랑이가 마을을 껴안은 형상의 호랑이바위, 서북간에 두 개 눈을 가진 눈바위가 있어 마을에 오는 사람을 감시하고 전염병을 막아 주었다.

마을을 지켜주는 큰 바위가 세 개 있는데, 쩌 앞산에 보면은 나무가 무성해져 갖고 안 보이는데, 마을을 정식으로 앞에서 지켜준다는 선바위가 있어요. 그리고 북쪽으로는 지명이 '덤밭골' 이라는 산인데 거기에는 호랑이가 딱 마을을 끼어 앉은 형체로 호랑이 바위가 있습니다.
서북간에는 눈바위가 있는데요. 인공으로 사람이 만들어 놓는 것처럼 큰 바위가 눈이 두개가 있어갖고 눈사람 마냥 바위가 있었어요. 그란데 그 바위는 마을에 오는 사람을 감시하고 옛날에 전염병을 막아 주었다는 옛날 어른들의

말을 들었습니다.

6·25 때도 평화로웠던 마을

자료코드 589_MONA_201709018_SMR_KGB_001
조사장소 진도군 임회면 명슬리 상미마을 제보자 자택
조사일시 2017. 9. 18
조 사 자 김명선, 윤홍기
제 보 자 김구보(남, 76세, 1942년생)

> **줄거리** 상미마을은 따뜻해서 '겨울에 오는 손님을 다시 가라고 추방하는 마을이다'는 라는 말이 있다. 따뜻한 기후 때문인지 사람들이 온순하고 인정이 많아 6·25 때도 내부 고발자도 없이 외지에서 들어와 숨어 지내던 사람이 살아나간 마을로 다른 마을에서 양반촌으로 인정해준 곳이었다.

우리 마을이 사실은 따뜻합니다. 옛날 우리 아버지도 얘기를 하셨지만 우리 마을은 따뜻해갖고 '겨울에 오는 손님을 다시 가라고 추방하는 그런 마을이다.' 이말은, 동네밖에 나오니까 북풍이 불고 하늬바람 치는데, 여그 상미는 따뜻해서 '아! 날이 풀렸구나.'하고 또 나간다는 이야기지요.

그런 얘기를 했는데 사람들마저도 사실 무자게(한없이) 온순하고 인정이 많습니다.

그래 가지고 다른 마을 학구네서 '상미 마을을 정말 양반촌이다.' 이렇게 호칭을 받았어요. 그 대신 딴 마을에 비해서는 개발된 것이 없어요. 사람이 너무 온순하고 정직하고 유하다 보니까 큰일은 못 해냈습니다. 발전이 안 되었지요. 솔직한 이야기로 내가 항상 회의 때도 이야기를 합니다. 우리 마을이 좋은 마

을이라는 이야기를 하고, 6·25전쟁 때도 사실은 다른 마을에서는 마을 안에서 반란을 일으켜 가지고 이중으로 인명 피해를 봤는데, 우리 마을은 그런 것이 없고 타지 사람이 와서도 살아나갔어요.

우리 마을에 피신해 있다가 살아나간 그 사람이 세상이 평정해지자 은혜를 갚기 위해서 음식을 해가지고 돼아지(돼지) 잡고 음식을 맨들어서 잔치를 열었어요. 지금 저기 '선바위 박대난골' 이란 데가 있는데, 거그 사람이 아마 진도 중학교 교장을 했을 겁니다. 그런데 그 분이 딸을 이 마을로 결혼을 시켰어.

6·25 때, 사람들 폭동이 일어나 가지고 권력 있고 잘 살고 그라면 무조건 죽여부니까 그분이 우리 동네에서 숨어 있었습니다. 그란데 오히려 우리 마을에서는 그런 것이 없이 평화롭게 지내고 해서 사위네 동네에서 살아 나갔습니다.

한 달 이상을 산에서 살면서 박대난골 이라는 고랑이 딱 들어 가면은 하늘이 안보여. 그렇게 숲이 우거지고 깔대가(갈대가) 있어 가지고 사람이 살아갈 수 없는데 그래도 마을 사람들이 나쁜 사람들이 있었다면 신고를 했을 것 아닙니까?

그래서 그 사람이 살아 나가서 '야! 상미 마을은 이렇구나, 우리 사위네 동네가 이런 동네구나' 그리고 세상이 평정해지자, 원래 지산면 앵무리 사람인데 돼야지 잡고 옛날 구루마에다가 음식을 싣고 와서 마을 잔치를 시켰다고 해요.

뱀골재 세 개의 동삼 이야기

자료코드	589_FOTA_201709018_SMR_KGB_003
조사장소	진도군 임회면 명슬리 상미마을 제보자 자택
조사일시	2017. 9. 18
조 사 자	김명선, 윤홍기
제 보 자	김구보(남, 76세, 1942년생)

> **줄거리** 소금장수가 산속에서 날이 어두워져 외딴집에 들어가게 되었는데, 그 집에 머리를 산발한 여자가 시아버지와 남편의 상을 당한 상황이었다. 여자를 도와 시신들을 잘 묻어 주었더니 고마움의 표시로 무 세 개를 받았다. 그런데 나중에 알고 보니 무 세 개는 천년이 되면 움직인다는 동삼이었고, 결국 산속에서 일어났던 일들은 신령님이 소금장수의 담력을 시험해 본 것이었다.

여기서 넘어가면 뱀골고개 너머에 당이란 것이 옛날에 있었어요. 가다가 돌도 얹어 놓고 뭐 던져서 놓고, 옛날에 당이 언제부터 생겼는지 모르지만 당이 있었어요. 그 이야깁니다.

이렇게 큰 산길이었는데 옛날이야기를 들은 겁니다. 어느 날 하루 소금 장사가 뱀골재란 잔등에서 소금을 폴고(팔고) 쉬다 보니까 잠이 들었어. 그래서 갈라고 잠을 깨갖고 소금 짐을 지고 내려오니까 날이 어둑어둑 졌어요. 불이 있는 곳을 찾아 갔답니다. 소금 장사가 불이 있는 곳을 찾아 가니까 독립가옥 한 채가 있는데 소금 짐을 내려놓고

"실례합시다."

그러니까 어뜬(어떤) 머리를 산발한 여자 분이 나오면서

"누구시오"

하고

"잘 오십니다."

그러든만요. 그래 보니까 들오시라 해서 보니까, 방안에가 자기 시아버지가 죽어서 지키고 있단 말이여. 시아버지를 지키고 있다 그래서, 그 사람이 들어본

께 초상난 집인데 참 내가 괜히 왔구나 생각이 들었겠지. 그란데 이 여자가 하는 말이,

"지금 우리 남편이 아부지를(아버지를) 장사하기 위해서 상복을 사러 시장을 갔어요. 아직 오지 않으니까 나하고 같이 우리 남편 마중을 가야 되는데"

그러고는 소금장시에게 하는 말이,

"아저씨가 우리 아부지를 지키고 계실라, 아니면 등불을 들어주면서 저와 마중을 나갈라?"

하니까 가만히 생각할 때 진퇴양란이어. 송장을 지키고 있는 것도 안 되고 등 갖고 어디로 마중 간다는 것도 안 되고.

"그라면은 내가 길을 아니까 내가 당신 인도해서 우리 남편을 마중 갑시다."

라고 여자가 앞장을 서고 소금장시가 뒤를 따라 갑니다. 지금. 어디 만큼을 가니까 여자가 하는 말이

"예잇, 나쁜 산짐승아! 아버지가 죽어서 시장을 갔는데 그 사람을 헤쳐불었냐"

봉께, 호랑이가 자기 남편의 심장을 파갖고 피를 빨더란 이야기여. 그라면서 몹쓸 짐승이라 하면서 여자가 하는 말이 그 소금장사 보고,

"우리 집 가서 무엇 무엇을 다시 가지고 오실라, 아니면 역서(여기서) 지키고 있을라"

그러니까 아니 소금장시가 어디 갈 수도 없고 올 수도 없고 진퇴양난이여. 할 수 없이 여자 말에 의해서,

"집에서 당신 지고 왔던 소금 짐을 내라 놓고 지게를 가지고 오시오. 우리 영감을 지고 가야 될 것이 아니오."

호랑이는 내빼버리고 그 피 흘린 남편을 감아서 지고 올라니까, 지게를 가져 오락 해, 소금장시 지개를. 그래 할 수 없이 지게를 가질러 초상집을 그 사람이 와서 보니까 죽어 있는 송장이 춤을 추더락 해 방에서. 그래 뒤로 넋을 자빠졌어, 소금장사가.

그래도 그 사람이 거그서 정신을 안 잃어불고 지게를 갖고 왔더랍니다. 가지고 와서 자기 영감을 지게다 지고 같이 여자랑 와서 즈그 영감 즈그 아버지 먼차(먼저) 그 집 뒤에 뒤안같은 데다가 아버지를 묻고, 자기 남편을 묻었는데 날이, 동이 훤하게 트라 말라 하는데, 소금 장사가 동 텃으니 갈란다고 하니까 수고 많이 했다고 하면서 그 아주머니가 뒤안에서 무를 세 개 뽑아 주드랍니다.

 무를 지게다 소금하고 같이 지고 시장가서 소금을 팔라 하니까 큰 시장이었던 가봐요. 아, 내 이야기를 빼 먹어 부렀구만. 동이 터서 무하고 소금하고 지고 옴시로(오면서) 뒷을 보니까, 그 집이 불에 훨훨 타고 있었단 이얘기여 불이!

아, 참 어제 저녁에 이런 일을 당했다 하며 시장에 갔는데 소금하고 무하고 놔 났는데 어느 나이 지긋한 노인 한 분이,

"물건 좋은 것이 있다마는 내가 그걸 살 돈이 있냐?"

그라고 자나가더라여. 그래 뭔 말인고 하고 무를 들어 보니까 전부 동삼이었단 이야기여. 무우 세 개가 즈그 영감, 아줌마, 즈그 시아버지 이케 세 개였단 말이어. 동삼이 동을 해서 삼이 천년이 되면 움직인다고 들었어.

그래서 그것이 동해서 사람의 역량을, 간이 얼마나 큰가를 시험해 보았던 것이여. 나중에 알고 보니까 무 세 개가 동삼이었단 이야기여요.

그런 얘기를 뱀골재란 잔등에 소금장시가 쉬어 있다가 길을 헤매고 그런 일을 당했다는 이야기를 들었어요.

동삼이 동(動)을 해서 사람도 되고 호랑이도 되고 송장도 되고 했다는 얘기죠. 그렇게 정신을 안 잃고 지조가 있으면 살아난다, 그란께 마음이 약하고 심장이 약한 사람은 죽어불었겄제. 그 상황에서

임회면 봉상리 봉상마을

죽림마을 흔들바위 대참사

자료코드 589_MONA_20170422_BSR_YCY_001
조사장소 진도군 임회면 봉상리 봉상마을 제보자 자택
조사일시 2017. 4. 22
조 사 자 윤홍기, 김명선
제 보 자 윤춘엽(여, 71세, 1947년생)

> **줄거리** 40여 년 전 죽림리 바닷가에서 소를 먹이던 동네 어린이 4명이 큰 바위 위에 올라가 놀다가, 그 바위가 굴러 4명이 모두 죽었다는 이야기이다.

죽림 애들이 그때 장에 가갖고, 강복순이란 애가 완도에서 왔을거여. 근디 그 날 장에 가갖고 막 얼른 집에 가자고 해서,

"점심때도 못 돼서 뭘라 그리 빨리 갈라고 하냐?"

고 그란께, 꽃 사서 머리에 찔르고 삔 사서 찔르고. 그래갖고

"언니, 나 이쁘제?"

그람시로(그러면서) 그래싼께,

"이쁘다"

그람서 가자한께,

"뭘라고 금새 갈라하냐?"

그란께,

"아니 바쁜께 간다."

한께,

"그람 너 앞에 가거라. 이따 장보고 가께."
진도읍 장에 갔다 와서 소띠기로(풀 먹이러) 가갖고 그케 된거여. 요짝 남쪽으로 소띠기로 가자고, 동네 넘어서 저 가능그테(지명)로 가거든.
"그래 가자."
한께,
"해 다 저물어 가는데 뭐할라 그리 가야."
한께,
"그람 너희들 안 갈라면 나라도 갈란다."
하고 소를 몰고 가분께, 인자 소들이 한나 가면 다 따라가. 그리 다섯인가 가갖고, 너니는(넷은) 바위로 올라가고, 잘잘한(어린) 애기들은 못 올라간께 지가 다 뫴해서 올려 주고, 그래갖고 한나는(하나는) 송덕이 딸이라고 그 딸은
"나는 머리 아픈게 안 올라간다."
한께,
"그래도 같이 놀자."
해도
"머리 아프고 어지런께 안 올라간다."
해갖고, 그래 너니는 올라갔는데, 막 올라간 뒤로 그 바위가 굴러 갖고, 송덕이네 딸만 살고 다 죽었다는 이야기가 있어.
너니(넷이) 그래갖고 바다가로 굴렀는데, 그 바위가 바다로 굴름시로(구르면서) 다 떡이 되갖고, 그 바위 틈사구에(틈새에) 애들 삔도 찔러지고 그랬더라 하데.
그래갖고 송덕이네는 헌복동서 안 살고, 징한께 죽림으로 이사 와부렀제. 아니, 양지물 아니고 죽림 경제네집 있는가, 죽림 저안에 쭉 들어가면. 저 남재네 집 안쪽 들어가면 큰 아버지네 집 있어. 그 집으로 이사 갔제.

안방까지 바닷물이 들었던 사라호 태풍

자료코드	589_MONA_20170422_BSR_YCY_002
조사장소	진도군 임회면 봉상리 봉상마을 제보자 자택
조사일시	2017. 4. 22
조 사 자	윤홍기, 김명선
제 보 자	윤춘엽(여, 71세, 1947년생)

> **줄거리** 1959년 9월 한반도에 막대한 피해를 입힌 사라호 태풍이 몰아치던 날 제보자가 경험한 이야기이다.

사라호 태풍 때는 바람이 심하게 엄청 불었제. 그런 때 막 나무뿌리가 뽑아지고 그래갖고 우리 집 불 다 나가불고, 우리 집 뒤에 담도 다 헐어져갖고 방으로 물들어 오고, 개가 방으로 들어와서 그 쪼끄만 뒷문 거기 앉아 있는디, 내가 캄캄해서 이케 만짐시로
"삼춘, 삼춘 언제 왔소."
용담이 삼춘 머리가 짧은께 삼촌인줄 알고 그랬더니 용담이 삼춘이 아니고 나중에 본께 개드라고.
그라고 대루, 인두 그런 것이 다 걸어졌는데 바닷물이 찍 찌끄러뿌려 논께, 그런데가 불이 반짝반짝하면 사람들이 쪼깐(조금) 보이고 그래갖고 아침에 일어난께, 우리 마당도 다 쓸어 나가불고 없고, 그 많이 잡아논 갈치도 다 나가불고, 또 중선배들이 바람 피해 죽림 바다로 들어 왔거든. 그랬는디 다 깨져갖고 막 아침에 일어난께, 바닥에 고기고 뭐고 껌해갖고(새카맣게) 있고 그랬지, 말도 못했지. 막 갱물이 날려갖고.
몇 살 땐지 몰라. 그 갱물이(바닷물이) 날려갖고 나락도 못 먹고 호박이네 뭣이네 밭들이 난리가 나갖고, 웃 동네 고모가 와서 막 울고. 추석 무렵이었어.

그라고 저 행갑이네 집 옆에가 샘이 있어. 모다 그 물을 질어다 먹었는데, 글로(거기로) 갱물이 들어가갖고 짠께 밥도 못해먹고 그랬제.

제삿날에 오신 영혼

자료코드 589_FOTA_20170422_BSR_YCY_001
조사장소 진도군 임회면 봉상리 봉상마을 제보자 자택
조사일시 2017. 4. 22
조 사 자 윤흥기, 김명선
제 보 자 윤춘엽(여, 71세, 1947년생)

> **줄거리** 죽림마을의 젊은 부인이 죽어서 길가에 묘를 썼다. 어느 날 밤에 낚시 갔다 오던 마을 사람 앞에 그 부인이 나타나 마을까지 동행을 했는데, 나중에 알고 보니 그날이 그 부인의 제삿날이었다는 이야기이다.

봉수각시가 젊어서 죽어갖고, 젊어서 죽은 사람은 길가에 묻는다든가 사람 많이 댕긴데다가. 난 지금 생각하면 어디쯤 인지 몰라. 그래갖고 저 똥구바구 어디로 묻어놨는디, 정재라고 그 사람이 고기 잡아갖고 오는데, 밤에 그물을 쳐놨다 고기를 잡거든. 그래서 고기 잡아갖고 오는데,
"아잡씨, 같이 갑시다."
그란께,
"따라 오시오."
그랬는데 그 사람이 죽었다는 것은 생각도 못하고
"뭐하러 갔다 오시오?"

찬찬히 얘기하다 본께, 죽림 들어온께 개가 짖은께 그 각시는 없어져 불고 그 때사 생각이 나서, '아! 죽었구나' 그 생각이 나서 봉수 각시 집에 가본께, 그날이 제삿날이었다드마.

서럽게 죽은 혼백 위로

자료코드   589_FOTA_20170422_BSR_YCY_002
조사장소   진도군 임회면 봉상리 봉상마을 제보자 자택
조사일시   2017. 4. 22
조 사 자   윤홍기, 김명선
제 보 자   윤춘엽(여, 71세, 1947년생)

줄거리 탑립리 뒤 잔등에 서럽게 죽은 사람의 혼백이 나타나 끊임없이 여러 가지 사고를 내자, 마을 사람들이 그 혼백을 위로해주었더니 잠잠해졌다는 이야기이다.

탑리 사람이 결혼을 해갖고 서울로 갔었는데, 인자 탑리집에서 파묘를 한다고 동생한테 연락을 했는데, 그때 뭔 일이 있어갖고 못 왔닥 해. 그래갖고 나중에사 온께 그때 못 왔다고 사과해도 안 받아 준께 그냥 갔어.
근디 즈그 신랑이 거기까지 가서 사과 못했냐고 다시 가서 사과하고 오란께 또 사과하러 왔어. 근디도 동서도 안 받아 주고 시숙도 안 받아 준께 그냥 올라가서는 연탄가스를 집에 넣어놓고 '내가 설자리가 없다. 나는 죽어야 쓰겠다' 하고 죽어갖고, 저 탑리 잔등에 묻어 놨는데, 또깨비가 밤마다 나와서 버스도 가면 굴려 불고, 차도 가면 굴려 불고.

그래갖고 어디서 물어본께, 그 귀신이 나와서 그란다 한께는 그 동서가 서숙씨를 볶아갖고, 볶은 것은 뭐가 안 난께 던짐시로
"이 서숙씨 나면 와라, 다시는 오지 마라!"
해갖고, 거기서 굿하고 죽림 사람들 사과 몇 박스, 술 갖고 와서 같이 모두 굿하고, 그라고 그 뒤로는 또깨비가 안났다는 것이여.

비지랑굴의 도깨비

자료코드 589_FOTA_20170422_BSR_YCY_003
조사장소 진도군 임회면 봉상리 봉상마을 제보자 자택
조사일시 2017. 4. 22
조 사 자 윤홍기, 김명선
제 보 자 윤춘엽(여, 71세, 1947년생)

줄거리 바닷일을 하다 죽은 사람을 묻은 비지랑굴에서 도깨비가 나와 지나가는 사람들에게 밥과 술을 요구했다는 이야기이다.

강계마을 옹구막에 사는 ○○씨 얘기는, 금갑서 사는 매제하고 즈그 동생하고 매형하고 삼형제가 그케 아침마다 댕김시로, 옛날에 끌어댕기는 방질 해갖고 고기잡어 먹는데, 즈그 각시가 밥해주면 아침을 먹고 나가서 방질하고 그랬는데, 하루 아침에는 밥을 한디 막 뒤에서 수군수군 또깨비가 그라드라 해.
"아니 나 무선께, 또깨비 나서 밥 못하것다."
벌벌 떤께,

"뭣이 또깨비가 나야, 내가 불 때 줄 것인께 밥해라."
고 그란께, ○○씨가 장심이 쎗다던만, 인제 ○○씨가 밥한께, 불연께(불을 때니까) 또깨비가 안 났드라 해. 그란디 그 밥 먹고 나가갖고 바람이 불고 태풍이 불어 셋이 다 죽었어.

그래갖고 그 둘이는, 매형하고 동생은 어디다 묻은지 모르는데, ○○씨는 비지랑굴 거기다 묻었다 해. 한 3년은 도깨비가 나와 갖고 막 담배 주라 하고 뭣하고.

활국 사람이 거기서 철나무를 하는데 그 사람이 들려갖고(혼이 씌여서),
"내가 널 거기서 죽여불라다 가만 놔 뒀은께 밥도 주고 술도 주고 그래라."
고 해서, 그 사람 들려갖고 그 집에 가서 밥이랑, 술이랑 허쳐(뿌려)주고 그란께, 한 3년 나더니 그 뒤로는 안 나드라대. 그란디 그 집 아들도 죽어 불었다데.

귀신이 만지면 아프다

자료코드 589_FOTA_20170422_BSR_YCY_004
조사장소 진도군 임회면 봉상리 봉상마을 제보자 자택
조사일시 2017. 4. 22
조 사 자 윤홍기, 김명선
제 보 자 윤춘엽(여, 71세, 1947년생)

> **줄거리** 이모가 묻힌 산소에 벌초를 한 후 몹시 열이 나고 아프자 점쟁이한테 가서 물어보니, 돌아가신 이모가 만져서 아프다고 했다는 이야기이다.

이모가 옛날에 그 옥동이네 집, 거그서 살았어. 그래갖고 그 욱에 다가 묻어 놨는데, 그런때는 항상 엄매가 벌초를 했어.

그날도 어머니가 갱번에(바닷가에) 가고 없은께, '내가 한번 해야 쓰것다' 그라고 벌초를 하고 왔는데, 그날 저녁에 내가 엄청 아팠어. 막 열이 남시로 그란께, 어머니가 양지물 그 쩔둑쩔둑한 당골네 거기서 물어본께 이모가 나와서 고맙다고,

"느그들 아니면 내가 누구를 믿고 살것냐. 내가 만져본 것이 그렇게 되었다"

그래갖고 밥 허치고(뿌리고) 어짜고 한께 나았어. 옛날에는 '귀신이 만져보면 아프다' 하드만.

서마장자, 우마장자만 찾는 당골네

자료코드	589_MONA_20170422_BSR_YCY_003
조사장소	진도군 임회면 봉상리 봉상마을 제보자 자택
조사일시	2017. 4. 22
조 사 자	윤홍기, 김명선
제 보 자	윤춘엽(여, 71세, 1947년생)

줄거리 할머니가 오랫동안 병상에 있게 되자 당골네를 불러 굿을 하였는데, 그 당골네가 밤새 똑같은 소리만 계속했다는 우스운 이야기이다.

그전에는 아프면 우덜은(우리들은) 당골네 데려오고 무당들한테 물어보고 그러는데, 아부지는,

"아프믄 병원에를 가야 되고, 때있는 데는 시쳐야(씻어야) 되고…"

하고 절때 미신을 안 믿었어. 그래갖고 할머니가 한번은 소 깔(풀) 비어갖고 오다가 7월 초 이래인가 깔풀 비어갖고 그 욱에서(위에서) 잔등에서 내려오다가 깔망이고(풀 망태를 이고) 미끄러져 갖고, 그때부터 응뎅이가(엉덩이가) 애레갖고. 정월 초 야드레날 돌아가심시로, 7월 달부터 계속 엎재서(엎드려서) 돌아가실 때 까지 그케 살았제. 그래갖고 고모하고 나하고 대소변을 받아냈제. 한번은 하도 성가신가 아버지도

"그람, 점 한번 해보라."

고 그라드만.

그래갖고 점을 했어. 점을 해갖고 그 당골네 데려다 뭣을 한데 집안에서 하고 밖에서 또 거리에서 하는게 있거든. 어머니하고 나하고 불을 피러 갔는디 하는 얘기가 뭐냐하면, 한참 불 핌시로(피우면서) 앉아서 들은께,

"서마장자 우마장자 떡 서른 서말하고 밥 서른 서말하고 흰쌀은 실테에 담고,

그렇게 이리 가서 장자 잡어 온나."
한께, 귀신들은
"아이고 배고파 못 가것네, 아이고 다리 아퍼 못 가겄네, 누가 여기다 노자 돈이나 좀 만져보고, 밥이나 좀 만져봐갖고."
그 소리만 잔뜩 하드라고. 그래갖고 인자
"서마장자 잡으러 왔는데, 여그서 술, 밥을 주니 잡어갈 수 없다. 이 너메(아쪽넘에) 가서 우마장자를 잡어 와서 사자한테 장자 잡어왔습니다 하면 되제. 서마장자인지 우마장자인지 어떻게 안다냐."
맨 그 소리만 하더라고 당골네가.
그래, 내가 어머니 보고
"그만하자고 하게."
그란께,
"어째 그라냐?"
"맨 밤새도록 우마장자 서마장자 밖에 안 하구만."
그란께,
"넌 착실히도 들었다. 난 뭐가 뭔 소리인지 모르것다."
서마장자, 우마장자는 옛날로 말하자면 장관, 이쪽 장관 벼슬이제,
"이사람 잡으러 왔는데 이 사람은 뭘 많이 준께 저사람 잡어가자."
장자 며느리가 밥을 걸게 많이 차라놓고 다리 밑에서 엿들은께,
"저 시압시(시아버지) 잡아가지 말고 다른 사람 잡아가자."
그랬다고, 그 소리만 밤새 하더라고···.

저승에서 돈 받으러 온 시어머니

자료코드	589_FOTA_20170422_BSR_YCY_005
조사장소	진도군 임회면 봉상리 봉상마을 제보자 자택
조사일시	2017. 4. 22
조 사 자	윤홍기, 김명선
제 보 자	윤춘엽(여, 71세, 1947년생)

> **줄거리** 돌아가신 시어머니 옷에 있던 돈을 며느리가 갖고 있었는데, 며느리 꿈에 나타나 돈을 돌려 달라고 했다는 이야기이다.

우리 시어머니 돌아가셨을 때는, 내 꿈에 큰 가마가 우리 마당에 있더라고. 그란데 꺼먼(까만) 사람들이 둘이가, 저승사자 같은 사람들이 있드라고. 그래서 내가, 그란데

"어머니 잡으러 안 오고 저그 이모 잡으러 왔다."

고 그래서

"어디서 이런 좋은 가마를 얼마 주고 타고 왔냐?"

고 한께,

"하늘나라에서 왔는데 천만 원 주고 타고 왔다."

고 그래. '왓따, 좋은 가마 타고 왔다'고 그랬는데, 그리고 꿈에 얼른 일어나갖고, 기만네 아배를 깼는데

"이모 잡으로 왔다고 귀신들이 왔는디, 이모 돌아가실란가 모르것어라."

그러고 있는데 우덜은(우리들) 이 방에 자고 어머니는 저 방에서 자고 그랬어. 그랬는데 막 이상한 소리가 나더라고. 끙끙 앓은 소리도 나고 사람이 꼭 죽어가는 소리가 나더라고.

어머니가 무슨 소리를 한다고 얼른 불 써갖고 본께는, 확 그때 막 죽을락 하더

라고 어머니가. 막 내가 겁짐에(겁이 나서) 이 앞에 저 아짐한테 전화하고, 저 성태한테 달려가고 해갖고 큰일났다고 얼른 오란께, 사람들이 와서 성춘네 아배가

"저 병원으로 모시고 가쇼. 돌아가실 것 같으요."

해서 한국병원에 가서 그대로 돌아가시고 오줌도 싸고 막 그랬어, 돌아가실 때.

이불조차 옷조차 한 번에 벳껴갖고(벗겨서) 딸딸 몰아갖고 태워 분다고 쩌그다 놔뒀어. 그랬는데 우리 어머니가 옛날에 옷에다 돈을 많이 담고 있었어. 아짐이

"느그 엄매 돈 있을 것이다."

그래서 오줌차 몰아 놓은 옷을 다시 가서 세 본께는 돈이 13만 원 있드라고, 그래서 내가 그놈을 내갖고 있다가는 내가 노잣돈으로 여줄란께 사람들이

"만 원짜리는 열(넣을) 필요 없고, 여주면 못쓴다고 백 원 짜리 몇 개 넣주라."

고 그라드라고. 그래서 인자 백 원짜리 몇 개 넣어줬어. 그리고 13만 원 내가 가졌거든. 그라고 뭣 한 뒤로 며칠 있다가는 꿈에 나타나서

"내 돈 내 놔."

그라고 따라댕개(따라다녀) 어머니가. 그래서는

"뭔 돈을 내가 가졌어라."

"니가 내 돈 다 안가졌냐?"

그래

"뭔 돈이라고라, 돈 얼마 넣어놓고 그라요."

그란께,

"7만 원"

그래,

"엇소, 엇소 7만 원 가져가쇼."

하고 준께 딱 쥐갖고(쥐고) 가더라고, 그 뒤로는 인자….

전깃불 단 것처럼 훤하네

자료코드	589_FOTA_20170422_BSR_YCY_006
조사장소	진도군 임회면 봉상리 봉상마을 제보자 자택
조사일시	2017. 4. 22
조 사 자	윤홍기, 김명선
제 보 자	윤춘엽(여, 71세, 1947년생)

줄거리 제보자의 남편이 죽은 언니의 무덤 앞 나무들을 깔끔히 정리했는데, 그날 밤 꿈에 언니가 나타나 전깃불을 달아놓아 훤하니 좋다고 했다는 이야기이다.

내가 꿈이 겁나게 영해. 죽림 미경이네 엄매 묏을(묘를) 갔는디, 죽림 형부가 벌초한다더니 요만하게 꼭 절도 못하게 쬐깐(조금) 벌초를 해놨어 묏둥만. 그래서 느그 매형(기만네아빠)이 기계 갖고 가서 앞에를 막 쳐부렀어.

그랬는데 그날 저녁 꿈에 저그 저 맥수 시앙굴 잔등 넘어가는데, 잔등밭에다가 미경이네 엄마가 큰 집을 지어놓고 사방에다 전기불을 달아놨더라고.

그래서 내가

"뭐한디 전기세 많이 나가게 불을 많이 달아놨냐?"

고 한께,

"기만네 아배가 전기를 달아줘서 훤하니 겁나게 좋다."

그라드라고.

죽어서도 자식 생각하는 어머니

자료코드	589_FOTA_20170422_BSR_YCY_007
조사장소	진도군 임회면 봉상리 봉상마을 제보자 자택
조사일시	2017. 4. 22
조 사 자	윤홍기, 김명선
제 보 자	윤춘엽(여, 71세, 1947년생)

> **줄거리** 죽은 시동생의 묘를 돌보고 명절 때마다 상을 차려 놓다가 그걸 중지하였더니, 시어머니가 꿈에 나타나 서운해 해서 다시 상을 차려 놓게 되었다.

우리 일재 시아재가 저그 우리 밭 갓에 있다고. 내가 오지랖 넓게, 다른 사람들은 그놈을 다 꼬실러서(화장해서) 없애불자 한 것을, 내가 어머니도 있고 그란께 여그 모셔갖고

"그래도 아들네들이 둘이나 있는데 나중에 아들네들이 아버지 찾으면 뭐라 할라냐 거기다가 다시 모시자."

그래갖고 여기 와서 생이를(상여를) 해서 모셨거든. 저그 저 우리 밭 갓에 거가 있는 묏이여.

내가 항상 밥을 명절에 따로 차려 놨어 엄매 옆에다. 항상 밥을 차려 놨는데 내가 그런 얘기를 한께, 한번은 동네 사람들이 그래.

"너는 뭐할라 그렇게 고생을 하냐, 즈그 아들 있고 각시 있는데 냅둬라."

그러길래

"그람 그라까."

그라고 내 맘속으로만

'놈들 말마따나(남들 말처럼) 아들네들도 있는데 뭐할라 성가시게 밥을 차려 놓냐.'

그라고 설은 오래되서 쉰께 내가,
"한숨 자다가 밥을 차라야겠다."
하고 내 방에서 잠을 자는데, 꿈에 할머니가 와갖고, [옛날에 할머니를] 혼자 저쪽 방에서 허리 아프고 다리 아프다고 거기다 항상 혼자 차려드렸거든. 그때도 밥을 차랐는데 꿈에 차라 줬는데, 밥을 딱 먹고는 상을 정제에다 냇던져불어.
"왜 좋게 밥 잡수고 상을 던져부요?"
그란께 막,
"나 혼자 먹고 가라냐?"
고 나를 뜯어. 그란께 거가 안차라 놨다고 그것이여.
"아이고, 미선아 미선아!"
미선이 그때 시집 안갔을 땐데,
"내 속 맘먹고 그랬는데, 느그 할머니가 와서 막 집어 뜯는다. 얼른 가서 밥 해갖고 밥 차려놓자."
그래갖고 그때부터 지금까지 계속 차라놓고 있어. 그라고 [친정]어머니 아버지도 내가 밥을 계속 차려놓다가 놈들이,
"두 반데서(군데서) 차려 놓으면 즈그 아들 있는데 뭐 할라고 차려놓냐?"
고 그래. 그란디 또 어디서 들으면 명절 때 조상들이 자식 집을 다 돌아본다고 하더라고.

궂은 날 신랑무덤에서 나는 소리

자료코드	589_FOTA_20170422_BSR_YCY_008
조사장소	진도군 임회면 봉상리 봉상마을 제보자 자택
조사일시	2017. 4. 22
조 사 자	윤홍기, 김명선
제 보 자	윤춘엽(여, 71세, 1947년생)

줄거리 시집에서 쫓겨난 각시를 못 잊고 신랑이 목을 매 죽자, 신랑을 묻으면서 혼수로 가져온 신혼살림을 태워 함께 묻어주었다는 이야기이다.

내가 고기장사한테 들었는데, 길은리 사람인데 인지리에서 길은리로 시집을 갔는데, 처녀때 놈의 애기를 배갖고 시집을 갔던 모양이여. 그랑께 애를 배갖고 왔은께 쫓아 내부렀닥 해. 시가집서 여자를 쫓아낸께 그 신랑이 산에 가서 목을 매달아 죽어불었는 것이여. 각시는 나가불고.

이장 각시가 소를 띠끼로(먹이러) 갔는디, 어떤 사람이 그늘에서 다리 쭉 뻗고 한 다리는 오므리고 자드라 해.

그랑께,

"저 사람은 어찌 저케(저렇게) 자는고."

그랬는데 해가 돌아간께 비스듬히 잠을 자드라 해. 그래서 가서 본께 이상하드락 해 동네로 달려가갖고 어떤 할머니한테

"할머니, 할머니 아무개는 저기서 자고 있어라."

그랑께

"뭔 잠을 하루 종일 자것냐? 그럼 가보자."

그라드라 해. 간께 여름이라 엄청 포리(파리)가 나서 있더락 해. 목매달아 죽어갖고.

그래서 형제들이 그 각시가 해갖고 온 농들에다 이불조차 그 각시가 해온 것 전부 막 갖고가서 꼬실려갖고 죽은 자리에다 묻어 버렸다는 것이여. 사람들이 지나가면, 비만 올라하면,
"아이고, 이것을 어디다 다 들이꼬, 아이고."
그라드라 해.
몇 년 동안 그라더니 그 뒤로는 안 그라더락 하대.

6·25전쟁에 얽힌 일가족의 비극

자료코드 589_MONA_20170424_BSR_HYS_001
조사장소 진도군 임회면 석교리 석교마을 제보자 자택
조사일시 2017. 4. 24
조 사 자 윤홍기, 김명선
제 보 자 하영순(남, 73세, 1945년생)

> **줄거리** 6·25 전쟁 때 인민군에 부역한 사람을 경찰이 죽였는데, 시신을 찾는 그 아들도 빨갱이로 몰려 죽었다. 이후 둘째 아들은 연좌제로 아무 일도 못하고 살다가 죽었다.

○○란 사람이 독신으로 태어나갖고 논도 많아갖고, 논 많하면 그런 때는 부자라 했거든. 부자로 살고 있는데, ○○씨란 사람이 일제시대에 측량기사를 해갖고, 군청 같은데도 측량할 때 이 사람을 불러다 측량을 해.
그란께 군청 직원들도 다 잘 알고 이러니까, 그런 때는 저수지도 없고 그란께, ○○씨네 좋은 논 서마지기를 측량하고 어짜고 하면서 군청하고 짰든가 어쨌

든가, 인자 ○○씨 논 서마지기를 자기 앞으로 맨들어 불었어, 그것도 공짜로.
그 후로 6·25가 딱 터져갖고 ○○씨가 이북 거기다 머리를 대고
"나는 그리로 간다."
그래갖고 완장을 차고 다니면서 간혹 총도 갖고 와갖고,
"어떤 놈의 새끼들이 까불면 꽉 쏴분다."
이케 해싼께, 이 도둑놈이 발 재랍다는(저리다는) 식으로 ○○씨가 생각하기를
"워매 저사람 논을 서마지기나 내가 먹어불었는데 말이여, 나를 직에(죽여) 부리면 어쩔까?"
그라고 그 조바심에
"에이, 나도 이판에 이북으로 해야 쓰것다."
그래갖고 이북 놈들하고 손잡고 했는데, 그란께 경찰이 딱 들와갖고 이놈들을 전부 잡아다 죽이는 판인데, ○○씨 이 사람을 잡아다가 행사장에서 경찰들이 쏴 죽여 버렸네. 그란께 ○○씨 아들 ○○이라고 있어.
 경찰이라도 내려가불고 없을 때 가서 시신을 찾아다 묻으면 쓸 것인데, 경찰이 막 쏴 죽여 놓고는 당에(아직) 내려가도 안하고 있는데 시신을 뛰적뛰적 뒤지고 해싼께,
"너는 뭐야? 새끼야!"
그란께,
"아니 우리 아버지가 여그 돌아가셨는데 시신이라도 찾으고 있습니다."
"그럼 너도 빨갱이 새끼구만."
하고 쏴 죽여 불었어. 그래 둘이 같이 죽어불었제.
그 집 사람들이 겁나게 영리하고 이랬는데, 그란데 ○○이라고 동생이 송정서 살고 그랬어. 점방 본다고 그라고. 연좌제에 걸려 놓으니까 아무리 영리하고 그라제만은 아무것도 못해먹고.
그래갖고 그 사람이 장개를(장가를) 동구지로 갔어. 저그 저 제주도에 가서 어디서 살다가 작년에 돌아가셨다던만.

행암네 하납씨 해창 다녀오기

자료코드	589_MONA_20170424_BSR_HYS_002
조사장소	진도군 임회면 석교리 석교마을 제보자 자택
조사일시	2017. 4. 24
조 사 자	윤홍기, 김명선
제 보 자	하영순(남, 73세, 1945년생)

줄거리 행암이네 할아버지가 마을 어른들이 놀면서 한 이야기를 듣고 이유도 없이 해창까지 다녀와 두고두고 웃음거리가 되었다는 이야기이다.

부자 장섭씨가 사랑방을 탁 이렇게 맨들어 갖고, 이케(이렇게) 어른들이 놀고 그라는데, 날마다 사랑방 차려서 놀고 있었는데, 그 사무실 사람이
"아따, 내가 해창을 갔다 올 일이 있는데…."
그란께는 그 홍이란 사람, 날매다 놀러 당기는 사람이 뭔 일인지 놀러를 안와. 그래서 하루는,
"자네는 어디 갔다가 인자 왔는가?"
그란께,
"해창 갔다 왔네."
"뭣하러 해창 갔다 왔는가?"
"자네가 해창 갔다 올 일이 있다 해서 걍(그냥) 갔다 왔네."
그란께 지금도 누가 쪼깐 뭐 심바람(심부름) 잘못하고 그라믄, 그 집 손자가 행암이었어.
"행암네 하납씨(할아버지) 해창 갔다 오댔기 했구만."
하는 그 말이 지금도 있어. 하하하!

신호를 착각해 목숨을 잃은 진준이

자료코드	589_MONA_20170424_BSR_HYS_002
조사장소	진도군 임회면 석교리 석교마을 제보자 자택
조사일시	2017. 4. 24
조 사 자	윤홍기, 김명선
제 보 자	하영순(남, 73세, 1945년생)

> **줄거리** 6·25 전쟁 때 인민군이 들어오자 산속에 숨어 지내던 한 젊은이가 아버지와의 약속을 착각하는 바람에 목숨을 잃었다는 이야기이다.

6·25때에 그 사람 직급이 순사, 경찰이었거든. 그때 그 얘기를 들어보믄, 같이 요케 그때 경찰하고 같이 이동을 했으믄 살았을지도 모르는데, 즈그 아부지가 가지 마라 해가지고, 우리 동네 뒷산 우에다가 숨겨놓고 밥을 갖다 주고 요케 살았는데, 인민군들이 와서 어찌 아들 내놓으라 성가시게 해 싼께,
그 아들하고 즈그 아버지하고 약속을 했어.
"진준어~"
하고 세게 부르면 더 숨고,
"진준아~진준아~"
이렇게 쌀쌀(살살) 부르면 나오고 요케 약속을 했는데, 어찌 산에서 자면서 잠도 제대로 못자고 정신이 없었던가,
"진준어~"
그라고 세게 불렀거든. 그란께 즈그 아버지는,
"더 숨어라."
이 신호였는데 그냥 느닷없이,
"예, 아부지"

그라고 그냥 볼깍(벌떡) 일어나 불었어. 그래갖고 인민군들이 산으로 쫓아 올라가서 잡어갖고, 얘기 들으면 송정회관 앞에서 무자게(엄청나게) 두드려 팼당 해. 그래갖고 인민군들이 조도로 건너갈라고 팽목리까지 요놈을 끄꼬(끌고) 가서, 팽목리서 완전히 뚜두려서(때려서) 죽여불었제.
그래갖고 그때 동네 사람들이 매다가 묏을(묘를) 묻었는데, 그 후로 몇 년인가 되아갖고 그 양반 이묘를 한다 해서 내가 거기를 가봤는데, 골이 금이 많이 갔어. 그란께 그 사람은 무자게 뚜둘어 맞아서 죽은 것이 확실해.

아버지 목숨을 구해 주었더니

자료코드 589_MONA_20170424_BSR_HYS_003
조사장소 진도군 임회면 석교리 석교마을 제보자 자택
조사일시 2017. 4. 24
조 사 자 윤홍기, 김명선
제 보 자 하영순(남, 73세, 1945년생)

> **줄거리** 제보자의 아버지가 6·25전쟁 때, 끌려가던 이웃마을 사람을 기지를 발휘하여 구해줬는데, 세월이 한참 흐른 후 그때 일을 잊지 않은 그의 아들이 제보자에게 감사를 전했다는 훈훈한 이야기이다.

그때 우리 아버지가 면장을 했던가 부면장을 했던가, 내가 그 기억을 확실히 모르는데, 그때 통일주체 국민회의라는 박정희 때 그것이 선거가 있었거든, 그런 때 인자 종선씨하고 진기씨하고 요케 모두 입후보 해갖고 선거운동을 하는데, 나보고 밤에 서망을 가라해.

"내가 서망을 가서 어쩔 것이요?"

그란께, 진기씨 리책이 있으니까 그 사람을 찾아 가라고 그래. 그래 리책을 찾아가니까 김을 요케(요렇게) 결석하고(묶고) 있드만.

그런데 나는 처음 먹어 봤네, 감자술, 고구마술, 막걸리를 이케 주어서 내가 거기서 두어 잔 먹고 이라고 앉았는데, 나 보담도 나이를 더 먹었을까 이런 사람이 자기 집으로 자로(자러) 가자 해. 그래 자려고 한께는, 막 시집올 때 그 이불해 가지고 온 놈, 한번도 안 쓴 놈을(것을) 깔아 줌시로 거기서 막 자자고 해서, 거기서 즈그 각시하고 나하고 서니 잤네.

자고 일어난께 또 밥을 아주, 그때는 쌀이 귀할 땐데, 쌀밥을 반찬 좋게 해서 막 주고 그랬어. 그래 물어 봤제,

"어째서 나한테 이렇게 잘 해주요?"

말이여.

"나는 그냥 왔는데, 어째 이렇게 나를 잘 해주요"

그란께 그 사람이,

"자네는 모르는가?"

"아니 나 아무것도 모른다."

고 그란께

"얘기도 안 들었는가?"

그란께 그 사람이 얘기를 하는데, 6·25때 경찰이 들어와갖고, 이케 잡어다 놓고 총 쏘아 죽이고 하는데, 저녁 끝에 눈은 내리는데 자기 아부지가 요케 묶여 갖고 경찰들이 죽이러 모두 끄꼬(끌고) 가는 판이여.

그랑께 우리 아버지가 저녁 식사를 하고 나오시다 본께 서망 그 사람이 요케 거가 묶여갖고 가거든, 그래서 경찰한테,

"아이, 나 저사람 하고 금방 한마디만 할 얘기가 있으니까 저사람 좀 풀어 주라."

한께.

153

"예 그러십시오."
하고 풀어줬다고 해. 죽이로 가는데 말이여.
"왜 네가 거기 있는가?"
그라고 빨리 도망가라 해서 도망가서 살았닥 해.
그랬다고 그 얘기를 첨 들었제. 우리 아배는 늙어갖고 없고 그란데 아침밥을 먹고 간다한께, 또 김도 두어 톳 싸서 갖고 가라고 주고.
"그전에 참 우리 아부지랑이 살아계실 때는 좋은 괘기(고기) 잡으믄 꼭 면장님한테 갖고 가고 그렇게 친절히 살았는데, 모도 돌아가시고 그래서 이렇게 되었다."
함시로. 그래서 거기서 대접을 한번 잘 받았네.
그란데 그 후로 우리 아버지가 오셨길래,
"내가 서망에 가서 이렇게 대접을 잘 받고 왔습니다."
그란께,
"모르것다. 그때 그런 일이 있었던가 없었던가!"
대답이 그라고 말아 불어.

임회면 봉상리 송월마을

전주이씨 석보군파 제각

자료코드 589_FOTA_20170424_SWR_LKJ_001
조사장소 진도군 임회면 석교리 석교마을 제보자 자택
조사일시 2017. 4. 24
조 사 자 윤홍기, 김명선
제 보 자 이기정(남, 77세, 1941년생)

> **줄거리** 전주이씨 석보군파 제각이 서울 같은 곳에 있지 않고, 임회면 송월리에 있게 된 사연에 이견이 분분하다. 높은 관료가 제당을 여기로 가져왔다는 설과 서울 쪽의 사정이 어려워 가져가라고 했다는 설도 있다.

전주이씨 석보군파 송월이씨들 제각이 우리 동네에가 있어. 그런데 서울 도곡 그런데가 있어야 할 제각이 왜 우리 진도 송월에 있냐? 옛날에 내가 듣기로는 우리 송월 출신이 육지에서 군수급이었대.
그래서 그 군수급이 진도로 사당을 옮겼다는 것, 그 내력에 대해서 내가 어려서 듣기로는 관료의 힘에 의해서 그 제당을 여기다 모셨다는 얘기를 들었어. 그래서 나는 그런갑다 하고 말았는데, 요번 며칠 전에 그런 얘기가 나온께 어느 사람은
"그것이 아니여. 그 사람 권리로 가져온 것이 아니라 저쪽 사정이 하도 어려우니까, 그냥 가져가라 해서 가져왔다."
저번 제사 때 군수님 입회하에서 그렇게 애매하니 말이 나오더라고. 내가 어렸을 때 어른들한테 말씀듣기로는 거기서 어쩔 수 없이 가져가서 갖다 모셔라 그란께 가져왔단 사람도 있고.

'그런 제당을 어디로 함부로 옮긴다는 것은 쉽지 않은 일인데, 그것을 군수 힘으로 갖고 와서 우리 송월가 있었다.'

그래서 내가 어디를 가면 '동네 뭣을 아는가?' 하고 내가 아까 물어 본거여.

그 제당을 석보군묘라고 해. 역사를 가진 그런 군묘여. 그런 제당이고 또 임금의 손이여, 바로 손이 돼.

어느 문중에 보면

'나는 뭐 김수로 왕의 자손이니까, 나도 상당한 임금의 손이다.'

그러니까 '군에서 그것을 문화재로 올려주라.' 그래서 거기가 진도군 문화재로 올라 있어.

그란데 거기다 내가 한마디 더 욕심을 낸다면 문화재로 올렸을 때는 어느 정도 그 수리비라도 지원이 있어야 될 거 아니여. 그란데 문화재과로 연락을 하니까,

"문화재로 올라가 있으니까 다소 보수비가 나갈 것이다."

2, 3년 전에 그러더니 뭐 그냥 깜깜해. 그란데 지금 또 도 문화재로 해달라고 그걸 추진하고 있는데, 아직도 소식이 깜깜하네.

누구나 말에서 내려야 했던 송월리 하마석

자료코드 589_FOTA_20170424_SWR_LKJ_002
조사장소 진도군 임회면 석교리 석교마을 제보자 자택
조사일시 2017. 4. 24
조 사 자 윤홍기, 김명선
제 보 자 이기정(남, 77세, 1941년생)

줄거리 옛날에 송월리 하마석을 지날 때는 누구라도 말에서 내려서 걸어가야 했다는 이야기이다.

송월마을 하마석

옛날에, 아주 참 옛날 얘기죠.
마을 앞에 상만서 내려오고 하는 삼거리 길에가, 하마석이라는 '말에서 내려라' 하는 비가 있어. 그래서 그 당시에는 송월이 양반촌이었대.
그래서 가다 오다 하는 사람들이 말에서 전부 내려서 통과를 했다고, 또 그런

얘기가 실제로 있었어. 지금은 그 하마석을 동네 가운데로 옮겼어. 옮겨갖고 지금도 그걸 유지해요.

그래서 그것이 군 문화재로 오르고, 또 관광객이 가끔 와요. 그걸 더 보존을 할라고 하는데, 잘 안 되고 있어.

임회면 봉상리 송정마을

도깨비가 업어서 건너 준 다리

자료코드   589_FOTA_20170604_SJR_LPJ_001
조사장소   진도군 임회면 봉상리 송정마을 제보자 자택
조사일시   2017. 6. 4
조 사 자   박정석, 박영관
제 보 자   이평진(남, 73세, 1945년생)

> **줄거리** 송정마을 너머에 히루골이라는 곳이 있는데, 그곳에서 글공부를 가르치러 다니던 선생이 큰물이 져서 건너지 못하자 도깨비가 장차 현감 되실 분이라며 업어서 건네 주었다.

우리 마을에서 저쪽 고개를 넘어 가면은 히루꿀(히루골)이라는 데가 있는데, 송정마을이 있기 전에 우리 마을 사람들이 거그서 태어났다고 합니다. 그래서 거그 동네에서 유능하신 선생님이 여기 이 넘에(너머) 봉상리로 그 옛날 글공부를 가르치러 다니셨는데, 저녁이면 가서 공부를 가르치고 또 건너 오시고 하는데 그 중간에가 또깨비 다루라는 다리가 한나 있습니다.
그런데 한번은 그 다리를 건너려고 하니까 큰물이 져(들어)갖고 도저히 건널 수가 없을 형편이 됐는데 또깨비들이 나와서,
"아이고 웅천 현감이 오셨습니다."
그라고 업어서 건너 줬다고 합니다. 그거이 얘깃거리로 남아있습니다. 그래서 건너왔다흐고, 내중에(나중에) 경상도에서 웅천현감을 했다는 말만 들었지 잘 모르겠습니다. 그거 뱃게는(밖에) 모르고.

우렁각시가 여기있어 여기산

자료코드 589_FOTA_20170604_SJR_KBJ_001
조사장소 진도군 임회면 봉상리 송정마을 제보자 자택
조사일시 2017. 6. 4
조 사 자 박정석, 박영관
제 보 자 김복진(여, 72세, 1946년생)

줄거리 어느 날 혼자 사는 산골 총각에게 누군가 몰래 와서 밥을 해놓고 청소도 해주자 몰래 숨어서 보니 우렁이각시였다. 총각이 우렁이를 건지며 내 사람이 여기 있다고 해서 산 이름이 '여기산'이 되었다.

임회면 송정마을 여기산 밑에 살고 있습니다. 옛날 어른들한테 얘기 듣기로는 어째서 여기산 이라고 이름을 부르냐하면, 옛날에 총각이 산골 마을에서 살았는데 어느 날 하루는 누가 저 정제다(부엌에) 긋게(그렇게) 물도 가득가득 질어 놓고(길어다놓고) 긋게 정제 것도(설겆이도) 말간이(깨끗하게) 해놓고 밥도 해 놓고 그라드래. 그 총각 하는 말이,

"이상하다 이상하다."

그래서 하루는 어디가 은신을 흐고 숨어서 망을 봤드래요. 망을 보고 있은 게 이쁜 각시가 나와서 긋게(그렇게) 밥도 해놓고 물도 질어놓고 그라고 있드라여. 아 인자 알았다. 그라고는 그 남자가 나타난게, 그 각시가 물속으로 쏙 들어가분게, 가서 본 게는 큰 주먹만한 우렁이가 들어가. 그래서는 남자가 그 우렁이를 건짐시로,

"내 사람이 여기 있네."

그래갖고 여기산이 됐다고 하는 그런 전설을 내가 들었습니다.

눈동자가 네 개인 쌍동자 할아버지

자료코드	589_FOTA_20170604_SJR_KBJ_002
조사장소	진도군 임회면 봉상리 송정마을 제보자 자택
조사일시	2017. 6. 4
조 사 자	박정석, 박영관
제 보 자	김복진(여, 72세, 1946년생)

> **줄거리** 윗대 할아버지는 양쪽 눈에 눈동자가 하나 더 있었는데, 아주 똑똑하고 부자로 살면서 권세가 대단했다. 하루는 할아버지 집에 시주받으러 온 스님들을 괴롭히자 이를 안 도사님이 그 할아버지에게 명당을 알려주었다. 그러나 그 할아버지가 그 자리를 파니 좋은 기운이 빠져나갔다. 그리고 그 할아버지를 낳기 전에 어머니가 상골산을 치마로 받아 감싼 태몽을 꾸었다고 한다.

지산면 오류 월촌 동네에서 내가 태어났습니다. 옛날에 예 내가 우리 할머니 할아버지한테 들은 이야기인데, 저 우리 웃대 할아버지들이 맷대존제(몇대조인지)는 나는 확실히 모르것습니다.

거런 할아버지, 눈 한나에가 눈동자가 한나만 하잔에(하나가 아니라) 양짝 눈에가 동자가 둘이 백여갖고(박혀가지고) 굿게(그렇게) 할아버지가 똑똑하니 권세가 겁나게(아주) 심하고 이만 저만이 아니고.

저그 오류동에다가 곳간은 놔두고 사랑채는 놨두고 저그 소로지(송호마을 옛이름) 남창 거그다가 곳간은 놔두고 몸체는 월촌다가 놔두고 그렇게 해갖고 겁나게 부자로 잘 살고 그랬다는디.

그러게 앞뒤로 종시고(종을 세우고) 저그 절에서 중들이 동냥 오면 권세 부리느라고 자루 밑구녕 터갖고(자루밑을 터서) 오면 동냥을 많이 준다고 그렇게 말흐거든. 그람 중들이 동냥 많이 줄줄 알고 자루 밑구명을 터갖고 오면 곡식이 밑으로 주르라니 다시 흘러 버리고 한게는 할아버지가 그 중들이 웃게(이렇게) 쓸어 담을란게 하지 말고 잿그락(젓가락)에다 물 묻혀갖고 주수라고(주으라고) 그렇게 권세를 부렸답니다.

그란게 그 중들이 절에 가서 도사님한테 암데(어디) 암데 갔는데 긋게 그런 사람이 우덜을(우리들을) 괴롭게 하드라고 일렀어. 긍게 도사님이,

"저그 지산면 동석산 밑에가 유명한 좋은 묘가 있응게 나와서 파라."

고 하드라요. 할아버지를 혼낼라고 엇찌게(어떻게) 파라고 한게는, 황소가 뒷발은 일어나고 앞발은 쭈그리고 있다가 일어났으면 아주 하늘 닿게 뭣 할 것인데, 그 도사님이 파라한게 어먼게(파서는 안될 곳) 파라는 것인데 팠드라 그래요. 그냥 그 맷을(묘를) 파자마자 사르라니 김으로(연기가 나면서) 황소는 없어져 버렸다 하요.

그라고 그 할아버지가 하도(엄청) 똑똑하고 그란게 목 벼서(목 베어서, 사형당할) 죽을 죄인 대신 말도 하고 잘 빼낼라고 하고 지금 말하자면 어디 그런 데를(관아) 갔는데 거그서 문초를 받음시로 하도 할아버지가 말 답변을 잘하고 한게는 그라믄 여그를 다시는 그 죄인이 안오게크럼(안오도록) 옛날로 말하자면 시말서라고 그랍디다, 나는 긋게(그렇게) 들었습니다.

시말서를 써주라고 한게는 나졸들이 종우가(종이가) 없어 못써준다고 그 사람들이 긋게 그라드라고 해서 그 할아버지가 옛날에는 도복이라 하든만.

도복을 입고 간 깃조차 동정조차 주르라니 타줌시로(뜯어주면서)

"종이 엇네(여기있네) 여그다 써주게 당부하네."

그 사람들한테 말을 낮차서(낮추어) 하게를 함시로 그렇게 저 써주라 한게는 참 이분이 말할 수 없이 똑똑 하다고, 여그 왔다 그냥 가느니 매나 한나 맞고 가라고 그라고 참대로 옛날 어른들 말이 참대다 합디다.

그 죄인들 때리는 매가 참대라 합디다. 참대로 세 대를 때리고 있는데, 집에 와서는 그대로 돌아가셔 불었다 하요. 똑똑한 사람은 매 맞으면 죽는다 하요.

그래도 빼 먹은거 있소. 저그 태어날 때 처음 읍에서 그 할머니가 옛날에 우리 할머니한테 들은게는 그 애기를 설 때(잉태할때) 할머니가 읍에서 왔는데, 골함새 골함새 그랬다고 합디다. 읍에서 왔는데 그 애기를 설 때 읍에 상골산을 초매에다(치마에다) 온막(전체를) 싸매더니(치마에 받아서 쌨더니) 그런 애기를 낳았다

하요. 예 태몽을 그라고 했는데, 지금 우덜 태어나기 전 우리 할압씨(할아버지) 여나믄살(열 살 정도) 먹어서 그런 때만 해도 지산면 인지리 그런데서 우리를 부를라면 저그 '오류동 쌍동자네, 쌍동자네' 그렇게 불렀답니다.

예 그라고 우리 할압씨가(할아버지가) 지금 살아 계셨으면 백 몇 살 잡샀는데(잡수셨는데) 열다섯 살 먹어서 저그 저 대팽이 한호라고 아는가 모르것습니다. 거 그 저 할압씬가 누가 우리 한압씨 종을 살았드랍디다. 그래서 열다섯 살 먹어서 그 뭔 종 문서때기를(종문서를) 가져와서 꼬실러(불태워) 주라한게 친한 친구였는데 옛날에는 종으로 살았제.

어른들은 종으로 살았제만은 우리 할압씨하고 친하고 한게는 그 문서때기를 살라주라고(불살라주라고) 우리 할압씨 열다섯 살 먹어서 갖고 와서 불살라주란게 해주었다 하요. 우리 집을 쌍동자 네 집이라고 그렇게만 들었습니다.

임회면 삼막리 하미마을

망자가 탄 가마 상여와 상여집

자료코드　589_FOTA_201706012_HMR_HYH_001
조사장소　진도군 임회면 삼막리 하미마을 제보자 자택
조사일시　2017. 6. 12.
조 사 자　김명선, 윤홍기
제 보 자　하영호(남, 73세, 1945년생)

> **줄거리** 상여 만드는 과정과 상여를 보관하던 집에 관한 이야기로, 초상이 나서 사람들이 상여집에 상여를 가지러 갈 때는 무서워서 모두 같이 들어갔다고 하며, 평소에도 상여집 근처에 가는 것을 꺼려했다고 한다.

요새는 꽃상여 있고 그런데 그 전에는 나무로 곽을 짜갖고 다 꽂아 였어요.(넣었어요). 다 꽂아여갖고 고런데다, 이케 3층이나 해갖고 꽂아 였어(넣었어). 그 놈을 이런 커나큰 나무 상자에다 또 다 끝나면 고놈 다시 가져오고, 그런 식으로 하고.

상여집은 벌거리에서 우징칭하고(우중충하고), 요새는 그런 소리 하면 또깨비 잘 나는 데로 무서서(무서워서) 그 조태는(곁에는) 아무도 안 갔고, 상여집을 그때 상여 가질러 갈라고 그라면 누가 먼차(먼저) 들어가는 이도 없고, 한 뻔에 우~ 하니 들어갔제. 먼저 들어가서 갖고 오는 사람이 없었어, 무선께 또깨비 난다고.
(조사자 : 상여의 크기는 어느 정도 되었나요?)
상여는 그 놈만 여고(넣고) 상여집이 거가 밑에 상여를 밀란께, 이런 통건 [양손 엄지와 중지로 원을 만들며] 열채, 이 나무가 저기서 여기까지나 질꺼여.(길다) 그런 때는 사람이, 요새는 사람이 자동으로 해서 저기서 사오면 사람이 열인

가 야달인가(8인) 들어갈꺼여.

그란데 그런 때는 사람이 많이 미고(메고) 그래 나서, 그 진 놈 있제 옆에, 또 하는 놈 있제, 옆에 또 걸치는 놈 있제, 그랑께 상여가 움먹해도 이상(제법) 아주 컸었제, 이상. 그때는 상여를 사람 열둘이나 열너니(열넷이)나 멧던가? 열둘이나 열 너니 였을꺼여.

우리 동네 같으면 지원이 하선생 아범 멧(묘) 쓴 그 옆에 거가 음침해갖고 생여집 있는 데로 잘 안 갈라 했어. 그런 때는 또깨비도 많이 나고.

얼름해서(어둑해서) 비올라하면 인불이 많해갖고(많아서) 동네 문중 선산 같은 데는 붙었다 떨어졌다 하면 또깨비불이라 하고 상여집 조태를(곁에를) 누가 갈라고를 해야지. 암도 안 갈라 하제, 무선께. 어느 동네도 다 그랬을 거여.

그런 때는 의무적으로 누구나 초상나면 그때가 상부상조 잘했제. 요새는 누구 결혼식 간다, 큰아들 어디 승진했응께 간다고 나가분께 할 수 없이 궐을 받았는데 인자는 세대차이가 난께 지금은 상여도 암도 안하고 얼른해서 화장 해다가 즈그 식구까지 와서 묻고 가.

상여집은 양수씨가 이장할 땐게 암찍해도(암만해도) 한 4~50년 될건데. 상여를 만들때 상여판자에 닭, 오리, 새, 꽃 등을 전부 찡기는데(꽂는데) 거가 좀 먹어불면(꽂은 곳이 부서지면) 안되아. 절간에서 채색한 것 같이 거기서 다 오리면 오리, 뭐 다 기래갖고(그려가지고) 고놈을 다 찡겠어. 그라면 어른들이 어디는 뭣 붙이고 어디는 뭣 붙이고 시킨께 하제. 동네가 어디 가던지 시키는 사람 있제.

우덜은 째끔해서(작아서) 모르제. 그저 오라면 오고 가라면 가고 그런데 몰라. 상여는 한번 칠해갖고는 끝까지 써 불었을 꺼여. 닳아지면 닳아진 대로 써불었을 거여.

초상집에서 며칠을 먹고 살던 풍경

자료코드	589_FOTA_201706012_HMR_HYH_002
조사장소	진도군 임회면 삼막리 하미마을 제보자 자택
조사일시	2017. 6. 12.
조 사 자	김명선, 윤홍기
제 보 자	하영호(남, 73세, 1945년생)

> **줄거리** 옛날 마을에 초상이 나면 초상집에 자신들이 먹을 쌀을 가지고 가서 장례 절차가 끝날 때까지 함께 일을 도와줬다는 이야기이다.

저녁지 상여 나믄, 동네 사람들이 그 집 가서 술 먹고 또 상여소리 연습하고 맥여서(소리를 선창해서) 갈치고 그 뒷날까지 하고, 그럴 때를 내가 보면 요새는 궐(벌칙)이라는 것이 있었는데, 그런 때는 의무적으로 할 일이 없신께 다 나왔던 것 같어요. 거의 가 다 나가서, 하여튼 초상나면 그 집서 며칠을 먹고 살았은께 먹고 살고.

밥을 먹는다고 쌀을 반 댓박썩(반되씩) 갖고, 그날 생이(생여) 나가는 날 먹는다고 반대박썩을 거둬갖고, 그케 다 먹고 그런 식은 내가 알아요.

우덜도 째끔해서(어렸을때) 누구네 초상났으니

"쌀 갖다 줘라."

그라믄 쌀 갖다 주고 그랬는데 그런 것 빛기는(밖에는) 모르겠어.

하미골에 있었던 세 개의 사창(社倉)

자료코드 589_FOTA_201706012_HMR_HYH_003
조사장소 진도군 임회면 삼막리 하미마을 제보자 자택
조사일시 2017. 6. 12.
조 사 자 김명선, 윤홍기
제 보 자 하영호(남, 73세, 1945년생)

줄거리 하미골에는 아주 오래된 사창이 세 개 있었다는 이야기이다.

옛날에 사창(社倉)은 아주 오래됐다개. 사창이 세 갠가 있었닥 해, 말들은께. 그래서 거기서 물물교환식으로 장날 하는 식으로 어떻게 물물교환이제. 옛날에는 주고 받고, 돈도 우덜 째끔해서 엽전 치기할 때 가운데 구멍 뚫린 해동통보네 그것이여.

사제뜰에서 하미로 이사한 이유

자료코드	589_FOTA_201706012_HMR_HYH_004
조사장소	진도군 임회면 삼막리 하미마을 제보자 자택
조사일시	2017. 6. 12.
조 사 자	김명선, 윤홍기
제 보 자	하영호(남, 73세, 1945년생)

줄거리 본래 하미마을은 지금의 사제뜰에 있었는데, 장구포 원을 막기 전이라 광전리 앞까지 바닷물이 들어와 해적들이 밤이면 노략질을 했다. 그래서 지금의 자리로 마을을 옮겼는데, 거기에 마(馬)씨들이 먼저 살고 있었고 마씨들 선산도 있었다고 한다.

요쪽으로 오면 '개바우독'이 원 준말이 되것제. 준말로 생각하면 '갯바위독'인데 변천이 되아서 '개바우독'이여. 돌이 독인께 그랬어.

거가 원을 막기 전에는 어찌 하던 간에 배를 갖고 와서 도적질을 했싼께, 고놈 보고 해적이라 하제.

그래갖고 그 우개, 거가 사제들녘 거기서 사는데, 하도 그놈들이 도적질을 많이 해가분께 못살고, 지금 현 우리 동네 하미가 본디 할아버지들 이야기하는 걸 보면 마(馬)씨들이 거가 살았는데, 마씨들이 어찌게 없어져 버리고 패가해 버린 것이여.

그래갖고는 삼막리서 골로 넘어가갖고 넘어가 없어져 불고, 지금도 쩌 우개 벌간(벌안)을 가면 요짝에 올라가는 거가 마씨들 선산이 있다개.

옛날 할아버지들이

"거그는 마씨들 선산이다."

라고 해서 전해들은 말로만 있제. 그 이상은 더는 모르고. 그래서 암찍해도(암만해도) 저 우개 살 때가 백 한 십팔호 정도 살았을 거여.

작은 방까지 세대주로 다 정해진께. 그렇게 살다가 지금은 한 55호 정도나 되고 지금도 노인들 한자씩(혼자씩) 독거노인들 혼자 사는 사람들 죽으면 집이 또 비고 또 비고 농촌이 살 길이 없어.

위패 수가 가장 많은 하씨 제각

자료코드 589_FOTA_201706012_HMR_HYH_005
조사장소 진도군 임회면 삼막리 하미마을 제보자 자택
조사일시 2017. 6. 12.
조 사 자 김명선, 윤홍기
제 보 자 하영호(남, 73세, 1945년생)

> **줄거리** 하미마을 뒷산에 진도에서 위패 수가 가장 많은 하씨들 제각이 다섯 동이 있는데, 그곳에 1004개의 위패가 모셔져 있다. 삼월 삼짓날에 각지에서 친족들이 참가해 제를 지낸다는 이야기이다.

하씨들이 거가 있는데 제각 같은 데는 진도에서 위패 수가 제일 많이 모셔졌을 거여. 전부 합치면 한 1000위가 넘을 거여. 이 재각이 다섯 칸으로 되어 있는데, 젤 욱에 계현사 부터 시작해갖고 이 밑에 숭조사까지 해서 다섯 칸으로 돼 있어.

제사도 삼월 삼짓날, 옛날에는 어른들이 삼월 삼짓날 모셨는데 삼월 삼질이 그 주일에 가운데로 수요일 같은 데 걸리면 어떻게 해갖고 하지만은 목요일날 걸렸다 그라믄 다음 주 골로 따라서 우측으로 가갖고 토요일날 제사를 장만해갖고 일요일날 모시고 가게 만들었어.

제사 모시는 것도 돈도 많이 들고, 거의가 자자일촌이라 하씨들이 대개가 산

께 방송해갖고 다 나오라하고, 벌추도(벌초) 동네 사람들 하씨라고 생긴 사람은 다 나와야 해. 그래갖고 벌추도 1년에 두 번씩하고 제사 모시고 그런 식으로 살제. 협조를 하는 사람은 하고, 안하는 사람은 안하고.

그런데 이것을 참말로 어찌게 할 수도 없고, 일일히 강권발동 할 수도 없는 일이고 안 왔다고 벌금 주란 소리도 못하고, 참 동네 책임 대표자가 되아노면(되면) 운영하기가 상당히 애로점이 너무 많아요.

미륵이 떠내려가다

자료코드 589_FOTA_201706012_HMR_HYH_006
조사장소 진도군 임회면 삼막리 하미마을 제보자 자택
조사일시 2017. 6. 12.
조 사 자 김명선, 윤홍기
제 보 자 하영호(남, 73세, 1945년생)

> **줄거리** 옛날에 마을에 미륵이 있었는데 미륵이 떠내려가 버려 상미, 중미, 하미 모두 '미륵 미(彌)' 자를 썼는데, 나중에 상미, 중미는 명슬리로 바뀌었고 지금도 하미만 '미륵 미' 자를 쓴다.

(조사자 : 하미할 때 '미'는 어떤 의미가 있나요?)

상미, 중미, 하미 해갖고 '미륵 미(彌)'자를 쓰는데, 전설인가 어짢가 한압씨들이(할아버지들이) 얘기하는 것을 보면 옛날에 미륵이 쩌가(저기) 있었는데 떠내려가 불었어. 미륵이 없다고 그래서 '미륵 미'자를 쓴다고 그래요. 상미, 중미, 하미가 세 동네 모두 '미륵 미(彌)'자여 '활 궁'옆에.

그란데 어찌게 해서 상미. 중미만 탄금대가 어짜네, 뭣이 어짜네 해갖고, 거기만 명슬리로 해놓고 하미만 딱 떼어 놓았어.

하미에 살았던 당골들

자료코드   589_FOTA_201706012_HMR_HYH_007
조사장소   진도군 임회면 삼막리 하미마을 제보자 자택
조사일시   2017. 6. 12.
조 사 자   김명선, 윤홍기
제 보 자   하영호(남, 73세, 1945년생)

> **줄거리** 하미리에는 대금의 명인 박종기씨와 씻김굿으로 유명했던 김대례씨 그리고 당골 할머니 이렇게 당골 세 집이 살았다. 이들은 마을 사람들의 애경사에 참석해 위로해주고 격려하며 생계를 이어갔던 것이다.

우리 알기론 당골이 두 집 있다가 내중에 시집(세집)이 살았는데, 당골들이 내가 볼 때는 농사짓는 사람들보다 훨씬 똑똑한 사람들이어.
즈그 맘대로 올로 이사를 가면
"아야, 누구네 누구네는 느그가 이놈 가져라."
그런데 무엇을 받는가 안 받는가는 인자 몰라. 어찌게 이사간께 거가 가서 얻는가, 세 집이 생겨갖고 우덜이 쪼간해서 보면 겨울에 수곡 받으러 댕기는 것 같이 그케 해서 다 받어먹던만.
그랑께 우리 동네 같은 데는 어찌게 했던 간에 박종기씨 절대(대금) 부는 그 집 있제. 또 한집은 씻김굿 김대례씨 거기도 우리 동네고, 백동으로 갔다가 일로

(이리로) 와서 씻김굿 하다가 누구한테 전수하고 죽었지만은 김대례씨 같은 분도 우리 동네에 씻김굿 완전히 전수시켰제. 한나는 어떤 할마니만 와서 살았어 아무데나 댕겼어.

당골이 하는 일은 진짜 백결 선생이제. 초상 친 데도 가고, 삼오도 가고, 애기들 낳는데도 가고, 또 백일도 가고, 돌잔치도 가고, 아픈 데도 가고, 가서 또 점 하는 식으로 머리가 어쩌게 돈깨 요것으로(입을가리키며) 살랑 살랑 어찌게 해서 맞춰주고. 참 그런 때 보면 머리가 참 똑똑한 사람들이여, 얼른해서.

 옛날에는 보면 대개가 쌍것이라고 당골래라고 일반사람들한테는 애진간이 (웬만큼) 낫살을(나이를) 먹으면 다 '하소' 했어. 내중에(나중에) 시대가 어떻게 된께,
"아야, 누구야?"
하고 당골이 일반사람들한테 말했제. 옛날에 우덜이 볼 때는 다 그케(그렇게) '하소'하고 그러던만 대개 본께. 사람들이 부를 때도
"어 야 당골!"
그라던만,
"어 야 당골!"
그래 그 엄매들 보고.

임금 앞에서 연주한 대금의 명인 박종기

자료코드 589_FOTA_201706012_HMR_HYH_008
조사장소 진도군 임회면 삼막리 하미마을 제보자 자택
조사일시 2017. 6. 12.
조 사 자 김명선, 윤홍기
제 보 자 하영호(남, 73세, 1945년생)

> **줄거리** 대금의 명인 박종기씨는 대금 소리로 새들을 모이게 할 만큼 연주를 잘하고 산조, 판소리에도 조예가 깊어 소문이 나 임금님 앞에서 대금을 연주했었다. 내리 단골 집안으로 삼남지방에서는 '박젓대' 하면 모르는 이가 없었는데, 그 후손들이 제주로 이사를 간 후론 소식을 알 수 없다.

박종기씨가 옛날부터 내리 단골이었던만. 내리 단골이었는데 특유하니 절대(대금)를 잘 불어갖고, 하도 나무 밑에서 이케 절대(대금)로 새소리를 내면 새들이 와서 같이 막 나무에가 붙고 그랬대. 그래서 왕한테까지 가서 절대 부란께, 절대를 불었는데 진짜 잘하드락 해.

뭣이 있는 집인데, 손(孫)들이 잘 돼갖고 뭣을 하면 또 대(代)도 내고 해야 될 것인데, 손들이 전부 다 제주로 가갖고 오는지 마는지. 거가 우덜 또래도 하나 있는데 병률이라고 하는데 생전 와 보도 안 해.

그런데 참말인지 거짓말인지 그 집은 대례씨네 웃 단골, 이 집은 작은 동넨데 이 욱에집(윗집)은 후박나무 밑에고, 박종기씨 집은 쩌 밑이여. 동네 거러지(동네 길거리에서 제사모시는 행사) 모시는 데.

그런데 거기 후박나무 밑에 가서 절대를 분께(부니까) 새가 앉아서 찍찍하고 그랬다고 그라는데, 그것이 저 밑엔데 거러지 제 지내는 그 옛날 노송나무고 팽나무가 많은 골로(그리) 갈 것인데 후박나무라 하니 감을 못 잡겠어. 말은 나무 밑에서 절대를 분께 새들이 놀았다는 것이여.

연역을 알란께 낫살(나이) 조금 먹은 사람들 보고

"종기씨 아버지는 뭣 했다요?"
이것을 물어봐야 되는데, 들은 내력으로만 종기씨 아들 거그도 그 아부지따라 대금불었다고 하던만. 그라고 같이 단골질 하러 댕겼어, 그러는데 그 내력을 몰라. 그란께 그때에 문화원에서 와갖고
"종기씨 묏이 어디에 있디야?"
그라고 내가 물어본께,
"포산 어디에 있다."
고 해. 그란데 큰 아들 병정씨, 그 형님만 와서 벌초했제. 그 밑에는 그 사람 죽어불면 묏이 묵혔제.
그래서 얼마나 뭐라한께 엿다가(여기다가), 내가 그랬어.
"뭣 할라고 늘 물어보냐, 물어보면 뭔 댓가성이 있어야 할 것 아니냐. 박종기씨가 절대를 잘 불렀다고 그라면 문화원장 하는 사람들이 그래도 뭣이라도 해줘야제."
그라고 얼마나 있다가 흉상을 만들었는데 반론이 심해갖고 또 때라뿌샤(때려부숴) 부린 모양이던만 (흉상을). 그래갖고 어디 묻어불었닥 해.

마을의 안녕과 풍년을 기원하는 거러지 제사

자료코드 589_FOTA_201706012_HMR_HYH_009
조사장소 진도군 임회면 삼막리 하미마을 제보자 자택
조사일시 2017. 6. 12.
조 사 자 김명선, 윤홍기
제 보 자 하영호(남, 73세, 1945년생)

> **줄거리** 해마다 음력 2월 1일이면 마을 입구 거러지 터에서, 마을의 안녕과 풍년을 기원하는 제사를 정성껏 지냈는데, 7~8년 전부터 추운 날씨에 밖에서 제를 지내야하는 번거로움과 제관을 구하기가 힘들어 지금은 제사를 지내지 않는다.

작은 동네로 들어가면 거가 거러지 터가 있어. 샘터가 있어, 물 딱 나는 샘터가 있제. 그 놈갖고 밥을 하고 그케 해서 거기서 다 씻고.
2월 초하룻날 거러지를 모신께, 어찌게(어떻게) 그렇게 2월 초하룻날은 그케(그리) 추운고 사람마다 죽어.
그라면 화부하고 제관하고 둘이를 선정해갖고 그것도 내중에는(나중에는) 제관과 화부를 안 할라 한께 돈을 주고
"목욕하고 오시오"
하고 춥다고 그라믄 내의 사주고, 밤에는 읍에 가서 그래도 따뜻한 국물에다가 뭣 갖다 주면 밤을 새기 하루 전부터 달달 떨고 곤로 갖다가 불을 다 피어주어야제, 천막 삥 둘러 쳐 주어야제, 그리도 춥제.
그런 추운데 보면 제관들을 이케 안 할라해.
여대로(이대로) 가다가 내중에는 동네 사람들이 제관도 안 할라하고 없애불자 그래서 내 이장 때 없애불었어.
동네 어른해서 낫살(나이) 먹은 사람들 말과 같이 '사람들이 병도 없고 동네 참 숙원으로 해서 잘되기를 바라는 마음' 이었제.

그래갖고 축문이 있어. 축문에는 다 좋은 문구만 있어갖고 옛날부터 내려오는 그 축문을 갖고 읽고 있어.
제관은 한자(혼자), 화부 한자(혼자) 그란데 똑같제. 동등해갖고 그 짓 많이 했제. 암찌게도(암만해도) 7~8년 됐을 거여. 끝까지 모셨제.

임회면 상만리 상만마을

상만리에 책계를 조직했던 12선생

자료코드   589_FOTA_20170511_SMR_LKJ_001
조사장소   진도군 임회면 상만리 상만마을 마을회관
조사일시   2017. 5. 11.
조 사 자   윤홍기, 김명선
제 보 자   이계진(남, 86세, 1932년생)

> **줄거리** 상만리는 '한학이 쎈 마을'로 알려져 있는데, 1820~30년경 마을 사람 12명이 책계를 만들어 모두가 마음껏 공부할 수 있는 여건을 마련해 주었다. 이 초창기 책계를 조직했던 12선생을 기리기 위해 비각을 세웠다.

사실 상만이 한문을 많이 알고 상만 사람들이,
"문호방 사는 놈은 문호방!"
이라는데, 그것은 제각의 큰 학계가 사용한 계책을, 제 기억에는 얼른 안 나는데, 그 책을 계원들이 관리하는가 모르겠습니다만, 그 계는 장자승계 그런 식이어서, 저는 차자(次子)라 직접 관여를 안했어.
나로 하면 5대조 할아버지가 그 계원인데, 마을에 열 두 분이 모여서 재단을 이뤄가지고 서당집도 짓고, 선생 월급도 주고, 집도 지어주고, 깔고 사는 자리도 만들어 주었어.
또 선생 월급을 계책에서 내가 본 기억이 나는데, 선생 월급을 '배울 학(學)' 자 밑에다 '식량 량(糧)' 자를 써서 '학량(學糧)'이라고 계책에 써 있었어.
그라고 그 계책에 표지에가 도광 몇 년이라고 써 있어. 발기한 연대가 도광이라고 중국 년대로 알고 있는데, 1830하고 몇 년, 도광이 20 몇 년에 끝났는데 도광이라고 써졌는 것으로 봐서, 1820~30년대 창설된 계가 아니냐 그렇게 보고 있어.

그래서 그 계에서 서당 지어주고, 서당선생 맞이 해다가 월급주고 그러니 일반 사람들은 누구든지 가서 학비도 낼 필요 없고 언제든지 공부할 수 있었어. 딴데서는 자신이 학비를 낸다던가 그런 것 때문에 배울 수 없제만은, 이 마을에서는 내 집에 잠자다가 놀 시간만 있으면 서당에 가서 공부를 할 수 있었어.

사실은 나도 한 세 살, 네 살부터 서당에를 댕겨서 그 서당에서 천자문, 동문선습, 사자소학, 재능편, 명심보감 거까지 배우다가 서당에 입학했어.

이 마을에서 애들 나면(낳으면) 사내애들은 세살 네 살이면 마치 유치원 모양으로 가서 공부하고 그러니까 마을에 아마도 배울 수 있는 기회가 많았제. 그러니까 이게 한학이 쎈 마을이 되었어.

또, 한 가지 재밌는 것은 그 당시 거의 200년이 가까운 전에 일인데, 당시는 인쇄술이 발달이 안 돼 책이 귀해서 책을 못 사고 그랬단 말이여. 그래서 큰 학계는 저의 5대조 할아버지를, 사실은 큰 학계는 요 뒤에가 제각에 비가 있어.

이 마을은 제각이라는데 사실 제각이 아니고 안에 비가 있어. 계를 조직한 열두 분을 12선생이라 해. 열두 선생을 모두 비석에다가 각 해갖고 모셔서 비석을 세우고, 그 비석 욱에다가 집을 지었어. 제각이 아니고 비각이여. 비각 지은 지가 한 100년 되지.

그런데 그 후대에서 사람들이

"앞에 선친들은 그러니까 공부 할라는 사람들이 책이 필요할 것이니, 우리는 돈을 갖고 책을 사서 그 애들에게 무료로 빌려주자."

그래서 만든 게 '책계' 라는 계가 있었어.

그래갖고 우리들이 그때 서당에 가면 까만 상자에 빨간 글자로 써 있었어. 그럴 때 '현판' 이라고 그랬는데, 그게 책계 내용이 기록되어 있었어.

후에사(나중에) 알았지만은 그 책계에가 심지어는 뭐 사자소학, 동문선습, 명심보감부터 사서삼경까지 뭐 대학, 소학, 맹자라든가 시경, 서경, 사서삼경을 다

마련해 놓고, 필요한 사람이 오면 갖다가 자기가 갖고 가서 공부해.

일년에 6월달 하고 12월달 하고 두 차례 '책 가오를(표지를) 부한다'고 그래. 옛날에 책표지가 떨어진단 말이여. 그라면 그 표지를 먹글씨를, 창호지를 여러 번 붙여가지고 빳빳해지면 보루바꾸(두꺼운 종이상자) 처럼 표지를 만들어 가지고, 그 우아래 대고 책을 다시 맨들어서 표지를 '부한다'고, 우리가 부르기는

"책 가오를 부한다."

고 했어. 그케 해서 다시 뵈주고 보여주고 저, 딴 것을 가져가던지 그렇지 않으면 그것을 다시 볼려면, 또 6개월간 해서 임대기간을 6개월 단위로 해서 책까지 대주니까, 이 마을 사람들은 애기도 밥만 먹으면 시간만 있고 성의만 있으면 책을 공으로(무료로) 대여 해주지, 선생 월급 대신 대주지, 서당 방 마련 해주지, 왜 못하겠어요, 맘만 먹으면 공부 잘 할 수 있제.

그래서 제각은 상만 서당만은 인근 임회, 지산 딴 마을에서 공부하다가 더 높고 깊은 공부를 할라면 상만에 와서 책계에서 책도 대여 받고, 서당 선생도 무료로 강독하니까 밖에 분들이 많이들 서당에 다녔어.

상만에서 10년을 왕래하며 연구한 이또 교수

자료코드 589_MONA_20170511_SMR_LKJ_001
조사장소 진도군 임회면 상만리 상만마을 마을회관
조사일시 2017. 5. 11.
조 사 자 윤홍기, 김명선
제 보 자 이계진(남, 86세, 1932년생)

> **줄거리** 1960년대에 일본인 학자 '이도' 라는 사람이 10년 정도 상만리를 왕래하며 주민들과 지내면서 상만의 풍습과 문화들을 기록하고 연구하여 일본에서 유명한 인류학 교수가 되었다.

이또 교수, 이도 교수님이 여기 상만에 와서….
이도 교수님이 온 것은 1960년대여. 왜 60년대라고 생각이 드는가 하니, 이도 교수가 여기 와갖고 사는데 몇 년, 5~6년 지난 다음에 박대통령 부인 육영수 여사가 돌아가셨어.
그럴 때 마치 이도교수 애인이 한국에를 왔는데, 상만에 왔었는데 경찰서에서 조사를 오니까, 이도가
"영장 가지고 와서 데려가라."
고 호통을 치니까 그냥 가대요. 그분은 이 마을이 전부 초가집일 때부터 왔어. 그래갖고 그분이 올 때마다 마을 앞산에 가서 사진기를 갖고 와서 마을을 찍어. 그래 마을의 지붕 개량 과정을 역사처럼 사진으로 볼 수 있었고….
지금 내가 이도 교수에게 서운한 점이 하나 있는데 우리 마을에 즉 100년, 200년이나 내려온 동계 책을, 큰 학계책인디 저 각 문중 계책들을 전부 카메라로 찍어서 그것을 가져갔단 말이여.
그래서 지금 내가 알기로는, 이도교수가 상만 동계 책도 복사본 찍어 둔 것이 있을 것이여. 그런데 그 후로 이장이 동계책을 불태워 불었어. 그래서 사실 얘

기를 하고 복사본을 하나 해 달라고 해도 안 해주데.

그분은 참 단순하고, 또 모내기 때 오면 참 그럴 때 힘한 보쌀(보리쌀) 막걸리 먹으며 하나 차별 안하고 이도교수가 상만에 제일 처음 올 때는 조교수였어, 교수가 아니고. 그래갖고 이쪽 것 연구해갖고 일본에서 박사 학위를 받았는데, 여기 와서 마을 사람들 하고 동화되서 같이 술도 먹고, 어떤 밥 먹으라면 밥 먹고 참 무자게(엄청나게) 소탈한 분이었어.

그란데 그 뒤로 여수 이동식 이라는 분이 그 뒤로 여기에 왔는데 그 말이 일본 명치대, 이도박사 연구실에 가면 아주 모든 게 잘 갖추어져 있다고 그케.

또 저도 그렇게 생각하는데, 왜냐하면 당시는 모를 품앗이 했단 말이여, 모내기를.

그란데 모내기는 자기와 가까운 사람하고 일을 하거든. 그 분이 우리 마을 사람 하나를 시켜갖고 매년 누구네 논은 몇 사람이 하며, 가주는 누가하고, 못줄은 누가하고, 줄꾼은 누가하고, 모쟁이는 누가 하는 것을 매년 마을 사람 시켜서 기록을 했어. 그것을 가져갔으니 오히려 우리보다 나보다 우리 마을 이런 관계를 더 잘 알 것이여.

봄 이런 명절에 그 당시 무당들이 와서 독점이라는 그런 것도 찍고, 별것 다 찍어서 아마 우리 마을 풍습이나, 우리나라 이런 관계를 우리 마을에서 나서 우리 마을에서 죽게 된 80을 산 나보다도 훨씬 더 잘 아신다고.

이도교수는 상만을 10년도 더 댕겼을 걸. 그래서 동네 와서도 재밌는 얘기가 있어. 동네에 일본 살다 오신분이 있는데 그분에게 이도교수를 소개하니까,

"이등박문이 이도인데 이등박문과 같은 성이네. 이등박문이 우리나라를 망쳤다."

라고 이도교수한테 욕을 하니까,

"나는 전혀 모르는 사람이다. 나는 이도하고 아무 상관이 없는 사람이니 나한테 욕하지 마라."

그러더라고.

귀성에서 훈련한 일본군 상륙작전

자료코드	589_MONA_20170511_SMR_LKJ_002
조사장소	진도군 임회면 상만리 상만마을 마을회관
조사일시	2017. 5. 11.
조 사 자	윤홍기, 김명선
제 보 자	이계진(남, 86세, 1932년생)

줄거리 제2차 세계대전이 일어나기 바로 전에 귀성에서 일본군들이 전쟁훈련을 했다는 이야기이다.

내가 한 일고여덟 살 때 지금부터 한 80년 전, 그럴 때 제2차 세계대전이 일어나기 바로 전, 소화로 하면 소화 십사오년 그런 때 일본 군인들이 귀성에서 상륙작전을 하는 것 같은데, 마을 사람들은 일본 사람들이 한국에 와서 전쟁 연습한다고 그래.

두 패로 딱 해, 양쪽으로 나눠 가지고 막 연기도 피고, 총도 쏘고 그란데 내가 초등학교 입학하기 전 이니까, 내가 초등학교를 열 살에 입학했어. 그랬으니까 아마 7, 8살 그럴 땐데, 초등학교 졸업 하신분이나 학교 대니는 학생들이 그 일본군을 따라 다니면서 뭣이라고 얘기하고 그런 것도 본 기억이 나는데, 그런데 진도 기록에 남아 있을까요? 그것 참 아리송하네.

6·25 때 초소와 산털이

자료코드	589_MONA_20170511_SMR_LKJ_003
조사장소	진도군 임회면 상만리 상만마을 마을회관
조사일시	2017. 5. 11.
조 사 자	윤홍기, 김명선
제 보 자	이계진(남, 86세, 1932년생)

> **줄거리** 6·25사변 당시 전화 연락을 할 수 없어서 지서까지 근거리에 연달아 초소를 세워 말로 상황 연락을 받았으며, 경찰들이 마을 사람들을 동원해 숨어있는 공산당을 찾기 위해 산털이를 시켰다는 이야기이다.

6·25사변은 하도 질리기도 하고 무서운께 얘기 안할라요. 그 대신 사실 6·25사변 때는 인주경이라고 '사람 인(人)'자 '기둥 주(柱)'자, 사람을 기둥처럼 세워놓고 경계해. 왜냐하니 당시는 전화나 그런 것이 없으니까, 바닷가에서 어떤 일이 일어나면, 쭉 사람을 한 100미터, 200미터 간격으로 초소를 서갖고.

그람 우리 마을로 보면은 저 귀성, 지금 군인들이 주둔한데 거기다 초소를 만들어 놓고 거기서 어떤 일이 일어나면 전달 해가지고, 다음 초소로 말을 전하면 그 말이 전해져갖고, 임회 지서까지 연결이 되는 거여.

그리고 진짜 사람을 묶어다 바다에 들치고(던지고) 그랬다는 험악한 이야기가 있어. 실은 경찰이 와갖고 산털이도 하고 하면서, 그 공산당들이 산에 숨었다 해서 그 마을 사람들을 동원 해갖고 임회 같은데는 뭐 시여산이라든가, 연둥 앞산이라든가 삼막산이라든가에서 산털이를 했어. 저 산에 숨어 있는 사람을 잡기 위해서.

산에 일렬로 쭉 서갖고, 산을 지나면서 산을 턴다고 그래갖고 '산털이'라고 그래. 그런 것은 말로는 간단히 설명이 어렵네.

전사자, 유가족이 없는 상만

자료코드	589_MONA_20170511_SMR_LKJ_004
조사장소	진도군 임회면 상만리 상만마을 마을회관
조사일시	2017. 5. 11.
조 사 자	윤홍기, 김명선
제 보 자	이계진(남, 86세, 1932년생)

줄거리 나라에 전란이 있어도 상만리에는 전사자나 유족들이 없는데, 이는 마을에 있는 오래된 비자나무의 덕을 입고 있기 때문이라는 이야기이다.

하나 재미있는 것은 6·25사변 전 이니까 5·10선거, 제헌 국회의원 선거 때도 그 공산당과 민주주의와 대결 속에서 이 지방에도 공산주의자들이 있었어. 그래갖고 5·10 선거날 비가 많이 왔어.

비가 왔는데 마을회관에서 투표를 했어. 당시 나는 선거권이 없는 어린이였는데, 그 비속에 상만 뒤 산봉우리로 사람들이 지나가면서

"인민공화국 만세, 공산당 만세"

를 부르고 소리를 지르고 지나가는 것 보면, 그 얘기는 임회면에서 공산주의자들이 송정이란 마을에 있어갖고 그 마을 사람들하고 우리 마을 사람 몇이 합이 되갖고 했던 모양이여.

그래도 하나 다행인 것은, 우리 마을은 왜정 때 일본군의 군속, 6·25사변, 월남 전쟁, 뭐 우리나라에 늘 전란이 있었어도 전사자가 하나 없었어. 상만은 전사자가 없어. 상만은 왜정 때도 군대 가서 죽은 사람은 없고, 만주 가서 죽었다는 사람도 없고, 군대 가서 전사도 없고, 6·25사변 때도 없고, 월남 전쟁이고 우리 마을은 전쟁 유족이 없어 경찰 유족도 없고.

상만이 모두 120호가 되는데 그리고 인구가 700이 넘었는데도 전사자가 하나

도 없어. 지금 마을에가 유가족이 한나 사는데, 사실 그분은 이 아랫마을 중 만서 살다가 상만으로 이사온 분이라 그런거지, 우리 마을에서는 그런 일이 없어. 그런 일은 상만에 비자나무 같은 좋은 나무가 있어서 그런 덕을 봤는가 봐.

상만을 지켜주는 600년 된 비자나무

자료코드　589_FOTA_20170511_SMR_LKJ_002
조사장소　진도군 임회면 상만리 상만마을 마을회관
조사일시　2017. 5. 11.
조 사 자　윤홍기, 김명선
제 보 자　이계진(남, 86세, 1932년생)

> **줄거리**　'구암사' 올라가는 길가에 있는 큰 비자나무가 천연기념물 111호로 지정되었는데, 이 비자나무는 마을 사람들을 지켜주는 아주 좋은 나무라는 이야기이다.

비자나무는 지금 수령을 군에서 200년, 300년 하다, 지금 600년으로 고쳐 놨는데, 사실 비자나무 현판을 군에서 200년을 써놨었어. 그래서 지금부터 한 2~30년 전에, 당시 90살 먹은 할아버지가 있었어. 꼭 요런 때 것구만. 할아버지가 그걸 보고,

"미친놈들, 내가 어렸을 때도 저만치였는데 내가 아흔 살 먹었는데, 내가 어려서도 저 나무가 저렇게 컸는데, 저 나무를 200살 이라고 적어 놨냐."

고. 그래서 군에다 얘기 했더니,

"그라면 얼마나 됐냐?"

고 해서, 저 비자나무는 누가 정원수로 킨(키운) 나무가 아니고, 처음 상만이란 마을은 여그서 부터 300미터 전방에 있는 '담안들' 이라는 데가 상만 마을이 있었어.

그리고 이 상만 마을은 '아홉 구(九)'에다 실은 '구암사'라는 절이 있어서, 지금 지방문화재로 지정돼있는 석탑도 있고 석불도 있는데, 그런데가 절이 있을 때, 절에 올라갈라면 절 고랑에가, 길가에가, 아마 큰 비자나무가 있다가 그 절이 없어지면서 마을이 그 자리로 옮겨 올 때 그 나무가 사철나무고 또 귀하기도 하고 큰 나무가 있으니까 그 나무를 살려서 지금 커 가지고 천연기념물 111호로 되었는디.

그래서 그람 그케 된다면,

"600년 이상 됐지 않겠느냐."

그래서 우리들이 군에다 그런 얘기를 해서, 저 비자수가 누가 정원수로 키운 것도 아니고, 옛날에 절 고랑에 있던 자생 비자나무가 커서 나무가 좋으니까 정자나무로 마을이 생기면서,

"아무리 적게 되어도 600년은 되었을 것이다."

그래서 우리 마을에서 저 나무 수령을 600년으로 해서, 지금 군에서는 '600년이라 하자.' 아마 군 기록에는 비자수령이 1937년에 지방문화재가 되었는데, 당시 박사들이 보기는 한 800년 되었다고 그케 말했는데, 그것은 아니고 한 400년쯤 될 것이여.

사실 그 비자나무는 이제 마을에서 수호나무로 되었는데 저 비자나무 뒤에가 작은 서당이라고 서당이 있었어.

저희들 다섯 여섯때 그 비자나무 욱에(위에) 올라가서 '나래'라고 쫓고 쫓기는 놀이가 있었어. 나래한다고 내삐고(도망가고) 쫓고 했던 비자나무 아래가 아주 여러 가지가 있었어. 큰 돛대, 작은 돛대, 비석 바우, 또 그런 여러 가지가 우리가 놀면서 지어놓은.

그 비자나무 아래서 놀고 다니면서 저(지어) 진 지명이 많이 있었어. 그 나무에

상만 비자나무 안내판 앞에 선 이계진 제보자

천연기념물로 지정된 상만 비자나무

가 아이들이 매달려 살았는데도 풍설에 의하면 아직까지 비자나무에서 떨어져서 병신 된 사람 없었어 다친 사람이 없어. 그 나무가 높은데, 그 높은 나무에서 떨어져서 다치고 병신 된 사람이 없어. 그래서 저 나무는 순하고 좋은 나무로 보고 있어.

석불에서 나이만큼 뛰어내리기

자료코드	589_FOTA_20170511_SMR_LKJ_003
조사장소	진도군 임회면 상만리 상만마을 마을회관
조사일시	2017. 5. 11.
조 사 자	윤홍기, 김명선
제 보 자	이계진(남, 86세, 1932년생)

> **줄거리** 상만 밭에 5층 석탑과 양각 석불이 있었는데, 석탑 지붕을 기어 다니고 석불에서 나이 만큼 뛰어내리고 석불에 입맞춤을 하면 말라리아가 낫는다고 했다. 지금은 상만사에 그 석탑과 석불이 잘 모셔져 있다.

상만사 오층석탑

옛날에 절이 있어서 5층 석탑이 있고 거기에 양각 석불, 미륵불이 하나 있어. 그 석탑을 자세히 보면 돌질이 여기서 한 3~4킬로 떨어진 죽림리에 있는 비석 독 석질로 맨들아서 팠는데, 아마 그 탑이 오래돼 쓰러져서 독이 파손되었어. 그 남아있는 놈을 갖다가 세우면서, 모지라는 돌을 고 옆에가 비둘기 바위라는 바위가 있는데, 그 바위 뒤쪽에 가서 보면 자연이 아니고 인위적으로 떨어서 쓴 것처럼 딱 합쳐진 그런 흔적이 있는데, 그것도 5, 600년 전에 한 것이라. 그래서 석질이 두 가지 석질이 되어 있어서, 그케 한 것 아니냐 그케 보고 있는데, 그 탑하고 미륵이 지금은 거기가 절 건물도 있고 갖추어져 있어.

우리들이 어려서 커갈 때는 탑은 상만 밭 가운데 있었고, 그 밭 어덩에가(언덕에) 미륵불이 서 있었는데, 1945년 해방 직후에 우리나라에 '말라리아' 지금은 그것이 말라리아인데 당시는 저희들이 알기는 '심'이라 했어. '심 앓는다. 심 걸렸다' 했어.

그란데 그걸 '심'이라고도 하고 하루는 아프고 하루는 안 아프다고 해서 그 병을 '하루 걸이'라고도 했어. 그란데 그 병이 걸리면 그 탑 새 안에 지붕이 있는데, 안에 가서 자기 나이만큼 고리(거기서) 기고, 거기 미륵에 가서 밑에 밭에로 1미터 50이나 될까? 그란데 미륵 위에 가서 밭에로 자기 나이만큼 뛰어 내리면, 그 심이 떨어진다고. 그래서 어머니를 따라가서, 더구나 형을 따라가서 그런 것을 한 기억이 나네.

탑 우에가 물팍으로(무릎으로) 기어 댕기고, 미륵에 가서 뛰어 내리고, 또 미륵에 가서 입 맞추고 그런 생각이 나네요. 참 옛날 얘기요. 한 80년전이니까.

부조 양각 석불

대흥사로 간 동자부처

자료코드   589_FOTA_20170511_SMR_LKJ_004
조사장소   진도군 임회면 상만리 상만마을 마을회관
조사일시   2017. 5. 11.
조 사 자   윤홍기, 김명선
제 보 자   이계진(남, 86세, 1932년생)

> **줄거리** 제보자의 아버지가 절터 근처에 있는 자갈밭의 자갈과 돌들을 치우고 담배 밭을 경작하던 중 '동자부처'가 나와서 집 담장에 가져다 놨는데, 이후 대흥사의 스님이 모셔갔다고 한다.

(조사자 : 미륵불이 해남으로 갔다고 했지요?)

그것은 미륵이 아니고, 사실은 그 절터 주위가 우리 7대, 8대 대대로 물려온 대물림 밭이여. 바로 고 뒤에가 절터를 싸고 있는 우리 사유지인데, 상만리 산 128번지하고 130번지여.

그 산하고 밭하고 사이에 돌 무덩이가(돌무더기가) 있었는데 나는 그것을 보지는 안했지만, 일제 때 할아버지가 담배를 좋아하셔서, 그 일본 사람들이 담배 재배를 못하게 해서 그 산 아래 자갈밭을 치워갖고 남들 눈에 안 뵈게 담배, 밀 경작을 아버지가 했던 몬냥이여(모양이여).

그래 우리는 아버지가 파서 담배를 했던 밭을 담배 밭이라고 우리들은 그케 부릅니다만은, 그 돌 무덩이를 치우고, 절터를 치워서 거기다 담배 밭을 만들어서, 지금도 거길 밭으로 벌고 있어.

우리나라 지적도를 만들 때 1920년대는 그것이 밭이 아니라 산이었어. 지금은 담배 밭이라 부르는데, 아버지가 담배 밭을 하면서 거기에서 대여섯 살 먹은 동자만한 부처가 나왔대. 글쎄요, 나는 석불인지 금동인지는 모르겠는데, 부처가 나와서 집에다 갖다 놨어. 할아버지가 철저한 유교 신봉자여서 부처를

집안에 못 들여 놓게 한께 앞에 담장에다 놓아두었어.

그런데 우리 마을 옆 귀성에 김태준씨라고, 그분이 돌아가신지가 아주 오래됐는데, 그분 동생이 대흥사의 여승으로 있었는데 그분이 와서 '제가 모셔야겠다'고 그 불상을 가져갔다는데, 나는 보지를 못했어.

두 마을 장사들의 힘 자랑

자료코드 589_FOTA_20170511_SMR_LKJ_005
조사장소 진도군 임회면 상만리 상만마을 마을회관
조사일시 2017. 5. 11.
조 사 자 윤홍기, 김명선
제 보 자 이계진(남, 86세, 1932년생)

> **줄거리** 탑립 장사와 상만 장사가 5층 석탑을 서로 자기 마을로 옮겨놓았다고 하는데, 석탑이 아니고 비석바위 옆에 있던 큰 돌을 옮긴 것이라고 한다. 그리고 원래 탑립리에 세웠던 석탑이 절이 없어지면서 상만리로 탑을 옮긴 것 같다는 이야기이다.

(조사자 : 탑리하고 상만, 장사 둘이 돌 씨름한 얘기 한번 해주세요.)

옛날에 탑립이라 하면 '탑 탑(塔)'자 하고'설 립(立)'자 써서 탑립리 아니여? 옛날에 탑을 만들고 탑을 세웠던 동네가 탑립인데, 옛날에 탑리, 상만에가 석탑이 있었는데, 탑리장사 하고 상만장사 하고 탑을 서로 옮겼다고 그런 전설인데, 사실 탑이 갯수도 많고, 장사가 한번 들어갖고 옮길 수 없는 것인데 그런 전설도 있어.

석탑이 아니고 고 아래 비석 바우 옆에가, 지금은 도로 포장을 한 그 독이(돌이)

땅속에 묻혀 버렸어. 아마 높이가 한 2미터, 직경이 한 4미터쯤 되는 공처럼 생긴 돌이 하나 있었어. 둘레가 요케 커. 둘이 보듬기 힘든 그런 공 같은 돌이 하나 길옆에 있었는데, 그 돌을 가지고 탑리 장사하고 상만 장사가, 상만 장사가 상만으로 갖다노면 탑리 장사가 탑리로 가져가고, 또 탑리 장사가 갖다노면 상만 장사가 가져오고 그랬다고 하는데, 그것은 돌이 하나니까 타당성이 있는데 석탑을 가져갔다는 것은, 5층 석탑은 돌만해도 몇 십개가 되는데….

저는 그케 봐요. 지금 상만에 있는 석탑이, 지금 탑리 관광농원 욱에가(위가) 절터가 있거든. 그 절터가 옛날 우리 까끔하고(산하고) 국유림하고 사이에 한계가 있었어.

내가 아버지가 돌아가셔서 열일곱 살에 집에 돌아와서 농사를 시작했는데, 그럴 때 거가서 나무하러 가니까, 그 절터에서 목단 꽃을 보았는데, 아마 그 절터에가 지금 상만으로 온 탑이 서있지 않았느냐.

그래서 그 절이 석파한 다음에, 많은 전설은 그 절이 빈대가 끌어서 빈대한테 못 이겨서 중이 못살고 절이 석파했다고 하는데, 그것이 하나의 전설일 것이고 아마 삼별초난 때 진도를 공도로 만들 때 그런 때 전설 일거여.

죽은 아이들을 장사지낸 아장목

자료코드	589_FOTA_20170511_SMR_LKJ_006
조사장소	진도군 임회면 상만리 상만마을 마을회관
조사일시	2017. 5. 11.
조 사 자	윤홍기, 김명선
제 보 자	이계진(남, 86세, 1932년생)

줄거리 상만 안산 정상에는 애들이 급체, 질식사 등으로 죽으면 아이들을 장사하던 '아장목'이라는 소나무가 있는데, 지금은 군 보호수로 지정됐다는 이야기이다.

상만 저 안산 꼭대기에 소나무가 하나 있어. 저게 군 보호수로 지정되었다고 들었는데, 저 나무가 솔나무인데 산봉우리에가 서있는 높이가 한발하고 반 돼. 그런데 저 나무를 여기 사람들은 '아장목'이라고 그래요.

'아이 아(兒)'자, '장사 장(葬)'자, 아이를 장사지내는 나무, 아장목이라고 그라는데. 아마 옛날에는 애들이 급체라든가 혹은 질식사 그런 것으로 죽으면, 중달(바구니)이라고 중달에다가 담아서, 산 높은데 공기 좋고 통풍 잘된데 갖다 걸어놓으면 혹시 살아난다 그래서 그런 기적을 바래서, 애들을 중달에 담어 갖다 걸어 놨어.

그래서 아이들 장사한 나무다 그래서 저 나무를 '아장목'이라고 해 지금도 있어.

저 나무가 몇 년 전에 진도군에서 '상만 아장목'으로 보호수로 지정됐을 거여. 정확하게는 모르는데 진도에서 보호수 지정할 때, 아장목으로 보호수로 지정했다고 내가 그렇게 들었는데 모르겠네. 내가 군청에 조사 안 해봐서.

임회면 석교리 구분실마을

대학자 송오선생 아버지의 훈육

자료코드   589_FOTA_20170424_GBS_JKH_001
조사장소   진도군 임회면 석교리 구분실마을
조사일시   2017. 4. 24
조 사 자   박영관, 박정석,
제 보 자   주광현(남, 72세, 1945년생)

> **줄거리** 송오선생 아버지께서 아들에게 겸손함과 남을 배려하는 마음을 깨우치게 하려고 생활 속에서 적재적소에 맞는 훈육으로 깨닫게 했다는 이야기이다.

그 때나 지금이나 교육이란 것은 그래도 권위가 있어야 교육이 되는 것 아닙니까? 그래서 옛날에는 더구나 학자나 양반들의 권위는 대단했습니다. 그런 것을 바로 느낄 수 있는 것이 뭐이냐 그러면, 그때 당시에는 담뱃대의 길이였다고 그럽니다.

언제나 양반들이 외출할 때는 한복에 담뱃대를 손에 들고 이렇게 휘저으면서 외출하고 그랬는데, 자기 아버지가 생각할 때에 학자도 좋고 권위도 좋지마는, 저러다가는 너무나 권위에 취해서 자기 아들이 방향이 잘못 잡혀질까 봐서 조금 교육적으로 고쳐줘야 되겠다는 생각이 들었다고 그럽니다.

그래서 권위를 조금 빼고 겸손과 여러 가지 다른 사람들을 배려할 수 있는 그런 마음을 좀 심어 주어야겠다는 생각에서 기일을 봤다고 합니다.

어느 날이었습니다. 자기 아들이 담뱃대를 깜빡 잊었던가 놔두고 외출했다고 합니다. 그때 당시에 성인이면 아마 담뱃대는 요즘으로 말하자면 휴대폰 정도가 아닐런가 하는 생각이 들어요. 어디 외출할 때는 휴대폰 없으면 못가죠? 마찬가지로 옛날에는 담뱃대를 반드시 챙겨가지고 갔다고 그럽니다.
그런데 어떤 급한 일이 있었던가 자기 아들이 담배를 놔두고 간 것을 자기 아버지가 알고 '이제는 내가 아들을 교육시킬 때가 왔구나' 생각하고 아들 방에서 담뱃대를 찾아가지고 내려와서 자기 긴 담뱃대하고 길이를 맞춰보니까 거의 길이가 같았다고 그럽니다. 그래서 자기 담뱃대를 툭 잘라 가지고 짧게 그것보고 '조대'라고 하던가요? 짧은 담뱃대를 만들고 자기 아들 담뱃대는 그대로 놔두고.
그래서 둘을 가지고 자기 아들방에 가서 책상 옆에다가 이렇게 기대 놨다고 그럽니다. 하나는 아주 짧은 것 하나는 자기 아들 담뱃대는 길이를 조절하지 않았기 때문에 그대로 원 상태고. 그래놓고 다시 시치미를 떼고 마루청에 앉아서 자기 아들 오기를 기다렸다고 하는데, 마침내 자기 아들이 들어왔습니다.
"아무개야!"
"네."
"내 담뱃대 좀 찾아오너라."
"아버지 담뱃대가 어디가 있을까요?"
"네 방에 한번 가봐라. 내 거기 잠깐 들어갔다가 그냥 잊어불고 나와불었는디, 네 방에 가면 한쪽 구석지에가 담뱃대가 두개가 있을 것이다. 그런데 두 개 중에서 길이가 짧은 것이 내 담뱃대니라. 그 짧은 담뱃대를 좀 가져오너라."
아들이 아차 싶어서 가서봉깨 역시나 긴 담뱃대는 자기 것이고 짧은 담뱃대는 아버지 것인데, '무엇을 저에게 가르쳐 주시려고 그렇게 한 것이구나.' 딱 알고는 바로 담뱃대를 자기 아버지 담뱃대보다 더 짧게 고쳐가지고 손 안에 잘 안보이게, 어른들한테 안보이게 그렇게 담뱃대를 들고 다녔다고 합니다.
그 다음 며칠 후 다시 보니까 아버지 생각에 또 고쳐야 할 것이 있더랍니다. 무엇이었냐 하면 아들 옷고름에는 늘 담배쌈지를 차고 있었다 합니다. 그래서 저걸 좀 고쳤으면 쓰겠다 해서 생각해 낸 것이 자기도 옷고름에 차고 있던 담배

쌈지를 머리 상투 위로 올렸답니다. 상투 위 머리위에 딱 묶어가지고 있으니까 아들이, 송호선생이 이렇게 아버지를 보니까 요즘으로 말하면 꼭 치매라도 걸린 양 이상한 행동을 하더라 그 말입니다. 왜 쌈지가, 옷고름에 있어야 할 쌈지가 상투 위에 올라가냐 이거여.

"아버지, 왜 그렇게 상투에다가 담배쌈지를 묶으려고 그렇게 애를 쓰십니까?"
"어 그래, 이유가 있다."
"그래 그 이유가 대체 무엇입니까?"
"아니 내 아들이 담배 쌈지를 옷고름에 이라고 있는데 내 아들보다 아버지가 더 높은 데 있어야 되것지 않느냐?"
"그러니까 아비가 내 아들보다 높아야 되니까 옷고름보다 높은 데가 여 머리 상투 밖에 더 있겠느냐? 그러니까 여그 이렇게 했다."

이렇게 해서 정말로 아주 깊이깊이 생각을 해서 하나를 가르칠 때도 여러 가지 일을 생각해서 자식 교육을 시킨 결과, 이들을 당대에 정말로 추종을 불허하는 대학자로 길렀다는 그런 일화입니다.

학문에 매진하라는 엄격한 가르침

자료코드	589_FOTA_20170424_GBS_JKH_002
조사장소	진도군 임회면 석교리 구분실마을
조사일시	2017. 4. 24
조 사 자	박영관, 박정석,
제 보 자	주광현(남, 72세, 1945년생)

> **줄거리** 송오 선생 아버지께서 서당에서 돌아오는 아들이 도중에 길에 있던 자기 집 소를 몰고 오자, 밤중에 다시 소를 제자리에 매고 오라고 따끔하게 혼을 냈는데, 이는 공부에 집중하는 자세를 깨우치게 하기 위함이었다.

벌써 돌이켜 보면 한 40년, 50년 전에 들었던 이야기를 한번 해 보겠습니다. 저로 해서 집안 팔촌 형님께서 많은 연구를 하시고 독서를 많이 하셔서 박학다식한 분인데, 그 형님으로 부터 들었던 재밌는 이야기가 있어서 그 이야기를 한 번 해 보겠습니다.

먼저 우리 마을에서 약 남쪽으로 1킬로 정도 떨어진 곳에 송오 선생이라는 훌륭한 학자가 있었다고 합니다. 그 학자가 어렸을 때, 학동시절 때 서당에 갔다 오면서 있었던 일화를 가지고 송오 선생의 아버지가 어떻게 송오 선생을 대학자로 가르쳤는가에 대한 이야기 해보겠습니다.

어느 여름날, 늦은 오후였다고 그럽니다. 송오 선생이 이웃 마을인 봉상리에서 서당을 다니고 있었을 때의 일인데, 여름날 늦은 오후에 서당에서 집으로 터벅터벅 걸어오는데, 해는 곧 빠져 가는데 자기 집 소가 자기 오는 길가 소나무에 매어져 있어서

'아, 이거 우리 소가 틀림없는데 왜 지금까지 여기에 매여 있지?'

하고 바로 소고삐를 끌러서 집으로 향했다 합니다. 집에서는 이런 일이 있을 줄 미리 짐작을 한 자기 아버지께서 대청마루에서 기다리고 있다가 호통을 칩

니다.

"아니 서당에 갔다 오는 애가 무슨 소를 가져 오느냐?"

그런께,

"아버지, 사실은 제가 서당에 갔다 오다가 우리 소가 틀림없는데, 제가 오는 길에 길가 소나무에 매어져 있었습니다. 그래서 날은 저물고 해서 제가 끌고 왔습니다."

"내가 너보고 공부하라고 갔다 오라 했지, 들에 매어 있는 소를 끌고 오라 했더냐? 어서 가서 소를 다시 그 자리에 꼭 그렇게 매놓고 오너라."

난감했습니다. 어린 생각에 자기는 집에 자기집 소를 가지고 오면은 아버지께 칭찬 받을 줄 알고 가져왔는데 가져와서 이렇게 불호령을 받고 보니까 정말 할 말이 없고, 또 아버지의 성격을 아는지라 거역할 수도 없는 처지여서 할 수 없이 소를 끌고 원래 매어져 있던 곳으로 갔습니다.

벌써 하늘에는 별이 돋고 늦여름이라 풀밭에선 풀벌레 소리가 아주 여기저기서 발걸음에 채일 정도로 곤충들이 여러 가지 울음소리가 하모니가 되어 있었던 그런 초저녁 밤 정도가 되었습니다.

다시 매어 놓고 돌아갔는데 이렇게 아주 매서운 아버지의 엄격한 훈육을 받고 자란 송오선생은, 나중에 이런 교육의 결과로 인해서 진도에서는 물론이고 우리 조선에서 큰 학자로 성장하게 되었다는 일화입니다.

이런 얘기를 제가 팔촌형님께 들으면서 저는 무슨 생각을 했느냐 하면은, 한석봉 어머니가 생각이 났습니다. 절에서 공부하다가 어머니가 보고 싶어서 밤중에 왔다가, 어머니 불호령에 다시 쫓겨서 그 밤에 어머니하고 같이 한 방에서 자지도 못하고 절로 다시 발걸음을 돌려야 했던, 그렇게 했기 때문에 조선의 명필 한호선생이 되었다는 것이 바로 이것과 송호 선생의 그 교육이 한 맥락으로 이루어졌다는 생각을 해서 우리 진도의 후세들에게 여러 가지 좋은 귀감이 되겠다는 생각이 들어서 말씀을 드렸습니다.

시아버지의 며느리 훈육

자료코드	589_FOTA_20170424_GBS_JKH_003
조사장소	진도군 임회면 석교리 구분실마을
조사일시	2017. 4. 24
조 사 자	박영관, 박정석
제 보 자	주광현(남, 72세, 1945년생)

> **줄거리** 며느리의 어수선하고 산만한 성격과 게으른 품성을 고쳐 주려던 시아버지,는 며느리 대신 빗자루를 잡고서 혼내면서 부엌 행실을 가르쳤다. 또한 며느리가 좋은 종자를 달라 하였더니, 시아버지는 씨만 뿌려두고 여름에 가꾸지 않고도 가을에 곡식을 거두는 그런 좋은 종자가 있으면, 되레 자기에게 달라고 하자, 이 말을 들은 며느리가 크게 깨우치고 반성하여 부지런한 사람이 되었다.

더 나가서 송오 선생이 그렇게 훌륭한 대학자였는데 그렇다면 송오 선생 부인은 어떤 인품의 소유자이고 어떤 사람이었는지 말씀 드려 보겠습니다.

다른 사람들은 어떻게 느꼈을지 모르겠지마는 시아버지 입장에서 볼 때에는 며느리가 여러 가지 자세가 되먹지 못했다고 그럽니다.

그래서 며느리를 어떻게 하면 교육을 시킬 것인가 몇 번 궁리 하다가 한번은 이런 일화가 있었다고 그럽니다. 송오 선생 아버지께서 즉, 시아버지께서 부엌에서 목이 짧은 빗자루를 가지고 빗자루를 왼손으로 잡고 오른손에 든 부지깽이로 빗자루를 막 때리면서

"이놈, 너 이놈, 네가 네 잘못을 아느냐? 너는 꼭 있어야 하는 곳에만 있어야 될 것인데, 어쩔 때는 여기가 있다가 어쩔 때는 저쪽 구석지에 있다가 또 한 가운데 있다가, 부엌에서 이리저리 돌아다니는 버릇은 어디서 배웠느냐? 못된 놈일세. 너는 딱 정해진 거기에 있다가 일할 땐 일하고 쉴 땐 거기 가서 있어야 할 것 아니냐? 그런데 이쪽으로 갔다가 저쪽으로 갔다가, 내가 볼 때마다 여가 있다 저기 있다 그러니 내 눈이 어지럽구나. 이런 고얀 놈, 앞으로 또 그럴 것이냐?"

이렇게 해서 며느리의 잘못된 부엌 생활 행실을 교육시켰다고 합니다. 또 하나 며느리에 대한 짧은 일화가 있어서 또 말씀을 드리겠습니다.

며느리가 또 무척 게을렀다고 합니다. 이 게으른 성품을 어떻게 교육을 좀 시켜야 할까 생각을 하다가, 몇 날 며칠을 궁리하다가 좋은 생각이 떠올랐다고 합니다. 그 좋은 궁리란 무엇인가에 대해서 말씀 드리겠습니다.

가을이 되자 분가한 아들 며느리 집에 시아버지께서 갔습니다. 가서 며느리한테 하는 얘기가

"애야, 내가 너희 집에 좋은 종자가 있다는 말을 듣고 그 종자를 얻으러 왔느니라. 그 종자 좀 나한테 주거라."

"아버님, 무슨 말씀을 하십니까? 저희 집에 무슨 종자가 있습니까? 없습니다. 종자 같은 것 전혀 없습니다."

"아니다. 여기 좋은 종자가 있다고 내가 분명히 들었다."

"무슨 종자 말씀입니까?"

"너희 집에는 봄에 씨앗 뿌렸다가 가을에 낫만 들고 가면은 이렇게 수확할 수 있는 그런 좋은 종자가 있다는 말을 들었다. 보통 사람들은 봄에 씨앗을 뿌리면 여름 내내 땀을 찍찍 흘려 가면서 잘 가꿔가지고, 그것이 가을에 결실을 맺어서 풍성하니 이렇게 가을 추수를 해 오는 것인데, 너희 집에는 봄에 씨앗만 뿌렸다가 가을에 그냥 낫만 가지고 가서 이렇게 해오는 것이니, 그보다 더 좋은 씨앗이 어디 있겠냐? 그 종자를 나에게 좀 다오."

이렇게 해서 미흡한 며느리이지만은 시아버지께 깊은 지혜와 그 뜻을, 가르침을 받고 게으름을 고쳤다고 그럽니다.

이렇게 대학자의 탄생 배경에는 아버지가 됐든 어머니가 됐든 좌우지간에 가까운 친지 중에서 훌륭한 어른이 계셨기 때문이다. 그분의 학식과 지혜와 교훈을 그대로 받아 들였기 때문에, 이렇게 훌륭한 분이 계시지 않느냐 그런 생각이 들어서, 어찌 보면은 한 세대 두 세대 지나간 옛날이야기지만, 그런 것을 다시 한 번 되새겨 보면서 현대에도 우리와 우리 후손들이 깨달음을 가지고

한발짝 한발짝 발견해 나간다면 우리 진도 보배 섬의 영광이 있던 그런 것을 추스려서 타 시도의 모범이 되지 않겠느냐 그런 생각으로 이야기를 했습니다.

의술과 인술의 산실, 구분실 약국

자료코드 589_FOTA_20170827_GBS_JKH_004
조사장소 진도군 임회면 석교리 구분실마을 제보자 자택
조사일시 2017. 8. 27
조 사 자 박정석, 박영관
제 보 자 주광현(남, 72세, 1945년생)

> **줄거리** 구분실 약국은 제 일대 창업주부터 가업으로 이어받아 의술과 인술을 펼친 이 지역의 명문 약국이다. 종기를 치료하는 고약으로 시작하여 한약까지 제조하여 불치병과 난치병을 치료했고, 약값이 없는 사람들에게 무료로 치료하는 등 인술을 베풀었다.

구분실 약방은 한 가족의 가업으로 1세대 창업주부터 5세대까지 이어지고, 그 기간은 구한말부터 현재까지 약 백삼십 여년에 걸친 긴 세월 동안의 이야기입니다. 그런데 시간의 제약이 있기 때문에 일 세대부터 삼 세대까지만 이야기하고자 합니다.

구분실 약방의 창업주이자 일세대인 '주(朱)', '경(景)'자, '신(信)'자(주경신) 님은 성장 과정이 굉장히 고생을 많이 했습니다. 아버지가 만 25세에 별세를 했어요. 아버지를 일찍 여의고 편모슬하에서 가난과 부딪치면서 어렵게 소시절을 거쳤어요. 그러다가 청년기에 이르러서 가출을 결심하게 됩니다.

그때부터 정처 없는 유랑길에 나섭니다. 만고풍상을 다 겪고 세상이 이렇구나,

저렇구나 느끼면서 살다가 몇 년 동안 유랑생활 끝에 순천 송광사에 정착하게 됩니다. 여기에서 학문을 제대로 배우고 투신을 하면서 고승을 만나게 됩니다. 의술에 득도를 한 훌륭한 고승을 만나게 되서 그 때부터 주경신님은 의술에 대해서 공부를 하게 됩니다.

수년동안 이렇게 의술을 익혀서 득도를 하게 된 그런 경지에 이르렀고, 그 후 경신님은 십 여 년의 타향살이를 청산하고 다시 진도 땅 구분실에 들어오게 됩니다. 구분실 약방이라는 상호를 내걸고 창업하게 되지요. 그래서 5대까지 이어지는 가업의 제일대 창업주가 됩니다.

구분실 약방 창업을 하신 주경신님에 대해서 얘기를 해 보겠습니다. 고향에 돌아와서 그분은 날짜와 시간을 정해 가까운 산에서 혼자 산제를 지냈어요. 사방 군데가 산이 있잖아요. 혼자 산제를 지내면서 명상과 기도를 했어요. 명상과 기도로 얻어진 영감과 또 계시를 받아가지고, 아주 골똘하니 한약을 연구해서 만들어 낸 것이 구분실 종기 약이고, 구분실 한약이며 구분실 고약입니다. 이 세 가지로 도저히 다른데서 고치지 못한 불치병, 난치병을 고쳐냈어요.

나력이라고, 요즘으로 하면 결핵성 임파선이라고 하는데 이것까지도 고쳐내고 또 등에 나는 등창이나 남자는 등창, 여자는 뭐라글까(뭐라 할까) 발치라 하지요. 목에 이거 한번 나면 계속 종달아(연달아) 가지고 도저히 고칠 수가 없어서 그런 어려운 난치병이 걸려서 결국 생업까지도 포기하게 되는 그런 환자들이 많이 있었는데, 그런 때는 더군다나 먹는 것이 시원찮아서 영양 결핍증으로 피부병이 아주 심했다고 합니다. 그래서 이런 것들을 한 두 달 만에 완치를 해주는 그런 명의가 되었습니다.

그래서 명의라는 소문이 사방팔방 소문이 나서 진도 관내는 물론이고 가까운 해남이나 영암, 또 뭡니까? 보성, 벌교, 강진 등 여러 곳에 입소문이 나서 여기 벽촌을 찾아 와서 치유하고 갔는데 그 때 당시에 제가 어렸을 때만 하드라도 병자라 했습니다. 그 때는 환자가 아니라 병자실이라 따로 지었거든요.

거기다 입원을 시켜놓고 계속 이렇게 치료를 해 주는 거예요. 그래서 난치병을 고쳐주고 했습니다.

여기에 또 재미나는 일화가 있어서 소개를 해 보자면은 '고추가루 진단법'이라 합니다. 고추가루를 복용해 가지고 그걸로 해서 내장을 내시경도 없이 배를 가르지도 않고 무슨 병이 어떻게 걸렸다는 것을 알아내가지고 치료했다는 그런 일화인데요.

경신님의 사촌동생인데 열 살 아래입니다. 사촌 동생이 복막염에 걸렸다고 그래요. 삼십대 전후 젊은 나이에 복막염이 걸려갖고 날마다 이렇게 왼쪽 아랫배 있는데가 종기가 자꾸 커져서 고름이 너무 많이 나서 어떻게 치료해 볼 요량으로 의논해본 결과, 움쑥을 뜯어다가 도구통에(절구통) 찧어요. 즙이 나올 정도로 찧어갖고 깨끗한 천에다가 싸두고, 자기가 특별히 만들어 낸 구분실 종기 약과 배합을 해갖고 여기를 치료하는데 몇 날 며칠을 치료해도 낫지 않는다는 거예요. 그래서 이상하다 고민과 고민 끝에 이렇게 한 번 해 봐야 되겠다 하고 찾아낸 연구가 바로 고춧가루입니다.

그 전날 저녁에 동생에게 국에다가 고추가루를 좀 풀어 가지고 한번 먹도록 하라고 그래서 하란대로 했겠지요. 그러고는 이튿날 와서 딱 보니까 그 상처에서 고추가루가 나왔다는 것입니다. '아 이렇게 되면은 내장이 터져 부렀구나' 하고 배를 가르지 않고도 알아분거제. 그래서 고추가루를 발견하고는 깜짝 놀래서 얼굴이 그냥 흙색으로 어두워져서 '이 일을 어찌기(어떻게) 해야 동생을 고치거나' 그런 생각을 하다가, 내장 고장 난 것은 한약으로 다스리고 여기는 구분실 종기 약으로 안과 밖에서 치료 한 결과, 한두 달 이내에 완쾌했다는 거예요.

그래서 그것이 사실로 드러나자 '정말 이것은 불가사의 하지 않냐, 그렇게 되었으면 반드시 배를 가르든가, 이 내용으로 봐서 다른 방법으로 해야 할 것인데, 진단법도 그렇고 치료 방법도 그렇게 해서 고쳤다'는 것이. 그 일화는 아주 유명합니다.

그 다음에 열 살 아래인 동생이 오바를(다섯째아들) 낳았습니다. 오바를 출생할 때는 1921년 음력으로 4월 열사흘(13) 새벽입니다. 그런게 묘시, 새벽부터 산통을 느끼기 시작해갖고 그것이 점점 심해지니까 도저히 안되겠다 싶어서 사촌형한테 갔어요. 가서 이러저러 한다고 모셔 와가지고 딱 보니까는 얼마나 애를 썼든가 한 쪽 발만 나왔다는 거예요. 애기가 꺼꾸로 나오고 있는 거예요. 이것도 보통 난산이 아니구나 싶어서 다시 나온 다리를 집어넣고 배를 맞사지를 하면서 순리적으로 두 다리가 한꺼번에 나올 수 있도록 이렇게 쭉 해가지고 결국 묘시에 산통이 와서 죽을 고비에 이르렀는데 오시, 한 낮에 출산을 했다는 거예요 제대로. 그 분이 바로 주문익 교장이였습니다.

요즘 같으면 바로 산모만 살리고 애기는 희생시키자 하고 기계를 들이댔을 거라 그 말이에요. 엉 그럼 둘 다 위험하니까 하나는 살아야 되겠지 않냐? 하고 했을 것인데 그렇게 소중한 생명을 살려낸 명의의 일화가 있습니다.

제 2세대인 주길준 의생으로 넘어가자면, 당시는 일제 강점기가 되어갖고 국가에서 국가고시로 의생 시험을 치르는데 너무 어려워서 보통사람으로서는 몇 번 시험 봐도 합격하기가 어렵다고 그럽니다. 그런데 이 분은 단번에 합격을 하여 아버지의 뒤를 이어서 제 2세 구분실약방 약사로 있는데, 아버지는 약방 출신이지만은 자기는 요즘 말하면 한의사, 약방주인보다 격상된 한의사출신이 되었습니다.

먼저 한의사가 되기 전에 진도에서도 그렇고 밖에서도 알아주는 대학자인 송오선생의 수제자로서 학문을 아주 깊이있게 공부를 하여 십 오세부터 서당에 나가서 학동들을 가르쳤다고 그럽니다. 그러니까 자기보다 나이가 더 많은 학동들이 많이 있었는데, 그 학생들이 장난기로 이렇게 훈장을 골려줄라고 했다가 하도 아는 것이 많고 준엄하고 해서 도저히 학생들이 선생님 말을 듣지 않고서는 배겨(견데) 나갈 수가 없구나 하고 다시 열심히 했다는 것입니다. 십여년의 훈장 생활을 접고 의생시험에 합격을 해서 그때부터 의업에 종사하게 됩니다.

아버지가 평소에 환자를 대할 때, 입원비와 치료비를 가난한 사람들한테는 감면해 주던가 받지 않았다고 해요. 또는 어려운 사람한테는 일 이 개월, 이 삼 개월 입원해 놓고 입원비도 안 받고 완쾌하고 갈 때는 노자까지 주어서 보냈다는 그런 일화가 있습니다. 그런 것을 보고 배웠기 때문에 2세인 아들도 그렇게 쭉 아버지의 의술을 본 받았다고 합니다.

 일제 때는 사람이 죽으면 의생급 이상에서 사망 진단서를 발급 받아갖고 면사무소에 제출해야 매장 허가가 나온다고 그래요. 그런데 사망 진단서를 받을라면은 수수료가 그때 돈으로 오십전이라 그래요. 이것이 오늘날로 환산해 보면, 그 때 당시 농촌에서 하루 일하는 일 품삯이 이틀 하고도 한나잘이(한나절이) 오십 전이라고 해요.

나중에 일제 말기 가까이 될 때는 이 수수료를 올려갖고 일원까지도 받았다고 그래요. 오십전에서 일원까지 되거는 두 배를 받은 것이제. 그런데 이것을 기록부에다 전부 적어가지고 일일이 점검해서 어느 정도 모아지면 이렇게 약국에 납부하고 했는데 한번은, 아버지가 그걸 쭉 보시고는,

"우리가 남의 집 조문도 가는데 조문 가서 조의금 내는 편 잡고 그걸 안 받으면 좀 어쩌것냐."

는 그 제안을 듣고 그 뒤로부터 아주 가난한 사람에게는 약 값을 안 받았다고 그래요.

삼세 역시 할아버지와 아버지의 의술과 인술을 그대로 보고 배워서 많은 어려운 사람들에게 후덕한 인술을 베풀었다고 그럽니다. 그런데 여기서 특기할 것은 아버지까지만 구분실 고약을 제조했고, 삼세인 주녹춘씨는 구분실 고약을 하지 않았다고 그럽니다.

고약을 만들기 위해서는 이십 여 가지의 재료가 필요한데, 그 재료 중에는 저기 열대 지방에 있는 전갈이라고 하는 아주 독특한 독이 있는 그런 것도 수입해서 와야 되고, 또 우리나라에서도 희귀곤충인 길잡이라고 있어요. 우리 어렸을 때 보면은 길에 있다가 막 잡을려면 저기 저 만치 가 있고 마치 계속 그 길

을 안내하는 것 같이 그런 딱정벌레가 있거든요. 그것이 지금 아주 멸종해서 없습니다.

근데 그런 것 하며 아주 그 귀한 희귀 동식물 이십 가지를 가지고 큰 솥에다가 여러 날 완전히 물이 되도록 고은데다가 그 고았던 그 약물을 체에 걸러서 찌꺼기는 버리고 액체만 다시 응고시켜서 거기에다 특수 비법에 의해서 다시 고약을 만들었다고 해요.

이렇게 여러 가지 재료 구입부터 여러 가지 공정을 거치는 것이 너무 어려워서 삼세인 주녹춘씨는 구분실 고약은 하지 않고, 구분실 종기 약과 한약만으로 난치병을 계속 고쳤어도 하도 잘 고치고 난치병이 쉽게 낫고 그러니까, 명의로 여러 군데서 찾아와서 병을 고쳐 갔습니다. 이렇게 3대에 걸쳐서 의술뿐만 아니라 인술로 인간미가 넘치게 잘 해왔기 땜에 은혜를 입은 사람들이 그대로 잊지 않았다고 그래요.

명절을 쇠면은 여러 가지 음식을 만들게 되는데, 명절을 쇠기 한두 달 전에 밀백기라는 것을 해 가지고 온다고 그래요. 밀백기라는 것은 우리 전통사회에서는 명절이라는 말보다는 밀이라는 말로 많이 했었지요.

'밀을 쇠네' 어짜니 했는데, 저도 어렸을 때 많이 들은 이야깁니다만은 밀을 쇠기 한두 달 전에 자기 집에서 정성껏 만든 음식을 가지고 찾아와서 인사하는 것이 '밀백기' 라고 해요.

그러면은 제 일세대 경신님은 밀백기가 들어오면은 그걸갖고 동네가 몇 집 안 사니까 그 때 대여섯 집 살았을 것입니다. 아 그 열살 아래 사촌 동생네 집에 일부를 가져 와서 보여주고 또 이렇게 갖다 주면서 어디에 사는 누가 이렇게 음식을 밀백기로 가져와서 동생한테 좀 가져왔네 그리고 좀 나눠줬다고 그래요. 그러한 마음으로 밀백기 선물을 한다면은 요즘에도 상당히 호응을 얻지 않겠느냐 그런 생각을 해 봤습니다.

이렇게 해서 구분실 약방이 사실 한약방이지만 한 자는 빼놓고 그냥 약방이라고 이름이 많이 났지요. '구분실약방' 그런데 그 년도를 보면은 구분실 약방 일세대 경신님의 아버지인 응상님은 학자입니다. 주자님의 삼십 일세손이고요. 그런데 1843년에 태어나가지고 1868년에 만 25세에 돌아가셨기 때문에 제 일세인 창업주는 아버지가 일찍 돌아가시는 바람에 독자로 이렇게 컸고 또 편모 슬하에서 어렵게 지내게 되었지요. 그래서 결국 가출하여 이렇게 큰 약업을 하게 됐다는 그런 말씀을 드립니다.

 그 담에 우리 경신님은 순천 송광사에서 의술에 대한 득도를 해 가지고 돌아왔는데 그분이, 1863년에 태어나서 1934년에 만 71세로 작고 하셨습니다. 아 그리고 구분실 약방 제 이세인 길준씨는 한의사입니다. 즉 아까도 말씀드린 바와 같이 의생이란 시험을 통과 했는데 1897년에 태어나서 1943년 사십 육세에 그냥 돌아가셨습니다. 그리고 제 삼세인 녹춘씨는 1913년생 입니다. 여기까지 구분실 약방 일세, 이세, 삼세까지에 대해서 예 대략적인 얘기를 해 보았습니다.

임회면 석교리 석교마을

작은아버지의 영혼과 이장(移葬)

자료코드 589_MONA_20170424_SKR_HYS_001
조사장소 진도군 임회면 석교리 석교마을 제보자 자택
조사일시 2017. 4. 24
조 사 자 윤홍기, 김명선
제 보 자 하양수(남, 73세, 1945년생)

> **줄거리** 일제강점기 때 꽤 명석하셨던 제보자의 작은아버지가 돌아가시자 그 혼백이 술을 사러 왔다고 한다. 이후 그분의 묘소를 이장하려고 파묘했더니 연기가 올라갔으며, 작은 어머니는 뼈를 추슬러서 초분을 했다는 이야기이다.

우리 아부지, 우리 작은아부지, 우리 고모, 그 세분이 한 형제분들이었는데, 작은아버지가 여그 일제시대 석교 초등학교 다닐 때 일본사람 선생들이 학교에서 선생을 했어. 그란데 아까 주교장, 이름이 뭔가? 이 욱에 그 주은익씨, 구분실 말이여. 그 분네 하고 같은 동창이라고 그래, 우리 작은아버지가.

그때 당시 일본놈들이 이케 그 선생을 하면서, 꼭 이케 막대기를 들고 갈치면서 이케 머리를 때렸다는구만. 학생들 머리를 때리는데, 우리 작은아버지는 한 번도 머리를 맞어 본 적이 없다는 얘기여.

주교장이 하는 얘기가 같이 동창이어서 아는데, 짠뜩(아주) 영리하니까 그 사람들이 못 때렸다는 거여. 학교를 댕기는 동안에 몸이 아팠어. 몸이 아프니까, 우리 고모가 밑에고 우리 작은아버지가 욱에고 하니까, 이 말하자면 결핵이었던 모양이여, 우리 작은아버지 병명이. 그러니까 우리 고모가 큰애기 처녀 때도 어디가다 뱀만 보면 딱 잡아갖고, 치마에다 딱 담아갖고 해주고 먹였는데,

결론은 얼마 못 살고 죽게 되었어.
잔뜩 영리한 사람이 죽으니께 딱 어제 밤에 죽었는데, 호구동 김병정씨 하고 하치청씨 하고 두 집이 가게를 보고 있는데, 그런 때도 이케 댓병으로 술이 나왔던 모양더만. 뒷문으로 혼이 와가지고,
"형님, 나 소주 두 병만 주쇼!"
그러니까 두 병 싸주니까 가는데,
"왜 뒷문으로 왔냐? 아프다는 사람이 술 사러 왔냐?"
고 이것이 의심스러워서 내다보니까, 호구동서 사람들이 마을을 이케 건너오다 보면 냇가세가(냇가에) 버드나무가, 엄청 큰 버드나무가 어덕(언덕) 끝에서 보면 알 수 있게 있었어. 오다가 버드나무 밑에서 한 병이 딱 깨지는 소리가 나더라는 거야. 그 사람이 볼 때, 아, 딱, 깨지니까,
"저 사람이 술을 깬다."
그라고 보고만 있었는데 아침에 하도 이상해서 아침에 가서 보니까, 어제 해질 무렵에 죽었는데 그 시간에 술 받으러 갈 사람이 못되었다. 술 받으러 갈 사람이 못되었는데, 술 받으러 왔다면 그거 이상하지 않냐. 그래갖고 혼이 가서 술을 받아 왔다고 그래. 병이 깨져갖고 한 병은 영영 못 찾고 말았어.
그 후, 죽어서 용호리에서 건너다보면 공동묘지가 있는데, 도적굴이라는 공동묘지에다 묘를 썼는데, 내가 초등학교 5학년 때 파묘를 해가지고 이장을 하게 됐어. 내가 초등학교 때 따라갔는데, 지관이 저 삼막리 사람이었고, 그 양반 이름이 하경천씨구만.
그 분네가 지관을 하는데, 동네 사람 다 모여서 파묘를 해가지고 옮기게 되었어. 그때 떼를(잔디를) 비낄 때(벗길 때) 내가 어린 마음이어도 못하게 하는 거야. 절대 이 묘를 파면 안된다고 못 파게 하니까 지관이랑 모두 어린애가 그러니까 우습지.
이란다고 달래고 나를 데리고 한쪽으로 비끼고 이제 이런 방법이었는데, 그 순간에 우리 할머니하고 어머니하고가 새참을 가져온거여. 새참을 먹고 봉을

탁 트니까(파니까), 그냥 구름 같은 연기가, 김이 나는데 엄청나게 나와 불어. 그러니까 전부 딱 자빠져갖고 탄복을 한거야.
"이런 묘기 때문에 누군가가 얘기한테 시켜서 이런 것을 못하게 했지 않냐"
이렇게 되어 가지고 영락없이 할 수 없이 판겨여. 묏을 팠는데 굵은 뼈 몇 개만 뽑아내고는 뼈를 못 찾아. 뼈를 못 찾으니까 아, 이 사람들이
"뼈가 이렇게 빨리 못 쓰게 될 수가 있냐?"
하면서,
"이런 좋은 자리에서 그럴 수가 있냐?"
이라고 모두 사람 뼈를 찾을 생각을 안하고 그랬을 때, 초등학교 5학년 때 내가 거기 들어갔어. 들어가서 손가락 몇 개까지 다 찾아냈어 내가. 그러니까 신기하다고 모두 했어.
우리 작은어머니 묘는 빨리 파야 된다고 그래서 파는데, 산봉우리에 있는데도 딱 파노니까 머리가 그냥 물 욱에(위에) 짝 깔렸던만. 머리가 죽었어도 길른다 하네. 짝 깔려 가지고 있는데,
"이렇게 산꼭대기가 물이 있다."
고 그라고 물을 품어(퍼내), 품고 보니까,
소나무가 뿌리를 줘갖고, 소나무 뿌리 우에가 갈비가 걸려 있어 사람 갈비가. 어렵게 그 뼈를 가지고 와서 지금 당장 묘를 묻으면 안 되니까 초분을 하자고 하던만. 그래 또 뼈를 맞춰갖고 초분을 하던만. 그래 초분을 봉을 딱 해서 한자리에 해놨어.
나는 지금까지 생각을 해봐도 우리 작은어머니 작은아버지 묘가 초분 한데를 가봐도 한번도 그런 사실을 못 봤는데, 그래 아파서 뱀을 잡아 먹고 구랭이를 잡아 먹고 했다 해서 다른 사람들이 가서 보면, 주변에가 그런 것들이 한 번씩 있었다 하는 것을 들어갖고 나중에 이장 해놓고 지금까지 지냈는데, 내가 관리를 하고 있지만 그런 사실은 내가 얘기가 서툴러서 그랬지, 참말로 들을 만한 얘기지.

몽당 빗자루와 밤새 싸운 천하장사

자료코드	589_FOTA_20170424_SKR_HYS_001
조사장소	진도군 임회면 석교리 석교마을 제보자 자택
조사일시	2017. 4. 24
조 사 자	윤홍기, 김명선
제 보 자	하양수(남, 73세, 1945년생)

> **줄거리** 하미마을에 살았던 장사가 처갓집에 다녀오다 도깨비와 밤새 싸움을 했는데, 다음날 그 곳을 가보니 빗자루만 있었다는 이야기이다.

하미마을에 한번은 한 사람이 또깨비 올랐다는 그 얘긴데, 처가가 의신면 거령이거든. 그라면 삼막리에서 거령을 걸어야 돼. 걸어서 그런 때는 차도 없고 그러니까 술 한 잔 먹고 걸어가.

상미리 잔둥을 넘어서 거령까지 갔다가 거령 처가 집에서 술을 잔뜩 먹고, 또 거기서 볼일 보고 오는데 밤이 되었어. 아니 오는데 곧 뭣이 꼭 따라 오는 것 같드락 해. 술은 먹었어도 뭐가 따라 오는 것 같아서 이상하다 하면서.

몸집이 아주 크고 장사여 그 양반이. 지금 살아계시면 팔십 두 셋 됐을란가? 그란데 아니 오는데 상미실 잔둥, 그러니까 거기 보고 뭐라 한데 내가 그 이름을 모르겠구만. 돌팍재라든가? 거기를 올라오는데 영락없이 자기보다 몸체가 큰, 말하자면 상대가 나왔다 이 말이여.

자기도 힘이 세니까 한번은 해보자 그라고, 거기서 둘이 싸우는 거여. 밤새 싸우고 새벽에 집으로 왔어. 몸은 엉망으로 되갖고 그래 왔는데 와서 생각해 보니까,

'내가 제정신이면 이런 일을 당했것냐.'

하고, 그라고 그길로 거기를 가 본거야. 현장을 가보니까, 싸리 빗지락 날개는

닳아져불고 없는 몽둥이, 요것이 끈타불이(줄 끝이) 거가 다 부러지다시피 해가지고, 얼마나 막 뜯고 싸웠는가 끈타블이 다 떨어지다시피 해가지고 그 현장에가 있더라는 것이여. 아, 이래서
'이런 것이 또깨비였구나, 내가 정신이 팔렸구나.'
하는 것을 느꼈다고 그래.

임회면 용호리 호구동마을

용산 저수지와 호구마을 소나무

자료코드　589_FOTA_20170526_HGDR_JE_001
조사장소　진도군 임회면 용호리 호구동마을 제보자 자택
조사일시　2017. 5. 26
조 사 자　김명선, 윤홍기
제 보 자　조 은(남, 82세, 1936년생)

> **줄거리** 일제강점기에 일본인이 사장을 맡고, 부호였던 제보자의 할아버지가 부사장을 맡아 용산 저수지 공사를 시작해 1931년에 준공했다는 이야기이다.

용산저수지

용산 저수지는 1930년도 시공을 해서 1931년도에 준공을 했어. 딱 1년 걸렸

지. 1930년 4월 1일 시공해서 1931년 4월 1일 준공했어. 거기에 들어간 경비는 17만 원으로 나왔어. 인부가 150명, 감독이 조병조씨고, 할아버지가 부사장이고 복도이랑이 사장이여 일본사람.

할아버지가 부자니까 돈이 있으니까 부사장이제 뭣을 했겠소? 명예만으로 부사장이제. 그렇게 해서 용산 저수지를 막았어.

그때는 마을 하천이 우리 집 앞으로 해서 세 반데서(군데서) 흘러 마을이 침수가 되다시피 하니까, 병자호란 때 청솔나무라고 물을 방지하기 위해서 총총 심은 것이 저 소나무여.

그 놈을 총총 심어도 물막이가 안되는데, 1930년도 복도이랑이 저수지를 막았어. 인부 150명, 땅은 2만평, 논을 갈아서 소로 갈아서 버는 땅이 몽리지역이라 하는데 그것이 2만평이 들어갔어. 내가 36년생이니 저수지 막은 후 6년 후에 태어났제.

갑부(甲富)가 사용한 절구통 한 쌍

자료코드 589_FOTA_20170526_HGDR_JE_002
조사장소 진도군 임회면 용호리 호구동마을 제보자 자택
조사일시 2017. 5. 26
조 사 자 김명선, 윤홍기
제 보 자 조 은(남, 82세, 1936년생)

> **줄거리** 일반 가정집은 절구통이 하나인데, 갑부들은 절구통 한 쌍을 가지고 있으면서 거친 것을 찧는 것과 매끄러운 것을 찧는 용도로 각각 사용했다. 이 절구통을 서울중앙박물관에서 팔라고 하였으나 팔지 않았다.

절구통 한 쌍

지산면 가치리에가 하나 뱆에 없다고, 여그에서는 진도밖에 없는 것 같은데 서울중앙박물관에서

"돈은 얼마든지 줄테니까, 국가적으로 박물관에 모시기 위해서 우리가 내려

온 것이니까 팔으십시오.”

해도 안 팔았어.

" '조'자 '병'자 '수'자 묘가 피어동 선영에 모셔져 있으니까 가서 승인을 받아 온나. 그러면 내가 만 원에도 팔겠다.”

실지로 그랬어.

그만큼 대를 잇는 장손들은 개성이 달라요. 뭣이 다르냐? 아무거나 이것을 평범하게 안 봐 보는 것도. 그래갖고 '이놈을 또 어디다가 보관할끄냐' 하는 주입적인 생각이 있어 그건 당연해 장손이라면.

우리 삼강오륜에 나타나는 정신주입이라고 생각해.

(조사자 : 저 도구통을 어떻게 이용했나요?)

쉽게 말하면 머슴 세 사람이 있었어. 나락으로 1년에 상머슴 세경이 열다섯 가마니, 중머슴이 열 가마, 막둥이 머슴이 여덟 가마를 받았어.

'ㄱ'자 모양의 돌림메로 서니가(세명이) 돌려가면서 '헛' '헛' 이라고 [방아 찧는 모습을 하며] 찧었어. 그래갖고 시아게(마무리)하는 도구통으로 옮겨서 시아게를 해가지고 풍노도 없으니까 치로(키로) 까불었어. 그것을 열 살까지 목격을 했으니까.

누름한(누런) 놈을 내서 씨아개 한다고 한 분(번) 찌어내면(찧어내면) 상당히 흐개져불어(하얗게 된다). 그놈을 치로 까불어. 어른들이 치로 까부르니까 보기는 좀 그래도 일상생활이 그런께 별수 없지.

이 방에서 잤는데 식모 서니도(셋도) 그때는 나락으로 했으니까 세경이 1년이면 상 식모 열가마, 중 식모 일곱 가마, 막둥이 식모 다섯 가마 줬어.

임사정(臨司亭) 지명의 유래

자료코드	589_FOTA_20170526_HGDR_JE_003
조사장소	진도군 임회면 용호리 호구동마을 제보자 자택
조사일시	2017. 5. 26
조 사 자	김명선, 윤홍기
제 보 자	조 은(남, 82세, 1936년생)

> **줄거리** 진도 고을 원님이 말을 타고 남도석성 만호를 찾아가다가 가파른 고개를 넘어갈 때 잠깐 쉬었던 곳을 '임할 임(臨)' '벼슬 사(司)' '머무를 정(亭)' 해서 '임사정'이라 불렀다는 이야기이다.

광전 가면 뒷산 보고 '임사정'이라 했어. '임할 임(臨)'자, '벼슬 사(司)'자 '머무를 정(亭)'자. 그때가 아마 350~400년 전 창녕조씨 발탁하면서 임사정이란 이름이 지어진 것으로 알고 있어.

전설에 의하면 원님들이 벼슬한 사람들이 읍내서 중굴 꿀재를 넘어서 그리 질(길)이 크게 있었다 하대요. 그래서 말 그대로 그러니까 '잠깐 말 타고 오다가 쉬어 갔다' 해서 임사정이라 했어.

금광에서 번 돈으로 지은 100년 고택

자료코드	589_FOTA_20170526_HGDR_JE_004
조사장소	진도군 임회면 용호리 호구동마을 제보자 자택
조사일시	2017. 5. 26
조 사 자	김명선, 윤홍기
제 보 자	조 은(남, 82세, 1936년생)

> **줄거리** 제보자의 고조부와 조부가 강원도 횡성에서 광산업으로 많은 돈을 벌어 마을 초가집 다섯 채를 구입해 집을 지었는데, 올해로 100년 됐다는 이야기이다.

할아버지 할아버지가 당신 아버지가 28세 때 돌아가셨다. 쉽게 말하면 제각에 형준네 집 뒤 지각에 모셨다 할아버지 아버지가. 그 분이 돌아가시니까 쉽게 말해서 할아버지 아버지(제보자 증조부)가 돌아가니까 할아버지 하납씨(고조부) '영'자 '연'자씨가 그때 40세로 살아계셨어.

광산업을 강원도 횡성에서 막 시작해갖고 할아버지 할아버지가 나로서는 고조부가, 할아버지 열다섯 살 나이에 횡성으로 광산으로 일하러 보내면 어른들보다 더 일을 잘 보고 오셨어. 기가 막히게 잘해갖고 오니까 저 효행상 받은 할머니가 살림을 이뤘어. 광산업을 하면서 살림을 이뤘어.

그래가지고 이 집 지은 햇수가 신유년 3월 15일 복구(대들보)에 써있고, 지금으로부터 99년 전 올해 100년차 나요. 집을 할아버지가 나이 서른두 살에 지었어. 아버지 여섯 살에 이집을 지었어.

당신 할머니 '병'자 '수'자 첫 할멈이 거령서 왔어. 십일시 다리독에서 장사하던 영진씨 하고 4촌간이여, 그 할멈이 우리 아버지를 포함 3형제를 놔놓고 28세 때 돌아가셨어.

그래서 젊은 나이에 할멈한테 쫓아갈 수밖에, 읍네 화성의원 자리 옆에가 이

조은 제보자의 자택 전경

만씨 어머니가 혼자 있으니까 거기로 살랑살랑 대니면서(다니면서) 자식 나이를 하니까 할아버지 어머니가(증조모 거령댁) 나랑 같이 살았어. 할아버지를 장산 부자 집으로 여워(결혼시켜) 버렸어 사모관대는 안 쓰고.
영암 할머니가 화성의원 자리 1100평 소개해 주어서 할아버지가 샀어. 그 후 아버지 집 짓어 여워 놓고는 장산 엄매 댓고(데리고) 살란께 얼마나 딱하니까 화성의원 자리로 제금을(분가를) 나버렸어. 아버지한테 상속을 해놓고 화성의원 자리에서 살 때 그때 내가 왔다 갔다 하면서 그렇게 살았어.
강원도 횡성에서 금 팔아서 돈이 오니까, 돈이 막 불거든(생기거든) 지산면 논을 사다 이 집을 짓기 시작했어. 돈이 오니까 그때 금광업을 한다는 것이 보통이 아니제.
재산이 막 불기 시작하거든 그래서 이 집을 지어놓고 3년 되어서 나 낳던 해 아버지한테 재산 상속하고 화성의원 자리로 갔어. 이 집터가 초가집 다섯 집이 었어 번지수가 다 나와 있어.
다섯 집을 사서 뜯어 버리고 이 집터가 450평이나 되고 저기까지 해서 500평, 다섯 채를 사서 집을 지었다 뜯어 버리고 그러니까 번지수가 다섯 필지가 나왔어.

3년, 딱 3년만에 준공을 했어. 918번지 다섯 필지를 다 온막(모두) 샀지, 돈이 오니까 집을 짓었어. 액수는 몰라.
장산 함씨를 얻으니까 병수씨 어머니가 그 꼴을 보지를 못하니까
"당장에 제금 나거라. 그래도 장손은 인환이다. 인환네 엄매가 살았으면 살림이 요꼴이 안돼야."
늘 이 말을 들었어. 병수씨 어머니한테 어디로 나가던 나가라 하니까 화성의원 자리를 사가지고 이만네 어머니가 소개해서 읍내 땅을 사서 읍내로 갔어.

팽나무 두 그루 사이에 꽂아놓은 돌

자료코드 589_FOTA_20170526_HGDR_KHS_001
조사장소 진도군 임회면 용호리 호구동마을 제보자 자택
조사일시 2017. 5. 26
조 사 자 김명선, 윤홍기
제 보 자 김환산(남, 79세, 1939년생)

> **줄거리** 조병문씨 집 뒤뜰에 큰 팽나무 두 그루가 있었는데, 도인이 지나가다 도술을 부려 돌 두 개를 꽂아 놓으면서 돌 하나가 떠내려가면 부촌이 되고, 돌 두 개가 다 떠내려가면 마을이 망한다는 말을 했다. 실제 돌 두 개가 떠내려갔고 그 흔적이 남아 있다고 한다.

마을에 고인 조병문씨라는 분이 계셨어. 그분 집 뒤뜰에 우리가 보듬을 수 없는 큰 팽나무가 있었어. 그것도 하나가 아니라 두 개가 나란히 서 있었어. 그 둘 사이에다가 옛날 도인이 지나가면서 도술을 부려서 높이가 약 1.8미터나 2미터 채 못 되는 그 높이에 두께는 한 40전의 돌이 삼각으로 돼 있었어.

그 팽나무 사이에다 그 돌 두 개를 꼽아 놓으면서,

"이 돌 하나가 어느 날 큰물이 지든지, 뭣하든지 떠내려가믄, 호구 마을은 대단히 잘 사는 부촌 마을이 된다."

이런 식으로 얘기를 했는데, 400~500년 전이겠지. 역시나 돌 하나가 큰 홍수에 떠내려갔어. 그래서 조영환씨네 집 바로 밭에가 돌 한나가 묻혔어.

그런 전설을 듣고 사실은 우선 살아있는 돌을 본다고 가서 있으니까, 팽나무 사이에가 돌 한나 있고, 한나는 조용환씨 집 앞 밭에가 묻혀갖고 있드라고. 그라면서 하는 얘기가 "한나가 떠내려갔을 때는 이 마을이 부자로 잘 살 수 있는데, 둘이 다 떠나갈 때는 아주 망해분다."

베어버린 팽나무 사이에 박힌 돌

그런 전설을 들었기 때문에 현장을 확인해 봤어. 그런데 지금은 돌을 끼워놨던 팽나무가 집에 지장이 있고, 그 뒷 전답에 지장이 있다고 해서 면에다 의뢰해서 비어(베어)부렀어.

이야기로 도둑 잡은 노부부

자료코드	589_FOTA_20170526_HGDR_KHS_002
조사장소	진도군 임회면 용호리 호구동마을 제보자 자택
조사일시	2017. 5. 26
조 사 자	김명선, 윤홍기
제 보 자	김환산(남, 79세, 1939년생)

> **줄거리** 할아버지가 할머니에게 황새가 논에서 물고기를 잡는 모습을 묘사하여 들려주었는데, 마침 노부부 집의 솥단지를 훔치러 왔던 도둑이 이 말을 엿듣고 자기의 존재를 알아차린 것으로 오해하여 줄행랑을 쳤다.

지금 같으면 70, 80, 90도 좋고 오래 사는 세상이지마는, 옛날에는 60이 넘으면은 환갑이라고 넘기 어려웠는데, 다행히도 70세 되는 노부부가 살았어. 가난하게 살면서 별로 할 일은 없고 낮에는 무엇을 했던지 간에 저녁에는 노부부가 둘이 끌어안고 이야기하면 이런 이야기 저런 이야기 다 하고 나니까 이야기 할 것이 없어져 버렸어 둘이 살아도. 그래서 할머니가 할아버지한테,

"내일은 떡을 한 동구리 해드릴 테니까, 어디 가서 이야기를 조금 배와갖고 오시오."

영감 보고 그라니까 영감님이

"그것 좋은 생각이다."

그 이튿날 아닌 게 아니라 할머니가 떡을 해줬어. 그래서 그 놈을 가지고 이야기를 배우러 간다고 영감이 가는 데 도대체 이야기를 어디 가서 배우냐 이거여.

하다하다 아무리 봐도 이야기를 할 사람이 없고 그래서는 길을 가고 있는데, 농부가 열심히 논을 갈고 있는 농부가 있거든 농부한테 물어 보았어.

"여보 농부, 이야기를 배우러 왔는데 어디로 가면 되겠느냐?"
하니까,
"뭔 이야기를 어디서 뭐하게 배워 와야?"
묻기에, 사실은 이러이러 해서 우리 할머니가 떡을 해주면서 이야기를 좀 배워 오라고 해서 지금 떡을 갖고 간다고 하니까 우선 농부가 배가 고프니까 떡 먹을 욕심으로
"이리 갖고 오시오 내가 먹고 갈쳐줍시다."
그 떡을 맛있게 먹고는 농부도 그날따라 이야기도 할 줄 몰랐던가 '뭔 이야기를 해 줄까' 하고 생각하고 있는데, 마침 저 건너서 후루루 황새가 하나 앉으니까 농부왈,
"지금부터 나 하는 대로 따라 하시오."
하니까 할아버지
"알았소."
황새가 엉금엉금 이케 이케 기어가니까는 농부가
"엉금엉금 기어온다."
하니 할아버지가
"엉금엉금 기어온다."
농부가
"지웃지웃 드레다본다(들여다본다)."
할아버지가
"지웃지웃 드레다본다."
황새가 고동을 하나 보았어 논 고동을 콕콕 조거든. 조사도(쪼아도) 안 깨지니까 획 뿌릴것 아니어.
농부가
"콕콕 쫀다."
할아버지가

"콕콕 쫀다."
잘 안깨지니까 농부가
"획 뿌린다."
할아버지가
"획 뿌린다."
그 놈 먹고는 황새가 농부 짐직이 있던가 후루루 날아간다. 농부가,
"후루나이(훨훨) 날아간다."
할아버지가
"후루나이 날아간다."
그 놈을 가지고 그 이야기를 듣고는 저녁에 집에 와서는 할머니한테,
"이야기를 배워왔네"
"그래요? 그럼 저녁이나 먹고 이야기 합시다."
저녁을 둘이 싸악 먹고는 방에 나란히 누워서 할머니가 할아버지한테 이야기를 독촉을 하는 거여.
"뭔 이야기를 그렇게 재밌게 배워가지고 왔소."
그때 마침 도둑놈이 그 가난하게 사는 외딴집에 솥단지를 돌르러(훔치러) 왔어 가만 가만 들어오는 데 할아버지 이야기가 시작되어 할아버지,
"엉금엉금 기어온다."
도둑놈이 엉금엉금 기어가는데 할아버지가 저런 미친 소리를 하것제 부엌문을 보면서 찌긋찌긋 들어다 본께 할아버지,
"찌웃찌웃 들어다 본다."
도둑놈은 저런 소리가 헛소리겠지 하며 솥이 깨지지 않았는가 톡톡 두드러 보니까 할아버지
"콕콕 쫀다."
에잇 안되겠다 얼굴을 돌리니까 할아버지
"찍 뿌린다."

도둑이 도망간께는 할아버지,

"후루나니 날아간다".

그 솥은 건졌어. 이야기를 하나 배운 것으로 해서 솥은 하나 안 잃어 버렸어. 영감보고 이야기 재미없는 것을 배워왔다 하면서, 두 할멈 영감 있으면서 할 일이 없으니까 할머니가 영감 그 불알을 만져 보았던가 봐. 만져보면 말랑말랑 그라제 힘이 있겠어 뭐 있것어 그라고 날이 샜어. 그 도둑놈이,

'과연 저 할아버지가 나를 보고 했을까? 거짓으로 했을까?'

그 이튿날은 홍시감을 바작에 딱 지고,

"감 사시오!"

하며 일부러 그 집 앞에 가서 얘기를 했어. 그러니까 할머니 할아버지가 나와서 감을 만져 보더니 감을 보고는,

"아따 먹음직스럽다."

하고 이야기하고 할머니는 그 중에서 감을 하나 홍시를 만져 보니까 말랑말랑 하거든 그러니까 할머니가 뽄닥없이(보기싫게) 한다는 소리가,

"어지 저녁에 꼭 그것 같네."

할머니는 불알 같다는 소리를 했는데 그 도둑은

'원매 어지 저녁에 그 놈이구나' 그렇게 이야기 하는 줄 알고 홍시도 뭐시도 놔두고 줄달음 쳐서 도망갔다는 얘기가 어려서 옛날 노인들한테 듣던 이야기들이여.

호랑이혈이라 소나무숲을 만든 호구마을

자료코드	589_FOTA_20170526_HGDR_KHS_003
조사장소	진도군 임회면 용호리 호구동마을 제보자 자택
조사일시	2017. 5. 26
조 사 자	김명선, 윤홍기
제 보 자	김환산(남, 79세, 1939년생)

줄거리 호구마을의 지형이 호랑이가 입을 벌리고 있는 형상이어서, 숲속에 서식하는 호랑이 습성을 따라 마을 전체를 숲처럼 만들기 위해 소나무를 많이 심었다.

우리 마을은 마을 뒷동산에 올라가 보면 알지만은 지형 생김새가 호랑이가 입을 벌리고 있는 생김새로 생겼어 뒷동산이 호랑이 혈이여.

호랑이가 사제 뜰에 있는 개장굴, 우덜 말로는 가장굴이라 하고, 개라고 하는데 개가 누워 있으니까 호랑이가 개, 그놈을 잡아먹기 위해서 뛰어내려가다 보니까, 그 뒤에가 사자가 응그리고(웅크리고) 있어. 그러니까 못 잡아먹고 다시 돌아서서 막 돌아서는 단계에서 호랭이가 죽었는 것이여.

호구마을의 소나무숲

그래갖고 뒷동산이 호랑이 형상이여.

전설에 의하면 호랑이는 숲속에서 살지 난장에서는 못살거든 숲 아닌 데서는. 그래서 옛날 도사들이 말씀하신 대로

"우리 마을은 어떻게든 숲으로 가꾸어져야 된다."

그래갖고는 웃동네서부터 아랫마을까지, 지금도 이런 소나무가 군에서 보호해 주는 소나무가 굉장히 많았어 우리 어렸을 때는.

그런데 가난한 사람들이 타지에서 오면 우리 마을의 특징이라 할까, 타지인이 들어와서 살면은 괄새(괄시) 안하고 그냥 다 안아서 보듬어서 사는 형태로 살면서, 집을 자꾸 짓다 보니까 소나무를 진짜 많이 베어 부렀어. 소나무가 지금도 많이 있지만 소나무 속에 호랑이가 숨어있다는 전설이 있어.

광석초등학교 교명의 유래

자료코드   589_MONA_20170526_HGDR_KHS_001
조사장소   진도군 임회면 용호리 호구동마을 제보자 자택
조사일시   2017. 5. 26
조 사 자   김명선, 윤홍기
제 보 자   김환산(남, 79세, 1939년생)

줄거리 임회면 상미마을에 바위와 고인돌이 여러 개 있는데, 그 중 큰 바위 이름이 '광대바위 혈'이어서 그 바위의 이름을 따서 광석초등학교라 부르게 되었다.

옛날 도인들이 지나가면서 임회 명슬리 중미 욱에(위에) 상미 마을이 있어. 상미 마을 뒷동산에 바위가 꼭 사람형태로 머리가 생긴 것이, 눈도 크게 두 개 있고 그런 바위가 하나 있어. 우리들도 가까이 가서 본께 '참 묘한 바위다' 하며 보기도 했는데
"그 바위의 혈이 중미실 지나서 아까 중간에서 소실되아 불었다."
는 그 바위로 해서 남바위 와서 뭉쳐있어.
남바위에는 고인돌이 지금도 4, 5개 정도 있고, 우리가 눈으로 뚜렷이 볼 수 있는 남바위에서 쪼끔 올르면 호구동 마을에서 내려가다 보면 큰 고인돌 하나 있어. 그것이 광대바우 혈이여. 상미실 큰 바우 이름이 광대바위 혈이다 해가지고 '넓은 광(廣)'자 '돌 석(石)'자 해가지고 '돌이 여러 개 있다'는 뜻이다.
광석초등학교는 호구하고 하미 하고는 항상 적대시 대립을 하고 광석초등학교를
"저기 하미 산 사제골 산 밑에다 짓자."
하고 호구는,
"어디 거까지 짓어야?"

병술씨 하고 사촌 병조씨라는 분이 계셨어. 조병조씨가 결국은 이겨서 광석초등학교 자리에다가 초등학교를 세웠어. 그리고 학교 이름을 '광석'이라 했어.
처음에는 임회면소재지에 석교초등학교가 있어서 석교동초등학교 이랬는데, 우리가 1학년 입학할 때만 해도 석교동초등학교라 했는데 폐지시켜 버리고 광석으로 했어.
그 난장에다 짓어 놓고 1미터 이상 되는 땅을 밑이 평평하지 못하니까, 저 밑에 쪽에서부터 어버이들이 거기다 돌을 파. 방풍림이라 해서 뜰을 만들기 위해서 나무 심어서 그래 놓으니까 참 좋았어. 우리는 학교 가면 오전에는 학교 수업하고 오후에는 아예 가방이 있어 책보가 있어.
학생이 최고 많을 때가 우리 광석초등학교가 1,200명까지 되었는데, 최종 13명이 되어가지고 그러니까 1/100로 줄어들어 불었제. 결국 전교생이 13명 되아갖고 폐교할 때 교장 선생님이 내가 그때 마침 이장 할 때라 동의해 주라 해서 동의해 주어서 폐교되었어.

수탉도 내일 조도 가려나 보다

자료코드 589_FOTA_20170526_HGDR_KHS_004
조사장소 진도군 임회면 용호리 호구동마을 제보자 자택
조사일시 2017. 5. 26
조 사 자 김명선, 윤홍기
제 보 자 김환산(남, 79세, 1939년생)

줄거리 생계를 위해 조도로 배를 타러 갔다 돌아온 남편이 다섯 아이들과 함께 자는 단칸방에서 부인과 어렵게 하룻밤을 보낸 이야기이다.

호구마을 제일 웃마을에 사는 조이환씨라는 분이 부부간에 살면서 부부 금실이 어떻게 좋았던지 아들만 다섯이 조르라니 낳았어. 애기들은 낳아놓고 살기가 성가시고 그라니까, 도저히 여그서 남의 집 살면서 아이들을 다 못 키울 것 같아서 진도 조도로 배를 타러갔어. 거기서 배를 타면서 고기를 잡다가 얼마나 살았는데 마누라 생각이 엄청 났든가봬.

그래서 고기 말린 것 몇 개 갖고 오고, 오면서 건빵 한 차두(보따리) 사고 그래갖고 진도에 왔어. 마을에 와서 딱 집에 들어오니까, 아들만 다섯인데 큰 아들부터 그러니까 제일 막내가 두 살이나 되었고 최고 열 살까지나 됐것지.

그 애기들이 우선 아버지를 검쳐(만나고) 보니까, 아버지가 그리워서 애기들이 죽고 못 사는 거여. 그러나 저러나 반갑게 맞이하고는 같이 아버지 엄마랑 애기들이랑 저녁을 먹고는 그 이튿날 또 바로 고기를 잡으러 갈 약속 날짜여.

바로 이튿날 그래서 어쩔 수 없이 남자가 부부 관계를 한번 가져야 되겠는데, 애기들이 절대 안 놔주는 거여. 집이 넓으면 작은방도 있고 큰방도 있으면 이방 저 방에서도 잘 수 있는데, 방은 딱 한나고 한 방에서 잠은 자고 애들은 어디다 띠어(떼어) 놀 수는 없고.

그라고 자고 있는데, 지금 같으면 아홉 시나 되었던가 열 시나 되도록 까지 애들이 잠을 안자고 버텅되고(버티고), 얼마나 시달리다 새벽 두 시나 세 시 되어서 애들이 자는 것 같아서 부부 관계를 했어.

새벽에 일찍 일어나서 조도를 가기 전에 남편은 채 아직 안 일어났는디 여자가 일어나서 밥을 할라는데, 지금은 안 그러는데 옛날에는 닭 같은 것을 키우면 모두 정제(부엌)에다 키웠거든. 밥을 할라고 밖에 가서 딱 정제문을 여니까 닭이 날 새니까 후르나니 후르나니 날아서 내리거든.

이놈의 새끼들이 금세 일어나서 마루 반침에 쪼글씨고(쪼그리고) 앉았는데, 닭들이 하나 둘 다 내려오는데, 아니 거그서 수탉이 내려오더니 암탉의 모가지를 물고 한 번 해버려. 그것을 보고 네 살 먹은 놈이 한다는 소리가
"엄마, 수탉이 암탉을 막 물어버려!"
하고 말한께 그래도 큰 놈은 잠을 안자고 보았던가, 제일 큰 놈이 하는 소리가
"가만 두어라, 갸도 조도 갈려고 그란단다."

임회면 죽림리 강계마을

강계 앞바다 두 개의 샘

조사코드 589_FOTA_20170415_KKR_CYS_001
조사장소 진도군 임회면 죽림리 강계마을 제보자 자택
조사일시 2017. 4. 15
조 사 자 김명선, 윤홍기
제 보 자 최영심(여, 83세, 1935년생)

> **줄거리** 강계 앞 바다에 민물이 솟는 자리가 두 군데가 있어서 식수로 사용하였는데, 예전에는 이를 '갯샘'이라고 불렀으나 지금은 '용천샘'이라고 부른다.

강계 앞 바다 안에 샘이 두 개가 있었지. 저 밑에 샘이 하나 있고, 여그서 우리가 다니는데 만치나(만큼) 또 샘이 한개 더 있었어. 물이 나가고 그 짠물을 퍼 버리면 싱거운 물이 펑펑펑 솟더라고.
그러면 그 물을 질어다가(길러다가) 물이 나가는 날은 막 여기다 채우려고 여기다가 다 질어다 놓고, 물이 들어오면 못 먹으니까 그 물먹고 살았지 물이 없으니까.
예전에는 갯샘이라 했어 갱변에가(바닷가에) 있다고 갯샘이라 했어. 예전에는 바닷샘이라고 안하고 갯샘이라고 했어.

6·25때 비극의 장소 죽림 송림 해변

조사코드	589_MONA_20170415_KKR_SJD_001
조사장소	진도군 임회면 죽림리 강계마을 제보자 자택
조사일시	2017. 4. 15
조 사 자	김명선, 윤홍기
제 보 자	소진덕(여, 89세, 1929년생)

줄거리 6·25 때 마을 사람들 모두 송림 바닷가에 모아놓고 인민재판을 하면서 인민군 질문에 무서워 답변을 잘 못하자 그 자리에서 총을 쏴 죽였다는 비극적인 이야기이다.

6·25때 인민군들이 내려와서 우리럴 모태라(모이라) 했어. 소나무 밑으로 모태라 했어. 죽림사람 ○○이 살았을 때여. 우 아래 사람 모두 빠지지 말라 한께 우덜도 모두 나왔어. 소나무 밑으로 쭉 나라비(나란히) 서갖고 ○○이 보고,
"너 우리 따라 댕길래 안 따라 댕길래, 안 따라 댕기면 총 놔 죽애분다."
고 하니까,
"아이고 따라 댕길랍니다. 댕길랍니다."
하고 그란께,
"아 너는 카만 있어 안 죽일란께"
그라고 ○○이 있다고. ○○씨 보고 양지서 사는 ○○씨는 말을 잘 못해 잔뜩 무선께, ○○이는 악종이라고 말도 하고 그랬지만 ○○씨는 순해서 똑똑하게 대답도 못하고 그란께, 요놈이 아주 빨갱이 새끼라며 그람시로 즈그들이 빨갱임시로 넘한테 빨갱이 새끼라고 그람시로, 그때 그것을 보면 강계 사람이나 죽림 사람들이 아주 머리가 한 달이나 아팠던가 두 달이나 아팠던가 총으로 쏴 직이고 했어.
아이고 징해 징해. 그란데 그 양반이 따라 갈래 안따라 갈래 그란께는 말 못하

고 건들건들 한께는 요놈 새끼 이것이 빨갱이 새끼구만 즈그들이 빨갱임시로 직여야(죽여야) 한다고 사람들이 놀라갖고 벌벌 떨제.
시상에(세상에) 직인다고 설마 직일란가 그랬는데 ○○이 보고 바닥(바다)으로 뛰어 나가라 해. ○○이가 그때 나간께는 총을 쏴서 죽애브냐. 그러니까 탁 어프러져(엎어져) 버린께 가서는 덜 죽었는가 다 죽었는가 발로 뒤적거리대. 꼬물꼬물 하더라 그란께는 한방 더 쏴서 죽여브러 그런 시상 살았어.

풍어를 기원하는 연신굿

조사코드 589_FOTA_20170415_KKR_SJD_001
조사장소 진도군 임회면 죽림리 강계마을 제보자 자택
조사일시 2017. 4. 15
조 사 자 김명선, 윤홍기
제 보 자 소진덕(여, 89세, 1929년생)

> **줄거리** 예전에는 강계 바다에서 고기를 잡으러 나가는 배들이 배 위에서 선원들의 안녕과 풍어를 기원하는 연신굿을 지냈는데, 그럴 때면 마을 사람들이 모두 나와 구경하며 함께 음식을 나눠 먹었다.

옛날에는 중선 배가 안섰다고(섰었다). 고기 잡는 중선 배. 그라면 봄에는 처음에 중선 배 차려 바다로 고기 잡으러 나갈 때 배에다 연신을 한다고. 다 차려놓고 배에서 굿을 하고 그렇게 걸게 해갖고 동네사람 나눠주고 굿보고 술 나눠 멕이고 떡 나눠 멕이고 다 그라고 그랬어.
옛날에 연신 했어 배에서 하는 것을 연신이라 하더만. 연신을 그케(그렇게) 하면

아이들이고 어른들이고 다 나가서 굿을 보고 배에서 막 남녀가 그 굿하는 사람들이 배에서 올라가서 북 치고, 장구 치고, 꽹과리 치고, 징 치고 그케 그렇게 걸게 해. 걸게 해야 재수를 본다고 음식도 많이 장만해갖고 다 나눠 멕이고. 옛날에는 강계에서도 중선 배가 몇 척 섰지. 똥구바구도 섰고 봄에 나갈려면 연신을 하고 나갔어 그런 때는 그래야 된대. 옛날에는 막걸리 한 동우씩 해서 원 없이 나눠먹고 그랬어.

술 동우 감추기

조사코드	589_MONA_20170415_KKR_SJD_002
조사장소	진도군 임회면 죽림리 강계마을 제보자 자택
조사일시	2017. 4. 15
조 사 자	김명선, 윤홍기
제 보 자	소진덕(여, 89세, 1929년생)

> **줄거리** 그 전에는 모두들 집에서 막걸리를 몰래 담가 먹었는데, 갑자기 세무서에서 검사를 나오는 날이면 술동이를 이고 산위로 올라가 풀숲에 감추고서 들킬까봐 두려워했다는 이야기이다.

그런 때는 꼭 술을 집에서 다 해 먹제. 세무서에서 술 뒤지러 오면 막걸리 항아리를 감추기는 힘든게 동우에다 하거든. '어디서 와서 술 뒤진단다' 그라면 전부 배깥에로(밖으로) 동우를 머리에 이고 쩌그 우게 까끔(산) 밑에 덤불 밑에다 감춰놓고 그래갖고는 또 거기서 내려오면 그 사람들이 쫓아올라나 무선께 덤풀 밑에 숨어 있기도 했어. 그 사람들이 쫓아올란가 무선께.

지금은 참말 편안한 세상이여. 술도 마음대로 먹고 잡으면 먹고, 말고 잡으면 말고. 그때는 자주 뒤지러 왔어. 그랑께 술을 해서 걸러 먹어도 도둑질해서 먹는 것 맨치로(처럼) 어따 감춰 놓고는 쪼간씩 떠다가 걸러 먹고 그랬어.

그전에는 그케 술을 꼭 해먹었어. 어디서 받아다 먹을 줄도 모르고, 꼭 막걸리를 이녁(자기) 집서 누룩 맨들아서 뜨믄 그놈 갖고 술을 해먹었제.

다 그랬제 집마다 그랬는데, 그케 술 뒤지러 오믄 술 동우 감추냐고 성가셨어 아주 애 간장이 녹았어.

산감 몰래 나무하기

조사코드   589_MONA_20170415_KKR_SJD_003
조사장소   진도군 임회면 죽림리 강계마을 제보자 자택
조사일시   2017. 4. 15
조 사 자   김명선, 윤홍기
제 보 자   소진덕(여, 89세, 1929년생)

줄거리 국유지에서 땔감을 구하던 시절에 산감에게 들키면 술을 받아 주거나 그것도 안 통하면 벌금을 물어야 했다.

참말로 옛날에는 소상깨비(솔나무가지) 검불나무를 쟁인다고(쌓는다고) 한 배늘(낟가리)로 쟁여놓고 시한에서 봄까지 때고.

그런데 솔가지 하나만 빼쭉해도 산감(山監)들이 막 오거든.

와서 탈을 잡아갖고 그라면 그 사람들을 술을 먹여서 좋게 할라고 애를 쓰고,

어짜면 그냥 도갑게(독하게) 하면 벌금 물고 그랬어. 지금은 참 편한 세상이여 나무를 할라고 성가시기를 할까.

조카 영초의 씻김굿

조사코드 589_MONA_20170415_KKR_SJD_004
조사장소 진도군 임회면 죽림리 강계마을 제보자 자택
조사일시 2017. 4. 15
조 사 자 김명선, 윤홍기
제 보 자 소진덕(여, 89세, 1929년생)

> **줄거리** 어릴 때부터 아끼고 예뻐했던 조카 영초가 뜸발 마장을 싣고 가다 배가 가라앉아 죽었다. 그래서 그 조카를 위해 넋 건지기굿을 하는데, 고모가 잡은 손대로 혼이 내려 영혼을 달래 주었다. 지금도 사랑스런 조카 영초가 그립다고 한다.

영초가 배바구 뜸발 마장 실고(싣고) 가다가는 마장을 너무 많이 실었던 것이여. 혼자 가고 그랬은게 거기서 만약에 까라앉어도 그 앞에로 히어(헤엄쳐) 나올 수 있건만, 가서 씻김굿 하고 혼 건짐서 본께 그라는디 그렇게 죽으라는 팔자구나 그랬어.

그란께 한자(혼자) 갔단게 그란데 너무 짐을 많이 실었닥 해. 그랬은께 둘이 갔으면 그래도 살 수도 있었제. 그라고 이케 많이 싣지 말자 하기도 하고 그랬을 건데 혼자 감시로 많이 실고 가갖고 그란께는 뭐하게 짐을 많이 싣고 가갖고 그래 되붓는지.

시상에 거기서 혼을 건지는데 우리 영초네 성제간들이(형제들이) 안많다고(많다).

그케 많은 성제간들이 손대잡고 또 따른 고모가 손대 잡아도 대가 안 내리대. 그란께 대가 안 내린께 성가시제. 혼을 건져야 쓰는데 혼을 건지면 혼 바닥에다 뭣을 들쳐놓고 이케 했어. 당골이 성결(주문)함시로 손대잡고 있는 사람이 있고 쌍바들이(쌍둥이가) 지들도 다 잡아보고는,

"고모가 한 번 잡아보시오."

그라대. 나보고 제일 끄트머리에 잡아보라고 대가 안 내린께 성가셔서 죽을 일이오. 아니 내가 잡은께 금방 내려버려야. 바닥에다 뭣을 들쳐놓고 당골래가 성경(주문)하고 대 잡고 있고 그라는데, 금방 쩌르르르 하니 이녁 몸이 그래갖고는 대가 쩔쩔쩔쩔 흔들흔들 함시로 내 정신은 아무것도 없고 말이 펄펄 나와불어.

그래서 난 그런 꼴 한 번 보았어. 내가 사삭(거짓말) 부리는 사람도 아닌데 참 별일이 다 있네 그래갖고는, 그때 그걸 보고는 '무엇이 있기는 있구나' 했당께. 그 전에는 뭔 그런 쓸데없는 짓거리 한다고 했는데.

그래갖고는 다 즈그 성제간(형제들) 다 잡고, 즈그 각시도 잡고, 딸도 잡고, 아들도 잡고 다 그래도 안 내리고서 그란데 영초 동생이,

"막내 고모가 한 번 잡아보시오. 고모가 한 번 잡아 보시오. 고모한테 내릴라고 그라는가 모르겄소."

우리는 첨에 영초와 같이 살고 서울서 와갖고 집을 째깐하게(작게) 하나 짓고 살고 욱(위)에는 권석이가 살았거든 나는 여기서 살고. 우리 영초가 농사를 짓으면 밤에 즈그 각시 보고 기계방아 찧으면 다라로 쌀을 하나 여서(머리에 이어) 보내면서

"막내 고모 갖다 주어라."

하고 밤에 보냈어. 그란께는 즈그 고모는 안 주어도 괜찮하고 아들도 있고 며느리도 있고 며느리도 살고, 나는 혼자 여기서 집 지어서 산께는 막내 고모가 불쌍한께 막내 고모한테 밤에 몰래 여다 주어라 그란께 다라로 하나씩 여다 주면 시상에 그놈 받아서 뭐하면 어찌 고맙게 생각하고 많이 준께 먹고, 우리

영초가 저기 돌아서 밭에나 논에 갔다 오면 나 들이다(들여다)본다고, 꼭 나 들이다 보고 즈그 집에 들어갔어. 쩌기서 뭐해도 꼭 집에 와서,
"고모 뭐 하요?"
하고 들이다 본께.
"아야, 너는 일도 바쁨시로 집으로 가제 뭐라고 꼭 고모 들이다 보냐?"
"고모가 뭐하는가 볼라고 그라요. 고모 보고 잡은께 왔소."
그란께는 나도 그케 저를 그케….
그란데 오빠가 장가를 늦게 가갖고 영초가 제일 큰 자석이거든. 그래서 그 놈을 낳아갖고 어찌게 기가 막히게 이뻐갖고 고모가 옷 해 입히면 명이 질다고 내가 일번으로 옷을 해 입혔거든. 그래갖고 키우고 어찌게 내가 이뻐하고 동네서 삼시로 좋게 하고 그랬어.
고모집이 쩌리 뺑돌려 있은께 그래도 꼭 우리 집을 들이다 보고,
"고모 뭐하는가 볼라고 들어왔소."
쩌리 돌아서 우리 집 들이다 보고,
"고모 뭐하는가 볼라고 들어왔소."
그람시로 우리 영초 죽은께 고케(그렇게) 서럽더라. 잔뜩 나를 좋게 했어 그케 좋게 했지. 아무리 애래서(어릴때) 이뻐한다고 그케 좋게 할 수가 없어.
내 자슥도(자식도) 그케 못해. 순하고 그란데 내가 잔뜩 이뻐하고 엄매네가 잔(좀) 가난하게 살았거든. 그란께 옷도 해 입히고 용돈도 몰래 너 써라 주고 그랬어. 참말로 우리 영초가 살았으면 지금도 고모 고모 할 것인데.

달리기 선수로 활약한 어린 시절

조사코드 589_MONA_20170415_KKR_SJD_005
조사장소 진도군 임회면 죽림리 강계마을 제보자 자택
조사일시 2017. 4. 15
조 사 자 김명선, 윤홍기
제 보 자 소진덕(여, 89세, 1929년생)

줄거리 마을에서 점잖고 존경받던 내석씨가 마을 분대장을 맡자 어린아이들부터 젊은이들까지 모두 그 사람에게 교육 받으러 다녔으며, 제보자가 어린 시절에 마을에서 달리기 대표로 뽑혀 운동화 신고 검정 몸빼 바지 입고 나갔다.

내석씨는 똑똑하고 영리한 분이여. 밑에 아그들이 커도 좋게 대하고 유식하고, 아주 말을 부드럽게 사근사근 잘하고, 어른 수상 잘 모시고 그랬어. 내석씨가 이 동네에서 제일 유식했지. 내석씨 할아버지가 내석씨 아버지를 외아들로 낳았대. 외아들을 낳아서 키워갖고는 내석씨를 크게 잘 가르쳤닥 해. 이 근방에서는 내석씨보덤 유식한 분은 없었어. 그라고 수상덜 한테도 존경 많이 하고 밑에 아그들한테도 크게 잘하고 그랬어 아주 좋은 양반이여.

옛날 일제때 훈련 받으러 댕기면 우덜(우리들을) 뎃고(데리고) 댕겼어. 어찌게 그렇게 잘해. 그란게는 사람이 부부고 형제간이고 그라고 남도 그라고 수상 수하를 딱 뭣해서 흔들어 가지고 말을 하면 나 같이, 내 자석 같이 다 좋게 사랑을 해 주어야지 돼. 그래서야 돌아가신 후에도 그 할아버지 참 좋은 양반이다. 그 할머니 참 좋은 양반이다 이런 말을 들어.

'그 양반 참 좋은 양반이다' 그렇게 항상 마음에 머릿속에 있어. 그란게는 내석씨 그케 옛날 일제때 분대장이거든 소직이는 부분대장이고. 그런데 그 양반이 훨씬 낫쌀(나이) 많이 잡샀어 부분대장이.

일제 때는 여자들도 다 훈련 시켰제. 여자들이 다 훈련하고 다녔제 참 징한 세

상 살앗제. 그래갖고 웃동네는 아그들이 몇이 되고 아랫동네는 다른 아그들이 다 있어도 쓸데없이 나만 그케 되아갖고 그라고 다녔어.
상만에 오다 친구들끼리 웃동네 완제씨카라 누구 카라청년들이 분대장 누구 부분대장 누구 그렇게 해가지고는, 내석씨 이런 사람들이 술 먹자하면 고리쏙 들어가면 우덜까지(우리들끼리) 와. 그래갖고 죽림 아그들이 가이나들이 몇이 되니까 죽림으로 가버리고 강계질은(강계길은) 신장로도 아니고 풀이 많은데,
"너 혼자 어찌 갈래?"
"나는 가야, 나는 가야."
달려갖고 집으로 오면 죽겄어. 무엇이 곁에서 잡아당기는 것 같고 요만한 좁은 질로 달려오고 금방 죽을 것 같이 해갖고.
"오매 오매 잔(좀) 내다나 보제 시상에 나 죽겠네. 상만서 부탐(부터) 가이나들이 다 나와갖고 죽림서 아이들 다 떨어져 버리고 강계로 나 혼자 왔는께 안 죽은게 살아서 왔네."
"워따 누가 그란지 알었냐?"
그런데 훈련을 받으면 남자들은 남자들대로 받고 여자들은 여자들대로 받고 참말로 뭐하러 그렇게 훈련을 시켰던고. 그케 시케갖고 아주 참말로 하룻날은 몇 번씩 댕겼구만 아주 아주 징했어. 그라고 또 나는 단박질(달리기) 선수가 났어. 그래 가지고 죽림 아그들 안 댕길때 나는 그라고 댕겼어 워매. 단박질 좀 안 했드라면 쓰겠구만.
죽림서 그래갖고 혼자 캄캄한 밤에 내려올라면 숲 풀이 이라고 우거져갖고 있으면 막 도깨비가 금방 옆에서 잡아당기는 것 같고 무서워. 그때 싸게(재빨리) 와서 보면 잔 내다나 보제 그랬을까 하고 그케 서운하고 그랬어.
국민학교 졸업은 안 탔제 일제 때는 훈련 받을 만한 열 댓살 고렇게 먹으면 다 훈련 받았어. 총으로 쌈 할라는 식으로 훈련 받았어. 단박질해서 일등 나는 놈은 읍내가서 단박질 시키고 그렇게 하고 그랬어. 단박질도 잘해갖고 설치했어. 옛날에는 고무신도 없고 짚세기 삼아서 신었어. 그랬는데 상으로 운동화가 배

급 나오고 꺼먼 당목도 배급 나오고 그라면 나 주던만. 그라면 운동화 신고 단박질 선수로 나가고 검정 몸빼 입고 다녔어, 지금은 신선놀음이지.

옹기배가 많이 들어온 옹구막

조사코드　589_FOTA_20170415_KKR_SJD_002
조사장소　진도군 임회면 죽림리 강계마을 제보자 자택
조사일시　2017. 4. 15
조 사 자　김명선, 윤홍기
제 보 자　소진덕(여, 89세, 1929년생)

> **줄거리**　죽림 바다에 옹구배가 많이 들어와 강계 입구를 '옹구막'이라고 불렀는데, 여기서 옹기를 구웠다는 설과 여기서 채취한 황토로 다른 곳에서 옹구를 구워가지고 왔다는 설이 있다.

죽림 바다에 옹구배가 많이 들어왔다는 이야기가 전해오고 강계 입구를 옹구막이라고 불렀어. 옹구막에서는 옹기는 굽지 않고 옹구막에서 취토한 황토로 다른 곳에서 옹구를 구워 싣고와 이곳에서 팔았다는 사람도 있고, 옹구막에서는 옹기도 구웠다고 말하는 사람도 있어(거기서 옹기를 구웠제).

그란데 저 충청도 사람이 여기 와서 삼시로(살면서) 그렇게 구웠제. 그라고는 그 집은 이케 충청도로 이사간께는 종실 있다고. 종실이 알제, 임종실 아부지가 탑립서 살았거든. 탑립서 살다가 거기 와서 옹기막서 살았어. 그 사람은 옹기 안 굽는 사람이여 그 전 사람이 옹기를 구웠제. 그전에 거기서 옹기를 많이 구워서 사방 간데 팔았어, 사라고도 하고.

뜨고, 널고, 띠고 한겨울 김발 하기

조사코드	589_MONA_20170415_KKR_SJD_006
조사장소	진도군 임회면 죽림리 강계마을 제보자 자택
조사일시	2017. 4. 15
조 사 자	김명선, 윤홍기
제 보 자	소진덕(여, 89세, 1929년생)

줄거리 봄부터 가을까지는 농사를 짓고, 겨울이면 해태조합에서 마장을 받아 김발을 하는데, 추운 날씨에 발이 시리도록 힘들게 일을 했다는 이야기이다.

옛날에 마장을 해태 조합 어협에서 마장을 내 주었어. 서니(3명) 어깨동무 해갖고 마장을 가져가고 갚어라 한게 그 마장을 받아갖고는 저 밑에다 다 갓발을 했지 아주 그래갖고는 엄청 일 했어.

한사람이 열대, 다섯대, 제일 째깐한 사람이 여자 한자나 사는 사람이 세대를 했어. 그라고 우덜은 다섯 대, 여섯대, 열대 그렇게 했어. 쩌 안에 배바구 거기서 뜸발도 하고 그랬어. 짚이(깊이) 배타고 가서 매는 발은 뜸발인데 그런 때는 초창기였어. 그 뒤로는 많이 뭐 했지만 그렇게 해서 뜸발을 하고 그랬어.

옛날에 일 다하고 겨울에 뭐 잔(좀)하면 김을 하는 등살에 골병들어 죽겠어, 이 동네 사람 전부. 그 세상에 장화가 있어? 발 벗고 그라고 다녔제. 그람 한 겨울에도 옛날에 헌 보신(버선) 신고, 짚신 삼아서 신고 그라고 가면 발이 그래도 어느 정도 덜 시려워. 그냥 맨 발 벗고 가면 발이 빠져 죽을락 해 죽겠어. 그런 세상 살었어. 우덜 아주 그런 놈에도 골병들게 생겼어. 그래갖고는 발을 많이 해갖고 그때는 뭐 한께는, 심하게 천지에서 안한께 김만 칠벅칠벅 잘 되았제.

그라면 그놈을 한 짐 두 짐 해갖고 와서 하루 종일 뜨고, 건장 많이 매갖고 또 띠고, 한편에서는 뜨고, 널고, 띠고 그런 세상 살았어.

봄 여름에는 농사 짓느라고 그라고 겨울에는 쉬제마는, 겨울에도 여그는 발 시러도 발 벗고 다니면서 징한 세상 살았어. 우덜 같은 세상 너희들은 맛도 못 보았어야.

술잔을 받고 길을 비켜준 도깨비

조사코드 589_FOTA_20170415_KKR_SJD_003
조사장소 진도군 임회면 죽림리 강계마을 제보자 자택
조사일시 2017. 4. 15
조 사 자 김명선, 윤홍기
제 보 자 소진덕(여, 89세, 1929년생)

줄거리 골짜기 움먹한 굴청에 파란 불이 나타나 지나가던 사람이나 소가 발을 뗄 수 없자, 사람들이 술잔을 가득 채워놓으니 도깨비가 마침내 사람들이 길을 지나가도록 했다는 이야기이다.

저기 ○○네 아배 ○○가 저기서 요리 오는 데 불이 파랗게 저 욱에가 켜져갖고
"술 한잔 주라."
그러더락 해. 워매, 넋이 자빠져갖고 달려와서 술집에서 술 받아갖고 비워났닥 해, 배깥에다가 (밖에)
"먹고 어서 가라."
그전에는 거그가 아주 사나운데여 도깨비가 잘 나는 데여. 거기가 무섭게 생각하는데 지금은 저짝에 골짜기 움먹한 굴청 있다고. 저짝에 가면 그런데서도 그라고 그 우게 복진이 집짓는 저기 쪼간 돌아가면 거기서 전부 도깨비가 났어.

그라고 ○○이가 죽었잖아. 물에서 고기 잡으로 가서 죽었는데 복진네 집 옆에 요짝으로 길 욱에다 묻어놨거든. 아 그랬는데 탈곡(활곡)해서 크나큰 소를 갖고는 구루마째 가지고 뭣을 싣고 댕기던만. 그것을 누구 주는가 싣고 댕기던만요리, 그런데 한 번은 싣고 와서 갈라한께 아무리 소를 몰아도 안 가더락 해 뒤로 물러나고 죽어도 소가 안가더락 해 그란께,

"이 놈의 소야, 어찌 이케 안갈라 하냐?"

"짐도 퍼(내려)불고 갈만도 한디 그란데 어째서 안갈라 하냐?"

그람시로 아니 잔뜩 그렇게 내려와서 소는 거기다 매 놓고는 동네 내려와서 아니 저기를 올라갈라 한데 죽어도 소가 안 올라갈라 한께 이상하다고 했제. ○○네 아배 ○○이 묘가 그 욱에 있거든.

그란께는 이 동네 사람들이 아무 소리 말고 여기서 술을 받아갖고 가서 술 비어 놓고

"어서 술 이놈 먹고 우리 소 잔(좀) 가게 해 주라."

고 그렇게 말로 그라고 술 몇 잔 거기다 부시면 그라고 하면 가질 것이다고 이 동네 사람이 그랬단만 그란께 영낙없이 갔단만 아무 탈 없이 가브렀어.

술 붓어 놓고 말로 산(生) 사람한테 하대끼 "어서 잘 잡수고 소가 가게 해 주어야제 소가 안가면 쓰겄냐 어서 잔 많이 잡수라" 이놈 부서놓고(부어놓고) 또 부서놓고 또 부서놓고 막 그랬닥 해. 아니 그렇게 한께 소가 그냥 술술 가불었어. 그것을 몇 번 그런 꼴을 봤어.

그렇게 살아서도 어찌 악착스런 사람인데 어긋씬(어긋난) 사람인데 죽은 혼령도 그케 어긋씬 것이라고 이 동네 사람들이 말해. 낮에도 갈라해도 찜찜한데 지금 오래 되았쓴께 아무 탈 없이 그렇게 살았네. 밤에는 참말로 무서워하고 그랬어.

그전에는 옹구막 저기 어덩(언덕) 밑에가 밭 안있더라고(있다), 지내가면서 보면 거가 연호네 밭이여. 그런데 연호네 아브지가 밭을 돌아보러 갔드락 해. 그런데 거미티티한 뭣을 둘러 쓴 사람이 나와서

"어디 가냐?"
고 그람시로 잡은께.
"아이고 나는 아무 죄도 없쓴께 나 놓아주라 술 많이 사 줄것인께 놓아주라, 놓아주믄 내가 술 사갖고 와서 비어줄게."
그랬싼게 괜찮해갖고는 왔어. ○○이가 저기 묻혀갖고 그때는 산사람 같이 그케 지냈어, 무서웠어 아주 참말로.

임회면 죽림리 동헌마을

하늘을 가릴 만큼 울창했던 여귀산 숲

자료코드   589_FOTA_20170916_DHR_YHG_001
조사장소   진도군 진도읍 교동리 제보자 자택
조사일시   2017. 9. 16
조 사 자   윤홍기, 김명선
제 보 자   윤홍기(남, 67세, 1951년)

> **줄거리** 임회면에는 진도에서 두 번째로 높은 여귀산이 있는데, 제보자가 어렸을 때에 울창했 던 여귀산을 무분별하게 벌목하여 민둥산이 되었다가 70년대 산림 녹화사업으로 지금 은 다시 울창해졌다.

옛날에 죽림은 뒤에 '여귀산'이라고 큰 산이 있었는데, 첨찰산 다음에 여귀산이 진도에서 두 번째로 높은 산입니다.

그런데 1960년대 우리 어렸을 때는, 나무가 너무나 울창해갖고 하늘이 안보일 정도로 그케(그렇게) 나무가 많았어요. 그래서 우리 어려서 초등학교 다닐 때 거기서 나무를 쪄다가(베어서) 철봉도 만들고, 또 도장나무를 쪄다가 도장 파고 옛날에는 손으로 도장도 파고 그랬어.

그랬는데 그 나무를 어느샌가 전부 베어다가 목포에다 장작으로 팔고 돛배, 중선 배, 큰 배 거기다 싣고 가서 목포에다 다 팔고 그래갖고 한 20년 정도 지나고는 거의 민둥산이 되어 버렸지.

그 후에 박정희 대통령시절에 거기 퇴비증산하고 또 산림녹화하고 그래가지고 지금은 많이 울창해졌어요. 그 울창했던 숲이 옛날 한 때 민둥산이었다는 그런 얘기를 하고 싶습니다.

바다 한가운데 갯샘

자료코드	589_FOTA_20170916_DHR_YHG_002
조사장소	진도군 진도읍 교동리 제보자 자택
조사일시	2017. 9. 16
조 사 자	윤홍기, 김명선
제 보 자	윤홍기(남, 67세, 1951년)

줄거리 동구 바닷가하고 강계 앞 바다 가운데서 민물이 나는 '환룡샘'이 있어 사람들이 썰물 때 그 샘물을 길러다 식수로 사용했다.

동구 바닷가하고 강계 그 앞에 '환룡샘(환룡천, 갯샘)'이라고 있었어요. 뭐냐 하면은 바다 가운데서 민물이 났거든요. 바닷물이 들어오면 샘에 바닷물이 차 버리고, 그 다음 바닷물이 나가면 그 샘물을 퍼내고, 거기서 민물을 길어다가 식수로 사용했는데 그걸 환룡샘 이라고 그랬던 것 같아요.

'솟꾸지'라고도 하고 '환룡샘'이라고 그랬는데 그래갖고 환룡바가 생겼다 그런 옛날 얘기도 있고 그랬습니다.

돌아온 백구

자료코드	589_MONA_20170916_DHR_YHG_001
조사장소	진도군 진도읍 교동리 제보자 자택
조사일시	2017. 9. 16
조 사 자	윤홍기, 김명선
제 보 자	윤홍기(남, 67세, 1951년)

> **줄거리** 10년 전, 진도에서 대전으로 팔려간 백구가 몇 개월 만에 자기가 살던 의신면 집으로 돌아와 큰 화제가 된 적이 있었다. 제보자의 집에서도 기르던 백구가 목포 상인에게 팔렸는데 다시 돌아오자 그 개를 다시 길렀다.

10년 전, 의신면에서 백구가 대전으로 팔려 나갔다가 한 7개월 만에 돌아와가지고 mbc에서 방송이 되고 큰 화제가 되었던 적이 있었어요.
"7개월 만에 어찌께(어떻게) 해서 대전에서 그 백구가 의신면 돈지까지 왔는가?"
거기에 대해서 전부 취재도 하고 그 다음에 백구 상금으로 천만 원을 주었네 어쨌네 그랬는데
그것이 우리 집에도 있었어 우리 집에도 백구였는데, 여기 죽림에서 목포로 가는 문화호라는 배가 있었어요. 그래 우리 집 개를 팔았어 분명히 개장사한테 팔아가지고 그 백구를 문화호까지 태워 줬는데, 그러니까 우리는 백구가 목포로 갔다고 보는데 어떻게 됐는지 한 3일 만에 그 개가 우리 집으로 다시 돌아왔어요.
그래갖고 우리아버지는 돈을 받고, 그 백구는 갔다가 다시 돌아오고, 우리 집 개를 사간 사람이 다시 찾으러 안 왔기 때문에, 우리는 다시 그 개를 또 평상시와 다름없이 키웠던 기억이 나요.
그래서 진돗개가 귀소본능, 충성심, 뭐 용맹성 그런 것도 있지만은 귀소본능

에 대해서는 유독 굉장했다고 봐요. 어떻게 그 바다 건너갔었는데 임회면 죽림리까지 왔는지, 지금도 대단한 개였다는 생각이 듭니다.

초등학교 시절의 대피 훈련

자료코드 589_MONA_20170916_DHR_YHG_002
조사장소 진도군 진도읍 교동리 제보자 자택
조사일시 2017. 9. 16
조 사 자 윤홍기, 김명선
제 보 자 윤홍기(남, 67세, 1951년)

> **줄거리** 초등학교 다닐 때 학교 건물이 많이 낡아서 민방위 훈련처럼 수업 도중에 갑자기 대피 훈련을 했었다.

초등학교 때는 학교 교실 건물이 너무 낡아가지고 저희들이 한반에 한 30명씩 됐는데 2부 수업을 했거든요. 1학년하고 6학년이 같이 공부하고, 2학년 5학년이 한 교실에서 하고, 그 다음에 3학년 4학년이 한 교실에서 하고, 교실 세 개에서 6개 학년이 같이 공부한 적도 있었어요.

그런데 교사(校舍)가 너무 낡아가지고 언제 쓰러질지 모르니까 요즈음 같으면 민방위 훈련이라 할까? 뭐 지진 대피훈련이라 할까? 이런 붕괴대비 훈련을 우리가 어렸을 때 했던 기억이 나요.

선생님이 공부를 한참 가르치시다가 어느 순간에 책상을 '탁' 치면, 전부 뭐냐 하면 책상 밑으로 들어가는 그런 훈련을 했던 기억이 납니다.

물 반 고기 반

자료코드	589_MONA_20170916_DHR_YHG_003
조사장소	진도군 진도읍 교동리 제보자 자택
조사일시	2017. 9. 16
조 사 자	윤홍기, 김명선
제 보 자	윤홍기(남, 67세, 1951년)

> **줄거리** 1960년대, 70년대에는 죽림 앞 바다에 물 반, 고기 반이라 할 정도로 고기가 많아서 태풍이 지나간 후 바닷가에 나가면 파도에 밀려온 물고기를 주워 올 수 있었다. 또 친구와 함께 배를 타고 낚시하러 갔는데 강풍이 불어 가족들이 크게 걱정을 하기도 했다.

고기가 요즈음은 뭐 저기 흑산도, 가거도까지 가도 남중국해에 가도 잘 안 잡힌다는데, 저희 어렸을 때 1960년대 70년대 그런 때는 고기가 너무 많아가지고 죽림 앞바다에 물 반, 고기 반 이라고 할 수 있을 정도로 많았습니다.

그래갖고 우리들이 학교 갔다 오면은 운조리(망둥어)도 낚고, 보리새우 굵은 것 그런 것도 잡고, 투망으로 모치(어린숭어)도 잡고, 그 다음에 저녁에 짐줄밭이라고 해가지고 갯장어 잡는 밭에 바다에 가면은 뭐 저녁에 한 200마리 잡은 것은 보통이었죠.

동네친구, 나보다는 선배인데 한동네니까 친구되는 추영달하고 나하고 가갖고, 하루 저녁에 영달이가 한 200마리, 나는 그때 좀 기술이 없어갖고 100마리 이상 잡았던 그런 기억이 나요.

또 내 후배 준기, 김준기는 지금 서울서 사는데 그 친구하고는 바다로 조기 낚으러 가서 우리발로 한 30~40발 이렇게 낚시줄을 던져 놓으면 조기, 백조기, 진짜 참조기, 돔, 이런 것이 막 무는데, 그날 바람이 엄청 쎈데 둘이 낚시를 가서 배가 밀려갖고 하여튼 우리 둘이 밤새 죽을 고생을 했어.

그것도 우리들 집 배도 아니고, 그때는 남의 배타고 요즈음 같은 기계배도 아니고 노 저어가는 배이기 때문에, 남의 집 배도 이제 동네 배니까 타고 갔거든요. 그래 바람 불어가지고 갔다 오니까 고기 잡았다고 칭찬들을 줄 알았는데, 그날 불었던 바람 때문에 오히려 혼만 잔뜩 나고 아버지 걱정만 끼쳐드린 그런 결과가 됐어요 그때는 정말 고기가 많았어.

또 태풍이 불면은 바닷가에 요즈음 같으면 갑오징어, 퉁멸치, 게 또 뭐냐 쥐치 요런 것들이 뭐 어마어마하게 밀려와갖고, 그러니까 바구리(바구니) 가지고 이렇게 줍기만 하면 되었는데, 그렇게 고기가 많았는데 지금은 참 아쉬워요. 그런 고기가 하나도 없어갖고.

꿩과 노루 사냥

자료코드	589_MONA_20170916_DHR_YHG_004
조사장소	진도군 진도읍 교동리 제보자 자택
조사일시	2017. 9. 16
조 사 자	윤홍기, 김명선
제 보 자	윤홍기(남, 67세, 1951년)

> **줄거리** 제보자가 어릴 때 독극물인 싸이나로 꿩을 잡았고, 그 당시에는 노루가 많아 마을 사람들이 함께 노루몰이를 해서 노루를 잡기도 했다.

꿩하고 노루를 잡는 그런 거였는데, 꿩 잡을 때는 '싸이나'라는 지금은 그 약을 잘 모르지만 독극물이에요. 콩을 파가지고 그 속에 '싸이나' 독극물을 넣고 촛물로 그걸 딱 덮어 가지고 촛농이죠. 덮어가지고 고걸 군데군데 이렇게 놔두면

꿩이 그때 고걸 먹고 날라 가다가 죽는 거죠.
날아 가면 우리는 딱 먼데서 보고 있다가 날라가는 쪽으로 뛰어가면 거기 거의 죽은 상태로 그러고 있으면 그놈 갖다가 끓여 먹은 적도 있고.
그 다음에 노루도 그런 때는 많았거든 노루를 잡는데, 그때 진돗개들하고 동네사람들 이렇게 합세인데, 노루는 밑에서 우에로 뛰어 올라갈 때는 굉장히 잘 가고 우에서 밑으로 올 때는 앞다리가 짧으니까 잘 못 뛰어 내려와.
그러니까 동네 분들은 산 능선으로 가갖고 우에서 밑으로 쫒고 그 다음에 개들하고 같이 우에서 무조건 밑으로 쫒는 거죠.
그래갖고 한번 막 합세해서 갔는데 노루가 하도 급하니까 바다로 뛰어들어 갔어. 사람들은 헤엄칠 수 가 없는데 그때 개들이 한 서너 마리가 노루 뒤로 막 쫒아가갖고 노루도 힘이 지치니까 가로 나왔는데 동네사람들이 잔인하게도 몽둥이로 때려잡았어요.
그래가지고 노루를 잡았던 그런 기억도 있고 나는 어렸을 때니까 노루몰이에 참여를 안했고 구경만 했지요 그런 기억이 나네요.

임회면 죽림리 죽림마을

호랑이를 피해 죽림 성(城)터에 살던 사람들

자료코드	589_FOTA_20170817_JRR_KMS_001
조사장소	진도군 임회면 죽림리 죽림마을
조사일시	2017. 8. 17
조 사 자	김명선, 윤홍기
제 보 자	김명선(남, 69세, 1947년생)

줄거리 죽림은 여귀산을 중심으로 말을 키워서인지 진도에서 가장 오랫동안 호랑이가 살았던 곳이라 하는데, 죽림의 성대는 호환(虎患)을 막기 위해서 쌓았다고 한다. 그리고 죽림에 일곱 가구 정도가 성대 위에 집을 짓고 살았으며, 지금도 몇 집은 성대 위에서 산다고 한다.

죽림마을 하면은 탑립, 죽림, 강계 이렇게 이루어지고, 죽림 본 마을은 죽동, 죽서, 양지, 동구, 헌복 이렇게 이루어져요. 학교에서 운동회 할 때 400계주 한다 할 때는 죽동, 죽서, 양지, 강계, 탑립, 동구, 헌복 이렇게 팀을 짜갖고 운동회도 하고 그랬어요. 서쪽을 보면은 거기가 성대란 것이 있어서 성대(城垈)라 그랬다 해요.

어렸을 때는 생각 없이 살다가 조금 생각이 깊어지고 또 마을에서 이런 저런 애들을 가르치면서 '왜 죽림에 성터가 있을까?' 이런 생각을 하게 됐어요. 그래서 내가 한 20세 정도 됐을 때, 아흔두 살 정도 잡수신 이○○ 할아버지가 계셨는데 이 할아버지가 ○○이네 증조할아버지여.

옛날에는 방이 없기 때문에 할아버지하고 할머니하고 같이 살았어. 그러니까 할머니하고 증조할아버지하고 같은 방에서 기거를 했어. 며느리하고 같이 기거를 한 셈이지 방이 없기 때문에 자식들은 많고.

우리들 초등학교 시절, 속없이 거기를 놀러가서 늘 놀고 할아버지가 보았던 책을 한문이니까 볼 줄은 모르지만, 할아버지가 뭐하다 둔 종이가 있으면 그 종이를 갖다가 딱지 만들라고 그 집을 많이 놀러 다녔지. 포도도 있기 때문에 떨어진 것을 주서(주워) 먹을라고 많이 다녔어 그런 할아버지한테,
"할아버지, 서쪽에 성대(城垈)가 있는데 그 성대가 언제 생겼답니까?"
물어보니까 그 할아버지가,
"그렇지 성대 있지."
그런데 그 성대 위에가 사람들이 태천씨, 강중인 형, 김양암씨, 대인씨, 계수네, 석종안네 등 일곱 가구가 성대에 있었어. 우리가 늘 놀러갔기 때문에 그 성대를 알았는데 물어봤더니 '죽림에는 늘 호랑이가 온다' 그래서 호랑이가 오기 때문에 호환을 막기 위해서 거기에다가 성을 쌓았는데, 살다보니까 죽림에 집터가 없고 좋은 기름진 땅에는 집을 지을 수 없어서 성대 위에다가 일곱 가구가 집을 짓고 살았다 해요.
그런데 그 뒤로 이렇게 보니까 '진도에서 호랑이가 가장 오래까지 머물렀던 곳이 귀성, 죽림 그 부근이다'는 이야기가 있더라고요. 죽림도 여귀산을 중심으로 말을 키웠거든요. 호랑이 먹잇감이 많으니까 호랑이가 오래 살았던 것 같아요.
그래서 성대가 적군을 물리치기 위해 쌓은 것이 아니라 호랑이를 막기 위해서 쌓은 성이었다는 것을 알았고, 그 성대는 지금도 있어요. 우리 초등학교 다닐 때만 해도 성이 그대로 보였어요. 성 밑으로 금준네가 살았고 지금도 성대 위에서 댓집이(다섯 집정도) 살고 있어요.

사라호 태풍에 진도까지 떠밀려온 제주 해녀

자료코드 589_MONA_20170817_JRR_KMS_002
조사장소 진도군 임회면 죽림리 죽림마을
조사일시 2017. 8. 17
조 사 자 김명선, 윤홍기
제 보 자 김명선(남, 69세, 1947년생)

> **줄거리** 죽림은 바다와 접해있기 때문에 큰 태풍이 불고 나면 여러 가지 물건들이 떠밀려 내려온다. 사라호 태풍 때 두레박을 안고 삼일 밤낮을 떠밀려서 용바위 부근까지 떠밀려온 제주해녀를 마을 청년들이 배를 타고 나가 구해주었다.

 사라호 태풍 때 제주 해녀가 진도까지 떠밀려 온 이야긴데, 죽림은 바다를 접했기 때문에 큰 태풍이 불고 나면 사람들이 모두 바다로 나가요. 옛날에는 일기예보가 없던 시절이라 배가 많이 좌초 되었거든요.
 그래서 태풍이 분 후 바다로 나가면 돼지도 줍는 사람도 있고, 돈 가방도 주웠다는 사람도 있고, 모자 같은 것도 주웠다는 사람도 있었어. 옛날 세상에는 털로 된 모자가 귀한 세상이라 그런 것을 주웠다는 사람들이 많했어요 고기는 말할 것도 없고.
 그날도 바다로 나갔어요. 태풍이 불고 지나가면 나가듯 사라호 태풍이 지나간 날도 바다로 나갔는데 해녀들이 밀려온 곳은 용바위여. 용바위! 탑립 밑에 거기는 왜 용바위냐면, 태풍이 불면 파도 소리가 괴물 같은 소리를 내니까 사나운 바다라고 용바위라고 그랬닥 해요.
 거기(용바위)가 내 친구 아버지가 덤장을 하는데, 초등학교 때는 학교를 파하면 먹을 것이 없으니까 덤장으로 가면 멸치, 디포리, 문어 말린 것 등을 먹을 수 있거덩 그니까 거기서 놀았어요.
 이 이야기는 친구 아버지한테 들었는데 사라호 태풍이 불고 난 그 다음날 보니까 바다에 뭣이 둘이 깜박깜박 하드래요. 그래서 가만히 보니까 사람도 같고 뭣도 같고, 태풍이 지나간 다음 그 다음 날도 바다는 바람이 다 빠져나가지 않고 아주 풍랑이 거센데 보니까 떠 있는 것이 사람인 것 같이 보였대.
그때만 해도 탑립에 사람들이 많이 살았기 때문에 순식간에 사람들이 많이 몰려갔지. 물가에서는 그것을 모두 주시하고 있는데, 사람이 깜박깜박하고 죽었는 것 같기도 하고 어찌 보면 살아 있는 것 같기도 하고 머리만 보여.
그러면서 그것이 점점 가에로(뭍으로) 더 가까이 오기만을 기다렸는데, 더 이상 가에를 못 오는 거여. 그래서 청년 둘이가 자기 배를 가지고 노를 저어서 갔어. 가서 보니까 해녀 둘이가 두레박을 보듬고 살아 있었어 그래서 배에다 싣고 들어와서 덤장하는 친구 방에다가 눗폈대(눕혔대). 팔을 필라니까(폈더니) 팔이 오므라져 필 수가 없으니까 두레박을 깼어. 깨고 나서 옷도 갈아입히고 죽을 쑤어서 먹이고 따뜻이 불을 때고 간호를 해서 살려 보냈대.
한 5년 후에 그 지명은 잊어 버렸는데 제주 그 마을에서 동네 사람들과 같이 와서 답례를 하고 돌아갔닥 해. 사실은 탑리에서 쭉 바로 보면 제주 한라산이 보여.
3일 밤낮을 떠밀려 왔다고 그랬거든 해녀들이니까 살았제, 보통 사람들 같으면 높은 파도를 보면 겁에 질려 죽었을 거여. 그래도 바다에 익숙한 사람이고 두레박 때문에 그것을 보듬고 하여튼 떠밀려 온 것이 여기까지 왔다고 그래.
3박 4일 동안 떠밀려 옴서 잠도 왔을 거인디, 두레박을 꽉 붙잡고 또 바다에서 생활을 하고 그래서 살았제, 일반 사람들 같으면 죽었지요.

낭떠러지로 굴러 떨어진 죽림 흔들바위

자료코드 589_MONA_20170415_JRR_PSS_001
조사장소 진도군 임회면 죽림리 죽림마을 죽림경로당
조사일시 2017. 4. 15
조 사 자 김명선, 윤홍기
제 보 자 박순실(여, 88세, 1930년생)

줄거리 오래 전에 초등학생들이 죽림마을 흔들바위에 올라가서 널을 뛰듯이 놀다가 흔들바위가 낭떠러지로 굴러 떨어져 몇 명이 목숨을 잃었다.

초등학생들이 오전에는 학교 갔다 와서 오후에는 소띠기로(풀을 먹이러) 갔어 갯갓(바닷가)에 있는 흔들바위로.
널 뛰대끼(널을 뛰듯이) 양쪽에서 아그들이 여그도 몇이, 저그도 몇이 딱 갈라갖고는 여기를 이케 누르면 이짝은 올라가겠다고 한삐짝(한쪽)을 누르면 한삐작이 내려오고 그러는 차에 그 바우가 굴러불었어. 낭떠러지로 굴러불었어. 징하게 무섭게 생겼제 그 바우가 굴러갖고 찢바자져서(짓눌려서) 다 죽었어.
(청중1 : 너닌가(네 명) 죽었어.)
(청중2 : 누구 한나 살았을 거여.)
누가 살았어. 위 욱에(위에) ○○이네 ○○가.
(청중1 : 흔들바위는 가운데 돌이 있어 가지고 흔들흔들 한다던만.)
널 뛰대끼 이전에 널 뛰었다고 한삐작이 내려가면 한삐작이 올라가고 그러다 굴러 불었어. 그런 무서운 낭떠러지여, 엉성한 도팍(돌)이 파삭파삭 돌같이 부사져 불었어.

젊은이들이 넘어뜨린 애기바우

조사코드	589_MONA_20170415_JRR_LKJ_001
조사장소	진도군 임회면 죽림리 죽림마을 죽림경로당
조사일시	2017. 4. 15
조 사 자	김명선, 윤홍기
제 보 자	이길재(남, 80세, 1938년생)

줄거리 죽림에 있는 애기바우 때문에 젊은 사람들이 많이 죽는다는 지관의 말을 듣고, 청년회가 나서서 애기바우를 끌어내린 후로는 더 이상 젊은이가 죽지 않는다는 이야기이다.

마을에 홍역과 괴질이 돌아 젊은 사람과 어린 학생들이 하루가 멀다 하고 죽었다고 했어. 학급당 학생수가 20여명이었던 시절 졸업생수가 5명인 경우도 있던 시절에 있었던 일이여.
형태가 애기같다 해서 '애기바구'라 하는디 갑수 형님이 한날은 오더니,
"아야 길재야! 순정이랑 귀섭이랑 너희들 저 애기바구를 무너뜨려불자 자빨서 불자(넘어뜨려)."
"어째서 그것을 자빨서라하요(넘어뜨리다)."
죽림 형태를 보는 지관이 와갖고 그 애기바구 때문에 젊은 사람이 많이 죽는다고 자빨서버리라고 한다.
"줄은 어디 있소."
"줄은 내가 다 준비 해 놓았다."
줄을 갖고 올라갔제 올라가서 한 사람은 벌바구 꼬닥지로(끝으로) 올라가서 그리 내려오고 거기다 줄을 걸어준게 우덜은 양 옆에서 잡아 당겼제. 그때 여럿이 갔었어 청년들이 청년들을 데리고 갔은께,
"영차! 영차!"

기어이 애기바구를 자빨서 불었어. 그 뒤로는 마을에가 젊은 사람이 안 죽어. 그 전에는 젊은 사람이 많이 죽었어.

보리밥으로 연명했던 살림살이

자료코드 589_MONA_20170613_JRR_LSK_001
조사장소 진도군 임회면 죽림리 죽림마을 제보자 자택
조사일시 2017. 6. 13
조 사 자 윤홍기, 김명선
제 보 자 이송금(여, 87세, 1931년생)

> **줄거리** 남의 집에서 일해주고 품을 받았던 그 시절에 매생이에 쌀을 섞어 죽을 끓여서 겨우 삼시 세끼를 연명했다. 그리고 보리를 갈 때면 곰뱅이로 직접 갈았고, 보리가 자라면 손으로 훑어 절구통이에 찧어서 밥을 해먹었던 고단하고 힘든 시절의 이야기이다.

애래서(어려서), 식구는 만하고(많고) 가난한 시상에 삼시로 하도 가난한께, 모두 놈의 집서 일하고 품 들여다 먹는 시상이라 하도 뭣이 없은께, 쌀 째깐하고 밥을 먹을건디 밥만하면 곡석만 하면 못 먹은께, 매생이 하고 섞어서 죽 쒀 먹었어. 그것 먹고는 어찌게 일하고 살라 하는데 쌀 째깐(조금) 어따가 해놓고 삼시로 연맹했지 참말로.
옛날 제국 시상에 또 일본놈들이 그것 뺏어 가불고 그래서 가난하게 살기도 하는데 또 더군다나 도둑할라 맞아불었어.
어렵게 살고 또 보리를 갈적에, 옛날에 기계가 없은께 손으로 곰뱅이 하고 이만한 대기박(머리)은 납작하고 자루 가지고 곰뱅이로 뚜두르면서 보리를 갈아

서 먹었어.

손으로 쟁기질 해갖고 덩어리를 곰뱅이로 뚜두러. 곰뱅이가 뭐냐, 막대기 토막 같은데다가 그케 긴 자루 달려갖고 주먹 같이 크나큰 소나무 나무에다가 곰배라고 그것을 쇠시랑 뒷꼭지로 뚜드러서 보리를 갈고, 고케 서럽게 갈아갖고 그 보리가 크면 비어서 손으로 비어서 손으로 훑고,(훑고) 뭐 쪼깐한 기계가 있는데 훑다 덜 훑터지면 손으로 다 뜯어. 뜯고 보리대를 묶어 내놓고 그래서 몰래갖고(말려가지고) 바사갖고(부서가지고) 소고탱이를(절구통에) 찧어서, 밥 쪼깐 먹을라믄 그케 고생하고.

밥을 먹고 그케 가난하게 시상 살았는데 요새는 요케 쌀밥도 먹기 싫어 안먹는 시상이 돌아왔네, 오래 살다 본께 이런 시상에 사네. 허허허….

배고픈 시절, 매생이밥과 톳밥

자료코드   589_MONA_20170613_JRR_LSK_002
조사장소   진도군 임회면 죽림리 죽림마을 제보자 자택
조사일시   2017. 6. 13
조 사 자   윤홍기, 김명선
제 보 자   이송금(여, 87세, 1931년생)

> **줄거리**   가난하고 배고팠던 시절에 여러 식구들이 많이 먹기 위하여 쌀 조금 넣은 매생이밥, 보리쌀 넣은 톳밥, 조를 넣은 조밥을 먹으며 겨우 허기를 면하고 살았다

옛날에는 큰 바다에는 배도 없고 갈 줄 모른께 어른들이 가세다가(얕은 바닷가

에) 저 산에 가서 마장 막대기 크나큰 놈 비어다가, 댓가지를 그 솥에서 있었던 가, 까끔에서(산에서) 사다가 잘 엮어, 모도 엮어 가지고 끈 달아갖고 요케 발 솔나무 앞에다 모도 막대기 해놓고 엮어서, 바다에다가 도팍에다(돌에) 깔아갖고 거그다 전부 그 마장을 질러갖고 하는데, 매생이를 옛날에 앞바다에서 비어서 이고지고 갖고 가서 거기서 찔러갖고 나면 나중에 매생이가 질어(길어), 고놈 길르면 고놈 갖과(가지고와).

갖고 와서 씻어 가지고 쌀 째깐 끓이다가 그 매생이를 들쳐서, 물 많이 붓고 솥에서 드글드글드글 끓으면 매생이는 많이 끓으면 녹아분께, 쌀 다 퍼진 대미(다음) 끓여 그래갖고 전부 다 떠서 먹고 살았네.

보쌀(보리쌀) 도구통에다 기계가 없은께 찧어, 보리를 널었다 도구통에다 보리를 찧어. 한불(한번) 찧어서 널었다 까불고, 또 두불 찧어서 까불고 그래갖고 말려갖고 또 시불짜(세번째) 찌네.

그래가지고 밥하면 보쌀도 적은께 쌀 째깐하고 섞어서 톳을 너서(넣어서) 밥을 해야 많이 되고 톳 그것만 하면 못 먹어.

좁쌀도 도구통에다 가루를 뽀사가지고(빻아서) 까불어서 그냥 먹어. 좁쌀은 적은께 꼭꼭 뽀사갖고(부수어서) 조밥할 때 섞어서 물조차 해서 먹었어. 그렇게도 가난하게 그런 시상을 살았는데 지금은 삼시로 쌀밥도 먹기 싫고 인자 늙어서….

맞힐 사람, 고칠 사람 하면 나

자료코드	589_MONA_20170613_JRR_LSK_003
조사장소	진도군 임회면 죽림리 죽림마을 제보자 자택
조사일시	2017. 6. 13
조 사 자	윤홍기, 김명선
제 보 자	이송금(여, 87세, 1931년생)

> **줄거리** 죽림학교가 호구동 6년 보통학교로 옮겨가는 바람에 초등학교를 다니지 못한 사람들을 모아놓고 공부를 시켰는데, 많은 학생들 중에서 제보자가 적극적이었고 공부를 꽤 잘했다.

이인태 선생님이 옛날에는 죽림학교를 '칡덩쿨 밑에'라고 맨날 했는데, 지금 이케 좋아졌어. 그런데 학교가 3년 학교인데, 호구동이 나중에 생겨서 6년 보통학교로 변해갖고 이사 가분께, 학교가 문 닫치고 노는데 너무 아까워.
학교도 아깝고 또 가난한께 학교 못 댕긴 사람 많하고 그랑께, 낮살(나이) 먹은 사람, 초등학교 못 댕긴 사람 모집을 했어. 그래갖고 인자 2년을 댕기는데 그나마 고것 댕기는 사람이 여간 많하네.
가난할 때 머이마(남자) 가이나(여자) 모태면 많애. 그랬어도 거기 댕기는데 나는 그래도 공부를 잘했네. 칠판에서 놈이 틀린 놈 고치라 하면, '어따 나 잔(좀) 고치라 하면 지랄 맞을까 지랄 맞을까. 틀리냐? 맞으냐?' 내가 고친다고 딱 고쳐 노면(고쳐놓으면) 재밌어.
"맞힐 사람, 고칠 사람?"
그라면 내가 고치것다고 손들어 나가면 딱 맞춰 고쳐. 그란데 저 성도(언니도) 잘 하는데 가서 못 고치고 벽작(벽)에가 칠판에가 딱 붙어갖고 못 하네.

경치 좋고 아름다운 죽림 마을자랑

자료코드	589_MONA_20170613_JRR_LSK_004
조사장소	진도군 임회면 죽림리 죽림마을 제보자 자택
조사일시	2017. 6. 13
조 사 자	윤홍기, 김명선
제 보 자	이송금(여, 87세, 1931년생)

줄거리 죽림마을은 앞으로는 넓은 바다와 소나무가 있고, 마을 뒤로는 여귀산과 별 바위가 있어서 아름답고 좋은 마을이다.

옛날에는 죽림이 아주 굴청이고 밖에 사람들은 죽림, 어따 '칡 덩쿨 밑'에서 왔다고 그런 말을 했는데, 지금은 아주 죽림이 아름답고 좋은 마을이 되었어. 앞에는 넓은 바다가 있고 그 앞에 경치 좋은 소나무가 있고 옛날에 가운데는 학교가 있고 뒷동산에는 높이 솟은 여귀산 벌바구가 있어서 아름다워.
초등학교가 있다가 폐교되어 다른 데로 이사 가불었어도 지금 비어갖고 있쓴께 너무나 아까워.

6년 배움을 채워준 죽림 간이 학교

자료코드 589_MONA_20170613_JRR_LCS_001
조사장소 진도군 임회면 죽림리 죽림마을 제보자 자택
조사일시 2017. 6. 13
조 사 자 윤홍기, 김명선
제 보 자 이천심(여, 87세, 1931년생)

> **줄거리** 집안일을 도우면서 학교를 다녀야 했던 가난했던 시절, 좋은 가방도 없이 책보를 메고 죽림 간이학교를 6년 다닌 후 호구동으로 옮겨간 초등학교에서 졸업했으며, 이후 가난한 집으로 시집가서 어렵게 살았다.

그란께, 그럴때나 지금이나 내나 저 엄매 한 말마따나 없이, 삼시로 가난하게 산께, 아침에는 학교 갈라믄 지금은 좋은 가방도 10만 원짜리 사고, 10만 원 더 되는 놈도 사고 그란데, 책보에다 싸갖고 가서 냇(시내물) 건네다 놔두고 짐 뜨다가, 집에서 학교서 종치면 달려가고, 학교에서 종치고 공부하다가 저녁 끝에, 학교가 당해(아직) 끝나도 안했는데 함씨(할머니)가 막 불러. 막 부름시로 빨리와서 우케 당최(여지껏) 뭣하냐고 하믄 고케도(그렇게) 챙피하고 여럽고.
그래갖고 학교 댕기다가 여기서 또 3년 댕기고 또 다시 새로 3년 댕겨서 6년을 댕겼제. 그래갖고 여기서 우덜(우리들) 졸업하고 호구동으로 그해 졸업하던 해, 호구동 학교가 6학년 초등학교로 돼서 그리 이사를 가불었제.
그래도 지금은 잊어불고 써논 놈은 봐도 쓸라하믄 못써. 우덜은 그전에는 한문 다 쓰고 한문 하나 틀리면 벌 받고, 일본말 하다가 조선말 섞으면 벌 받고, 종우때가리(종이) 나눠 주고….
써논 놈은 보고 읽는데 쓸라면 한자 쉬운 자는 지금도 다 써. 그란데 점이 너무 많은 여러 자 되는 놈은 쓸라면 햇갈려 써논 놈은 보고 읽어. 그란데 쓸라면 우덜은 쉬운 글자는 얼른 지금도 쓰는데, 여러 자 되는 놈은 햇갈려갖고 쓸

라면 못써, 보면 아는데 쓸라면 못써.

그래갖고 졸업 탐시로 서럽게 그케 저케 해서 시집이라고 간께, 씨엄네(시어머니) 집은 우리보다 더 가난했단 말이여. 그란께 귀한 딸 한나 사는 집에서 데려다가 배 곯리면 못쓴다고 밤낮 요리만 친정으로 가라 하네. 그라면 또 왔다가 여기 오면 또 엄매 아배는 또 고리 가서 시가로 가라고 보내고.

그래갖고 서럽게 그런 시상을 산 것을 누구보고 지금 다 말하것소. 그래갖고 옛날에는 60환갑 넘은 사람이 몇이나 되요?

환갑 전에 다 죽고 환갑 넘도록 살면은 오래 산다고 그란께, 옛날에는 환갑 전에 죽은께 환갑잔치를 했는데, 지금은 오래 산께 환갑잔치 안하고 칠순잔치 한다고 안하요.

환갑에는 너무 젊은께 그래갖고 이때까지 살아서 더 일른 죽을 줄 알았는데, 그제 요케 오래 살아서 오래 살까 걱정이여.

구술샘에서 불 피우는 기우제

자료코드	589_FOTA_20170613_JRR_LCS_001
조사장소	진도군 임회면 죽림리 죽림마을 제보자 자택
조사일시	2017. 6. 13
조 사 자	윤홍기, 김명선
제 보 자	이천심(여, 87세, 1931년생)

> **줄거리** 여름에 가뭄이 들면 마을 사람들이 용산 뒤에 있는 구술샘에서 불을 피워 비가 오기를 빌었다.

그란께, 옛날에 큰 산으로 이케 여름 가뭄에 농사 지어놓고 비가 안 오면 큰 산으로 불피러 가.

저그 용산 뒤에 구술샘이라고 고리 호구동 뒷산으로 불 피러 가무는, 전부 나무해다가 한 반데다(군데다) 놓고 불지르면, 구름 되어갖고 비 온다고 불 피러 댕기고.

아닌게 아니라 불피러 가면 비 올 때가 있어. 그란께 잔뜩 가물다가 지다리다가, 망단하다가 가면 비 올 시기인께 비가 오는 것이제만은, 불 피워서 비 온다고 불피러 댕기고, 아까 말마따나 저그 저 용산 뒤에 구술샘이라고 느그들 아는가 모르는가, 거까지 불 피러 가갖고, 거기서 마장(바다에서 김을 기르는 소나무 말뚝)여서 일곱개 쪄서 집이까지 이고(머리에이고) 오고, 그런 세상도 살고.

지금은 아무리 가물어도 어디 불 피러 댕기요? 불 피러 안 댕기제만은 올 같은 숭년이(흉년이) 없은께. 옛날에는 이란다 하면 굶어 죽었는데, 지금은 이케 숭년, 재작년에 큰바람 불어서 밭에 것이고 논에 것이고 곡석이(곡식이) 아무것도 없어도 더 잘 먹고 살더라고 폴아다(사다) 먹어도….

그런데 지금은 이케 흉년 든다 해도 사람이 고생하고 내나(결국) 농사 진 보람이 없은께 그라제. 옛날같이 굶고는 안살아, 돈이 죽제. 그란께 지금은 좋은 시상이라고 봐야제.

죽림 앞 갯벌에서의 조개잡이

자료코드 589_MONA_20170613_JRR_LCS_003
조사장소 진도군 임회면 죽림리 죽림마을 제보자 자택
조사일시 2017. 6. 13
조 사 자 윤홍기, 김명선
제 보 자 이천심(여, 87세, 1931년생)

> **줄거리** 죽림 앞 바다에서 맛, 바지락, 귀머거리, 울조개, 떡조개, 게, 낙지 등을 잡았는데, 특히 옛날에는 맛쇠로 맛을 잡는 재미도 있고 맛이 많았으나 지금은 많이 없다.

옛날에는 맛쇠로 잡았는데 쇠가 있어. 맛쇠 알제? 지금은 맛쇠로 안 잡고 예전에는 맛쇠로 잡은께 전부 모래가 들어. 암만 씻어도 짜금거렸는데(모래가 씹히는데)
"아까 맛 먹어 봤는데, 한나 안 짜금거리지?"
잡어다가 갱물에다(바닷물에다) 쪼깐 담갔다가 암찌게도(어떻게 해도) 한개도 안 짜금거려.
세발 달린 호무로(호미로) 땅을 각단지게(샅샅이) 뒤어(뒤집어) 엎어. 그라면 말간(맑은) 물이 뺀하게 보이고 거기다 소금 넣으면 맛이 솟아 나와. 솟아 나왔다가 또 들어 갔다가 또 폭 솟아 나왔다가 그라면, 어떤 놈은 많이도 나오고 째깐 나오

고 하는데, 어찌게 하다 폭 들어가면 절대로 소금 너도(넣어도) 안 나온다.

그란께 먹는 재미보다 잡는 재미로 바닷가에 가제. 그라고 먼데 사람들이 오면 휴가철에는 무자게(엄청) 올거여. 막 저참에는(저번에는) 물쌔(썰물이 많이 빠질 때) 있어갖고, 토요일 일요일 그런께 바닷가에 사람이 겁나게 깔려 있더라. 그래갖고 우덜도 두번, 희경이가 즈그 친구들 데꼬와서 가고, 또 엄매들까지 한번 그저께 저녁에 가고.

조개들은 바지락 하고 울주개, 떡조개, 그런 것들 게, 낙지도 있고 낙지는 눈을 모른께 우덜은 못 잡아.

그란께 옛날에 맛 잡을 때, 맛을 잡으면 바구리로 예전에는 섬 바구리, 장 바구리 그렇게 바구리 갖고 가면 쪼깐 못 차게 잡을 때가 꽉 찼어. 그란데 지금은 그케 없어. 잔뜩 뒤집어 먹은께 그란께 지금은 그런 것이 덜해.

그란데 죽림 맛은 갯것은 모래 있다고 안 먹어도, 먹어 본 사람은 모래 있어도 죽고 살고 해다 먹고, 어떤 여자는 처음 광주에서 왔담시로 조개 파갖고 가서, 귀머리 파갖고 갔는데, 잔뜩 짜금거린께(모래가 씹히니까) 갖고 가서 어크렀다고(버렸다고) 막 즈그 신랑보고 파지 마라고 그래.

이런데 사람들은 그것이 아니여, 해감시키면 모래 하나도 없어. 그래갖고 지금은 모두 맨날 그것만 파다 먹을라고 하지.

풀 캐고 나무하기

자료코드	589_MONA_20170613_JRR_LCS_003
조사장소	진도군 임회면 죽림리 죽림마을 제보자 자택
조사일시	2017. 6. 13
조 사 자	윤홍기, 김명선
제 보 자	이천심(여, 87세, 1931년생)

줄거리 일도 많고 배고픈 시절이었지만 젊은 시절에 친구들과 풀 캐고 나무하러 다니며 함께 어울려 놀기도 했다. 그리고 그 당시에는 마을 사람들 대부분이 나무를 해야 살 수 있는 어려운 시절이었다.

옛날에 풀 캐러 친구들 하고 가면 한나절 내 되도록 놀아. 놀다가 풀을 째깐 캐 갖고 매꼬리(짚으로 만든 그릇)에 담으면 매꼬리에가 못 차. 못 차면 갖고 와서 어지께 캐다 논 풀을 마당에다 널어 놓으면(노으면) 오늘 풀을 많이 캤다 할라고, 어저께 널어논 풀 우에다가 싱싱하게 산 놈 갖다 허처놓고(흩어놓고) 퍼쳐(펼쳐) 놔.
그라고 또 잔대기(잔디풀) 파러 가면 아적(아침) 지드럭(내내) 잔대기는 못 놀아, 아적에 가서 파갖고 올란께….
그란데 나무는 하러가면 저그 용산 고랑 거가 맹나무 꼬닥지(꼭대기)까지 나무 하러가면 춤춘다고, 그런데 춤 밴다고(배운다고) 돌아댕김시로, 신을 신고 하면 뺑뺑 안도니께 신 벗어 놓고 양말 발로 잔대기 반딱반딱 하게 놀았어.
거기서 여까지 이고 내려오면, 진짜 까우락진께(경사가 심하니까) 머리에 이고는 밑에 내려다 보면 못 온께, 등어리에다 지고 가능굴 잔둥으로 내려옴시로 지고 내려오면 그 까우락진데 오면, 앞에다 발 디디면 지게는 뒤에 까우락진 데가 닿고, 그래도 그렇게 해갖고 댕김시로 했어.
용산으로 나무하러 가면은 생전 우덜은 검불(마른 풀)만 해갖고 올 줄 알았지. 놈의 엄매들, 아랫동네 폰새 각시랑, 그 사람 따라 댕김시로 시상에 용환네 아배 각시 따라 가서, 예헌이 각시, 용환이 각시, 허재네 엄매, 그 사람들이 나무 하러 가면은 솔(솔잎)만 솔만 해. 나는 검불만 해오는 성질이라 검불만 하고 난께는 그 사람들이 가자고 한께 그래서 본께, 나무 한동을 딱 해서 묶어 놓고는 가자한데,

"오매, 나는 나무 이만치 했는데."

그란께, 전부 솔을 달려들어서 쩌서 묶어갖고는 잔대기 한뭇 한깍지 딱 베갖고는 새다구(틈)에다 이케 찔러 솔 안뵈게. 그런때는 산감이 댕기니께 그란께 그래갖고 집에 오면 또 솔만 해갖고 왔다고 욕하네 솔 해갖고 왔다고. 놈이 말기는데(못하게하는데) 무슨 솔했냐? 우덜은 가면 검불만 뜯는데 그 사람들은 그란 뒤로는 가면은 무조건 솔을 쩌, 그래갖고 갖고 댕김시로 옛날 산 시상은(세상은) 그랬제. 지금은 그런 시상을 사라면 젊은 사람 아무도 못 살 것이여.

서럽게 배곯고 일은 많이 하고 논에다가 모 씨나락(볍씨) 뿌려서 흙에다 해갖고 아적지(아침 내내) 떠갖고 밥 먹고 심기고, 그놈 손으로 다 심기고, 줄 띰시로(떼면서).

그란데 지금은 기계로 논 갈고 기계로 모 심기고 기계로 나락 비고 기계가 방애 쩌 주고, 옛날에는 그놈 하루 아적 지드록(내내) 해갖고 또 그놈 한번 까불라고 또 실어 갖고 또 까불고. 예전 같은 시상 살라하면 젊은 사람은 못 살아.

271

우리는 즐거운 할머니 3인조

자료코드 589_MONA_20170613_JRR_CHJ_001
조사장소 진도군 임회면 죽림리 죽림마을 제보자 자택
조사일시 2017. 6. 13
조 사 자 윤홍기, 김명선
제 보 자 차화자(여, 82세, 1936년생)

줄거리 소일거리가 있어 노인정에 다니시지 않는 할머니 세 분이 서로의 집을 돌아가면서 함께 즐거운 시간을 보낸다.

3인조! 글쎄 일하고 와서 밥 먹고, 저 회관에서 놈은(남들은) 놀고 야단인데 이 집이 가서 먹고, 저 집이 가서 먹고, 그라고 막걸리 한잔씩 먹고 그라고는 이불 덮고 자요.
춤은 안 추는데, 그런 것은 안하는데 이불 덮고 잠자면 웃어 싸.
요새 이불 덮고 잔다고 웃어 싸. 춥고 그랑께 이불 덮고 이말 저말 하고 놀다 세시에나 세시 넘어서 네시에도 가고 세시에도 가고. 교대로 그라요. 놈은 저케 운동 하니라고 야단이여, 저기 저 회관에서. 그라고 우리는 거기도 안 가고 이 사람들은 일 쪼깐썩(조금씩) 한다고 이케 거기도 안 가고 거기 갔다가 일하러 나올라면 미안하다고 안 가제.

일 많고 식구 많은 짭짤한 시집살이

자료코드 589_MONA_20170613_JRR_CHJ_002
조사장소 진도군 임회면 죽림리 죽림마을 제보자 자택
조사일시 2017. 6. 13
조 사 자 윤홍기, 김명선
제 보 자 차화자(여, 82세, 1936년생)

줄거리 제보자가 아버지 말씀 듣고 시집을 와서 풀 베고 밥하고 시부모 모시면서 힘들게 살았다는 이야기이다.

처음에 내가 아주 멋모르고 제일 죽림서 일이 많안(많은), 소문나게 일 많한 집으로 왔소. 저기 병립씨라고 거가 여기서 살았는데 그 사람이 중매를 했어. 그래갖고 세상에 한사람 선 보러 하루에 서니가(셋이) 왔었어. 그래도 우리 아부지가 이 사람이 제일 맘에가 들었던 것이여. 이 사람을 점 찍어갖고 요리 하자고 했어.

그전에는 부모들이 요리 가거라 하면 그리 가고 옛날에는 그랬어라. [시집]가거라 하면 가고, 가지마라면 안 가고, 이녁(본인)이 맞춰갖고 가는 법이 없었어. 그란데 그케 했는데 둘이 방에 들어가서 또 다시 말을 했던가 뭔 말을 하는데,
"나는 결혼 할라면 당 멀었은께 저 다른 데로 하라."
고 그란께는.
"기다린다."
고 하대. 또, 나를 기다린닥 해. 가도록 기다린다고 해. 그래서 그케 말을 하고 있다가 그케 되았어. 되아서 결혼은 요리 한다고 했는데, 시할마니도 계시고 시어머니 시아버지, 또 쪼깐 살다본께 동생들 중에 시누들도 결혼 해갖고 또 어째 그랬던지 그냥 안 살고 둘이다 그케 와서 친정살이를 했어. 그래갖고 짭

짤한 시집살이를 했소.

그런 때는 이케 편한 시상을 못 살았제. 일을 그케 하고 자고나면 가서 잔대기 한나썩 파갖고 와서 밥먹고, 나무 한동씩 해갖고 와서 밥 먹고, 또 풀하러 댕기고 큰 산으로, 논에다 풀 안 하면 나락을 못 먹을 차례로 풀을 많이 해다가 그케 해다가 또 논에다 엲고(넣고), 풀 캐러 그렇게 댕기고, 풀도 풀도 그케 없는 풀, 그래 풀 캐러 간다고 가서, 또 얼마나 친구들하고 놀다가 어찌게 어찌게 꼰대갖고, 매꼬리 꼰대갖고, 어찌게 어찌게 뭔 풀은 눈꼽만큼 캐갖고.

꼰대라는 것은 살랑살랑 해갖고, 째깐 해갖고, 그케 담았어. 그래갖고 오고, 나무하러 가도 그케 놀다가 또 그케 해갖고 오고.

우덜은 이녁 산이 거가 있은께 남의 산도 몰라, 맨날 이녁 산에서 꼬부꼬부(늘렁늘렁) 그렇게 천천히 해버릇 했어. 그런데 놈들은 막 후닥닥딱 잔대기 석 줄만 하면은 이짝 저짝 솔나무 막 짝짝 쩌갖고는 이짝 저짝 묶어갖고, 저 잔대기는 그 솔 안뵈게, 쬐깐썩(조금씩) 이케 질러가꼬 금방 한동우 해갖고 나서고 그랍디다만은, 우덜은 이녁 산에서 쌀쌀 해봐서 그케 할 줄도 몰라.

그런데 놈 따라서 한번이나 가면은 아주 막 기똥차게 놈들은 잘 해불어. 우덜은 할 줄을 몰라. 그런 시상 살고 그랬소.

풍년을 기원하는 죽림마을 충제

자료코드	589_FOTA_20170415_JRR_CSB_001
조사장소	진도군 임회면 죽림리 죽림마을 죽림경로당
조사일시	2017. 4. 15
조 사 자	김명선, 윤홍기
제 보 자	최수봉(남, 89세, 1929년생)

> **줄거리** 충제를 모실 때면 정갈하게 모셔야 하므로 마을에서는 책력을 보고 제관을 가려 뽑았고, 뽑힌 제관은 몸과 마음을 깨끗하게 하고서 제를 모셨다는 이야기이다.

아! 춘제(충제)지. 내가 여러 번 댕겼어 상만이 아버지 성춘이랑 다녔제 손 없는 사람이 다녔어. 깨끗한 사람이 다녔제 지(祭) 할라면 깨끗해야제. 그라고 거기서 도라지 나물 캐다가 나물 맨들고 샘물 있어 그 물로 밥하고.
(청중 : 오줌만 눠도 목욕 한단께.)
그래서 목욕하기 성가셔서 아무것도 안 먹고 굶고 제 지내로 가. 그것은 말할 것도 없고 날 받아 놓고는 마누라 옆에도 안 가제. 애기 밴 사람도 안되고 몸엣(월경)것 있어도 못가고 집에 있는 처가 몸이 안 좋아도 안 되고.
음석은 간단히 하고 제관은 둘이 댕겼어 둘이, 심바람꾼 하나하고. 모두 생기(일진) 봐 가지고 맞는 사람이 제(祭) 모시제 심부름꾼도 아무나 못해. 제관도 깨끗하고 생기가 맑고 이녁(자기)집도 좋고 가정도 다 깨끗하고 부인도 다 몸 깨끗하고 그런 사람을 선택한께. 젯날을 받을라면 이장들하고 반장들하고 앉아서 책을 내놓고 생기를 뽑아 봐서 그런 사람을 출해(선택해).
'이 사람이 적당한가?'
사람이 적당하면 가정생활이 엉망인 사람이 있거든, 또 가정이 맞으면 집에서 부인이 안 맞은 사람이 있고, 이것저것 치리기가(선택하기가) 여간 성가시제.

그러나 어른들이 이케 저케 다 맞춰 출해서(골라서) 제 모시고 심부름꾼은 배깥에서(바깥에서) 일 해주고 나물도 갱변(바닷가)에 가서 뜸부기 메다가(뜯어다가) 뒤쳐갖고(데쳐서) 새것으로 반찬 맨들고 장만한 것은 그것 밖에 안돼.
산 우개(위에) 도라지가 꽉 찼었어 그리고 뜸부기도 시앙굴 가면 깍(꽉) 찼었어, 전복도 있고.

해남 대흥사로 간 죽림사 북

자료코드 589_FOTA_20170415_JRR_CSB_002
조사장소 진도군 임회면 죽림리 죽림마을 죽림경로당
조사일시 2017. 4. 15
조 사 자 김명선, 윤홍기
제 보 자 최수봉(남, 89세, 1929년생)

> **줄거리** 240년 전에 죽림사가 폐사되자 죽림사의 북이 해남 대흥사로 갔으며, 그 북에는 '죽림'이라는 글씨가 적혀 있다.

죽림사가 해체될 때 보물이 해남 대흥사로 갔다드만. 부처하고 그런 것이 갔대. 죽림 북이 대흥사에 있는데, 북통 안에 '죽림'이라고 써졌닥 하대.
우리는 안 봤는데 본 사람들이 저(북) 안에가 '죽림'이라고 써졌다 하대. 그랑께 죽림사 북이여. 그런 얘기를 어른들이하대.
"죽림 북이 거가 있다."
(청중 : 절이 상당히 컸다여.)

죽림 저수지 둑에 있는 묘

자료코드 589_MONA_20170415_JRR_CSB_001
조사장소 진도군 임회면 죽림리 죽림마을 죽림경로당
조사일시 2017. 4. 15
조 사 자 김명선, 윤홍기
제 보 자 최수봉(남, 89세, 1929년생)

줄거리 군에서 죽림 저수지를 축조할 당시 그곳에 이장해가지 않은 두 개의 묘가 있어, 그 묘에 대나무를 꽂아 표시하면서 흙을 쌓아 올려 결국 저수지 둑에 봉분을 만들어 놓았다.

죽림 저수지 둑에 있는 묘

기자 같이 생긴 사람이 차를 타고 가다가 물어봐
"저기 저것 묏(묘)이요?"
"묏이요"

"어째서 저기 묏이 있게 됐소?"
하고 내용을 묻더만.
군에서 저수를 하는데 저수지 뚝이 생길 때에 묏이 두 개 있었어. 군에서 묏 주인보고 파묘 하라 하니까,
"파묘할 수 없고 묏을 위로 표시해 놓고 뚝을 만들어라."
해서 만들어졌어. 밑에서부터 묏둥 한가운데에 대(竹)를 찔러가지고 묏을 늘 흙을 독가(흙을쌓아돋운다). 대를 휘어지지 않게 뽑아 올리고 또 독구고(흙쌓고) 또 독구고 그러다가 대를 안 휘어지게 뽑아 세우고 또 독구고 대를 조금 빼고 또 독구고 대를 쪽 바로 뽑아 올린 후 봉만 저수지 뚝에 만들었어. 묘가 완전하게 완공된께 대를 빼불었어.

임회면 죽림리 탑립마을

상만 남장사와 탑리 여장사의 탑 싸움

자료코드 589_FOTA_20170415_TRR_SDY_001
조사장소 진도군 임회면 죽림리 탑립마을 마을회관
조사일시 2017. 4. 15
조 사 자 윤홍기, 김명선
제 보 자 소두영(남. 77세. 1941년생)

> **줄거리** 상만 남장사와 탑리 여장사가 탑을 서로 가지려고 다투다가 상만 남장사가 결국 탑을 차지해서 상만 마을에 탑이 세워졌다는 이야기이다.

소설가 곽의진씨가 그 기록을 잘못했어요. 당초에 우덜이 어른들께 전해 듣기로는 탑리가 '탑 탑(塔)'자, '설 립(立)'자 써서 '탑립'이라 이름 짓고.

저 탑이 어디가 있었냐믄 만진네 집 뒤에 거기 쑥 올라가면 대밭이 있어 그 대밭 거가 절터가 지금도 남아 있어 흔적이 지금도 있어, 주춧돌 같은 이런 흔적이 지금도 터가 있어.

그런데 거기서 상만 남자 장사하고 탑리 여자 장사하고 탑을 서로 가져가고 다시 뺏아오고 함서 서로 경쟁을 했든 모양이여. 그래갖고는 결과적으로 탑리 여자 장사가 먼저 죽어 뿌니까, 상만 남자 장사가 탑을 가져가불었어. 그래서 그 탑이 지금 상만에 있어 사실은 그랬던 거여. 현재도 탑이 보존되어 있고.

그란데 곽의진씨가 내 놓은 기록은 잘못 됐어. 여기 오랫동안 살아온 우덜한테 물어 보도 안하고 자기 생각대로 해불었어. 군수한테 찾아가서 그것을 시정을 해야 하는디 할라고 몇 번 하다가 지금 못가고 있어. 그란데 마침 우리 윤

탑립리 탑공원

위원이 잘 오셨구만. 군수 만나면 그런 얘기도 하고 기록이 잘못 됐다고 말씀 드려 주소.

어렵게 낸 탑립마을 진입로

조사코드	589_MONA_20170415_TRR_SDY_001
조사장소	진도군 임회면 죽림리 탑립마을 마을회관
조사일시	2017. 4. 15
조 사 자	윤홍기, 김명선
제 보 자	소두영(남. 77세. 1941년생)

> **줄거리** 탑리 마을 진입로를 내기 위해 군을 찾아다니고 산주인을 설득하는 등 갖은 노력을 다 했으며, 산이 바위산이라 공사하는데도 어려움이 많았다.

(조사자 : 탑리 감패미 잔등 길을 낼 때 이야기 같은 것은 없나요?)
그 길은 내가 이장 할 때 갖고 왔어. 내가 이장 할 때 경부씨가 군수였어, 그때 낸 길이여. 그때 오토바이 타고 군에 많이 들어 댕겼어 고걸 타고 읍내 길 냄시로(내면서) 원없이 쫓아 댕겼네 몇 번 댕겨도 할 수 없었어.

그때게(그때) 수산과에서 그걸 해갖고 추진했는데 김군수가 우리를 잘 봐갖고 잘해주고 그랬어.

그때 길 내놓고 개통식을 하면서 버스까지 바로 들어 왔어 개통식 때, 그라고 엄청 난 공사였어 저 길이. 저 산주인이 서울사람이었어 강영희라고 서울사람인데 그분이 여자분이더구만, 한의산데 여장부였어.

진도에 산이나 전답 모도 이런 것을 많이 사 가지고 그렇게 메모지 잔뜩 해갖고 갖고 댕기면서 뵈(보여)주데만. 엄청 많이 수 십 필지를 샀어. 그래갖고 군에서 연락 해갖고는 와서 현장 답사하고 승낙을 해주라 한께, 직접 돌아보러 왔어 와갖고는 전부 돌아보고는

"이장님 마음대로 길 내고 싶은 대로 내시오."

그라고 올라갔어. 산주인이 승낙했는디 문제는 그 산에 순 엄청난 바위산 이

었어. 그래갖고 아주 난공사였어. 그 길 내면서 내가 겪은 얘기를 할라믄 밤새 해도 한이 없어.

동네에서 길을 내네 못내네 하고 방해 공작을 안부리는가, 참 별놈의 모함을 내가 다 당하고 했어, 그람서도 내가 악착같이 낸 길이여.

저그 그 전에 인제네 집이 바로 그 길 요지에가 있었어. 그래갖고 그 집 때문에 주차창을 우게다가 만든다 어쩐다 그런 판국이었어. 그란데 인제네한테 애럽게 사정 해갖고 측량해서 집을 뜯는디, 그 집 뜯는 것이 보통 일이 아니제.

그란데 광주서 감정 나와갖고 처음에 집값이 팔백 얼만가 나왔는데, 그 뒤로 내가 재 감정을 신청했어. 집값 감정을 다시 한 번 해주라고, 이것 갖고는 도저히 이 지주가 말을 안 듣는다고, 이걸로는 절대 안 된다고. 그래갖고 배 이상 됐을 거여, 그때 얼마 받았는지 모르겠지만 2,300인가 받았어. 그때 2차 감정 와갖고는 꽃나무 이런 것까지 다 계산하더구만 아주 세밀하게, 그래갖고 그케 많이 나오드랑께.

통발 놓아 문어잡기

조사코드	589_MONA_20170415_TRR_SDY_002
조사장소	진도군 임회면 탑립마을 마을회관
조사일시	2017. 4. 15
조 사 자	윤홍기, 김명선
제 보 자	소두영(남. 77세. 1941년생)

줄거리 가을이면 자기가 정해 놓은 자리에 통발을 담가놓고 물이 빠지면 바로 가서 확인하는 방법으로 문어를 잡았다.

(조사자 : 지금은 어떤 식으로 고기를 잡나요? 옛날에는 덤장으로 잡았는데 문어나 낙지, 고기 잡는 방법이 뭐가 있습니까?)

지금은 고기를 못잡어. 낚시질로 잡고 하는디 고기도 없고, 우덜은 가을되면 문어를 잡어 통발 이렇게 넣어갖고, 던져갖고 하는 통발은 어렵더라고.

통발을 대 여섯 발 해갖고는 내 둠벙에다 빠쳐(넣어) 놓으면 거기서 잡혀. 거기다 고등어나 생선 비린 것만 집어 여놓고(넣어놓고) 물에 던져 놓으면 지가 안들어 오것어.

그 뒷날 물써면(물빠지면) 바로가. 그것도 어장이라 안보면 빠져 나가불어. 그라 제, 사리 때 가야제 조금 때는 물 안 썬께 못 놓고.

대충 자기 어장터 놓은 데가 있어 재밌어, 그것이 얼마나 재밌다고. 먹는 것보다도 더 재밌제. 이렇게 잡아 댕겨갖고 통발에가 들어갖고 나오면 그것이 참 쾌감이란 말할 수 없어.

최초로 전기가 들어온 탑립마을

조사코드	589_MONA_20170415_TRR_SDY_003
조사장소	진도군 임회면 탑립마을 마을회관
조사일시	2017. 4. 15
조 사 자	윤홍기, 김명선
제 보 자	소두영(남. 77세. 1941년생)

줄거리 탑립마을 뒷산에 공군 통신부대가 있어서 진도에서 시골마을 최초로 전기가 가설되었고, 그것에 필요한 물자를 구하러 목포까지 갔었다.

그때 당시 우스운 얘기가 나오는구만. 진도서(진도읍을 제외하고) 전기 불을 최초에 쓴 마을이 우리 마을이여. 공군들이 우리 마을 뒤에 여귀산에 주둔해갖고 있을 때 전기를 달을라고 물자구입을 하러 가야 하는데, 진도에서는 구하지 못한께 그럴 때만 해도 목포까지 갔지.

내가 그때 스물 두 살 인가, 세 살인가 그런데 나하고 영진이 형님하고 석추랑 서니(셋이) 가갖고 물자를 구입 해갖고 왔어. 진도서는 최초로 탑리가 전기 불을 봤지. 그래갖고 전기가설 해 논께 참말로 천지가 별천지 같제.

순식간에 밝아져분게 참 얼척 없더만 재밌기도 하고. 어찌께(어떻게) 쓰다보면 또 고장나고, 그것을 또 고칠라고 애쓰고 다니고 그랬제. 그래갖고 공군들 혜택을 많이 받았어.

공군들이 오면서 면에서는 전기가 최초로 들어오고, 그리고 공군들이 대민봉사도 많이 했어. 차로 다 태다(태워다) 주고 마을 드나드는 공군들 차 혜택을 많이 봤제. 그때 세상에 오토바이가 있기를 했을까, 자재 운반할 때 우덜이 차량 혜택을 많이 봤제.

떨어진 아이를 잘 받아준 팽나무

조사코드	589_FOTA_20170415_TRR_SDY_002
조사장소	진도군 임회면 탑립마을 마을회관
조사일시	2017. 4. 15
조 사 자	윤홍기, 김명선
제 보 자	소두영(남. 77세. 1941년생)

줄거리 탑립마을 앞에 있는 오래된 팽나무에서 놀던 어린 애가 미끄러졌는데, 팽나무 중간 휜 부분에 걸쳐서 하나도 다치지 않았고, 지금은 마을의 보호수로 지정됐다는 이야기이다.

탑립리 팽나무

이 탑립 마을 앞 영진이 집 앞에 있는 팽나무, 고것이 몇 백 년이나 되았는가 몰라 모르겠네. 그란데 그것을 내가 이장일 볼 때 보호수로 올렸어. 그래갖고 군에서 관리를 하는데, 저 팽나무가 우리 어려서 용훈이라고, 용훈이가 팽나무에 올라가서 거기서 미끄러졌는디 팽나무가 중간에 굴절이 되어 있어.

거기서 나무가 받아갖고 안 낼치고(떨어지고) 받아줘서 안 죽고 살았어 참, 신기하더만. 우리들도 많이 올라 다녔지만 누가 다친 사람 하나도 없어.
 마치 굵은 대목에가 홈이 파여져갖고 있어. 거기 홈도 있고 샘도 있고 신비해, 참말로. 그런 때 우덜도 많이 올라 댕겼네.
 그 옛날 어르신들이 말하기를 팽나무가 한 번에 옴막 피면, 그 해에는 시절도 좋고 풍년이고 한다는 그런 속담도 내려오고 그래.

살기 좋은 탑립마을

조사코드   589_MONA_20170417_TRR_SYD_001
조사장소   진도군 임회면 죽림리 탑립마을 제보자 자택
조사일시   2017. 4. 17
조 사 자   윤홍기, 김명선
제 보 자   소연단(여, 99세, 1919년생)

> **줄거리** 탑립마을 최고령자인 제보자는 사람들이 죽는 게 제일 슬프다고 하며, 탑립마을이 골짜기이었지만 지금은 엄청 살기 좋아졌다고 한다.

기쁜 일도 없고 아그덜 없어지는 것이 제일 슬프제 뭐 있겠는가. 아그덜 여럿이 없어졌제 어쨌당가. 그래논께 그게 가슴을 쩟서도(찢었어도) 이렇게 안 죽고 사는 것 보면.
아그덜은 아들 닛이고(넷이고), 딸 한나고 그라제. 그라다 딸도 차사고 나서 한나가 죽어불고, 아들 둘은 맬압시(이유 없이) 어찌 살다 이글년에(최근에) 즈그들이

그냥 또 죽어 불고, 고런 일을 당하고도 이렇게 안 죽고 사는 것 보면, 밍이(명이) 얼마나 길면 이라는가 모르겠소.

사람이 잔 안 죽고 산다면… 송월 우리 친정도 겁나게 잘살아 말도 못하게 잘사는데, 시상에 시상에 우리 동생이 참말로 임금이나 죽은 것 같이 우리 동생도 죽었제 어쨌당가.

얼마나 살아? 이케 살았제. 저그 저 아래 집터 하나 비고, 여그 기수네 집 비고, 그란거제 몰라, 정신도 없어지고 어서 죽고 잡아도 안죽어 어짤까. 아이고, 참말로 우리 복현이 없으면 내가 어떻게 살 것는가, 우리 복현이가 (내가) 죽을까 무선께.

우덜은 지금 수돗물 먹제, 그란께 이제 여그 물 안 먹어. 저 물세 물고 먹는 거이덩만. 그란께 이것이 물센가 뭣인가 내가 물을 얼마나 먹겠는가 보게 언마나 먹어.

상당구지 태풍불면 그람 무섭제. 엄매 거기다 집 지은 사람도 다 없어지고 참 짠하더라. 그람, 덤장했제 이전에 태수씨 덤장 많이 했제. 그런 사람들도 다 죽어불고 그람 탑리 사람들 그때 무척 살았제 우덜들도 다 살고, 징하게 탑리가 사람 많이 살았제. 탑리 고랑이었제만은 지금은 징하게 살기 좋아.

어따 어따, 공군들이 아주 여기서 사느라시피 했제. 기수네 집터에 공군들이 드낙거리고 그랬어. 공군들이 언마나 여기서 살았제 동네서, 그런 때는 참말로 탑리도 이상 뭐하더니 어른들은 다 죽어 불고….

말 타고 장가가던 시절

조사코드	589_MONA_20170417_TRR_YYH_001
조사장소	진도군 임회면 탑립마을 마을회관
조사일시	2017. 4. 17
조 사 자	윤홍기, 김명선
제 보 자	윤영환(남, 78세, 1940년생)

> **줄거리** 신랑을 말에 태우고 가다가 날이 어두워지자 말을 채찍질 하며 고개를 넘었던 그 옛날 혼례 풍경에 대한 이야기이다.

아이고, 옛날 혼인할 때는 말도 갖고 댕기고 그랬지. 시집가고 장가갈 때 말갖고 댕기고 그랬지. 저그 영진이 결혼식 할 때 가단으로 내가 말을 갖고 갔어, 영진이를 내가 실고 갔어. 작은아버지 말 갖고, 그때는 귀성 행수씨 하고 창수(판길네아배), 그 사람들한테 짰는데, 말만 갖고 따라만 가면 되야.

그란께 어른들 믿고 말을 맽겨야 되는디 나는 그 어른들 따라 댕기고, 말이 실실한께는 내 말에다 영진이를 실었어. 영진이 신랑 실고 내가 마부 해갖고 가고, 그라고 돈은 작은 아버지가 챙기고.

천상 점방에서 장난을 했제, 가다가 쉬어갖고 점방에서 마부들이 거기서 쉬라고 주머니 털어서 술 받아먹고.

그라고 저그 원두리로도 말 한번 갖고 가고, 중만도 갖고 가라고 해서 갖고 가고. 왓따, 돈지 가는데 원두리서 거기서 도목리로 갈 때 길을 치는데, 해는 빠져불고 깜깜한데 날은 어두워지고, 권수네 아배하고 나하고 행수씨 하고 서니 말을 집어탔어.

왓따, 그런 때만 해도 무선지 모르고 서니 말타갖고 매 뚜드려 몬께, 저 그런때는 죽청재를 넘어 댕기는데, 죽청 밑에 와서는 할 수 없이 못타고 대김(자기) 말

대김 타고 죽청재를 넘기는데, 말을 뚜둠시로(때리면서) 거까지 타고 온께, 똥구녁이 다 까져 버렸어, 하하하.
양쪽서 가마가 만나믄 그람, 서로 안 비껴 줄라 하고 내가 그런 꼴은 안 봤는디, 귀성 개똥바우 앞에서 딴 가매하고 부닥쳐갖고는 그놈들이 쌈한데 내가 봤어.

산소에 불 낸 사연

조사코드	589_MONA_20170417_TRR_YYH_002
조사장소	진도군 임회면 탑립마을 마을회관
조사일시	2017. 4. 17
조 사 자	윤홍기, 김명선
제 보 자	윤영환(남, 78세, 1940년생)

줄거리 큰아들이 친구와 집에 돌아오는 길에 담배를 건네다가 잔디에 불이 떨어지는 바람에 묘지를 태웠다. 다행히 주인이 묘지에 풀을 부려주는 정도로 잘 마무리 되었다는 이야기이다.

우리 큰놈이 저 용재 아들하고 둘이, 감패미 밑에 살 땐디, 결혼 안하고 죽림 해태밭에 다닐 땐 데, 김 매고 오는데 즈그들끼리 담배 피다 담배를 용재네 멈마(머스마, 아들) 준께는, 고거이 땅에 놔 븐께는 잔디밭에 타는데 뭐 어떻게 할 수가 없어. 딱 그래도 많이 탰어도 까끔(산)은 못태고는 묏 보란만(묏자리만) 두어 비상 탰어.
그란데 이제 오거라, 가거라 해서 호구동까지 가서 석우네 작숙한테 그 사람도

한씨덩만. 그 집에 용재랑 둘이 가서 무릎 꿇고 빌면서 사실을 얘기한께
"애기들이 불냈는데 어떻게 하면 쓰겠냐?"
한께,
"씨아지(괴씸한 행실) 같으면 느그들 감방이라도 보내겠다마는, 가서 여물(소가 먹는풀) 썰어서 허쳐라(뿌려라)."
하더라고. 벌 안에(산소 안에) 불나면 뵈기 싫다고 해서 여물 썰어서 허쳐 줘 그래서 와서 여물을 흐북히(수북히) 썰어서 허쳐 주고 그래갖고 벗어났제.

6

지산면
설화

지산면 개관

지산면의 동쪽은 진도읍, 남동쪽은 임회면과 접하고, 서쪽과 북쪽은 바다를 건너 조도면과 신안군 장산면·하의면을 마주본다. 부속 도서로는 두 개의 유인도와 열한 개의 무인도가 있다. 면의 대부분이 지력산·삼당산·석적막산·급치산·부흥산·동석산 등의 산지이고 남서쪽 봉안저수지 주변의 해안과 북서쪽 해안 부근에 약간 넓은 평야가 발달해 있다. 그 밖에 지천 등의 산간 계곡에 평지가 분포한다.

선사시대 유적인 고인돌이 고야리, 관마리, 인지리, 가치리 등에 산재하고 있어 이 시기에도 많은 사람들이 거주한 것으로 보인다. 백제시대에는 임회면과 마찬가지로 매구리현(買仇里縣)에 속했다. 매구리현 치소는 진도현 남쪽 25리로 기록되고 있는데 임회면 봉상리로 추정된다.

동국여지승람의 기록에 의하면 조선시대 진도 목장은 지력산장(智力山場)이 있으며 속장으로 남도포장, 첨찰산장, 부지산장 등이 있음을 밝히고 있다. 이 시기에 지산면 일대는 목장면(牧場面)이라고 칭하여 면치를 시작하고 관마리에 청을 두어 감목관(종6품)이 지배 감독하였는데 감목관비가 지산면 인지리에 남아 있다. 조선 초기에 공도정책으로 인해 거의 주민이 살지 않다가 목장이 두어지면서 점차 주민이 늘어난 것으로 보인다. 한편 명종 2년(1547)에는 조선조 대표적 성리학자였던 소재(蘇齋) 노수신(盧守愼)이 지산면 안치리에 유배와서 19년간 머물며 이 지역에 많은 영향을 미쳤다. 순조 13년(1813) 감목관 제도가 폐지되면서 군수가 지배 감독을 하게 되지만 곧 감목관제로 원상복귀된다. 고종2년(1865) 진도가 도호부로 승격되어 지위가 높아지면서 지산목장의 감목관이 해남의 화원목장을 속장으로 거느리게 된다. 고종32년(1895) 전국이 23부제로 개편되었다가 고종33년(1896) 23부제가 폐지되고 13도제가 실시되는 등 행정구역 개편이 이루어지면서 목장면에서 지산면(智山面)으로 명칭이 변경된다.

구한말 지산면 관할리는 31개 리로 소포, 안치, 거제, 고길, 물은, 고야, 앵무, 보상, 보하, 갈두, 금노, 와우, 독치, 인천, 관마, 삼당, 수장, 송호, 월촌, 대판, 오류, 검목, 봉암, 수마, 사천, 세포, 심동, 가학, 가치, 셋방, 장불도이다. 1914년 행정구역 개편 당시 지산면 관할리는 소포리(소포, 안치), 거제리(거제), 길은리(물은, 고길), 앵무리(앵무), 고야리(고야), 보전리(보상, 보하, 갈두), 와우리(금노, 와우), 가치리(가치), 가학리(세방, 가학, 세포), 심동리(심동, 수마), 송호리(송호, 검목), 오류리(오류, 월촌, 대판, 사천), 인지리(독치, 인천), 관마리(관마, 수장), 삼당리(삼당), 장불도리(장불도)이다.

1980년 봉암리에서 상봉암을 분리하였고, 1986년에는 수마리를 수양리와 마사리로 분리하였다. 1992년 앵무리가 소앵무, 대앵무로, 심동리가 상심동, 하심동, 수양리, 마사리로 분리되었다.

교통로는 임회와 진도를 잇는 18번 국도와 연결되는 801번 지방도가 서쪽 가학리에서 동쪽으로 뻗어 있고, 이 도로와 연결되는 803번 지방도가 남북 방향으로 놓여 있다. 명승 및 문화유적으로는 인지리, 관마리 등의 지석묘군, 삼당산 봉수, 지력산 동백사지 등의 유형문화재와 남도들노래, 진도만가, 소포걸군농악 등의 무형문화재, 세방낙조, 동석산, 지력산, 해안일주도로 등 명승지가 있다.

〈참고문헌〉
『진도군지』(진도군지편찬위원회, 2007)

지산면

조사마을

진도군 지산면 거제리 거제마을

지산면 거제마을 전경

거제리(거제마을)는 진도군 지산면에 속하는 행정리이다. 900년 경 지씨가 처음으로 들어왔으며, 이후 현풍곽씨와 밀양박씨가 들어와 살면서 마을이 형성되었다. 본래 진도군 지산면에 속해 있던 지역으로 거제라 하였는데, 1914년 행정구역 개편에 따라 거도(巨島)와 안치(鞍峙)를 병합하여 거제리가 되었다.

서쪽은 황해와 접하고 있으며 그 외에는 구릉성 산지이다. 구릉 아래 사이사이로 논과 밭이 있다. 남동쪽은 길은리, 동쪽은 소포리, 북쪽은 안치리와 각각 접하고 있다. 2차선 도로가 남서 방향, 동남 방향으로 마을을 지난다. 진도대교를 건너 18번 국도를 타고 진도읍을 지나 803번 지방도를 따라 가면 거제리에 닿는다.

2017년 현재 69세대에서 132명의 주민이 살고 있다. 현재 현풍곽씨 30호, 밀양박씨 25호, 전주이씨 6호 등이 거주하고 있다. 주민들의 주요 소득원은 쌀과 대파이다. 마을 공동 재산으로는 마을회관이 있으며, 마을 조직으로는 영농회와 청년회가 있다. 주요 시설 및 단체로는 거제선착장과 거제사랑교회가 있다.

진도군 지산면 관마리 관마마을

지산면 관마마을 전경

관마리(관마마을)는 진도군 지산면에 속하는 법정리이자 행정리이다. 1554년경 김씨, 박씨, 곽씨가 입향하면서 마을이 형성된 것으로 알려져 있다. 본래 진도군 지산면의 지역으로서, 지력산의 목장을 관리하는 관마청이 있으므로 관마청 또는 관마라 하였는데, 1914년 행정구역 개편에 따라 수장리를 병합하여 관마리가 되었다.

지리적으로 마을 위의 낮은 산과 동쪽의 부용산(芙容山, 221m)에서 흘러내린 물줄기와 관마지(觀馬池)에서 내린 물줄기를 이용하여 마을 앞의 농경지에 농업용수를 제공하고 있다. 관마리는 면의 중앙에 있으며, 동쪽은 부용산을 넘어 임회면 석교리, 서쪽은 오류리, 남쪽은 송호리와 임회면 연동리, 북쪽은 인지리와 각각 접하고 있다. 마을 앞을 동서로 비스듬히 도로가 지나고 있어 면소재지를 비롯하여 임회면과 진도읍을 쉽게 이용할 수 있어 편리하다.

2017년 현재 총 93세대에서 183명의 주민이 살고 있다. 주요 농산물로는 쌀, 대파, 유자 등이 생산되고 있다. 마을의 공동 재산으로는 마을회관과 마을창고가 있으며, 조직으로는 청년회, 영농회, 부녀회, 노인회가 있다. 주요 성씨로는 광산김씨와 김해김씨 등이 거주하고 있다.

진도군 지산면 길은리 용동마을

지산면 용동마을 전경

용동리(용동마을)는 진도군 지산면 길은리에 있는 행정리이다. 용동리는 본래 진도군 지산면의 지역으로서 1914년 행정구역 개편에 따라 물은리, 고길리, 들문거리와 함께 용동리가 고길과 물은리의 이름을 딴 길은리에 병합되었다. 지리적으로 200m 내외의 산이 마을을 감싸고 있으며, 길은저수지에서 흘러온 물과 석교천의 지류가 있어 주변의 농경지에 농업용수를 제공하여 농업에 이용되고 있다. 지산면의 북부에 있으며, 동쪽은 석교천을 건너 진도읍, 서쪽은 보전리, 남쪽은 앵무리, 북쪽은 소포리와 각각 접하고 있다. 교통은 마을 근처에 사거리가 형성되어 면소재지와 앵무교를 지나 18번 국도를 이용하여 의신면, 진도읍, 임회면 등을 이용할 수 있다.

2017년 현재 총 14세대에서 19명의 주민이 살고 있다. 주요 농산물로는 쌀, 대파, 배추 등이 생산되고 있다. 마을의 공동 재산으로는 마을회관이 있으며, 마을조직으로는 노인회가 있다.

진도군 지산면 보전리 갈두마을

지산면 갈두마을 전경

갈두리(갈두마을)는 진도군 지산면에 속하는 행정리이다. 1600년 경 임회배씨가 입향하면서 마을이 형성된 것으로 알려져 있다. 1914년 행정구역 개편에 따라 보상리 보하리와 함께 보전리에 병합되었다.

지리적으로 서쪽 북쪽 남쪽은 구릉성 산지로 둘러싸여 있다. 갈두리 남쪽에는 선동산(銑銅山, 206m)이 위치한다. 서쪽과 북쪽 산지는 황해와 맞닿아 있고, 동쪽과 동남쪽으로는 넓은 논이 펼쳐져 있으며 동쪽은 길은리와 접하고 있다.

803번 지방도에서 갈라진 소형차로가 갈두리까지 들어온다. 소로가 갈두리 중심지에서 남서 방향으로 서쪽 해안가까지 연결되어 있다. 2차선 도로가 갈두리 동쪽의 넓은 논을 남동 방향으로 통과하고 있다. 논으로는 소형 차로가 일정 간격으로 지나고 있다. 진도대교를 건너 18번 국도를 타고 진도읍을 지나 803번 지방도를 따라 가면 갈두리에 닿는다.

2017년 현재 총 56세대에서 97명의 주민이 살고 있다. 현재 주요 성씨는 김씨이며, 주민들의 주요 소득원은 쌀과 대파이다. 마을 공동 재산으로는 마을회관이 있으며, 마을 조직으로는 마을 공동계가 있다.

진도군 지산면 보전리 상보전마을

상보전리(상보전마을)는 진도군 지산면에 속한 행정리이다. 원래 이름은 보화터이다. 1603년경 청주 한씨가 시거하였다고 전하며, 320년 전에 김시흡 3형제가 영암에서 진도로 이사 오면서 마을이 형성된 것으로 알려져 있다. 본래 진도군 지산면의 지역으로서 보전이라 하였는데, 1914년 행정구역 개편에 따라 보상리, 보하리, 갈두리를 병합하여 보전리가 되었다.

보전리는 지리적으로 서쪽의 해산봉(海山峰, 251m), 선동산(銑銅山, 206m)과 남쪽의 지력산(智力山, 328m) 등 여러 산이 줄기를 형성하고 있다. 산 아래에 있는 비석제(碑石堤)는 산에서 흘러온 물을 저장하였다가 이 지역의 농경지에 농업용수를 제공하여 농작물을 경작하고 있다. 면의 중서부에 있으며, 동쪽은 고야리, 서쪽과 북쪽은 바다, 남쪽은 와우리와 각각 접하고 있다. 교통은 마을 앞으로 803번 지방도와 만나는 도로가 동서로 나 있다. 고야리에서 갈라져 면

지산면 상보전마을

소재지나 진도읍 등 기타 마을이나 다른 면으로 이용할 수 있다.

2017년 현재 총 49세대에서 96명의 주민이 살고 있다. 주요 농산물로는 쌀, 대파, 배추 등이 생산되고 있다. 진도 명품 전복 생산단지로 유명한 부유한 마을이다. 마을의 공동 재산으로는 마을창고와 마을회관이 있으며, 조직으로는 영농회, 청년회, 작목반, 마을진흥회, 상여계가 있다. 주요 성씨로는 김해김씨 등이 거주하고 있다.

진도군 지산면 보전리 하보전마을

하보전리(하보전마을)는 진도군 지산면 보전리에 있는 행정리이다. 언제인지는 자세히 알 수 없으나 이천서씨가 처음 입향하였고, 이후에 해남윤씨, 청주한씨, 김해김씨, 원주이씨, 밀양박씨, 청송심씨가 정착한 것으로 알려져 있다.

지산면 하보전마을

2017년 현재 하보전리에는 총 84세대에서 130명의 주민이 살고 있다. 전복 양식업이 발달한 부유한 마을이며, 주요 농산물로는 쌀, 대파 등이 생산되고 있다. 마을의 공동 재산으로는 임야와 밭이 있으며, 마을조직으로는 1930년 창립된 상여계가 있다. 주요 성씨로는 청주한씨, 해남윤씨, 밀양박씨, 김해김씨 등이 거주하고 있다.

진도군 지산면 소포리 소포마을

소포리(소포마을)는 진도군 지산면에 속하는 법정리이자 행정리이다. 본래 진도군 지산면의 지역으로 소개 또는 소포라 하였는데, 1914년 행정구역 개편에 따라 안치리를 병합하여 소포리라 하였다. 진도를 대표하는 민속민요의 마을이다.

지산면 소포마을 전경

지리적으로 구릉성 산지 아래에 입지하고 있으며 북쪽은 황해와 접하고 있다. 동쪽은 석교천을 경계로 진도읍과 접하고 있다. 소포 방조제와 대흥 포방조제로 간척된 넓은 농경지가 펼쳐져 있다. 남동쪽은 진도읍 지도리, 동쪽은 진도읍 해창리, 서쪽은 거제리, 남서쪽은 길은리와 각각 접하고 있다. 803번 지방도가 이어져 있으며 농경지 사이로 소형 차로가 바둑판 모양으로 배열되어 있다. 옛날에는 진도와 목포를 연결하는 연락선의 관문이었고, 소포 간척지가 생기면서 부촌을 이루고 있다.

2017년 현재 총 151세대에서 265명의 주민이 살고 있다. 행정리로는 소포리와 안치리를 포함하고 있다.

진도군 지산면 심동리 하심동마을

지산면 하심동마을 전경

하심동리(하심동마을)는 진도군 지산면 심동리에 있는 행정리이다. 언제인지는 모르나 양천허씨가 입향하면서 마을이 형성된 것으로 알려져 있다. 본래 진도군 지산면의 지역으로서, 깊은 골짜기가 되므로 지푼골 또는 심동이라 하였는데, 1914년 행정구역 개편에 따라 수양리, 마사리를 병합하여 심동리가 되었다.

지리적으로 북쪽의 석적막산, 동석산, 성재 등이 있다. 이곳에서 흘러내린 물줄기가 봉암저수지와 심동저수지를 형성하고 있는데, 팽목방조제로 인하여 생긴 넓은 농경지에 농업용수를 제공하고 있다. 지산면의 서남부에 있으며, 동쪽은 오류리와 송호리, 서쪽과 남쪽은 바다, 북쪽은 가학리와 각각 접하고 있다. 교통은 면 소재지에서 801번 지방도를 따라 서쪽으로 계속 진행하여 가치리를 거쳐 봉암저수지를 지나면 심동리에 도달하게 된다. 또한, 마을 앞에서 심동교와 관마리를 지나면 면소재지 등 여러 방면을 이용할 수 있다.

2017년 현재 하심동리에서는 총 30세대에서 56명의 주민이 살고 있다. 주요 농산물로는 쌀, 대파, 배추 등이 생산되고 있다. 마을의 공동 재산으로는 마을회관과 공동어업지역이 있으며, 주요 시설로는 천종사가 있다. 마을의 주요 성씨로는 양천허씨 등이 거주하고 있다.

진도군 지산면 인지리 독치마을

지산면 인지리 독치마을 전경

독치리(독치마을)는 진도군 지산면 인지리에 속하는 행정리이며, 교육 행정 산업의 중심지다. 마을의 지명은 민둥재라는 지명에서 비롯되었다 한다. 마을의 입향조는 광산이씨로 1400년경에 정착한 것으로 알려져 있다. 본래 진도군 지산면의 지역으로서 1914년 행정구역 개편에 따라 인천리와 독치리를 병합하여 인지리가 되었다.

지리적으로 서쪽에 부흥산(富興山, 171m) 등 높은 산은 없으나 대부분이 낮은 산으로 되어 있다. 인천제(仁川堤)와 관마지(觀馬池)에서 내려온 물을 이용하여 마을 앞 농경지에 농업용수를 제공하고 있다. 면의 중앙에 있으며, 동쪽은 삼당리, 서쪽은 가치리, 남쪽은 관마리, 북쪽은 고야리와 각각 접하고 있다. 교통은 면소재지라서 여러 군데에 도로가 나 있어서 면내의 곳곳을 편리하게 이용할 수 있어 도로의 여건이 좋다.

2017년 현재 총 154대에서 314명의 주민이 살고 있다. 주민들이 북춤이나 강강술래 등 민속놀이에 이해가 깊으며, 주업은 농업이다. 주요 농산물로는 쌀, 대파, 배추 등이 생산되고 있다. 마을의 공동 재산은 없으며 마을 동계 3개가 조직되어 있다. 주요 성씨로는 김해김씨, 밀양박씨, 순창설씨 등이 거주하고 있다. 유적으로는 감목관비가 5기 있으며, 주요기관 및 시설로는 농업협동조합, 지산초등학교, 지산중학교가 있다.

〈참고문헌〉
디지털진도문화대전(http://jindo.grandculture.net)
『진도군지』(진도군지편찬위원회, 2007)

지산면

설화를 들려준 사람들

지산면 거제리 거제마을

박 청 (남, 78세, 1940년생)

제보자는 거제마을에서 수년간 이장을 맡아왔으며 마을을 위해 봉사하면서 농협 대의원으로 활동하기도 했다. 마을에서 유자농장을 경영하는 대농으로 인심이 좋고 성실한 분으로 알려져 있다. 마을의 지명과 관련된 이야기를 여러 편 들려주었다.

제공 자료 목록

589_FOTA_20170828_GJR_PC_001	나란히 앉아 있는 형제바위
589_FOTA_20170828_GJR_PC_002	거제리 설립자 백씨
589_FOTA_20170828_GJR_PC_003	마을에서 관리하는 동구 밖 하산
589_FOTA_20170828_GJR_PC_004	마을의 운세를 막은 망매산
589_MONA_20170828_GJR_PC_001	이가네 벌안과 박가네 벌안
589_FOTA_20170828_GJR_PC_005	갯포를 막아야 얻어진다는 거제 예명
589_MONA_20170828_GJR_PC_002	마을회관을 새로 건립하기까지

지산면 관마리 관마마을

윤영웅 (남, 78세, 1940년생)

제보자는 지산면 관마리에서 태어나 지금까지 생활하면서 마을 이장, 농업인지도자, 노인회장 등을 역임하면서 늘 마을 발전에 솔선수범하는 생활을 하고 있다. 관매마을의 지명과 효부에 관한 이야기를 들려주었다.

제공 자료 목록

589_FOTA_20170816_GMR_YYU_001 열녀비를 세운 사연
589_FOTA_20170816_GMR_YYU_002 흉년에 말을 잡아먹다
589_FOTA_20170816_GMR_YYU_003 아이 갖기를 빌었던 남근바위
589_FOTA_20170817_GMR_YYU_004 관매창이 관마리로 바뀐 이유
589_MONA_20170817_GMR_YYU_001 시부모를 지극정성으로 모신 관마리 효부

지산면 길은리 용동마을

박양수 (남, 73세, 1945년생)

제보자는 용동마을 토박이로 한학에 밝으며, 현재 사주, 작명, 지관 등으로 왕성하게 활동하고 있다. 형국과 풍수, 명당에 관한 이야기를 들려주었으며 인근 마을인 길은리과 거제 마을의 역사에 대해서도 구술했다.

제공 자료 목록

589_FOTA_20170715_YDR_PYS_001	용동은 여의주를 가진 용 형국
589_FOTA_20170715_YDR_PYS_002	음양 조화형 풍수
589_FOTA_20170715_YDR_PYS_003	지력산 명당을 찾아라
589_FOTA_20170715_YDR_PYS_004	삼별초 지씨와 노수신이 유배 왔던 거제
589_FOTA_20170715_YDR_PYS_005	길은리의 입향조 나상서
589_FOTA_20170715_YDR_PYS_006	용동리와 지도리를 잇는 이슨바우

지산면 보전리 갈두마을

안장진 (남, 74세, 1944년생)

제보자는 독학으로 천자문과 동몽선습을 익힌 학구열이 강한 분이다. 보전 갈두 해안 지역에 선구적으로 양식업을 도입하였고 수년간 마을 어촌 일을 주도하면서 부촌의 길을 연 분이다.

제공 자료 목록

589_MONA_20170918_GDR_AJJ_001　10대 시절의 힘들었던 객지 생활
589_MONA_20170918_GDR_AJJ_002　주경야독(晝耕夜讀)으로 배움의 길을 찾다
589_MONA_20170918_GDR_AJJ_003　수심(水深)이 적합한 양식장을 찾기까지
589_FOTA_20170918_GDR_AJJ_001　부인을 지켜주는 죽은 남편의 혼불
589_MONA_20170918_GDR_AJJ_004　풀숲에 떡을 던진 이유

지산면 보전리 상보전마을

김민재 (남, 79세, 1939년생)

제보자는 어려서 갖은 고생을 했으나, 자수성가 한 후 귀향하여 15여 년간 전남대학교 사회교육원 등에서 후학들에게 서예 및 한시를 지도하고 있다. 그는 서예, 한시, 풍수, 역학에 능하며, 취미로 아코디온을 연주하기도 한다. 현재 부인 황초아 선생과 함께 진도읍에서 고산 서예원을 운영하고 있다.

제공 자료 목록

589_MONA_20170824_SBJR_KMJ_001   어머니의 손 끝에서 나왔던 무명옷
589_MONA_20170824_SBJR_KMJ_002   배고픈 그 시절에 먹었던 음식
589_MONA_20170824_SBJR_KMJ_003   젊은 시절 힘겹게 보냈던 서울 생활
589_MONA_20170824_SBJR_KMJ_004   불타는 학구열
589_FOTA_20170824_SBJR_KMJ_001   등등매 잔등과 어둠골 잔등

김병훈 (남, 79세, 1939년생)

제보자는 상보전리에서 태어나 마을 이장을 10여 년간 역임하면서 봉사적 삶을 살았고, 70대 후반까지 농사일을 하는 등 근면성실하게 생활하고 있다.

제공 자료 목록

589_MONA_20170816_SBJR_KBH_001   일경구화(一莖九花) 난(蘭)이 발견된 곳

지산면 보전리 하보전마을

허 재 (남, 72세, 1946년생)

제보자는 20여년을 공무원으로 재직하는 동안 수산 분야에 관심이 많아 전복, 황복 등의 양식에 성공하였으나 여러 가지 사정으로 접게 되었다. 현재는 버섯재배, 양봉, 어란 사업 등에 종사하면서 여유롭게 생활하고 있으며 서양화가로서의 꿈도 이루어 가고 있다.

제공 자료 목록

589_FOTA_20170624_HBJR_HJ_001	전설 속의 홍사를 목격하다
589_MONA_20170624_HBJR_HJ_001	해방 후 압록강 다리에서 겪은 일
589_FOTA_20170624_HBJR_HJ_002	몽둥이로 호랑이를 때려잡았으나
589_FOTA_20170624_HBJR_HJ_003	지게로 세 짐이나 되는 구렁이와 혈투
589_MONA_20170624_HBJR_HJ_002	서남해 최초의 전복 양식
589_MONA_20170624_HBJR_HJ_003	황복어 양식을 성공시킨 비결
589_MONA_20170624_HBJR_HJ_004	생명의 은인인 보건소 진료소장
589_MONA_20170624_HBJR_HJ_005	인공호흡으로 죽은 아이를 살리다
589_FOTA_20170624_HBJR_HJ_004	목침끼리 싸우다
589_MONA_20170624_HBJR_HJ_006	서양화가로서의 꿈

지산면 소포리 소포마을

김덕춘 (남, 79세, 1939년생)

제보자는 오랫동안 이장과 노인회장을 역임하였으며, 현재 소포 걸궁 농악, 강강술래 등 소포문화재 전승에 주도적으로 앞장서고 있다. 현재 마을 지도자로 매사에 성실하게 생활하고 있으므로 지산면에서도 신망이 두터워 후배들에게도 많은 귀감이 되고 있다.

제공 자료 목록

589_FOTA_20170725_SPR_KDC_001	마을을 지켜주는 두 개의 검은 돌
589_FOTA_20170725_SPR_KDC_002	버릇없는 나루쟁이
589_FOTA_20170725_SPR_KDC_003	소포 봉이 김선달
589_MONA_20170725_SPR_KDC_001	소포마을 사람들의 대흥포 간척 공사
589_MONA_20170725_SPR_KDC_002	불 타버린 당솔나무
589_MONA_20170725_SPR_KDC_003	소포유래비와 들독
589_MONA_20170725_SPR_KDC_004	신침이라 불렸던 임종의씨
589_FOTA_20170725_SPR_KDC_004	간척공사 이전의 소포마을
589_FOTA_20170725_SPR_KDC_005	소리마을 거문고 혈

지산면 심동리 하심동마을

허경환 (남, 69세, 1949년생)

제보자는 하심동리에서 오랫동안 이장을 하면서 마을을 위해 봉사하였으며, 지산농협 대의원으로 활동하기도 했다. 그는 기억력과 표현력이 좋아 마을에 관한 이야기를 실감나게 들려주었다.

제공 자료 목록

589_FOTA_20170824_HSDR_HKH_001　웃심동이 망한 이유
589_MONA_20170824_HSDR_HKH_001　갯벌을 농토로 만들었으나
589_FOTA_20170824_HSDR_HKH_002　중업바위와 쌀 나오는 구멍
589_FOTA_20170824_HSDR_HKH_003　학 혈인 박좌수 묘
589_FOTA_20170824_HSDR_HKH_004　목 잘린 목섬
589_FOTA_20170824_HSDR_HKH_005　죽은 총각을 묻은 성재 잔등

지산면 인지리 독치마을

김봉의 (남, 79세, 1939년생)

제보자는 지산면 가치리에서 출생해서 인지리 독치로 45년 전에 이주하였다. 그간 진도군청의 공무원으로 재직하였고, 농협에서도 근무하였다. 그는 성실하고 너그러워 마을 사람들에게 신망이 두텁다. 그는 어릴 적에 들은 이야기를 실감나게 들려주었다.

제공 자료 목록

589_FOTA_20170816_DCR_KBU_001   당솔나무를 베었더니
589_MONA_20170816_DCR_KBU_001   풍파에 가족을 구해준 형제
589_FOTA_20170816_DCR_KBU_002   풍어를 예견하는 바다 구렁이
589_FOTA_20170816_DCR_KBU_003   동백사에 떨어진 벼락
589_FOTA_20170816_DCR_KBU_004   동석산의 쌀 나오는 구멍
589_FOTA_20170816_DCR_KBU_005   천수꼴 도깨비 친구
589_FOTA_20170816_DCR_KBU_006   할아버지의 선몽

지산면

마을에 전해오는 설화

지산면 거제리 거제마을

나란히 앉아 있는 형제바위

자료코드　589_FOTA_20170828_GJR_PC_001
조사장소　진도군 지산면 거제리 거제마을 제보자 자택
조사일시　2017. 8. 28
조 사 자　윤홍기, 김명선
제 보 자　박 청(남, 78세, 1940년)

> **줄거리** 마을에서 저도가 보이는 곳으로 가면 형제바위가 있다. 옛날에는 사람들이 그곳에서 소에게 풀을 먹이며 시간을 보냈었는데, 1970년대 산림녹화사업으로 인해 지금은 잡목과 소나무들이 지나치게 우거져 사람들이 들어갈 수 없다는 이야기이다.

(조사자 : 형제바위에 대해서 얘기 좀 해주세요.)
형제바위라는 바위가 저 북서쪽으로 쭉 나가면은, 밖에 바다에가 저도라는 섬이 있어요. 그 섬 보이는 데로 가면은 큰 바위가 둘이 나란히 앉아 있는 것처럼 앉아있는데, 그 새다구(사이)에가 공간이 있어요.
그래서 그 당시, 그런 때는 산이 전부 민둥산이고 그래서 소를 가지고 나와서 거기 앉아서 모두 시간 보내고, 저녁 끝에 소 믹에(먹여) 가지고 돌아온 과정을 얘기하고….
(조사자 : 형제바위 있는 곳이 지금은 나무가 우거졌어요?)
나무가 우거졌죠. 지금은 못 들어가요. 어떻게 많이 우거져서, 저기 저런 산에서, 여기서 보면 나무가 보인께 들어가서 걸어갈 것 같아도 들어가면 하나도 안 보입니다.
사람이 옆에 서서 누가 얘기 안하고 앉아불면 안 보여, 전부 다 나무가 우거져

서. 옛날 70년대, 그런 때는 이 뒷산이 저그 안치 앞, 저도 보이는데까지 민둥산이었는데, 70년대 그 산림녹화 조림사업으로 그때는 아카시아 나무를 주로 많이 심었어.

지금은 나무가 전부 잡목이 우거져갖고 잡목이랑 소나무가 말할 수 없이 우거져서 사람이 못 들어 다니는 형편입니다.

안치서 해안도로가 요리 와요. 5년 계획으로 하고 있고, 동네 들어가 보면 사무실 시동(세동) 지어갖고 안 합디까? 그런 식으로 많이 개발되고 있는 중입니다.

거제리 설립자 백씨

자료코드   589_FOTA_20170828_GJR_PC_002
조사장소   진도군 지산면 거제리 거제마을 제보자 자택
조사일시   2017. 8. 28
조 사 자   윤홍기, 김명선
제 보 자   박 청(남, 78세, 1940년)

줄거리 거제리는 백씨들이 제일 먼저 들어와 살다가 나가고, 이후 박씨들이 들어와 살았는데 지금은 박씨들보다 곽씨들이 많이 산다. 마을 앞 산등성이를 쭉 타고 내려오는 곳에 백씨들 묘가 있다는 이야기이다.

(조사자 : 부락 설립자에 대해서 얘기 해주세요.)

백씨, 내가 들은 바로는 우리 지형을 한번 보시면, 저 산, 산지렁이 가운데로 죽 내려가, 내려간 지역에가 백씨네들 묘가 비(碑)해 세우고 있어요.

듣는 바로는 그분들이 거제 설립, 거제리란 동네를 제일 먼저 들어와서 사시다가 지금은 밖으로 나가불고 안 계시지….
그 후로 박씨네들이 여기 들어와 살고, 처음 박씨네들 숫자가 훨씬 많았습니다. 그런데 지금은 곽씨네들이 숫자가 많아요.
지금은 곽씨들이 사는 세상입니다.

마을에서 관리하는 동구 밖 하산

자료코드	589_FOTA_20170828_GJR_PC_003
조사장소	진도군 지산면 거제리 거제마을 제보자 자택
조사일시	2017. 8. 28
조 사 자	윤홍기, 김명선
제 보 자	박 청(남, 78세, 1940년)

> **줄거리** 거제리는 하산이 없으면 바닷물이 들어와 농사를 지을 수 없다고 하여 마을에서 하산을 관리한다는 이야기이다.

하산 문제를 얘기하면, 하산은 저것이 옛날에는 이 앞에까지 바닷물이 들어왔어요. 저 우리 여그 앉아서 보면, 저 벼가 보이지 않습니까? 벼 보이는데까지 물이 들었어요 바닷물이.
"옛날에 하산이 없으면은 바닷물이 이 앞으로 유입이 되어서 농사를 못 진다"고 그랬더랍니다.
그래가지고 나무를 우거지게 해서 우리 부락에서 관리를 해요.

저것이 아직까지도 옛날, 옛날 어른들 곽만태씨란 분네, 그 분네를 위시로 해서 연명 달아서 이전 되았는데, 아직도 이전을 못하고 그대로 있어요.
하산이 그런 때는 나무가 좋아갖고, 옛날에는 어린애들 나면 잘 죽고 그래서 멀리 안 가고 하산으로 가서 망태에 담아서 나뭇가지에 걸고, 그랬다는 얘기가 있어요. 그러나 이미 죽어븐 사람이 살아나것어요?
그렇게 모두 옛날에는 그렇게 살았다 해.

마을의 운세를 막은 망매산

자료코드 589_FOTA_20170828_GJR_PC_004
조사장소 진도군 지산면 거제리 거제마을 제보자 자택
조사일시 2017. 8. 28
조 사 자 윤홍기, 김명선
제 보 자 박 청(남, 78세, 1940년)

> **줄거리** 사람들은 망매산 때문에 거제리가 읍이 되지 못해 이 지역 사람들을 망하게 한 산이라 하여 '망매산'이라고 불렀다는데 이야기이다. 지금은 망매 권역사업으로 '길은리 푸르미 체험관'을 여러 사람들이 공동투자를 해서 운영하고 있다는 이야기이다.

이 아래 망매, 저 산이 왜? 망매산이라고 이름이 지어졌는고 하니, 저 산 때문에 이 지역 사람들은 망했다고, 그래서 망매산이라고 그란답니다.
그라고 저 산이 없었다면 읍, 도읍이 이 지역에가 생겼을 것인데, 저 망매산 때문에 읍내로 갔다는, 지금 현재 읍내가 도읍이 되었다는 그런 얘기가 있어요.
또 지금은 저 망매 권역사업으로 되어가지고, '길은리 푸르미 체험관'을 이 주

변 부락 사람들이 운영을 하다가, 지금은 거가 부락 유지들이 모여서 운영을 하다가 잘 여의치 못해서 지금은 주식 식으로 변경해가지고, 여러 사람이 한 앞에 [1인당]100만 원씩 투자를 해서 지금 '푸르미 체험관'을 운영하고 있어요.
(조사자 : 아까 권역사업은 어떤 부락들인가요?)
권역사업은 안치, 소포, 고길, 길은 요케 네 개 부락입니다. 거제는 그때 당시 권역사업으로 해야 할 것인데, 그때 여의치 못해갖고 거기에 같이 합세를 못했어. 지금 현재 4개 부락이 운영하다가 지금은 주식 형식으로 여러분들이 투자를 해가지고 운영을 하고 있제.

이가네 벌안과 박가네 벌안

자료코드	589_MONA_20170828_GJR_PC_001
조사장소	진도군 지산면 거제리 거제마을 제보자 자택
조사일시	2017. 8. 28
조 사 자	윤홍기, 김명선
제 보 자	박 청(남, 78세, 1940년)

> **줄거리** 거제리에 이가네 벌안과 박가네 벌안이 있다. 이가들은 외지로 나가 있어 벌안을 돌보지 못하고 있지만 박가네 벌안은 많은 돈을 주고라도 지금까지 벌초를 하고 있다는 이야기이다.

(조사자 : 벌안에 관한 얘기도 해보시지요.)
우리 거제부락 가운데가 이씨네들 벌안하고 박씨네들 벌안이 있어.
이씨네들은 씨족이 처음부터 숫자가 적던 사람인데, 그중에 인자 그 새(사이)중에 또 사람들이, 지금은 젊은 사람들이 동네에서 안 살고 다 밖으로 나가는 그런 세상이라, 이씨들은 다 밖으로 나가 불고 그 묘가 묵고 있는 실정입니다.
그라고 그 옆에 작은 밭쪽에 우리 박씨네들 묘가 있는데, 실지 남의 눈이 아니라면은 우리들도 묵이것어요. 벌초 할 사람 없고 한번 벌초 할려면 40~50만 원씩 들어갑니다. 그러기 때문에 묵이겠는데, 명색이 박씨네들이 주로 많이 살았던 부락인데, 어느 누가 와서,
"저 묘가 누구네 묘다?"
하면은,
"그것이 박가놈들 묘"
라고 하면 박씨네들 위신 문제도 있고 해서 돈 들여서 벌초를 하고 있는 그런 실정입니다. 지금은 화장도 하고, 본래 묻어서 수십년 된 묘도 파서 화장을 해갖고, 그냥 나무 밑에다 뿌려 불고 가는 그런 실정입니다.
그란데 우리는 아직까지도 묘를 벌초를 하고 있는 그런 상황이여요. 지금까지도….

갯포를 막아야 얻어진다는 거제 예명

자료코드	589_FOTA_20170828_GJR_PC_005
조사장소	진도군 지산면 거제리 거제마을 제보자 자택
조사일시	2017. 8. 28
조 사 자	윤홍기, 김명선
제 보 자	박 청(남, 78세, 1940년)

> **줄거리** 지산면에 있는 마을은 거의 다 예명이 있는데 거제마을은 예명이 없다는 이야기이다. 갯포를 막아야 거제리의 예명이 생긴다고 전해온다.

(조사자 : 각 동네 예명이 있다면서요?)

지금 하여튼 지산면 어느 부락이던지 예명이 다 있어. 예를 들어서 우리 관내로 하면은 '안치'를 '질마재'라 하고, '소포'는 '소개'라 하고, '고길'은 '개골'이라 하고, '길은'은 '물은목'이라 하고, 저 '보전 3촌'으로 하면은 '상보전, 하보전, 갈두'가 있는데, ' 상, 하 보전'은 '부아태', 그리고 '갈두'는 '갈머리'.

이렇게 부르고 지냈어도 우리 거제부락은 예명이 없습니다. 이름이 하나예요. 거제, 단 하나…. 그래서 옛 부터 어른들이 말씀하시기를,

"거제는 이 갯포가 막아져야 정상적인 거제 명의를 얻는다."

고 했던 바, 90년대 초던가 언제 땅끝에서 거제를 건너막아서 거제 명칭을 제대로 얻은 것 같아요.

마을회관을 새로 건립하기까지

자료코드	589_MONA_20170828_GJR_PC_002
조사장소	진도군 지산면 거제리 거제마을 제보자 자택
조사일시	2017. 8. 28
조 사 자	윤홍기, 김명선
제 보 자	박 청(남, 78세, 1940년)

> **줄거리** 원래 있던 회관자리가 좁아서 마을 회의를 통해 회관 옆 마을 사람의 논을 사서 회관을 새로 지었다는 이야기이다.

(조사자 : 회관 건립에 대해서 얘기해주세요.)

회관. 사실상 진즉부터 회관을 그 앞에 현재 주차해 논 지역에가 회관 자리가 있었는데, 좁고 그래서 인자 장진선씨 땅, 저것이 약 한 회관부지가 150평 되는 거로 알아요.

장진선씨 논이었는데, 우리 동네서 사기로 회의를 해가지고 진선씨하고 타협을 했어. 그 당시 700만 원에 인수를 했는데, 진선씨가 여기서 안 살고 저그 순천서 살았어요. 그래 말만 그케 했지 돈을 아직 안 주고 했는데 이상하게 시간만 끌고 있길래,

"아이고, 이 사람아 한정 없이 시간만 끌고 있으면은 그 사람이 여그 올 사람도 아니고, 아파서 순천 병원에 있는 사람인데, 찾아 가야제 그라고 있냐?"

그랑께, 그런 얘기 들어서 할 수 없이 순천까지 이장을 대동하고 같이 가서, 거기서 돈을 700만 원 지불하면서 이전비는 뺏어. 30만 원 이전비를 빼주라 해갖고, 그때 가서 땅 거그 사고, 이전 할 수 있는 여건을 마련해갖고 등기를 준비해서 이전했어. 저 땅이 땅금은 비싸게 주고 샀는데, 안쪽으로 보면 진월집이 있고 진월 집터 분기점에서 7m를 서쪽으로 나가서 회관을 진다 하길래 깜짝 놀

래서,

"회관을 그렇게 지어서는 안된다. 아니 그 비싼 토지를 사갖고 요쪽을 냉겨노면 짜투리 땅은 쓸모가 없는 땅이 된다."

고 그래서

"설계를 변경하더라도 변경해 가지고 회관 앞쪽으로 땡겨 지어야한다."

그래 가지고 군에 들어가서 설계 변경해 가지고, 회관을 이쪽으로 땡겨서, 저쪽 지금 현재 주차하는 지역에서 짜투리땅 그리 냉기고(남기고) 회관을 지었어요.

그래 가지고 지금 현재 그 사람은 이장을 그만두고, 새 이장이 나와서 부락 운영하고 있습니다.

지산면 관마리 관마마을

열녀비를 세운 사연

자료코드　589_MONA_20170816_GMR_YYU_001
조사장소　진도군 지산면 관마리 관마마을 경로당
조사일시　2017. 8. 16
조 사 자　김명선, 윤홍기
제 보 자　윤영웅(남, 78세, 1940년생)

> **줄거리**　관마리에 살던 총각이 전주에 가 살면서 맹인 여자와 결혼해 딸을 낳고 살았다. 그런데 남편이 갑자기 죽자 부인은 남편의 고향인 관마리에 남편을 장사 지내고 여생을 관마리에서 살았다. 그 딸이 어머니의 열녀비를 세워줬다는 이야기이다.

옛날에 이 부락에 광산김씨 한 분이 나가서 쩌그 전라북도 전주 근방에서 살았단 말이여. 거기 살면서 앞 못 보는 여자를 만나서 둘이 결혼해서 사는데 딸 하나를 났단 말이여. 딸이 한 뎃살 먹었을 때 영감이 죽어불었어.

그 딸을 데리고 인자 남편 고향이라고 여기 찾아 왔어 그 봉사가. 그래 가지고 여기 살면서 눈 못 보는 여자가 다시 올라가서, 그 영감 뼈를 남편 고향에다 묻는다고 여기까지 모시고 와서, 관마리에다 장사 지냈단 말이여. 그런데 그 할머니가 열녀가 보통 열녀가 된 것이 아니여.

순서가 조금 바꿔졌구만, 그 할머니가 밴(배운) 것이 옛날 점(占)하는 삼통 흔들어서 점하는 것을 배(배워) 가지고 점을 하러 다니고, 굿이랄까 그것보고 뭣이라 하드라 점문같은 것을 하려 다녔어.

그런데 저그 지산면 길은리 부락에 가서 점문을 하고 오다가, 고야리 길에서 젊은 남자가 인자 좀 건들라고 뭐 연애하자 했던 모양이어. 그래 집에 와서 부정한 손이 옷을 닿았다고 그 옷을 불태워불었어. 그런 할머니란 말이여, 늙어 죽도록 시집도 안 가고 열녀가 보통 열녀가 아니제, 그 할머니는.
(조사자 : 비석은 언제 누가 세웠나요?)
딸이 하나 있었단 말이여. 그 딸이 지금 살아계시면 107살 되겠네.
돼지띠라서 우리 어머니와 같은 나이라 내가 알어.
그 딸이 그 열녀비를 세웠제.

흉년에 말을 잡아먹다

자료코드 589_FOTA_20170816_GMR_YYU_002
조사장소 진도군 지산면 관마리 관마마을 경로당
조사일시 2017. 8. 16
조 사 자 김명선, 윤홍기
제 보 자 윤영웅(남, 78세, 1940년생)

> **줄거리** 말을 잡아먹다 걸리면 마을을 떠나야 한다는 무서운 규율이 있는 것을 알면서도 흉년에 먹을 것이 없어 몇몇 마을에서는 일부러 말몰이를 하여 다친 말들을 잡아먹었다는 이야기이다.

말을 그런 때 잡아먹었다 했으면 부락이 딴 데로 떳단 말이어. 그 부락에서 산 것이 아니라 딴 부락에다 집을 짓고 살던가 딴 데로 옮겨야 돼.
그런데 임회면 쩌그 석교란 부락이 말 잡아먹다 앵켜서(걸려서) 잽패(잡혀) 갖고 그 부락을 떳다 해.
딴 부락으로 옮겼다하드마. 그란데 이 부락도 얼마나 말이 그케 무서도(무서워

도) 배고픈께, 말을 저그 관마리 저수지 우개 거그보고 '말이동'이라 해. '말이 동'이라 한데 거가 낭떠러지로 말이 떨어지게 만들어 놓고, 몰아갖고 말이 떨어져서 발 끊어진 놈, 못 움직인 놈을 몰래 잡아먹었다해. 옛날 어르신들이 하는 말을 들었어.

지산면 상신동이라는 데가 산속으로 들어가면 말이 요로도 못가고, 옆으로도 못가고 막다른 골목에로 몰아서 말이 갇히면, 걱서(거기서) 잡아서도 먹고 말 뼈따구를 감차놓고, 지금도 거그는 말 뼈따구가 있다 해. 그때도 부락마다 몰래 더러 말을 잡아 먹은 모양이여 그 무선 말을.

아이 갖기를 빌었던 남근바위

자료코드	589_FOTA_20170816_GMR_YYU_003
조사장소	진도군 지산면 관마리 관마마을 경로당
조사일시	2017. 8. 16
조 사 자	김명선, 윤홍기
제 보 자	윤영웅(남, 78세, 1940년생

> **줄거리** 관마마을 뒷산에 남근바위가 있는데, 아들을 못 난 사람들이 남근바위에 빌면 아들을 낳는다는 말이 있어서 많은 사람들이 이곳을 찾아와 빌었다는 이야기이다.

뒷산이 좋은 산인데, 오류리 잔등에서 보면 남근(男根)이 틀림없이 남근 탁졌 단(닮았다는) 말이어. 그란데 남근(男根)이 그케 탁일 수 없어.

남근이 아그들 못 난 사람들, 아들 못 난 사람들이 그 바위 밑에 가서 빌고 거그다 빌고 그라면 애기 난다고 옛날에 전설이 그랬다고 그래.
(조사자 : 실제 빌어 가지고 애기 낳은 사람이 있어요?)
응, 애기 난다고 그랬어. 그랑께 거가 빌고 그랬제, 글안하면(그렇지 않으면) 빌고 그라것어?
오류 잔등에서 보면 틀림없어. 월촌, 오류리, 소류리 사람들이 더 많이 빌고 그 남근 바위 밑에 가서 많이 빌고 그랬다해.

관매창이 관마리로 바뀐 이유

자료코드   589_FOTA_20170817_GMR_YYU_004
조사장소   진도군 지산면 관마리 관마마을 경로당
조사일시   2017. 8. 17
조 사 자   김명선, 윤홍기
제 보 자   윤영웅 (남, 78세, 1940년생)

> **줄거리** 관마리(觀馬里)는 세금을 곡식으로 냈을 당시 창고에 곡식을 쌓아두었던 곳으로 '매화 매(梅)'자, '창고 창(倉)'자를 써서 '관매창(觀梅倉)'이라고 불렀다. 그런데 길은리 면장님과 관마리 분이 사이가 좋지 않아, 길은리 면장님이 '매화 매(梅)'자를 '말 마(馬)'자로 고쳐버려 관마리가 되었다는 이야기이다.

원래 관마리가 '말 마(馬)'자 가 아니라 '매화 매(梅)'자여서 관매창이라 했어. '창고 창(倉)'자 해서 '관매창(觀梅倉)'인데, 어째서 관매창이냐 하면은 지산면 그랑께 진도 말 키기(말키우기) 전이여.
세금 받을 때 지산면 세금을 전부 곡식을 받아갖고 관마리 여기 회관 된 밭, 회관도 일부가 원래 밭으로 따라 갔어.

이 회관 자리도 요 밭이 한 열 마지기 쯤 되아, 이 밭이. 이 밭에다가 모두 모테서 재(쌓아) 놓고 거둬 갖고 배로 실어 냈제. 요 밑에, 심일시(십일시) 밑에서, 옛날 그랬다고 그라던만. 그래서 창고 창(倉)자 해서 관매창(觀梅倉)이여.
(조사자 : 관매(梅)창에서 관마(馬)리로 왜 바꿨나요?)
아! 매화 매(梅)자? 그 당시 길은리, 지산면 길은리 분하고 관마리 그 노인 한 분하고 사이가 나빠 갖고 서로 라이벌이 되아갖고 길은리 그 분이 면장을 했단 말이오. 면장하면서 관마리 그 분 미워라고 이 '매화 매(梅)'자를 '말 마(馬)'자로 고쳐 불었단 말이오.
그란데 옛날 책을 보면 이 '매화 매(梅)자'로 되아 있어, 말 마자(馬)가 아니라.
(조사자 : 관마리 할 때의 관은?)
관은 그 옛날 '매화 매(梅)'자 쓸 때도 '볼 관(觀)'자 썼어. 똑같은 관(觀)자. 그라고 매(梅)자를 '말 마(馬)'로 고쳐 불었단 말이오. 말 킨다고.
(조사자 : 창은 무슨 창을 쓰나요?)
창은? 관매창(觀梅倉)이라고 하다 인자 옛날에 관마리(觀馬里)로 했어. 그란데 사람들이 부르기를 관매창! 관매창! 그랬어. 또 게미창이라고도 하제, 말을 살짝 돌려서.

시부모를 지극정성으로 모신 관마리 효부

자료코드	589_MONA_20170817_GMR_YYU_001
조사장소	진도군 지산면 관마리 관마마을 경로당
조사일시	2017. 8. 17
조 사 자	김명선, 윤홍기
제 보 자	윤영웅(남, 78세, 1940년생)

줄거리 관마리에는 둘째 며느리인데도 시집 와서 지금까지 부모님을 모셔왔고, 근래에는 치매 걸린 시어머니를 지극정성으로 봉양하는 부인이 있다. 이를 높이 본 마을 어른들의 추천으로 효부상을 탔다는 이야기이다.

김권민 부인이 있는데, 이름을 알았는데 모르겠구만. 월촌 거기 이름은 내가 알아. 요새는 부모와 살기만 해도 효부라 하는데, 시집 막 와서부터 욱에가 형님 있어도 그 형님도 나가 불고 둘째가 살아, 권민이가. 현재 이장하고 있단 말이오. 그란데 그 부인이 노부모 둘이 모시고 열심히 살고 있어, 사실 말하면.

그라고 동네 어떤 일 났다 하면은 손수 돌보면서, 누가 아프다면 차 갖고 와서 병원에 싣고도 가고, 또 회관 노인당에도 좋은 음석 갖고 와서 노인들 드리기도 하고, 권민이 각씨가 그렇게 부락에다 잘 한단 말이오.

그래서 소문이 자자 하제. 원치 잘해서 그래서 한국효도협회 효도의 상을 하나 내가 추천해 갖고, 노인회장 보고 추천서 한 장 써주라 하고, 내가 또 추천서 하나 써서 추천해 갖고 효부상 타게 만들아 주었지라.

권민이 각씨는 무엇을 잘 하냐면은, 현재 지금 씨어머니가 치매에 걸려 있어, 치매 환자가 자기 집에 한자(혼자) 있으면 보통 뭣이 아니지라. 치매가 걸린 지 5년쯤 되는데, 오줌 똥 받아내고 보통 뭣이겠소.

싫탄 소리 한나 안 하고 그렇게 잘 한다 해요, 부모한테. 실은 대통령상 받아야 한데 대통령상은 못 받고 효부상 받을 만 하지라. 효부상도 받게 해주고, 내가 욕 먹어라. 받을 사람 안 해주면, 정작 받을 사람 안 해 주고 엉뚱한 사람 해주면 내가 욕먹는다고. 과연 이 사람을 효부상 주어야겠다 하면은 해 주어야제.

지산면 길은리 용동마을

용동은 여의주를 가진 용 형국

자료코드 589_FOTA_20170715_YDR_PYS_001
조사장소 진도군 지산면 길은리 용동마을 마을회관
조사일시 2017. 7. 15
조 사 자 윤홍기, 김명선
제 보 자 박양수(남, 73세, 1945년)

> **줄거리** 용동을 원래 '용골'이라고 불렀는데, 행정상 마을 이름을 '용 용(龍)'자 '골짜기 동(洞)'자로 용동으로 고쳤다. 마을이 여의주를 가진 용의 형국인데, 바위는 용머리이고 여의주는 보리섬으로 이는 지명을 지은 옛사람들의 선견지명을 알 수 있다.

(조사자 : 동내마을 유래부터 얘기해주세요.)

우리 마을 용동마을 유래를 얘기할려면, 애당초에 이 지역에서 인자 우리 마을은 길은리가 행정부락이여. 길은 하고 용동 요리가 길은리 소관인데, 우리 애당초 이름이 '용골'이래, '옹골, 용골'이라 했어.

용동에 처음에 와서 마을을 설립한 사람이 저 지금 상보전 김형오네 아버지, 이름은 잘 모르것구만. 그분이 설립자인데, 인자 용동 모퉁아리서 살았어.

이름이 용동이라 해서 행정단위로 마을 이름을 고칠라고 보니까, 원래 용골이였는데, '용 용(龍)'자에다가 '골짜기 동(洞)'자에다가, 용동이라고 인자 개명이 되야서 그랬어.

우리 마을은 인자 용동이라는 지명이 어째서 그라냐면, 지명이 용의 뭣으로 봐서 형체와 같다든만. 우리 마을이, 용의 형국이 그 용머리도 순전히 바위고 형체가, 또 용은 여의주가 있어야 형국을 갖췄다는데, 그 앞에가 쪼그만한 보

리섬이라고, 바로 거기가 조그만 보리섬이 있어서 그것보다 여의주 형국이라고 그래.

그래서 그 용은 여의주가 있어야 용의 형체가 되는데, 옛날에 그 지명을 지은 사람들이 그래도 어느 정도 선견지명이 있어갖고 지어서 그런대로 용동이라는 지명이 맞다. 그래갖고 용동이라 했어.

음양 조화형 풍수

자료코드 589_FOTA_20170715_YDR_PYS_002
조사장소 진도군 지산면 길은리 용동마을 마을회관
조사일시 2017. 7. 15
조 사 자 윤홍기, 김명선
제 보 자 박양수(남, 73세, 1945년)

줄거리 땅고개에 있는 백씨네들 선산이 여자 음부 형국인데, 지도리 앞 양섬의 곽기장묘가 남근 형국이어서 음양의 조화가 맞는다는 이야기이다.

우리 지역에서 가만히 뭐 할 때, 저그 이 부근에가 거기 땅고개 라고 있어. 땅고개 거기가 백씨네들 선산이 있어. 백씨네들 선산이 있는데, 백씨네들 선산이 꼭 여자들 음부 형국이여.

누가 보드라도 그란데, 그것이 여자가 있으면 남자가 있어야 형국이 맞는데, 그 지역에 가서 보면, 저그 지도리 앞에 거가 양섬, 거가 곽기장 묘가 있어. 동그랗게, 그래서 곽기장 거기가 나온데가 거가 남근이여. 누가 보더라도 음양의

조화가 맞다고 그래서 그런 말이 있지 않았나.

그전에 백군수가 우리 진도 군수님으로 오셔갖고, 그때 백씨네들 선산 앞으로 소류지를 막을라고 했든 적이 있어. 백씨네들이 말을 안 들었든가 못 막았어. 소류지 앞에, 묘 앞으로 해서 소류지를, 소류지 물이 있으면 더 훨씬 묘가 좋을 것인데 소류지를 안 막은 것이 묘로 보면은 쪼깐 형국이 덜 좋았지 않냐….

지력산 명당을 찾아라

자료코드	589_FOTA_20170715_YDR_PYS_003
조사장소	진도군 지산면 길은리 용동마을 마을회관
조사일시	2017. 7. 15
조 사 자	윤홍기, 김명선
제 보 자	박양수(남, 73세, 1945년)

줄거리 지력산 정상 근처 용둠벙 옆에 베틀바위가 있는데, 풍수상 베를 짤 때 쓰는 북이 떨어진 자리가 명당이라 한다. 그러지만 그 북이 어디로 떨어졌는지 알 수가 없다는 이야기이다.

지력산은 지산면에서 제일 높은 산이거든, 그란데 지력산 꼭대기 쯤 올라가면 '용둠벙'이라고 있어. 연못이. 고 연못 옆에 거기가 꼭 베틀바위라고, 꼭 베틀같이 생긴 그 바위가 베틀바위가 있어. 그 베틀바위가 거그서 베를 짤라고 인자 뭐니 뭐니 해도 베를 짜는 그 북, 북이 중요한 물건인데, 그 북이 어느 지역으로 가서 떨어졌느냐. 그 북이 떨어진 곳이 명당인데, 아직 그 북이 어느 곳으로 떨어졌는지는….

지금 떨어져갖고, 써져갖고, 명당이 되어갖고 있는가. 어느 곳이 북이 떨어진 자리를 지금 확실하게 몰라.

삼별초 지씨와 노수신이 유배 왔던 거제

자료코드　589_FOTA_20170715_YDR_PYS_004
조사장소　진도군 지산면 길은리 용동마을 마을회관
조사일시　2017. 7. 15
조 사 자　윤홍기, 김명선
제 보 자　박양수(남, 73세, 1945년)

> **줄거리**　삼별초난 때 거제에 지씨라는 선비가 유배를 왔었는데, 그 후로 노수신도 이곳으로 유배와서 살다가 환궁했다는 이야기이다.

(조사자 : 거제 지씨라는 분과 노수신 관련 얘기 좀 해주세요.)
그랑께 거제, 지금 글쎄 삼별초 난 때나 될까?
삼별초 난 때 지씨라는 분, 이름은 잘모르겠구만. 지씨라는 선비가 삼별초 난 때 거제에 와서 그 해변에서 살았어. 인자 뒤로 또 노수신이라는 어르신이 거제 고리 유배를 와갖고, 그 지씨라는 어르신이 기거하던 그 초소에서 인자 사시다가, 안치도 그랬다는데…. 그란데 안치는 가서 살았다는 근거, 적(跡)이 뭣이 없다 해. 뭣이 없대.
그란데 인자 그분 노수신은 임금이 불러서 나중에 환궁해서 영의정까지 하시고 그랬다는데, 지금 우덜이 봤을 때는 자세히 모르겄드라고. 노씨들도 물어

봐도 노씨들이 노수신 어르신 후예랄까? 그런 것도 아니라하대. 노수신 어르신하고 관계가 없다는 거지.
(조사자 : 관계가 있다고 하대요. 문화원에서 들으니, 아들 둘이 있었는데, 한 분은 여기 계시고 한분은 저기 경상도로 가 가지고 살고, 노수신이 서울로 가면서 아들들은 안 데리고 가고, 놔두고 본인만 올라갔다고 하더라고요.)
그랑께 인자 역사를 조금 깊숙하니 아는 사람들은 안지 몰라도, 안치 노씨들은 족보라든가 그런데는 기록이 안됐다고 해. 여기 와서 이 근년(近年)에 작년엔가 나도 향교 노수신 비(碑) 해 세운데 놀러 갔는데….
광산 김씨네들은 중앙에서 모두 오셔서 입비를 세우고 갔어….

길은리의 입향조 나상서

자료코드 589_FOTA_20170715_YDR_PYS_005
조사장소 진도군 지산면 길은리 용동마을 마을회관
조사일시 2017. 7. 15
조 사 자 윤홍기, 김명선
제 보 자 박양수(남, 73세, 1945년)

> **줄거리** 나상서는 길은리의 한천동이라는 골짜기에서 은거해서 살다가 길은리로 입촌하였다. 길은리라는 이름이 유래한 것은 나상서가 은거한 마을이라는 뜻이라 한다.

길은리는 나상서라는 어르신이 길은리 마을의 창시잔데, 이분이 그전에 어디서 내려와 갖고, 저 한천동이라는 그 골짜기에서 살았다고 그래. 지금 한천동

길은리 입향조 나상서 동상

거가 찬물맥 이라고도 하고 그라제, 찬물맥 이라고도 하고 그라는데, 그래서 한천동, '찰 한(寒)'자 '샘 천(泉)'자를 쓰고, 길은리는 옛날에는 물은리라고 해서 '말 물(勿)'자 썼더라고….
'한천동', '찬물맥이' 그랑께 찬물이 난다 해서…. 그래서 길은리가 은거하는 사람이 살아서 길은리가 잘 안 쓰는 '숨을 은(隱)'자를 써요.
그런 연유에서 길은리 지명도 지어졌지 않냐. 거가 길은리 설립한 어르신이라고, 길은리 정문 앞에 나상서씨라고 이 어르신 비가 서졌드라고. 그것을 길은리 청년들 보다 물어봐도 유래를 잘 모르더라고요. 그래서 이것 한번 잘 역사를 아시는 분이 뭐해갖고, 후생들한테 이런 어르신이 창시자라고 알려줬으면 하는 바램이 있어.

용동리와 지도리를 잇는 이슨바우

자료코드	589_FOTA_20170715_YDR_PYS_006
조사장소	진도군 지산면 길은리 용동마을 마을회관
조사일시	2017. 7. 15
조 사 자	윤홍기, 김명선
제 보 자	박양수(남, 73세, 1945년)

> **줄거리** 용동리에 지도리와 연결되는 곳에 이슨바우가 있는데, 한 장사가 바위를 들어 강물에 떨쳐 막으려고 했으나 힘이 모자라 던지지 못하고 장사가 바위를 머리에 인 흔적이 남아있다는 것이며, 용동리는 이슨바위가 있는 곳을 연결해야 읍내와 가깝고 교통이 원활해진다는 이야기이다.

저그 저 이슨바우, 이슨바우여. 그 우리 지역 이슨바우 거가 이름이 '이슨바우'라고 그래. 우덜도 이슨바우라고 그라는데, 거기가 카나큰(커다란) 바위가 있어. 거가 지금 굴이 뚤러졌는데, 그 굴을 지금 발굴을 못해. 그래갖고 그 굴 깊이가 저그 저 얼로(어디로) 뚤려졌는지 발굴을 한번 해봤으면 하는 뭣도 있어.

그 옛날 어떤 장수가 그 커나큰 이슨바우 고놈을 들어서, 그 아래 지도리하고 이슨 그 아래 강물에 떨쳐서 막을라 했다가 힘이 모자라 못해서, 이 장수가 바위 일락하는(머리에이려고하는) 바위 가운데가 사람머리 들어갈 만한 형국이, 지금 딱 형체가 남아 갖고 있어.

그란데 지금 산업도로를 낼려면은 거가 있어야 돼. 지도리 하고 고 이슨바우하고, 그래서 옛날 노인들이 잇어진다고 해서 '이슨바우'라고 그랬다고 해. 지금 우리가 지산면 요짝 소포만 막아져갖고, 읍내 중심지를 갈려면 뭐 이슨바우를 잇어야 거리상도 가찹고, 읍내하고 교통도 원활해.

그래서 우리가 생각할 때는 옛날 지명을 짓고 하는 사람들이 이슨바우라고 한 것이 그런 조건이 맞고 그런께 이슨바우라고 했지 않느냐. 그래서 우리가 고리 교통 산업도로를 내주라고 건의도 하고 그래.

지산면 보전리 갈두마을

10대 시절의 힘들었던 객지 생활

자료코드 589_MONA_201709018_GDR_AJJ_001
조사장소 진도군 지산면 보전리 갈두마을 제보자 자택
조사일시 2017. 9. 18
조 사 자 김명선, 윤홍기
제 보 자 안장진(남, 74세, 1944년생)

> **줄거리** 정미소 기술을 배우기 위해 열 네 살쯤 집을 나와 정미소에서 일을 하는데 기술은 가르쳐 주지 않고 잡일만 시켜서 그곳을 나와버렸다. 오갈 때가 없고 굶주렸는데 좋은 분을 만나 사금 만드는 곳에서 일하다가 6개월만에 집으로 돌아왔다는 얘기다.

열 네살 조금 더 먹었을 겁니다. 그때 당시 내가 전라북도 김제를 갔지요. 백학면을 갔었는데, 누가 지금은 정미소도 있고 좋은 기계도 돌리지만, 옛날에는 통통기 손으로 돌려가지고 전기선으로 그걸로 해서 방아를 찧었어요.
그라면 전라북도하면 대한민국 곡창지대 아닙니까, 정말 황금물결이라는 것을 만경창파에 가득하고 바람에 너울거리는 것을 볼 수 있었죠. '이게 호남평야 황금 물결이구나' 노란 나락 있을 때 물결치는 것 말입니다.
거기서 맨날 부엌에 불 때라는 것만 시켜요. 주인이 그래, 하루는 한 달 정도 되었는데 나 혼자 하는 말이 '여기 오면 기술 갤차 줄쭐 알았는데 맨날 불만 때라 한다'고 했더니 주인이 때려요, 나를. 그래 그냥 팅기쳐 나왔어요. 맞고 내가 어찌 일을 하겠느냐 팅기쳐 나오는데, 그때 내가 객지에서 한번 울었네요.
그, 나와서 어디서 잤냐 하면은 가을인데 조이기 있습니까, 서숙 조이, 조이가 우리키만치 해가지고 잘 되었던만요, 그런 때만해도 비료가 풍부해서, 이런 데

는 흉년인데, 정부에서 많이 주니까, 조이 그 속에서 잤는데 사흘을 굶으니까 도적질도 하는 사람이 하지 아무나 하는 것이 아닙디다.

고 밑에가 어덩이 있는데, 밑에 큰 좋은 집이 있어. 거기가면 밥도 있고 별 것 다 있다 그말입니다. 어린 생각에도 '쩌그 가면 밥은 있을 텐데' 낮에는 사람이 없고 들에로 다 일하려 가니까, 그걸 못했어. 그걸 가서 밥을 한번 둘러먹지 못했어요.

사흘을 거기서 굶고 자는데 사흘째 나는데, 뭐가 떨어지냐 하면은 진실로 굶으면 이런 눈물이 뚝뚝 떨어집니다 눈에서. 진짜 굶으면 정말 이런 눈물이 눈에서 뚝뚝 떨어져요. 닭똥 같은 눈물이 떨어져요. 아! 이제 어른들 듣는 말로 이런 뭣이 있구나. 그래 가지고 거기서 뭣 못하고 서숙밭 주인이 거기를 왔어요.

밭에를 누가 이라고 있냐고 물으니, 사실은 내가 정미소에 들어가서 정미소 기술을 배울라 하는데 만날 불만 여라고 그래서 내가 거기서 띳쳐 나왔습니다. 주인이 안 한다고 매를 때려서 띳쳐 나왔습니다.

아저씨 어떻게 하면 내가 밥을 먹고 일을 해서 돈을 벌어야 되겠는데, 어떻게 하면 되겠습니까? 그라면은 나를 따라 오라고 그분이 그때 당시 굉장히 고마웠어요. 거기서 서숙을 좀 비다가 나를 데꼬 자기 집으로 갔어요. 자기 집으로 가서 밥을 먹이고 그날 밤, 하룻밤을 자기 집에서 재웠어요.

옛날에는 사랑채라고 사립에다가 별도로 집을 짓어 갖고 거기다가 외래객을 재웠어요. 아주 특별한 귀한 손님이 아니면은, 전라북도 김제 같은 데는 그렇게 했어요. 예우법이 시지(세다) 않습니까, 전라북도부터는.

그래서 그 뒷날은 나를 따라가자 가니까 사금 '모래 사(沙)' '쇠금(金)'자 이 전라북도에가 그 좋은 벌땅을 파면 순 모래여요. 그 모래를 걸러 갖고 원동기를 돌려서 물을, 모래땅은 물이 나와요 모래하고 물하고 거르면 밑에서 금을 빴습니다. 그렇게 사금을 만드는데,

"거그 가서 근무를 해라."

그래 가지고 거기 가서 하니까 좋다고 그래요. 꾀도 안 부리고 심바람 잘 하니까. 거기서 금전판에서 한 6개월 근무를 했어요.
그러다가 집으로 내려 왔지요.

주경야독(晝耕夜讀)으로 배움의 길을 찾다

자료코드	589_MONA_201709018_GDR_AJJ_002
조사장소	진도군 지산면 보전리 갈두마을 제보자 자택
조사일시	2017. 9. 18
조 사 자	김명선, 윤홍기
제 보 자	안장진(남, 74세, 1944년생)

> **줄거리** 가출 후 집에 돌아와 아는 분의 소개로 염전에 일하러 갔다. 그곳 주인의 학식에 반해 낮에는 열심히 일하고 밤에는 주인 할아버지에게 여러 가지 한학을 배웠다는 이야기이다.

[전라북도에서 고생하고] 집에 왔는데 이 마을에 잘 아는 누나가 한 분 있었어요. 그 분이 저도 없으면 그렇게 많은 토(이야기)를 해주지 않고 하면서 내 이름이 장진이 입니다만
"너 비금을 가면은 사람들이 인자하고 좋으신 분이 있으니 거기 가서 좀 있어 보면 어찌겠느냐?"
그래 지초지종 물었지요.
"거기 가서 뭣을 하겠습니까?"
염전이 자은에가 60전 있대요 자은에가. 그리고 그때 일본 다니는 무역선이

두척 있었어요. 그 집이 그때 제 욕심은 '거기서 열심히 근무를 하면은 나를 무역선을 태주겠지' 일본 갈 욕심을 그때 당시에 우리나라에서는 하루 일을 하면은 100원을 주었습니다.

우리가 일을 한데, 하루 종일 지게 지고 일을 하는데, 100원이 얼마냐 하면은 2킬로 짜리 쌀을 딱 깎아서 하나 주었어요. 쌀 한 되에 100원입니다. 그라면 그 쌀 한 되를 갖다가 밥을 하면은 보통 저런 밥그릇으로 네 그릇이 나와요. 그 쌀밥 네 그릇을 벌기 위해서 하루 종일 가서 일을 해요, 하루 종일.

그런 세상인데, 거기를 가서 인자 우리나라에서는 100원을 받으면 일본에서는 700원을 받았습니다. 그때 당시에 그 말을 듣고 일본으로 가야 쓰겠다 그 욕심으로 무역선을 갈라고 거기 가서 머슴살이를 한 것입니다.

제가 거기 가서 주인을 딱 보니까 주인 할아버지가 "황응선"씨인데, 이름까지 제가 기억하고 있습니다. 그 양반 할아버지가 배움이 많은 학자여요. 배움이 많은 사람입니다. 옛날에 일제시대 자기 할멈이 죽고 없어서, 그 양반도 타락이 되아 갖고 새끼들이, 아들이 너닌데(4명) 다 집에 놔둬불고 절로 들어가 불었어요. 절로! 절로 들어갔는데 절로 들어가서 공부를 많이 했습니다.

그랬는데 '황봉옥' 씨라는 사람이 일본을 들어갔었어요. 일본말을 잘 해서 일본으로 들어가서 돈을 많이 벌어가지고 왔습니다. 그래가지고 즈그 아버지를 찾았어요. 귀국을 해 갖고 그래서 아버지를 찾아 가지고 즈그 대리 엄마를 얻어 줬어요.

그랬는데 구학문이 아주 풍부하더라고요. 지금 말해서 갑자을축(甲子乙丑) 생기복덕(生氣福德)으로 해서 어느 날 일진은 좋고 나쁘고, 이런 것을 개리고 이런 것은 역학 아닙니까 그래 아! 이것을 배워야 쓰겠다. 하루는 저녁을 먹고,

"할아버지, 돈을 떠나서 저 의문이 하나 있습니다."

"뭐냐?"

"할아버지한테 공부를 배우고 싶습니다."

"그래, 그래라" 여기서 천자하고 계몽편을 띠었어요.

그 서재를 우리 마을도 아니고 쩌그 금로란 마을인데 여기서 금로란 마을은 산길로 약 4킬로 됩니다. 거기 다니면서 배아 갖고 『천자』 띠고 『계몽편』 하고 『동몽필선』까지 띠었어요. 그때 나머지는 배운 것이 『명심보감』 밖에 없었어요.

"너 지금 어디까지 배웠느냐?"

"천자는 띠고 동몽필습까지 배웠습니다."

"그럼 너는 지금부터 명심보감을 배우거라."

거기서 『명심보감』, 『소학』, 『대학』을 배웠지요. 내가 하는 것은 다른 것 다 필요 없고 낮에는 일을 열심히 할랍니다. 밤에는 어찌게든 자유 시간을 좀 주십시오. 배움의 시간을 주십시오. 그렇게 승낙을 받고 거그서 공부를 했어요.

수심(水深)이 적합한 양식장을 찾기까지

자료코드 589_MONA_201709018_GDR_AJJ_003
조사장소 진도군 지산면 보전리 갈두마을 제보자 자택
조사일시 2017. 9. 18
조 사 자 김명선, 윤홍기
제 보 자 안장진(남, 74세, 1944년생)

> **줄거리** 해상 생활을 해본 제보자는 물길을 잘 알아 여러 곳을 돌며 양식에 적합한 곳을 찾아다녔다. 고향인 진도 집에 돌아와 낚시를 하다가, 진도가 수심이 적합한 것을 알고 톳, 미역, 다시마, 전복 양식을 개척했다는 이야기이다.

제가 해상 생활을 해봤으니까 대한민국의 어디는 어쩌다 육질(육지와 물길)을 제

가 다 끼었지요. 가만히 보니까 충청도에는 물 이시고, 즉 말해서 간만의 차이가 서쪽에로가 십니다. 동쪽은 없지요. 간만의 차이가 없습니다. (서쪽은) 물이 많이 쎄니까 조류가 셀 것 아닙니까? 그래 서쪽은 온수가 흐르고 요쪽은 한류가 흐릅니다.

보니까 저그 지금 나라도에서 비행기 무엇을 하고 있지요. 지금 고흥 나라도에서 거기서 한번은 정박을 해놓고 잠을 자다가 그때만 해도 수산업 책을 자주 봤어요. 농사하고는 제가 소질이 안 맞아요. 왜냐하면은 농사해 갖고 무슨 큰 돈을 벌겠느냐 한꺼번에 벌어야제. 그러지만 지금 전복이나 키고 있습니다만 무엇인가 바다에 투신하고 싶었어요. 그때부터.

그란데 나라도 가니까 여기는 수온이 높아서 안 되겠다. 미래에 지장이 온다. 그렇게 느꼈어요. 그러면 서해쪽으로 옮겨야 하는데 그때 진도는 생각도 못했습니다. 그라면 인천서부터 쭉 내려오니까, 충남 대천 부근에서 또 제가 일 년 살았어요.

대천서 살면서 보니까 대천도 조류가 세서 안 되아요. 지금 고군산 열도 내려오며 군산에서 내려오면 새만금 막아진데 있지 않습니까, 고군산열도 그 부근은 되는데 너무 북풍 지역이라 안 되야요.

여그도 안 된다. 그러고는 한 번 고향이니까 집에를 와서 낚시간다고 밖에 나가서 수심을 재 보았어요. 수심이 25미터~30미터 나와요. 기가 맥해요. 오냐 되았다. 조금 양식하기는 지금은 50미터도 상관없이 기계로 투하하니 상관없는데, 그때는 말(바지랑대)을 질렀어요.

내가 할 수 있는 양은 충분하겠구나 이 부근 개척은 전부 내가 했습니다. 지금 이 마을에서 전복 양식도 내가 개척을 했고, 톳 양식, 미역 양식, 다시마 등 전부 내가 개척을 다 한 거예요.

부인을 지켜주는 죽은 남편의 혼불

자료코드 589_FOTA_201709018_GDR_AJJ_001
조사장소 진도군 지산면 보전리 갈두마을 제보자 자택
조사일시 2017. 9. 18
조 사 자 김명선, 윤홍기
제 보 자 안장진(남, 74세, 1944년생)

> **줄거리** 톳양식으로 돈을 벌러 갈두리에 갔다가 밤늦게 집으로 돌아올 때면 죽은 남편의 혼불이 나타나서 부인이 산마루를 넘어 갈 때까지 지켜보다가 사라졌다는 이야기이다.

한번 우리 식구가 원 막는데, 물이 쓰면 여기까지 물이 써 부러요. 저기 논도 모두 뻘당이지. 거기 가서 우리 막내딸하고 게를 잡으로 갔는데, 화랑기(화랑게)요 만씩하고 밤에 나는 가에가 있고 돌이 씩~ 날아들어. 날라와. 우리 애 하는 말이,

"엄마 뭣이 이케 날라와."

저 사람은 나이가 먹었으니까 '이상하구나' 하고 느끼는 것 같고,

"새가 날아 댕기냐?"

그냥 그렇게 말하고 말았는데 늘 돌이 날아가니까 우리 식구가,

"가자."

한거여.

"가자, 그만 잡고."

오는데 비가 억수로 쏟아집디다. 그러고 오는데, 어떻게 되었냐 하면은 여기 배옥진씨라고 그 분이 사람이 좋은 분입니다.

그분이 돌아가셔서 저 욱에다 묻었어요. 보통 분은 안 그란데, 그분이 불이 많이 나왔어요. 그 불은 파랍니다. 빨간 것이 아니고 파랍니다. 자기 할멈이 내가

톳 양식을 많이 했거든요. 톳 양식은 내가 기본 줌(主)입니다 진도군에서. 내가 제일 먼저하고 내가 많이 하고, 자기 부인이 큰 마을에서 사는데 우리 집으로 톳 양식 하러, 돈 벌라고 다녀.

꼭 여기 올라가면 욱에로 올라가는 세면(시멘트) 길이 있어요. 조금 150미터 가면은 꼭 거기서 기다리고 있는 것이여, 불이. 여기 오면 밤까지 일을 하니까, 그러면 여거서(여기서) 사람이 나가면 불은 저리로 올라가요. 올라가 앞서서 올라가 산마루에 가서 큰 마을 바라보고 있다가 사라지고 했어요.

풀숲에 떡을 던진 이유

자료코드	589_MONA_201709018_GDR_AJJ_004
조사장소	진도군 지산면 보전리 갈두마을 제보자 자택
조사일시	2017. 9. 18
조 사 자	김명선, 윤홍기
제 보 자	안장진(남, 74세, 1944년생)

> **줄거리** 친척집 제사를 지내고 집으로 돌아가는 길에 묘 앞을 지나는데, 풀을 젖히는 소리가 들리자 제삿집에서 딸을 주려고 받아온 떡을 그곳에 뿌리고 왔다는 이야기이다. 보통의 도깨비 이야기는 혼자 경험한 이야기가 많은데, 부부가 같이 도깨비를 경험한 것이 특징이다.

하루 저녁에는 김기행이라고 그 조카가, 우리들도 조카가 되는데, 즈그 아버지 기일이었어요. 그래서 인자 우리 식구하고 제사 때, 지금은 돈으로 봉투하고 그라지만 그때는 쌀 한 되 갖다 주는 것이 인사 아닙니까?

그때 한 되 갖다 주고 오는데, 지금 전복하는 애가 작은 앱니다. 작은애가 다섯 살 먹었을 때입니다. 떡을 요만치 줬어요. 애기 갖다 주라고 그걸 들고 오는데, 고 묏 밑으로 옴시로 달새(억새) 자치는 소리가 푸시 푸시 난다 그거여. 섶을 자치니까 소리가 나지요. 우리 식구는 벌써 떡을 거기다 던져불었어.

그리고 나는 그냥 참 기분이 안 존게 혼자 앞으로 핑하니 오는데, 같이 와야 되는데 그것이 잘못한 거여. 나는 저 사람이 그 상황을 모르는 줄 알고 앞을 섰어요. 그란데 자기도 다 알고 듣고 알고 거기다 던져 분겁니다. 이것은 사실입니다. 던져 버리고 우리 집에 온 적이 있습니다.

지산면 보전리 상보전마을

어머니 손 끝에서 나왔던 무명옷

자료코드 589_MONA_20170824_SBJR_KMJ_001
조사장소 진도군 진도읍 동외리 고산 서예원 제보자 사무실
조사일시 2017. 8. 24
조 사 자 윤홍기, 김명선
제 보 자 김민재(남, 79세, 1939년)

> **줄거리** 옷을 손수 만들어 입어야 했던 시절, 농사일로 힘든 와중에도 어머니들은 밤이면 손수 베를 짜서 정성스럽게 옷을 만들어 입히며 자식들을 키웠다는 이야기이다.

우리 어렸을 때 부모님들이 우리를 어떻게 먹이고 입혔는가? 하는 것에서 인제 우선 의생활, 의복을…. 그때는 이 우리 어렸을 때는 일본시대라 웬만한 사람은 사 입는 옷은 꿈도 못 꾸고 전부 자체적으로 해결을 해야 되는 그런 시대였어.

어머님들이 무명을 밭에 갈아 가지고 무명을 따서 목화를 따서 솜으로 만들어서, 거기서 목화에서 실을 빼 가지고, 베틀에서 겨울에 농한기에 베를 짜서. 그걸 가지고 자식들 전부 옷을 손수, 아버지서부터 자식들 옷을 손수해서 입혔제.

그런 어려운 시절에, 1년 열두 달 낮에는 농사를 짓고, 겨울 농한기에는 베를 짜고 그렇게 해서. 누에를 키우고 하면서 그 누에에서 나오는 명주는 자식들 결혼식 때 결혼예복으로 준비를 해두고, 그 부모님들의 피땀 나는 정성으로 하나하나를 모두 손끝에서 만들어서 그리고 많은 자식들을 모두 키웠어.

그래가지고 인제 그때는 색깔이 딱 둘이니까, 무명은 흰옷, 검정 옷, 그렇게 해서 해 입혀가지고, 그 무명옷에 인제 또 겨울에는 추울 때는 그 무명옷 속에다 솜을 넣어서 누비바지랑 누비저고리를 해서 겨울을 나게 하고, 참 그런 시절에 부모님들이 자식을 키우면서 일일이 자기 손끝 하나에서 다 옷을 해 입혀가면서 키웠다 하는 그런 세상을 지금은 상상하기도 어려운 시대가 아니였는가….

배고픈 그 시절에 먹었던 음식

자료코드　589_MONA_20170824_SBJR_KMJ_002
조사장소　진도군 진도읍 동외리 고산 서예원 제보자 사무실
조사일시　2017. 8. 24
조 사 자　윤홍기, 김명선
제 보 자　김민재(남, 79세, 1939년)

> **줄거리**　일제강점기에 흉년이 들면 식량을 수탈 당해 먹을 것이 없어 칡가루, 호박죽, 보리가루에 톳을 섞어 죽을 끓여 먹었고, 고구마가 주식이었다는 이야기이다.

옛날 일본 시절에는 공출이라고 해가지고 농사진 것은 거의 수탈 당하고, 그야말로 먹을 것이 없어가지고 어려운 때, 만약에 흉년이라도 들면은 먹을 게 없으니까 춘궁기에 보면은 보리고개 라고, 그저 전부 산과 들로 흩어져서 먹을 것을 찾느라고 부모들이나 활동할 수 있는 어린 나이에 있는 사람들도 먹거리를 찾아서 나섰어.
그 어려운 시기에 주로 칡가루를 가지고 연명을 하고, 또 그냥 그 보리 가루에

다가 그야말로 톳들을 섞어가지고 먹고, 호박죽은 아주 훌륭한 참 저기였고, 고구마는 항상 부뚜막에다 썩지 않게 머리맡에다가 저장을 해놓고, 겨울 내내 그것이 바로 겨울에 주식으로, 점심때 주식으로 먹었제.

이렇게 먹고 살던 그런 식생활이 지금은 참 아련한 듯 하지만, 그때 자식들을 다산할 때라 많아 가지고 그 어려운 시절을 부모님들의 손끝으로 모두해서 이렇게 키워주셨어.

젊은 시절 힘겹게 보냈던 서울 생활

자료코드	589_MONA_20170824_SBJR_KMJ_003
조사장소	진도군 진도읍 동외리 고산 서예원
조사일시	2017. 8. 24
조 사 자	윤홍기, 김명선
제 보 자	김민재(남, 79세, 1939년)

> **줄거리** 가난했지만 공부를 잘해서 아버님의 반대를 무릅쓰고 진도 서중학교에 진학했다. 하지만 가정 형편 때문에 2학년 때 학업을 중단하고 무작정 서울로 상경을 해서 닥치는 대로 여러 가지 일을 하면서도 배움에 대한 열의를 가지고 공부의 끈을 놓지 않고 청년기를 서울에서 보냈다는 이야기이다.

내가 인제 그 국민학교 6학년을 마치고, 진학을 할려면은 6학년 때 인자 항상 오후에 남아서 중학교 갈 사람들은 과외 수업을 학교 선생님한테서 했는데, 그때 우리 반이 70명인가 됐었어. 중학교를 진학하겠단 사람이 한 20명 정도 된 것 같애, 한20명 정도 되는데,

인제 내가 학교에서 항상 내 친구들은 먼저 다 오는데, 학교 안간 애들은 과외

를 안 하니까, 내가 늘 마을에서 혼자 늦게 오니까,

"어떻게 해서 남들은 일찍 와서 일 도와 주고 소도 멕이고 하는데, 너는 무슨 짓을 하고 인제 오냐?"

하고 야단도 많이 맞았는데, 감히 우리 환경에 중학교 간다는 말 자체를 할 수가 없어. 그 때문에 비밀로 과외를 받고 했는데, 마침 그해 선생님이 학생들 가정 순방을 할 때, 우리 담임이 우리 집에 오셔가지고 인제 아버님한테, 민재는 좀 가르쳐야 되겠다고 공부도 잘하고 하니까 중학교 진학을 시키라니까, 아주 아버님이 그때 그 소리를 듣고는 펄쩍 뛰는 거여.

우리 동네에서 그 아주 대문안집 부자라고, 딱 중학생 하나 있었어요. 한명. 그런데 그 대문안집 부자의 외동아들이 누구냐면 저 진도 부군수를 하던 김귀채씨라고 그분이 바로 그때 나 보다 한살 더 먹었으니까.

여기 서중학교를 딱 한 사람 다녔어. 인제 우리 하고 비교도 안 돼요. 그 집에는 머슴이 셋넷씩 있고 한데, 우리 백부님도 나보다 먼저 졸업 탄 형님을 중학교는 안 보냈어요. 그런데 우리 백부님도 내가 알기로 어렸을 때 보면은 우리보다 훨씬 부자였는데 안 보냈다고, 그러니 인제 우리 환경에서 내가 중학교 소리를 꺼내도 못하게 입장이 됐지.

그런데 어머니께서 인제 중학교 시험을 보러 가게 되었는데, 시험을 보러 갈려믄 보전에서 앵무리를 나와서 거기서 배를 타고 건너서 인제 산월 넘으면 염장이 나와, 염장에서 걸어서 읍내를 가야 되는데 평생에 읍내를 한번도 나와 본 적이 없어. 그때까지… 국민학교 다닐 때 나올 일도 없고 차도 없고 그때는 순전히 걸어서 다닐 땐께…

그래 인제 어머니가 나 보고 그러더구만,

"아버지 몰래 가서 시험을 한번 봐라. 봐 가지고 떨어지면 할 수 없고, 인제 니가 붙으면 읍내 너희 삼촌이 한 사람 살고 있으니까, 외삼촌이 살고 있으니까, 거기 가서 한번 사는 걸로 그렇게 얘기를 해보자."

그래서 아버지한테는 비밀로 하고 인제 어머니가 선비(船費), 나룻값 선비를 좀 주어 가지고 나 혼자 걸어서 시험 보러 읍내를 와서, 그때 보전 촌놈이 읍내를 와 보니까 어리둥절하더라고 어리둥절 해, 그냥.

그래서 참 번지수도 뭣도 없는 이름 석 자 어머니한테 알아 가지고, 읍내 들어오면서부터, 우리 외삼촌 이름을 유명한 사람이라 물어보면 안다고 어머니가 시켰으니까, 그래서 몇 군데를 물으니까 다 모른다고 그래, 쭉 오다 보니까 어떤 사람이 보고는,

"응, 여기 이 집이 느그 삼촌집이다."

그래.

그래서 엄청나게 크더라고 그래서 들어가 봤더니 집이 아니고 큰 사무실이야. 그때 인제 우리 삼촌이 뭐냐 하면 신안공사라고 일본 놈 땅 관리 회사를 다니시더구만. 그래서 인자 옛날에 제사 모시러 갔을 때 인사드리고 그래서 얼굴은 알지. 삼촌을 만났는데 반갑더구만, 거기서 삼촌님하고,

"내일 진도 서중학교 시험 보러왔습니다."

그러니까

"아, 잘했다. 아부지가 보내드냐?"

고 그래,

"아부지가 안 보냈습니다."

거짓말 할 수도 없고 그랬는데, 거기서 하룻밤 자고 아침에 시험 보고 이제 또 걸어서 앵무리 나루타고 집에 갔는데, 인제 또 시험 발표 날 와 봐야 되는데, 그 때 또 아버지에게 숨길 수가 없어, 떨어지면 그만이고 하고 인제 와서 보니까 합격이 됐더라고, 그런데 그 합격된 것이 더 큰 문제가 인제 되는거여.

그래서 합격을 해가지고 인제 아버님하고 어머님하고 인자 날마다 불화지. 그리고 인제 등록금 그때는 사친회비라고 그랬잖아. 사친회비를 내야 저기 되고, 또 모자도 사야 되고, 옷은 사는 게 아니고 집에서 무명 염색해 가지고 교복을 재봉틀 하는 집에서 재서 교복을 만들어 줬어.

그래가지고 인제 돈 들어갈 곳이 한 두 곳이 아니지, 돈은 구경하고 죽겠다 해

도 한 푼도 없는 그런 삐쩍 마른 그런 세상에서…. 그러니 집안에 불화는 늘 나고, 아, 참 어린 시절에 미치겠더라고.

그래서 어찌 됐던 간에 등록금을, 돈이 한 푼도 없으니까, 어머니가 인제 가서 외삼촌보고 요번 한번 대주면 가을 추수 해가지고 갚는다고 그렇게 하고 얘기 해보라고 그라드만, 그래서 삼촌한테 그 얘기했더니, 생활이 넉넉한 분이라 두 말도 않고 그러라고 해서, 거기서 사친회비를 얻어가지고 학교를 다니게 됐어. 그래가지고 그때 그 또 삼촌이 좀 잘나가니까, 인제 후실을 보니까, 날마다 삼촌하고 외숙모가 싸워서 그 속에서 있을 수가 없더라고, 거기서 한3개월 있다가 도저히 안 되겠서 학교 다니는 애들한테,

"야! 너 자취 어디서 하냐? 같이 좀 하자."

그래 이제 걔들하고 같이 지금으로 말하자면 쌍정리여. 쌍정리 우물가 있는 옆에 거기다 자치 방을 즈그 둘이 있는데서, 내가 끼어서 셋이 하는데 한사람은 초사리 사람이고 하나는 석교고, 하나는 나고 그래.

자취를 하러 들어갔는데, 나는 집에서 가져올 수 있는 것이 일주일에 보리 서 되, 반찬이라고는 단지에다가 기(게) 간 것, 고것이 일주일 먹을 반찬하고 양식이야. 그러고 가져오면은 야들은 동네에서 다 잘사는 부자들이라, 맨 쌀만 갖고 오는거야. 쌀만 가져오니까 인제 보리가 있으면 밥이 안 돼. 그러니까 야, 이것 보리는 사거리 갖고 가서 바꿔서 빵 먹어 버리고, 요것 갖고 일주일 먹자.

아, 근데 목에 그 빵이 안 넘어가는거야. 아, 정말 같이 있을 수도 없고, 어디로 갈 데도 없고, 정말 그 기가 맥힐 땐데, 그때 바로 그 시절에도 진도에 진중 애들 하고 농고 애들하고, 그 선배들이 아주 질 좋지 않은 애들이 자취방마다 찾아 다녀. 밤이면은 공부를 할 수가 없어.

그러고 와서 담배피고 성가시게 하고, 쌀 다 뺏어다 즈그들 빵 사먹고, 그러니까 셋이서 일주일 먹을 것 갖고 와서, 내 것은 보리는 찐빵으로 바꿔 먹어 버리고, 쌀 그것은 가져온 것도 뺏기고, 학교를 굶고 다닐 때가 많았다니까, 그러니까 힘이 없지….

그리고 인제 그 애들이 저녁이면 와서 파고 살아. 거기서 1년을 보내고, 그란데 2학년으로 올라가야 되는데, 사친회비를 내야 돼. 부모한테 달란 말도 못 하겠고 삼촌한테 얘기 할 수도 없고, 그래서 2학년 1학기를…. 인제 그때는 훈육부장이라고 그랬어. 부르드니,

"너, 왜? 아버지가 사친회비 줬다는데 안 내느냐?"

그러니까 받은 사실도 없는데, 인자 넘겨짚어서 그런거지. 안내니까. 그래가지고 결국은 내가 잊어불지도 않네. 중학교 2학년 2학기 국어시간에,

"두문동" 이라고 고것을 하는데, 막 끝나고 나니까 훈육부장이 부르더라고, 그래 갔더니, 인제 그것이 실적에 자기들은 올라가는 것이라 등록금 받는 게. 아, 상당히 많이 맞았어. 바른말 하라고 돈 어디다 썼냐 이거여.

부모님이 안줄 리가 없다 이거지, 그래도 그 얘기를 못하고, 그냥 때리는 대로 다 맞았어. 그리고 인제는 학교 다니고 싶은 의욕이 떨어지더라고, 그래서 그 길로 가방 들고 해창, 저기 1차선 있잖아, 글로 걸어서 진도호 하고 옥소호 하고, 목포 다닐 때, 그래가지고 그냥 가서 인제 도둑배 타고 들어가서 선내에서는 표 검사 댕기면 일로 절로 피해서 갔는데, 목포에서 꼼짝없이 걸렸어.

거기서도 좀 많이 맞고, 그래가지고 그야말로 참 목포에서 3일을 굶었어. 그리고 어찌게 해서 걸어서 정신이 몽롱할 때, 인제 서울 가는 12열차를 오후 다섯 시에 탄거여. 인제 도둑열차를….

그래가지고 그때는 열차에서 6·25전시자, 다리 없고 팔 없는 사람들이, 상이군인들이 하여간 열차 안에서 끊임없이 들고 댕기면서, 협박하고 그런 시절에 참말로 혼자 혈혈단신 서울 올라가 가지고, 그 가보니까 한마디로 얘기해서 일주일을 물만 먹고 댕기니까 하늘이 진짜 색깔이 변해 불든만, 하늘 색깔이 변해 불어.

그러면서 참 이제 험한 세상 살다가, 서울간 지 1년 반 만에 구두닦이 하면서 신문장사 하면서, 그래가지고 참 협성 야간고등 공민학교라고, 저그 사직공원 옆에 보인상고 옆에 있었거든, 그래가지고 낮에는 구두 닦고 신문 팔면서 저녁

에는 중학교 2학년으로 편입해서 그걸 다니고 하면서 겨우 서울생활에 정착을 했지….

그때 남대문시장이나 중앙청 앞에가 포 구멍이 그대로 늘어져 있고, 남대문시장이라는 것도 완전히 천막, 포장, 하꼬방으로 아주 됐을 땐데, 그런 때 세상에 참 나 같은 사람이 하나 둘이 아니였으니까.

그때 그래도 내가 배움을 포기하지 않고 배울려고 애를 쓰니까, 학교 다니다가 또 못 다닐 때는 중앙통신중고등학교 강의록 보면서, 또 학교 다닐 환경이 되면 또 학교 나가고, 그런 생활을 하면서 서울서 어린 시절을 보냈지….

불타는 학구열

자료코드	589_MONA_20170824_SBJR_KMJ_004
조사장소	진도군 진도읍 동외리 고산 서예원
조사일시	2017. 8. 24
조 사 자	윤홍기, 김명선
제 보 자	김민재(남, 79세, 1939년)

> **줄거리** 직장생활을 하면서 시간적 여유가 생기자, 서예와 한시 각 분야에서 유명하셨던 분들을 찾아가 배웠으며, 자작한 한시가 현재 2,000 수가 되었다. 풍수와 역학은 아버님의 묘를 좋은 곳으로 모시기 위해 공부하게 됐다는 이야기이다.

내가 서예를 하게 되고, 또 한시를 하게 되고, 한 것은 그때 내 직장이 나름대로 상당히 여유 있는 직장이었어. 24시간 출퇴근을 하고 하는 회사니까, 여하간 하기식만 딱 끝나면은 그 다음부터는 내 시간이니까, 그래서 '이 남는 이 귀중한 시간을 그냥 술이나 마시면서 이렇게 하면 안 되겠다' 싶어서, 인제 인사동에 가서 아는 분한테 인사동에서 가장 유명한 대가가 어떤 분이냐고 그랬더니, 그 여초 선생하고 일중 선생하고, 내 사부이신 우죽 양진니 선생님하고 세 분을 꼽더구만.

그래가지고 우죽 양진니 선생을 내가 선택하게 됐어. 그런데 그분을 선택하게 된 이유가 그분이 소전(손재형)선생님 마지막 제자여. 그런데 그분이 대한민국 미술대전 대통령상 마지막 대상 작가였어요. 그 다음에 국전이 없어진 거여, 국전이 없어지고 민전으로 난립하게 됐지요.

그래서 인제 그 우죽 선생님이 경상도 분이신데, 중학교 교직생활을 하면서 글을 쓰신 분이여. 그래가지고 해서, 행서, 초서를 아주 굉장히 유명하신 분이지. 그리고 인자 일중 선생님하고 여초 선생님은 전서, 예서를 또 잘하신 분들이고, 나름대로 특색이 있었어요. 그래서 내가 우죽 선생님을 선택한 것은 내가 존경하는 소전 선생님의 제자였기 때문에 내가 인제 거기를 선택을 했지.

그래서 거기서 한 13년간 전, 예, 해, 행, 초서 중에서 해, 행, 초만 공부를 하고, 전서하고 예서는 여초 선생님한테 별도로 공부를 했지. 우리 선생님한테 안하고, 그래서 서예를 해가지고 산 지가, 그러니까 81년도에 내가 서예에 입문을 했으니까 세월이 꽤 흐른거지.

그리고 인제 한시를 하게 된 것은 이 서예를 하다보면은 시로 다 작품을 하거든, 시로 작품을 하는데 전부 다른 사람 시를 하는 거야. 그런데 내 옆에서 공부하는 친구는 자기 시를, 작품을 하더라고…. 아, 그렇게 부러워,

"이 시를 어떻게 배우냐?"

그랬더니, 이 그 한양대학교 농산 정충락 교수라고 그분한테서 사사(師事)를 받는다고 그래요.

"같이 좀 배우자."

그래가지고 그분하고 만난 것이 89년돈가 내가 만났어요. 그래서 89년도에 만나서 그분한테서 한시를 사사 받았지. 그분이 그때 저 2008년도에 저 예술의

전당에서 전시회 할 때 그분이 와서 축사 해주시고 그랬거든. 인제 이제 고인이 됐어요. 돌아가신지 7년 정도 되는구만, 근데 그분이 한시를 10,000수를 목표로 해가지고, 세계 기네스에다 올릴라고 그랬는데, 그 파일이 지금 없어져 불었어.
그래가지고 내가 알기로 암을 두 번 수술하고 있을 때 내가 뭐냐 문병 갔을 때도, 그 투병생활을 하면서 시를 짓고 있더라고. 그래가지고 자기가 그때 나한테 한 말이 지금 8,000수라고 했거든, 근데 그 뒤로 그냥 의식불명 되어가지고, 그걸 사모님한테 내가 그 얘기를 했거든, 소원이시니까 파일을 찾아가지고 책을 펴내는 걸로 그렇게 합시다. 그러면 우리 문생들하고 협의를 해서 그렇게 하겠다고 했더니 결국 못 찾더라고….
(조사자 : 선생님은 지금 몇 수 정도 지으셨어요?)
지금은 한 2,000수 남짓 되지. 우리 한국에서는 자기 시 2,000수 갖고 있는 사람이 내가 알기로는 거의 없어. 그래 인제 그렇게 해서 한시를 공부하게 된 과정은 그래서 공부하게 됐어.
인제 풍수지리하고 역학공부는 저 한국 풍수지리 중앙회 회장인 김혁규씨, 그분은 서울대학교 최창조 교수하고 거기 명예교수로 계시거든, 그런데 그분한테서 10명에서 그룹 식으로 공부를 했지.
그래가지고 또 인제 우리아버님 돌아가신 뒤로 좀 내가 봐도 아닌데가 모셔졌더라고, 그래서 진도에서 제일가는 지사를(지관을), 인자 내가 환경이 좀 피어지니까, 좋은 곳으로 모셔 볼라고 그라는데, 그분들이 그냥 자리 잡는 것을 보면, "왜? 여기가 어떤 조건에서 여기가 자리가 좋다."
하는 학문적인 설명이 없고, 그냥 손가락질 해가지고 괜찮다고, 이런 식으로 잡어 놓으면 가서 보면 안 좋더라고…. 그래서 내가 '이걸 어짜피 풍수지리 공부를 해야 되겠구나' 그래가지고 그분을 찾아가서 공부를 했지.
그래가지고 그분을 내가 진도로 모셔 와서 아버님 자리를 같이 봤어, 그래가지고 참 풍수지리를 공부하게 된 과정이 뭔지 내가 필요로 하니까 하는 거지.

등등매 잔등과 어둠골 잔등

자료코드 589_FOTA_20170824_SBJR_KMJ_001
조사장소 진도군 진도읍 동외리 고산 서예원
조사일시 2017. 8. 24
조 사 자 윤홍기, 김명선
제 보 자 김민재(남, 79세, 1939년)

> **줄거리** 하고야리에서 보전으로 들어오는 고개인 '등등매 잔등'은 잔등이 높아 일제강점기에 일본인이 맥을 끊기 위해 잘랐다. 그후에 상보전, 상고야리에 사는 두 사람이 이유도 없이 벙어리가 되었다고 한다. 또한 상보전에서 고야리 저수지로 넘어가는 '어둠굴 잔등'도 잔등이 높아 군인들이 낮에 잔등을 자르는데 기이한 일들이 일어났다는 이야기이다.

(조사자 : 동네 잔등에 대해서 얘기해 주세요.)
이것은 내가 본 것도 아니고, 마을에서 이렇게 구전으로 전해온 얘기에 따르면, 하고야리에서 보전으로 들어오는 고개 이름이 '등등매 잔등' 이라고 그랬는데, 그 등등매 잔등이 하도 높으니까 일본 놈 때 거기를 인제 맥을 짜르는데, 그 맥을 상당히 깊이 짤른거여. 짤랐는데, 바로 그것을 짜르던 그해, 멀쩡한 사람들이 상고야리의 모인인데, 그분이 아주 미남으로 잘생겼어요. 그분 얼굴을 내가 알지. 그런데 그분이 그냥 벙어리가 돼버리고….

또 상보전 마을에 똑같은 나이에 그분도 벙어리가 됐다고…. 그거 어떻게 그렇게 멀쩡한 사람들이 두 마을에서 연관된 동시에 이렇게 벙어리가 됐냐? 그것 참 그것은 신비스런운 일이 아닌가?

그래가지고 그 혈맥을 타고 더 가면은 지력산에서 내려오는 혈맥이 하나 있어요. 그것은 인제 보전 역산이 되야. 그것보고 남대문이라고 그라는데, 그 고개를 넘어서 상보전 사람들이 상당히 경작지가 많았지, 밭이. 그런데 거기도 너무 높으니까, 그 잔등이 하도 높으니까, 그때는 그 뭐냐 80년도 후반 아니면 90년대 초, 그때 우리 마을 사위가 그 공병대 대장으로 진도에 왔었어.

그래가지고 군인 도자(굴삭기)로, 군인 도자를 가지고 그것보고 '어둠 굴 잔등'이라고 그랬어. 어둠굴이라는 말이 인제 '어둘 암(暗)'자에다가 '골 곡(谷)'자 해서 '암골(暗谷)'인데, '항상 어둡다, 깊다' 그 말이지.

그래 인자 그 잔등을 낮에 짜르는데, 우리 마을에서 어릴 때부터 계속 우리 마을 사는 내 바로 한살 아래 동생이 있는데, 그 동생 말에 의하면, 지가 현장에 있었다는 거여, 그 공사 현장에. 그 도자가 잔등을 짜르는데 멀쩡한 대낮에 그 우로만 구름이 그냥 잔뚝 쌓이더라는 거야.

그러더니 두 번인가 세 번째 미니까는 억수같이 소나기가 쏟아지니까, 그 군인이 공사 못하것다고 그냥 엔진 꺼버렸다 해. 그래가지고 그 뒤로 인제 한참 있다가 또 밀었다고 그런 이야기가 있어. 그것이 어둠굴이 상보전에서 고야리 저수지로 넘어가는 거기가 '어둠굴'이라고 그래.

일경구화(一莖九花) 난(蘭)이 발견된 곳

자료코드 589_MONA_20170816_SBJR_KBH_001
조사장소 진도군 진도읍 성내리 진도군 노인 복지회관
조사일시 2017. 8. 16
조 사 자 김명선, 윤홍기
제 보 자 김병훈(남, 79세, 1939년생)

줄거리 일경구화(一莖九花)라는 난(蘭)은 가지 하나에 아홉 개의 꽃이 피는 희귀한 난으로, 보전리의 방풍림과 기후조건이 맞아 뒷산에 잡초처럼 많이 서식하고 있었다. 이 난이 주민들에 의해 발견된 후 외지에 알려지면서 사람들이 몰려와 작은 뿌리까지도 팔았다는 이야기이다.

(조사자 : 마을 뒷산에 좋은 난(蘭)이 있었다는데 아시나요?)
발견해가지고 우리 동네 사람만 한 것이 아니여. 소문이 나가지고 각지에서 와 가지고 우리 부락 사람들은 재미 못 봤제. 객지에서 막 와.
(조사자 : 거기에서 찾은 것이 뭣이지요?)
난(蘭) 이름이 일경구화(一莖九花)라는 난인데, 우덜은 모르는데 그 사람들이 와서 뭐라고 그래.
(조사자 : 그것을 찾은 사람은 누구지요?)
제일 첨에 부인들이 찾았어. 고사리 꺾으로 가서 캐가지고 동네로 와서 풀이 이상한께, 딴 풀하고 틀리니까. 사람들이 보고는,
"난(蘭)이다."
그래갖고 거그 간께는 그런 풀이 산에가 흐쳐졌거든. 많이 있었어. 겁났어.
지금 참 한사람이 발견했다면 돈 많이 벌었을 것이여. 뿌리까지 뒤로 다 캤어. 뿌리 한나에도(검지 손가락 한마디를 쥐며) 그때 5천 원씩 했어. 뿌리 한나에도 5천 원.
(조사자 : 일경구화(一莖九花)라는 난을 팔았나요?)
팔았제, 서울에서 사 갔어, 비싸게 팔았제. 뿌리 하나에도 5천 원에 팔았으니까. 귀한께 큰 것은 그때 돈으로 10만 원 받고.
그 전문가들이 하는 말들이 그때,
"씨앗이 중국에서 와서 그것도 아무데 같은 곳에 정착해갖고 뿌리가 난 것이 아니고 기후 그 무엇이 맞아야 된다."
고 해. 산 앞에가 방품림이 있어 방품림에 습기가 차갖고 그래야 거그서 살제, 아무데서나 못 사는 난이래. 기후가 맞아야 된다해.
(조사자 : 그 뒤로도 동네 사람들은 어떻게 됐나요?)
그 산은 벽짝 같이 아무것도 없고 도팍(돌)만, 잡목만 있제. 잡목만 무성했어. 그 산은 약 6천평 될꺼여. 그런데 사람들이 막 뒤집고 그랬어.

지산면 보전리 하보전마을

전설 속의 홍사를 목격하다

자료코드 589_FOTA_20170624_HBJR_HJ_001
조사장소 진도군 지산면 보전리 하보전마을 제보자 사무실
조사일시 2017. 6. 24
조 사 자 윤홍기, 김명선
제 보 자 허 재(남, 72세, 1946년생)

> **줄거리** 제보자의 아버지가 일곱 살 무렵 월가리에 살 때 소에게 풀을 먹이러 갔다가 독다물이 있는 오래된 팽나무 옆에서 쉬고 있었다고 한다. 그때 마침 전설 속에서나 본다는 홍사가 꼿꼿하게 서서 새를 떨어뜨리는 것을 목격했다는 이야기이다.

(조사자 : 아버님이 월가리 사실 때 홍사를 보셨다고 했는데, 얘기 해주세요.)
아버지가 일곱 살 무렵 얘긴 것 같아. 어렸을 때 얘기여. 할아버지가 소를 키웠었는데, 소 띠끼로 아버지한테 맽겼는 모양이여.
그 소를 띠끼로 나갔는데, 어디로 나갔냐면은 월가리 뒤에를 보면 팽나무 고목이 많이 있어. 도팍(바우)가에로 고목된 팽나무가 많이 있어.
그 밑에가 봄철에 따뜻한께 소는 인자 놔서 띠끼고, 소는 풀 먹으라 그라고 졸렸는 모양이여. 우리 아버지가 그 팽나무 있는 독다물(돌무더기) 밑에서 꾸벅꾸벅 졸고 있는데, 앞에서 새소리가 푹 난께, 그 새소리 듣고 깨났어.
이렇게 보니까 한 높이가 3미터 정도 되는 나무 욱에가 파란새가 앉아서 울더라여 색깔이 파란새가. 그라고 운께,
"아따, 새 이삐다"
그라고 있는데, 그 옆에서, 그 독다물 밑에서 카나큰 빨간 지렁이가 나오드래,

빨간 지렁이가. 꼭 그냥 기어간다고 볼 수도 없이 정말 밀려가는 것처럼 이렇게 (앞으로손을밀며) 나오더라해.

그라더니는 한 3미터 되는 새 있는데 딱 보고는, 새를 보고는 딱 서더라해. 한 자 정도 이상 들었다고 그러더만. 지렁이 말로(처럼) 꼿꼿하게 서더라해. 꼿꼿하게 서가지고는 지가, 그 대가리 위에서 파란 연기 같은 것이 올라가거든.

새가 딱 다드라(닿다)해. 새가 딱 다니까, 새가 울다가 파닥파닥 하다가 툭 떨어지더라해. 서갖고 이케 한께 파란 기운이 올라 와갖고 새한테 단께, 새가 똑 떨어지드라해.

그랑께 가서 본께 대가리가 짤라지고 없더라해, 꼬랑지도 없고 막대기처럼 이렇게 생겼드라해. 그란데 그것을 딱 물고 그 독다물 밑으로 들어가 불더라해. 영락없이 꼬랑지도 없고 대가리도 없고 막대기처럼 빨간 것이 그래서 그때는 홍사인지 뭔지 아무것도 몰랐는데….

그랑께 우리 아버지의 할아버지가 기름 짜는, 거기에다 사랑방을 가지고 있었는데 동네 어른들이 사랑방에 놀러를 와서, 우리 할아버지가 독자였어. 그란데 어른들이 앉아 노는 자리에서 우리 아버지가

"할아버지, 할아버지, 나 오늘 이상한 것 봤어라."

그라고 그 얘기를 했더라해. 그 중 한 고령인 노인이 하는 말이,

"너 이것 큰일 날 소리니 절대 다른 데 가서 그 말하지 마라."

고 하더라해. 그때는 조선시대 얘긴께 일제강점기 그 이전 얘기제. 그람시로 설명을 하더라해.

이 고목나무, 팽나무 독다물 속에가 옛날부터 전설적으로 홍사가 살고 있다는 전설이 있는데, 그 홍사가 아무리 나라님이 된다 하더라도 귀로 들어 간다면 좋다는 얘기가 아니라, 죄가 있다고 다룰라고 원님이 그래불면은 우리 동네 사람들이 헛고생만 하게 된다. 그랑께 절때 딴 데 가서 얘기하지 말아라 그라더라해.

그란데 이 홍사가 뱀 중에 제일 희귀한 것이 홍사고, 그 다음엔 청사가 있고,

그다음엔 백사가 있고, 흑사가 있고 그라는데, 홍사는 전설적인 물건이지 사람 눈에는 안 뵈는 것이여.
그렇게 희한한 것을 본 사람은 훌륭한 자식을 낳는다는 얘기가 있다해.

해방 후 압록강 다리에서 겪은 일

자료코드 589_MONA_20170624_HBJR_HJ_001
조사장소 진도군 지산면 보전리 하보전마을 제보자 사무실
조사일시 2017. 6. 24
조 사 자 윤홍기, 김명선
제 보 자 허 재(남, 72세, 1946년생)

> **줄거리** 제보자의 부모님은 일제강점기에 만주로 가서 힘든 삶이였지만 열심히 살았다. 해방 후 만주에서 러시아인의 한국인에 대한 박해를 피해 고향인 진도로 내려오면서 압록강 다리에서 참담한 일을 당했다고 한다.

(조사자 : 아버지께서 만주에 사셨다는 얘기 한번 해주세요.)
그 일제강점기 때 일본 사람들이 우리나라 사람들을, 인자 이민 신청을 받아가지고 만주로 보냈는데, 딱 어머니 아버지 갔을 때, 젊었을 때 얘기지만은, 가서 9년을 살러 갔어.
가니까 그러더라고 허허 벌판이, 농토가 아니고 그냥 벌판이 그대로 있는데, 일본 사람들이 우리나라 사람들을 갖다 그 벌판에다 퍼 불드라해.
"우리는 데려다 줬으니까 먹고 사는 것은 당신들이 알아서 해라. 대신 이 벌판 당신들이 벌 수 있는 힘이 닿는데로 마음대로 벌어라."

다른 지원 없이 그렇게 해서 말하자면 힘 닿는데로 벌어라 한께, 아슬아슬한 끝도 갓도 안 뵈는 땅을 경작을 하면서 농사를 시작했다고 해.

그래가지고 거기서 그 결국은 해방되기 전, 9년 전에 갔었고, 그 사이에 소를 여덜 마리를 키웠다 하드만, 소 없이 일을 못한께….

한 번씩 수확을 하면 집채보다 더 높이 나락이 쌓였을 정도로 그렇게 마음대로 농사를 지었고, 그렇게 해서 관리 되었어.

그런데 딱 인자 거기서 9년 동안 살다가 해방이 되니까, 그 중국 농토를 러시아 사람들이 강제로 지배해 가지고 그네들이 특히 일본 힘을 얻어 가지고, 한국인들은 완전히 짐승 취급을 하더라 이거여. 그네들이 차나 말을 타고 지나가다가도 일본인이나 한국 사람들이 보이면, 깔꾸리 같은 걸로 꽉 찍어갖고 차에다 실어불고, 짐차에다 멸족을 시킬려고 돌아댕겼대.

지금 말하자면 찍께(집게) 같은 것으로 꽉 찍어갖고 산채로, 징해서 못 살겠더라여. 그런 것 본께.

그래서 이민을 시작해갖고 내려오게 되었어. 다 없애 불고, 그렇게 힘껏 좋은 농사짓던 것도 다 팔아 불고. 그래갖고 거기서 정리한 살림을 돈으로 만들어 갖고 환대로 몸에다 속에다 둘렀다더만, 둘루고. 그래갖고 놔두고, 다 버리고 인자 해방돼서 내려왔대.

고향 찾아서 내려오는데, 그때가 인자 어머님, 아버님이 그 귀향할 때 압록강 다리 철교가 폭파되기 하루 전이여. 그 시기가, 그란데 참 이민 갔던 사람들이 내려오는데, 어찌게 많이 한꺼번에 압록강을 건너서 내려오는데, 앞에 사람 치맛자락이나 허리띠나 잡고 밀려서 이케 내려왔대.

그 다리를 마음대로 건너가는 것이 아니라, 사람이 아주 구름처럼 모여 갖고 압록강을 내려오는데, 그 러시아 사람들이 못 내려가게 해. 왜냐하면 다 빠져 내려가면 그 농사짓는 농토가 또 놀 것 아니여. 못 내려가게 할라고, 사람들이 밀려오는데 그 반대쪽에서 탱크를 밀고 들어와 불어. 탱크가 한 대도 아니고 두 대가 밀고, 사람을 깔아분거여. 사람들을 못 가게 할려고. 압록강 다리가 폭파되기 하루 전 인께.

그랑께 우리 어머니가 나를 배에가 생긴 그런 때였어. 인자 우리 식구들, 어머니 아버지 이렇게 식구들이 오는데, 어머니도 어떤 여자 치맛자락 잡고 이렇게 밀려서 내려오는데, 그 앞에 있는 여자가 탁 탱크 밑에 치마가 걸리드라여. 그랑께 맥없이 딸려 들어가지. 차는 굴러 가고, 바로 앞에 사람이 '탁' 소리가 나게 머리가 깨져갖고 땡크 밑에 들어가불고.

그란데 막 사람들이 압록강 철교 위에 올라가서 붙었고, 깔려 죽고, 막 아비규환이여. 그래가지고 인자 신의주로 살아서 내려왔는데, 신의주에 내려와서 보니까는 차가 없는거여. 고향에 갈 차가 없어. 다 걸을 수도 없고. 그랑께 열차가 한번씩 왔다가면, 한 서너달만에 한 번 더 오고, 이런 식으로 하는데,

그 열차가 온다 하더라도 서울까지 밖에 안 오고, 또 거기서 다 남쪽으로 오는 것은 더 늦고, 그란데 거기서 신의주에서부터 진도까지 오는데 8개월이 걸렸다 하더만. 그렇게 해갖고 고향에 돌아온께, 이미 목숨만 살려고 애를 쓰고 8개월 걸렸는데, 전대 차고 있던 것 돈주머니 아무것도 없이, 수저 한나도 남은 것이 없이 목숨만 살아서 진도에 왔다고.

그래가지고 우리 가난이 시작되아요.

몽둥이로 호랑이를 때려잡았으나

자료코드	589_FOTA_20170624_HBJR_HJ_002
조사장소	진도군 지산면 보전리 하보전마을 제보자 사무실
조사일시	2017. 6. 24
조 사 자	윤홍기, 김명선
제 보 자	허 재(남, 72세, 1946년생)

> **줄거리** 제보자의 아버지가 흑룡강 부근에서 농사를 지을 적에 추수 때 밤에 낫가리 속에서 나락을 지키고 있을 때, 노래를 부르고 가던 행인을 호랑이가 덮치려는 것을 목격했다. 호랑이가 사람을 먹을려는 찰나에 몽둥이로 호랑이의 뒤통수를 때려 호랑이를 잡았다. 그런데 마을 원님이 이 일을 알고 호랑이를 잡은 아버지에게 상 대신 호랑이를 잡지 말라며 곤장을 때렸다는 이야기이다.

(조사자 : 아버님이 호랑이도 한번 잡으셨다면서요.)

말하자면 흑룡강 부근인데, 강이 앞으로 흐르고 뒤에는 산이고, 거기서 농사를 짓는데 한번은 딱 농사를 지어 가지고 낫가리를, 나락 벼들을 싸놨어. 거기는 산이 가까우니 산짐승들이 나락을 많이 해치기도 하고, 또 도둑들도 끓고, 그래서 항상 낫가리 속에다가, 사람이 그 속은 덜 춥지 않아, 나락을 우선 빼내고 그 속에 들어가서 지켜. 지키는 일이 있어. 우리가 밤에도, 그래갖고 지키고 있는데, 바로 떨어진 산길에서 어떤 남자가 산길을 가면서 노래를 흥얼흥얼 노래를 부르드라해.

그래 아부지가 그랬다해. '호랭이가 있는 지역인데, 저렇게 소리를 지르면은 호랭이한테 소식 전하는 것이 아니냐, 위험한 일인데' 하고 이런 생각했는데 조금 있은께 무담시.

"네 이놈, 네 이놈!"

하더라해. 그런 소리가 들리더라해. 그랑께 호랭이가 그 사람을 잡은 거여. 잡어갖고 인자 그 호랭이가 그 사람을 물고 딴데로 간 것이 아니라, 나락한디 그 물 웅덩이, 웅덩이가 몰랐는데(말랐는데), 그 웅덩이로 그 사람을 물고 들어오더라해.

그래 아버지는 낫가리 속에 숨어갖고 이라고(이렇게 몸을 움츠리며) 보고만 있는데, 딱 물고 웅덩이로 폭 들어가서 먹을라 한 거여.

그런디 아버지가 그걸 보고는 호기심도 나고, 한참 땐께 한번 들어다 볼라고, 일부러 볼라고 이렇게 간께, 옆에 있는 항상 지키는 몽둥이가 있었다 하더만. 몽둥이를 잡고는 이라고 계속 본께는, 호랭이가 탁 물고 탁 머리를 처들더라고 먹을라고, 먹고 있어 지금 그 사람을.

그랑께는 그냥 탁 처든 놈을 머리를 사정없이 때려부러. 한방에 그랑께, 호랭이가 딱 멈처갖고 가만있드라해. 한방 맞고, 움직이지도 안하고 달라들도 안하고 넘어지도 안하고 가만히 있드라해. 한방 탁 맞고는….

그랑께 인자 뭐 하도 이상한께 '이게 죽었냐, 살았냐, 넘어지지도 안하고 뭔 일일까?' 그라고 몽둥이로 밀어 봤다해 가만히 있은께.

입에다 사람 고기를 물고, 이케 하는데(머리를 들었는데) 여기를(뒤통수를) 때려분께 그대로 가만있다가, 그래 그때사 푹 넘어 지더라해. 호랭이가 정통 맞어 분거제. 그래갖고 뒤로 해부를 해본께 금이 갔었다해, 머리가 깨져분거여. 그래갖고 그 소문이 난거여.

그 고을에서 우리나라 말로 하자면 원님, 그 사람이 부르드라여 아버지를. 그래 간께는,

"이런 위험한 짓거리를 했냐?"

이건 사회 귀감이 안 되는 일이라고, 어디 가서 아무데서도 그런 얘기하지 마라고, 다른 사람도 호랑이 잡다가 다 죽을 것이라고, 그라고 뭐냐 매 때리는 뭐여, 그 곤장 세 대를 때리더라해. 다시는 하지 말라고, 상 주는 것이 아니라 매만 세 대 맞고 나왔다고, 그런 얘기를 들었어.

지게로 세 짐이나 되는 구렁이와 혈투

자료코드	589_FOTA_20170624_HBJR_HJ_003
조사장소	진도군 지산면 보전리 하보전마을 제보자 사무실
조사일시	2017. 6. 24
조 사 자	윤홍기, 김명선
제 보 자	허 재(남, 72세, 1946년생)

줄거리 제보자가 가사도에 근무할 당시 들은 얘기이다. 양덕도 발구락 섬에 한 가족이 신우대 밭 옆에 집을 짓고 살고 있었는데, 대밭에서 구렁이가 나와 아이들을 덮치려고 했다. 아버지가 구렁이의 목을 도끼로 쳐 아이들을 구했냈는데, 그 구렁이는 지게로 세 번을 져낼 정도로 컸다는 이야기이다.

(조사자 : 가사도 출장소에 계실 때 재밌던 얘기 한번 해주세요.)

그래 인자 들은 얘긴데, 양덕도 발구락 섬, 거그가 얘기 들어보면 김상옥씨란 분이 살았다 하드만.

그 양반이 양덕도에다가 집 한 채 짓고 인자 가족들 데꼬 살고 있었는데, 개도 키고 닭도 키고 가족들도 있고, 그 집 앞에가 대나무 밭이 있었더라여. 신우대 밭이.

그란데 인자 초가를 짓고 사는데, 아니 이상하게 닭이 흔적도 없이 한 마리, 한 마리 자꾸 없어지드라해. 키우는 닭이 흔적도 없고 터럭도 안 뽑아가고 '이상하다, 이상하다. 뭔 일일까?' 그라고 있었대.

하루는 인자 문을 열어놓고, 즈그 애기들 둘이하고 상을 펴놓고 점심을 먹고 있는데, 집 앞에 있는 대나무밭 거기서 잇다만(이렇게 큰) 구랭이가 이케 슬슬 나오더라여. 그래 깜짝 놀라 보고 있는데, 구랭이와 눈이 마주친 거여.

그래 인자 구렁이가 실실 즈그 애기들 밥 먹고 있는 반침(마루)에로 눈 뽈깡 떠갖고 기어오드라해. 이렇게 엄청 큰 구랭이가.

그랑께는, 아니 자기 생각에 '애기들 잡아먹을라고 온 것 아니냐' 이 생각이 든다 이거여.

깜짝 놀래갖고는 샛문, 부엌문, 옛날에 나무를 해서 재(쌓아)놓은 부엌문 열고 나가니까, 아니 장작 패는 도끼가 있어. 그 도끼를 들고나간께, 구렁이가 반침 욱에 다 탁 목을 개고 애기들을 종구고(쳐다보고) 있더라해. 자기는 부엌문으로 이케 도끼 들고 오는데, 반침에다 목을 탁 걸고 보고 있더라해.

[그래서] 목을 제대로 도끼로 찍어 불었제, 아주. 자식들 살려야지. 앞에는 철 모르는 애들 둘이 있고, 제대로 찍어분 것이제. 인자 그랑께 구랭이가 막 난리 칠 것 아니여. 그래 막 집이 그냥 피바다가 되고, 구랭이 피가 튀어갖고 결국에 인자 구랭이를 잡아서 피해를 안 봤어. 그 구랭이가 얼마나 컷는가, 지게로 세 번 이상 져냈다는 그런 얘기를 들은 적 있어.

서남해 최초의 전복 양식

자료코드 589_MONA_20170624_HBJR_HJ_002
조사장소 진도군 지산면 보전리 하보전마을 제보자 사무실
조사일시 2017. 6. 24
조 사 자 윤홍기, 김명선
제 보 자 허 재(남, 72세, 1946년생)

> **줄거리** 제보자가 서거차에서 공무원 생활을 할 당시 전라남북도에서는 최초로 전복 양식을 해서 소득을 올렸다. 그런데 중간에 감정이 좋지 않았던 마을 사람이 이 사실을 알리는 바람에 공무원 생활을 유지하기 위해 전복 양식을 그만 두었다는 이야기이다.

(조사자 : 황복이나 전복 키우던 얘기 한번 해주세요.)

전복을 더 먼저 키웠은께, 전복 키우던 얘기 먼저 하지. 그때가 실은 인자 서거차를 희망을 해서 들어가서 거기서 살다, 근무를 거기서 시작을 하게 되었는데 한직이여.

처음에는 더 공부를 하기 위해서 들어갔었고, 그래가지고 거기서 다 시험에 떨어져 불었어. 사법 공부를 하다가 7년 공부를 하다가 떨어져 불었어. 떨어져 불었는데, 직장에 있으면서 공부를 소홀히 했다고 봐야제.

그라고 본께는 시간이 남아. 그래서 인자 소득 사업을 한번 해봐야 되겠다. 이런 계산이 나와 가지고 전복을 하기 시작했었어.

그때는 지금 같은 가두리식이 아니고, 지금 한 35년 전 얘긴께, 가두리도 없었고, 그 초롱식으로 이렇게 칸이 있어서, 칸이 나눠서 칸에다 집어넣고 문 열고 거기다가 다시마 너갖고 문 닫고 물 밑에 내리고, 그래갖고 또 한 일주일 있어서 다시 끄집어 올려서, 문 열고 넣고 또 내리고, 이런 식으로 양식을 하는데, 그때는 뭐 전라남북도에가 이런 자료도 없고, 그 부산에서만 인자 주문해서 사다 보고 그란데, 최초로 했다 해도 과언이 아니어 내가, 근무하면서 전복 양식을….

아니 그란데 그때는 참 가격도 좋고 힘이 들고, 원시적 방법이제만은 가격도 좋고 해서 그래서 참 부수익으로 괜찮았어. 그란데 동네 사람 하나가 이상한 얘기제만은, 인자 위장 전입을 하나 해달라고 해. 딴데서 살았는데 여수산업단지로 위장 전입을 해주라 이것이여,

왜 그랬냐면은, 그렇게 하면 낙도이기 때문에 병역 면제를 받아요. 병역 면제를 받기 위해서 위장 전입을 해주라여. 그래 해줄 수가 없제. 안 된다고 그랑께, 그냥 나한테 뭐 불만을 가진거여.

그래가지고는 공무원이 전복 양식을 부업으로 하고 있다고 쒸셔분거제, 인자 진정을 낸거제. 완전히 공무원이 합법적으로 다른 일은 못하는거 아니여. 면허도 안 얻고 하고 있은께, 기술적으로만 했제만은 합법적으로는 안 맞제.

그래 인자 수산과에서 나를 불러다가 진술 받고, 그람시로 말 그대로,

"공무원을 그만 두던지, 전복을 그만 두던지 둘 중 하나를 선택하라"
그래서 인자 공무원 생활을 하고 있는 중인데, 이걸 안 하면 안했지, 전복을 그 때 돈으로 4천5백만 원어치 했어. 크게 했어. 그때만 해도 그렇게 한 사람이 전라남북도에서 한사람도 없었어.

그래가지고 결국은 전복을 포기한다, 그리고 전복을 포기했는데, 실은 그 당시에 전복 양식은 내가 최초 성공자여. 전복을 했더라면, 공무원 생활 안하고 했더라면 폴세(이미) 성공했을 것이여.

황복어 양식을 성공시킨 비결

자료코드 589_MONA_20170624_HBJR_HJ_003
조사장소 진도군 지산면 보전리 하보전마을 제보자 사무실
조사일시 2017. 6. 24
조 사 자 윤홍기, 김명선
제 보 자 허 재(남, 72세, 1946년생)

줄거리 제보자가 자신만의 방법으로 황복어를 꼬리 잘림 없이 잘 길러내자 서해연구소에서 '공생'의 비결을 묻는 문의가 오고 결국 그 비결이 당시 수산 잡지에 실렸다. 연구소에서도 해결하지 못했던 '공생 문제'를 해결해 황복어 양식에 성공했지만 소비 판로가 맞지 않아 결국 파산했다.

공무원 생활 더 하다가 사표 내고, 왜 그랬냐면은 뭣이 있어갖고 그 양식을 해볼라고, 그란데 그 과정은 빼불고, 공개하기에는 그렇고 너무 큰 얘기고, 좋지 않은 얘기도 있고 어짜고 하니까….

황복이 그 지상 보도 마다에 아주 몸에도 좋고 자주 나오고…. 황복, 요것이 많

이 생산되는 데가 한강 주변 임진강, 그쪽에서 많이 생산되고 소비도 그쪽에서 많이 돼. 시장조사를 해본게 황복 횟집이 64개소가 돼.
강화도에 있고, 파주, 문산 요런데 해본게 황복 횟집이 이렇게 되길래, '아하 썩 잘 되것구나' 그렇게 하는데, 문제는 아니 너무 거리가 멀다는 이런 단점이 있었어. 그래서 야튼간에 하도 좋고, 고가고, 그래서 한번 해 본다고 그라고 시작을 했제.
인자 투자를 받아갖고, 그래서 했는데, 순환 여과식으로 했거든…. 말하자면 그 물이 양식장에서 도로 나온 물을 한번 다시 여과를 시켜서 다시 업 시키는, 이런 장치를 해 가지고, 최초로 그렇게 순환 여과식을 해서 이렇게 황복 양식을 했어.
한번은 저기, 저 어디 인천 서해지역 수산연구소, 그라고 남해지역은 여수가 있고, 제주지역 있고, 동해지역은 부산가 있고 그란데, 서해지역 연구소에서 나한테 전화가 왔어. 그람시로 나보고,
"여기 찾아 와도 되겠냐고."
황복을 진도에서 기른다는 소식을 들었는데 한번 방문하고 싶다고 그래서,
"아니 글안해도 바쁜데 뭐할라 거기서 여까지 오신다 하냐, 오신다 해봐야 나는 아무 대접도 할 것도 없고 냅두쇼. 그라고 차라리 한번 내가 일주일 뒤 찾아간다."
하고 거절했었는데, 그 뒤로 한 두달 있어가지고 판로를 고쪽으로 판매하는 업자가 있었어. 그 사람한테 들었는데, 그 사람이 하는 말이,
"우리 양식장에서 생산되는 황복 견본을 몇 마리 보내줄 수 없겠냐"
고 그라더만,
"그거야 할 수 있다."
고 해서, 강화도도 가고, 문산도 가고, 파주도 가고 팔러 다니고 그러니까 가는 길에 그렇게 할 수 있다고 해서, 그때 다섯 마리인가 보냈어.
그랬더니 거기서 그것을 보고 깜짝 놀랜거여, 그 고기를 보고…. 왜 놀랬느냐

하면, 이 복어라는 것은 이빨이 강하고 바닥에가 잘 못자고 그래갖고 자기들끼리 짤라 먹어. 칼처럼 '탁, 딱' 짤라, 요롷게 짜르는데 즈그들이 한 양식장에 하면, 즈그들이 서로 꼬랑지를 짤라 먹어. 그 '우생'이라고도 하고, '공생'이라고 그라는데, 아니 고것이 96프로를 차지해. 다 짤려 꼬랑지가.
그란데 거기서부터 병이 와전되고 성장을 저해시키고 여러 가지 문제점이 생긴다 이거여. 그래서 그것을 막기 위해서, 그 인천 서해연구소에서는 8년간 연구를 했는데 그래도 아직도 못 막고 있는데, 진도 일봉 수산이라 했거든 우리 보고,
"진도 일봉수산에서 생산되는 복어는 왜 이렇게 꼬랑지가 제대로냐?"
우리는 98프로가 전부 온전했는데, 즈그들은 짤린 것이 96프로라고 그랬어. 그러니까 어찌게 해서 이렇게 됐냐 하는 것이 중요하다. 그람 진도 일봉수산 허재씨는 어떻게 해서 이걸 처리 하는 것인가, 그걸 정보 수집을 해갖고 제출 하라고 특사를 보냈어.
내 그때 그 사람들한테 이런 얘기를 했어.
나는 두 가지 방법을 달리 썼다. 첫째는 이 지류성이라 해서 해수에서도 살고 육수에서도 살고 돌아다니면서 사는 고기들이 있다. 그람 숭어도 그렇지만은 복어도 그런다. 지류성 어류는 말하자면 민물에서 어느 정도 살 수 있고 바닷물에서도 어느 정도 살 수 있는데, 그 바닷물에 살고 있는 것은 민물에 너면 소독도 되고, 또 민물에 인자 바닷물을 너면 잘 소독이 된다. 서로 간에 균과 충을 민물과 바닷물을 섞어 써불면 그 병충해가 떨어져 부는 것이 아니냐, 그것이 실정이고 한 방법이다.
또 하나는 다른 곳에서는 전부 사료를 민물고기 메기 사료를 먹이는데, 그것이 양분이 좀 떨어져. 살짝 떨어지는 그런 사료여. 나는 광어 사료를 사서 먹인 거여. 양분이 좋은 걸로, 그랑께 영양을 보충시키고 살균 처리를 이렇게 자연 스럽게 하고 이렇게 하니까는 꼬랑지를 안 짤라 먹더라.
나는 이 두 가지 방법을 썼다. 그렇게 인터뷰 했거든. 그러니까 참 잡지도 나오

고, 막 그 당시에 수산 잡지에도 나오고, 즈그는 8년 동안 못한 것을 한방에 해결했다고, 그래갖고 성공한 사례라고 막 그랬어.

연구소에서 발행하는 수산 잡지에 여러 장 실렸어. 그래 그것이 결국은 그 육상에서 복어 양식을 하는 모든 사람들이 다 그 방법을 써. 인자는 그 두 가지 방법을, 그래야만 이 공생이 없어진다. 꼴랑이 짤라 먹는 거 그것이 없어진다. 그렇게 해서 황복을 키웠는데, 결국은 소비하는 그 판로가 안 맞아갖고, 가격 형성이 안 되갖고 파산을 했어. 지리적으로도 이래저래 수지가 안 맞아갖고 포기를 하게 되었지만 결국 양식은 성공했어.

생명의 은인인 보건소 진료소장

자료코드 589_MONA_20170624_HBJR_HJ_004
조사장소 진도군 지산면 보전리 하보전마을 제보자 사무실
조사일시 2017. 6. 24
조 사 자 윤홍기, 김명선
제 보 자 허 재(남, 72세, 1946년생)

줄거리 제보자가 장인이 가져다준 말린 복어로 탕을 끓여 먹고 중독이 돼 위급한 상황이었을 때 서거차 진료소장으로 있던 분이 달려와 인공호흡과 응급처치로 자신을 살려주었다는 이야기이다.

(조사자 : 복쟁이 먹고 죽고 그런 사람들도 많이 있었지요?)

그것이 내가 서거차에서 근무할 때 얘긴데, 인자 우리 장인 양반이 바다에서 어부들이 만들어서 말린 복어를 김치하고 바꿨어. 김치는 선원들이 먹고 그

댓가로 그 말린 복쟁이를 줬어.

그랑께 내가 복어를 잘 먹고 좋아한다는 것을 알고, 말린 복어를 나를 준거제, 사위 먹으라고. 그래 인자 다른 사람이 손질한 것은 솔하게(쉽게) 했을 가능성이 있다는 생각을 하고 안 먹어야 맞은데, '그냥 말린 것인데 어쩐댜 그라고, 말렸으니 괜찮하겠지' 그라고 탕을 해서 먹은 거여.

그래 인자 제대로 중독이 되아분거제. 복쟁이 먹고. 뭐 그 확실히 알것더만, 아주 머리까지는 중독이 안됐는데, 전체 중추신경 밑으로 싹 마비가 된 거여.

전혀 앉어 있는 자세도 취할 수 없고, 뭐 똥 오줌도 쌀 수도 없고, 감각이 없고 신경이 없어져분께, 그래 '아, 내가 복어에 중독됐구나, 아다리가 됐구나' 확실하게 느껴져.

얼굴이 막 빨개지고 이빨도 늘렁 늘렁 해지고, 막 정신이 하나도 없고 이렇게 되든만. 그랑께 그때 그 서거차에서 근무하는데, 거기는 약방 병원도 없고 그랑께, 진료소가 있는데, 그 진료소에 근무하는 진료소장 큰 애기 처녀가, 윤자라는 진료소장 큰 애기가 있었어.

이삐기도 하고 난낫하기도 하고 몸도 좋고, 참 좋은 큰 애기 진료소장이 있었는데, 인자 뭐 내가 그래도 명색이 출장소장인데, 출장소장이 복쟁이 먹고 죽어간단다 하는 얘기를 진료소장한테 한께 진료소장이 깜짝 놀라 온 거야.

인자 왠일이냐 그라고, 먼저 딱 와갖고는 제일 선결이 링게루 꼽는 것이여. 수분을 보충해줘야 한께, 링게루를 딱 꼽아. 꼽는데 아마 그때는 마비가 되어 가지고, 혈압이 제대로 안 맞았던 모양이여 인자 생각해보면, 꼽는데 링게루도 잘 안 들어 가면서 피가 속에서 어떻게 됐는지 모르는데, 탁 숨이 맥혀. 그래가지고 '어, 숨이 안 쉬어지네, 인자 복쟁이 먹고 죽는 것이구나' 하는 느낌이 딱 들어. 아무리 숨을 쉴라 해도 안 쉬어져.

인자 진료소장이 깜짝 놀라갖고는 인공호흡을 시키기 시작하는 거여, 그 큰 애기가 내 입에다 입을 맞춰갖고 쭉쭉 뽄께, 인공호흡 하느라고, 다행히 피가 터진 거여. 피가 터지면 옆에다 밭으고 또 빨고, 그래도 아무리 숨을 쉬어도 안

쉬어져, 꽉 맥혀갖고. 아이고 영락없이 죽는구나 정신이 좀 든께,
'아, 사람이 잠들 때는 잠드는 줄은 몰라도 죽는 줄은 안다드니…'
아, 숨 넘어가는 것이 완전히 느껴지더만. '아, 이제 죽는구나'하고 있는데 그 큰애기가, 진료소장이 입을 딱 벌리고 받으고 뽑고 받으고 뽑고 세 번을 하더만, 내가 시간으로 봐서는 7~8분 걸렸지 안앉을까 이렇게 생각했는데, 그때사 숨이 "하!"
하고 터지더라고. 그래가지고 꼽았던 링게루를 뺏다가 숨이 터진 뒤에, 그때 본께 피가 도는가 다시 링게루를 꼽고, 그 다음에 관장을 해서 설사를 하게 만들고, 숨울 쉬고 그래갖고, 윤자라는 진료소장이 나를 살렸어.
생명의 은인이지. 그 뒤로는 대우의 직원하고 결혼해갖고 경기도로 갔다고 얘기를 듣기는 했는데, 그 뒤로는 소식을 몰라. 내가 풀어지면 꼭 찾아가 보고 싶은 사람이여.

인공호흡으로 죽은 아이를 살리다

자료코드	589_MONA_20170624_HBJR_HJ_005
조사장소	진도군 지산면 보전리 하보전마을 제보자 사무실
조사일시	2017. 6. 24
조 사 자	윤홍기, 김명선
제 보 자	허 재(남, 72세, 1946년생)

줄거리 마을 앞 바다에 빠져 거의 죽은 아이를 아이 아버지의 친구가 인공호흡으로 결국 살려 냈다는 이야기이다.

우리 처남이 애기 둘이 키고 있었는데, 둘째 아들이 네 살인가 먹었을거여, 내 짐작에. 그란데 그 아들이 마을 앞에 바닷물로 빠져분거여, 어디서 놀다가. 그래갖고 둥둥 떠 댕길 정도로 막 밑에 몇 번 흘러다니는데, 가 이름이 중현이였어. 중현이가 바다에 빠져 죽어갖고 있다고, 나는 듣고 깜짝 놀래갖고 가본께, 아닌게 아니라 딱 바다에 떠 있어. 애기가, 쪼깐한 애기가.

너니가(네명이) 사람들이 들어가고 어찌게 해서 끄집어 냈는데, 본께는 눈이 감아진 것이 아니라 뜬채로 안감아지더만 숨도 안 쉬고 멈춰불고, 완전히 모두 다 죽었다고 볼 수밖에 없었어. 눈도 안 감어 지고 숨도 못 쉬고 완전히 물에 둥둥 떠 댕겼고, 하여튼 그 애 엄마가 얼마나 푸덕푸덕 뛰면서 울고, 자식이 죽은 거제.

그러고 있는데, 우리 처남 친구 장하영이라고, 그 사람 군대서 그런 것을 공부 했다고 그러면서 병원도 없는 덴께 인공호흡을 막 한 거여. 아니 죽은 사람한테 인공호흡하면 살아날 수가 있냐고 다 의문스럽게 생각할 수밖에 없는데, 내가 보기에 인공호흡을 한 20분 이상 했을거여.

뭐 필요없이, 막 옆에 사람 말 안 듣고, 막 인공호흡을 해. 그런께 이미 떠 댕길

때부터 실고 댕김시로 인공호흡할 때까지 30분 이상 된 것 같아. 그런데 막 한계는 애기가 숨을 쉬더라고. 물 팍 내 노음시로. 그 애기의 생명의 은인이제, 즈그 아버지 친구가. 그 참 '아, 사람이 숨이 끊어져 갖고 반시간 정도 있다가도 살아나는 것이구나.'

나 그런 것을 한번 봤어. 그 애는 지금 목포에서 살고 있어. 직장생활 하며 잘 살고 있어.

목침끼리 싸우다

자료코드 589_FOTA_20170624_HBJR_HJ_004
조사장소 진도군 지산면 보전리 하보전마을 제보자 사무실
조사일시 2017. 6. 24
조 사 자 윤홍기, 김명선
제 보 자 허 재(남, 72세, 1946년생)

> **줄거리** 제보자 아버지가 일본 여관에서 잠을 자는데 같은 방에서 자던 사람이 일어나 축문을 외우니 목침들이 서로 부딪치며 소리를 내고, 주문을 그치니 목침들이 제자리로 떨어졌다는 기이한 이야기이다.

목침 얘긴데, 인자 아버님이 그때 옛날 분이라서, 그때는 우리나라가 일제강점기 시대인께, 일본으로 갔다가 우리나라로 왔다가 이렇게 돌아 댕기고 사는 그런 시절이었어. 우리 아버지도 젊었으니까 인자 일본으로 중국으로 돌아 댕기면서 그렇게 젊은 시절을 보냈고 살았다는데, 한번은 일본에서 그랬다여.

일본으로 돌아다닌께, 인자 주막집에서 여관 비슷하게 하루 저녁을 자게 되았

어. 그 주막집에는 방 하나에 댓명이 자게 되었는데, 거그서 자고 있는데, 자다가 뭣이
'탁 탁 탁' 소리가 나드래.
그 소리에 잠을 깼어. 아버지가 잠을 깨갖고 본께는 그때 어떤 사람이 같이 투숙했던 사람, 한 사람이 이렇게 일어나갖고 축문을 외더라여.
그랑께 축문을 외우니께, 그 댓명은 자고 있제만은 다른 사람들도 잘 수 있는 베게, 그때는 목침이 여러 개가 그 방안에 있댔어. 그 사람이 주문을 외운께 그 목침이, 즈그들이 일어나갖고 그 즈그들끼리 싸우더라여.
'탁 탁 탁' 목침이 즈그들끼리 부딪치고, 그 소리에 우리 아버지가 깨난 거여. 한참동안 신기하게 보니, '아니, 어찌게 주문을 받고 그 사람이 귀신을 부르는 그런 사람인가 모르것다' 뒤로는 생각했대. '주문을 받고 목침이 움직이냐 이거야. 그 참, 별 신기한 일이 다 있다'고 한참 보고 있으니까, 그 주문 외운 사람이 주문을 끄치더라여. 끄친께는 그 목침이 다시 지자리, 원상 위치로 딱 떨어지드라해. 그런 것을 봤드라 해.
그랑께 '아, 이런 신을 부르는 그런 주문도 있는 것이다.' 말하자면 우리 아버지도 한문 공부를 했는데, 그때부터 이케 '한문이 뜻글자는 귀신을 부르는 글이구나' 하는 것을 알게 되었다고 그런 얘기를 들은 바가 있어.

서양화가로서의 꿈

자료코드	589_MONA_20170624_HBJR_HJ_006
조사장소	진도군 지산면 보전리 하보전마을 제보자 사무실
조사일시	2017. 6. 24
조 사 자	윤홍기, 김명선
제 보 자	허 재(남, 72세, 1946년생)

> **줄거리** 제보자는 서양화 부분에서 세 번의 입선으로 중견작가 명단에 들었고, 네 번째 출품한 그림은 장려상을 받았으나 시상식엔 한번도 참석하지 않았다. 제보자의 최종 목표는 국립현대미술관에 영구히 보존되는 그림을 그리는 것이라 한다.

(조사자 : 서양화가이시기도 한데, 최초로 상 받은 얘기 한번 해주세요.)
말하자면 뭐냐, 황복어 양식을 해가지고 소득이 안 맞아 가지고, 합자한 사람끼리 싸움도 일어나고 해갖고 망했어. 파산하게 됐어.

그라고 나니까는 할 일이 없는 거여. 일감도 없어져 불고 수입도 아무것도 정말 없고, 가진 것도 다 날라가 불고 일감도 없어져 불고, 참 막막한 그런 때가 시작이 된 거제. 그래 인자 저 외진 오막살이에가 지내면서, 내가 지금 시간을 어떻게 허비를 해야 되고, 어떻게 활용을 해야 되느냐 하는 막연한 그런 시절이었어.

남은 것은 시간밖에 없고 이런 시기였는데, '그래도 그 시간을 이용해서 뭔가 해봐야 쓰겠다.' 그런 생각이 들었어.

그래 내가 어려서부터 학교 댕길때 인자 그림에 대한 소질과 끼가 있다는 것을 인정도 받았었지만, 실은 내가 해보고 싶은 경우였지. 시간이 좀 남아서 거기서 해보고 싶었던 그림이나 한번 그려보자 하고, 내가 했던 동양화가 아니고 서양화인게 그림이나 한번 그려보자 그라고, 안내장 받아서 조건에 맞추고 해가지고 100호짜리 유화, 서양화를 한번 그려봤어.

그 사진, 그 산이 뭐냐 하면은 금강산 상팔담. 말하자면 선녀와 나무꾼 이야기가 있었던 그 상팔담, 그 경치가 좋은 사진이 있어서, 그 그림을 한번 그려보자 해갖고 그렸어. 그러니까 저것으로는 처음 그린 그림인데, 이왕이면 물어도 볼 겸 출품할 작품을 만들어 보자 해갖고 100호 짜리를 그렸어.

그러는데 출품할 때 대한민국 현대미술대전, 국립 미술박물관에서 인자 전시회를 하는 그런 전람회인데, 거기다가 출품을 했어. 처음에 한번 그려 봤고, 그란데 그렇게 한 것이 딱 입선이 되었어, 처음 했는데.

그래도 그냥 하는 것이구나 하고, 대수롭게 생각하고 그냥 그케하면 되겠지 하고 생각했어. 그냥 그림 그렸다는 얘기도 안하고, 또 만나지도 않고 그런 것이다 했어. 인자 시상식 한다고 안내장이 오데만, 상 받으러 오라고, 그때가 내가 알기로는 세종문화회관에서 시상식을 했었어.

그런데 내가 그렇게 꼽사 되어갖고 있고, 또 뭐 대수롭게도 생각 안 하고 그라는데, 내가 상 받으러 갈 마음도 없었고, 안 가불었어. 그랑께 그냥 다시 인자 거기서 우편으로 상장만 보내왔드만.

그래서 받기만 하고 그런 것이다 했었어. 그라고 또 1년에 한번씩 한께, 그 다음에 또 안내장이 와, 다음해 된께.

'아, 그래 하기야 당선됐은께 안내장이 오겠지.'

그라고, 또 그림을 출품해 봤어. 또 당선이 돼. 당선이라면 제일 아래가 입선, 고 욱에 특선, 또 그 욱에 우수상, 우수상은 특별상하고 장려상하고 나눠져요. 그 욱에 최우수상이 있고….

이렇게 해서 시상을 하는데, 입선한 사람까지도 상을 받아. 그란데 두 번째 한께는 두 번째도 입선으로 당선 돼.

'아니, 이것 봐라 그래도 내가 그림은 되는 것 아닌가.'

하는 생각을 살짝 할 정도로. 그래도 두 번째 시상식에 또 안 갔어. 안 갔다기 보다 못 갔다고 봐야제. 나이도 들고 이래저래 활발하지도 못하고 그런 땐데, 또 그 다음에 또 한번 더 넘기고, 세 번째 한께 또 꼭 그 식으로 또 당선되고, 또

3년 연속 입선으로 당선이 되든만.

'아, 이것 봐라, 내가 그림 소질이 있는 거 아니냐.'

그때는 맘이 달라지드만 세 번째 된께. 그란데 쫌 있은께는 그 세 번 당선된 뒤로 미술협회에서 연락이 와. 어떤 연락이냐 하면 저 프랑스 루블 박물관에서 우리나라 중견작가들 100명을 초청한다. 그란데 그 안에 서양화 부문에서 인자 100명 안에 내가 선정이 됐으니까, 루블 박물관 거기 19박 20일이던만, 초청 문화교류 명단에 인자 들어갔으니까 루블 박물관에 가시라고.

그란데 거기 갈려면은 860만 원 총액인데 그중에 160만 원은 자담이다. 700만 원을 즈그가 해결 할터인께, 160만 원 자담이다 이케 오드만, 그래도 갈 수가 있어야제. 돈도 돈이제만은 이래저래 못 갔어.

말하자면 입선 세 번 되니까는 중견작가 명단에 들어갔어. 아니 그라고 또 한 2년 후에 터기, 이스탄불 국립대학에서 또 초청이 와. 말하자면 비잔틴문화 발생시킨 그 지역이지. 이스탄불 국립대학에서 또 꼭 그 식으로 100인 초청 또 와. 같은 조건으로, 부담금액도 똑같고, 그때도 생각도 못하고 못 갔제. 거기도 못 갔고, 그 뒤로 인자 내가 그림을 좀

'아, 이 그림 재밌게 잘 그렸다.'

할 정도로 쌈박한 그림을 하나 그렸어. 그것도 80호짜리였는데, 그것은 어디를 그렸냐면은, 브라질과 아르헨티나 파라과이 사이에 있는 이과수폭포, 사진이 좋아서 고놈을 그렸어요.

그래갖고 출품을 했어. 그란데 미술협회에서 착오가 있었어. 인자 딱 지원한 결과에서 나한테 입상 중에서 입선이다, 그래가지고 나한테 안내장이 왔어. 그 시상식에 나오라고 입선 되었은께, 그 통지가 잘못된 거여. 어찌게 됐던 간에 거까지 갈 때는 몰랐지. 입선 된 줄만 알았제.

'요번에 또 입선이 되었는거다.'

그렇게만 생각했엇제. 그란데 뒤로 그것이 착오로 밝혀지면서, 우수상이 특별상하고 장려상으로 둘로 나눠졌는데, 그 특선 욱에 장려상이 시상 된다고 뒤

에사 알았는데, 나는 시상식 할 때까지 나는 입선인 줄 알았어. 그란데 뒤에사 받아 본께 장려상이더라. 시상식도 못 나갔는데, 대신 출품할 때 전시장에 작품 가지고 간 그사람이 대리 수상하고 그런 경우가 있었어.
(조사자 : 그럼 지금도 작품 활동을 계속하고 계시죠?)
말하자면 나는 정말 더 가치 있고 좋은 작품을 만들어서, 그 작품이 국립현대미술관에 영구 보존될 수 있는….
그것이 내 최종 목표여.

지산면 소포리 소포마을

마을을 지켜주는 두 개의 검은 돌

자료코드 589_FOTA_20170725_SPR_KDC_001
조사장소 진도군 진도읍 동외리 진도문화원
조사일시 2017. 7. 25
조 사 자 윤홍기, 김명선
제 보 자 김덕춘(남, 79세, 1939년)

> **줄거리** 마을을 지켜준다는 전설이 있는 검은 돌이 두 개가 있었는데, 도로가 나면서 그 돌들을 땅속에 묻어버려 안타깝다는 이야기이다.

(조사자 : 검은 돌에 대해서 얘기 해주세요.)

검은 돌, 인자 말은 검은 돌, 검은 바우 이랬는데 소포에서 길은 쪽으로 나가면 우측에가, 논 개천에가 돌이, 바위가 두개 있어.

그 바위가 검은 바위 돌인데 소포마을을 지켜주는 수호신이여. 나쁜 사람이 오면, 인자 전설에 들은 얘기요 만은, 마을을 해치고자 하는 그런 사람이 들어오면 백마 탄 사람이 나와서 길을 막고 그걸 막아줬다.

이런 옛날에 그런 것은 이 마을을 지켜주는 수호신이였어. 그래갖고 그 검은 돌이 큰 돌, 작은 돌 두개가 있었는데 지금은 도로가 나고, 또 중장비가 좋은 것이 생겨갖고, 그 돌을 땅속에 묻어서 없어. 그것 없어진 것이 지금도 굉장히 안타까워 애석하고, 인자 마을을 지켜준다기 보다도 전설적으로 내려오던 그런 돌을 없앴다는 것이 그것이 참 아쉽더라고….

버릇없는 나루쟁이

자료코드	589_FOTA_20170725_SPR_KDC_002
조사장소	진도군 진도읍 동외리 진도문화원
조사일시	2017. 7. 25
조 사 자	윤홍기, 김명선
제 보 자	김덕춘(남, 79세, 1939년)

> **줄거리** 진도에 "버르쟁이머리가 소포 나루쟁이만도 못하다."는 말이 있는데, 이는 나루쟁이들이 배에서 일어나는 위급한 상황에 빠른 대처가 필요하고, 많은 손님을 태우기 때문에 질서를 잡는다는 것이 버릇이 없어 보여 이런 말이 생긴 것이라 한다. 하지만 자신의 일을 성실히 잘하고 있는 사람이라는 이야기이다.

소포하면 나루쟁인데, 소포 나루쟁이,
"버르쟁머리가 소포 나루쟁이 만도 못하다."
이 말이 안있습니까? 그러면 그 말이 왜 나왔는지를 분석을 할 줄 알아야 돼. 배를 갖고 있는 사람은 부자간에 배를 타도 서로 욕을 하고, 반말한다 해. 왜? 위험하기 때문에, 그 소리를 질러야 되고, 위급한 상황이 있어서는 함부로 말도 해야 되고, 그것이 바다 배를 가진 사람의 특성이여. 나루쟁이들 역시나 손님을 많이 태워서 왕복 건너주고 그런 역할을 맡은 사람이여.
사람들한테 좋은 말로만 해서는 안 듣는단 말이여. 그러니까 함부로 말을 해서 이렇게 질서를 잡는다는 게 버르쟁이가 없는 것으로 되어 불어. 그래서,
"버르쟁이가 소포 나루쟁이만도 못하다."
나는 이렇게 보고 있어.
(조사자 : 그랑께 버릇없는 사람은 "그 버릇없는 나루쟁이 보다 더 못한 사람이구나."라는 거군요.)
그랑께 통상 '소포 나루쟁이는 버르쟁머리가 없구나' 이랬는데, 사실은 버르쟁머리가 없는 것이 아니라 질서를 잡는 면에서 그렇게 대했다고 생각한다면,

그 사람이 버르쟁머리가 없는 것이 아니라 정말로 참 속이 찬 사람이 아니겠냐.
이런 얘기가 되제.

소포 봉이 김선달

자료코드 589_FOTA_20170725_SPR_KDC_003
조사장소 진도군 진도읍 동외리 진도문화원
조사일시 2017. 7. 25
조 사 자 윤홍기, 김명선
제 보 자 김덕춘(남, 79세, 1939년)

> **줄거리** 자기 집에서 담배를 물고서 서울을 갔다 오는 동안에 입에서 담배를 안 끊고 올 정도로 유머와 재치가 있었던 안산이란 사람도 소포 나루쟁이에게는 담배를 뺏겼다는 이야기이다.

옛날에 안산이라는 사람이 있었어. 듣기로는 차씨라고도 하는데, 차씨인지 어쩐지 성씨는 확실히 모르겠고….

그런데 안산이라는 사람이 있었는데, 이분이 지내온 그 일화가 참 많이 있어. 그 중에 한 가지를 들자면 나루쟁이하고 연결 된건데, 이 안산이라는 사람이 그 봉이 김선달 같은, 혹은 시인 김립, 김삿갓 같은 이런 참 뭐라 할까? 그런 사람이었어.

이 사람이 서울을 가면서, 자기 집에서 담배를 한 대를 탁 태서 물고 간 담배가 서울을 갔다 오도록 입에서 담배가 안 떨어졌대. 얼마나 이 사람이 꾀가 있고, 유머가 있고 해학이 있는지, 그 담뱃불을 꺼치지 않고, 자기 주머니에는 담배가 없어도 계속 전국을 돌고, 저 담배를 안 끊고 왔는데, 소포 나루쟁이한테 담배를 뺏겼다고…. 하하하….
(조사자 : 왜, 그랬을까요?)
나루쟁이가 담뱃불 잔 빌리자 한께 담배를 준 것이 그냥 인자 담배를 뺏겨 불었다는 것이여. 인자 소포 나루쟁이가 그 정도까지 됐다는 것이여.

소포마을 사람들의 대흥포 간척공사

자료코드 589_MONA_20170725_SPR_KDC_001
조사장소 진도군 진도읍 동외리 진도문화원
조사일시 2017. 7. 25
조 사 자 윤홍기, 김명선
제 보 자 김덕춘(남, 79세, 1939년)

> **줄거리** 1970년대 배고픔을 이기고자 소포마을 사람들이 대흥포 간척 공사를 힘들게 마무리하고 땅을 분배하는 중에 군으로부터 불법매립이라며 압류를 당했다. 어쩔 수 없이 다시 군으로부터 돈을 주고 샀다는 기가 막히는 사연과 뻘땅에 만든 농토에서 10년 동안 소득이 없어 마을 사람들이 고생을 많이 했다는 이야기이다.

(조사자 : 대흥포 간척지에 대해서 말씀해 보십시오.)
대흥포 간척공사는 정말로 우리 소포마을 사람들이 그 배고픔을 이기고자 하는 그 참 간절한 소망에서 이뤄졌는데, 5·16 군사혁명 후로 모두 개발하고, 뭣인가 해보자는 그 새마을사업 열기가 대단했지 않습니까?
정말 맨손으로 아무것도 없이 맨손으로 바다를 막아서 쌀 한톨이라도 내보자는 이런 욕심에서 시작했던 공사가 정말로 피눈물 나는 공사를 했었제.
그런 때는 장비도 없고 군에서 리어카 6대를 지원해 줬어. 그래 새마을 기치를 달고 사업을 했었는데, 그 어떤 어려운 과정을 거치면서 공사를 마무리 짓고 땅을 분배하고 그랬는데, 군으로부터,
"이것은 불법 매립이다."
그래서 군에서 정말 쉽게 말하면 '압류', 그래가지고 그 땅을 인자 모두 분배를 받았는데, 그것을 군으로부터 다시 돈으로 샀어. 자력(自力)으로 막았는데 돈으로 샀어. 이런 정말 기가 맥힌 사연이 있었어.
그 와중에 염전을 가졌던 사람들, 일부는 공사에 참여 했던 분들이 주머니에서 모두 거출했던, 그런 모금했던 돈 가지고 염전일대 피해보상을 어느 정도 해줬지만, 돈이 얼마 안 됐기 때문에 보상을 못 해준 사람은 막아가지고 땅으로 주마.
지금 뻘땅이, 그 뻘땅으로 주어가지고 뻘땅으로 받은 사람들은…. 그때 돈 받은 사람들은 괜찮았제. 어찌게 됐던 그 돈 갖고 도시에 나가서 고생을 안 했기 때문에….
그런데 땅으로 받은 사람들은 뻘땅인데 소득이 나오나? 10년 이상 세월이 지난 다음에야, 그 10년이란 세월은 정말로 어렵고, 그 머다면 강에서 그것도 지금 같이 담수가 지대로 된 것도 아니고, 바닷물이 섞인 그런 호수에 그런 곳에서 물은 양수기를 다섯 대 여섯 대 연결해서 끌어다가 농사짓고 해노면, 모 심을 때 심어 놓으면 모가 다시 염(鹽)해가지고 몰라 죽고, 이런 과정을 10년 이상을 겪은 다음에야 어느 정도 소득을 봤어.
그람 그 과정에 그동안 정말 어려운, 정말 참 고생들 많이 했제.
(조사자 : 거기는 소포리 주민들만 했어요?)
거기는 소포 사람들만 했제. 거그 안치 분들이 지금 대흥포 땅을 경작하고 있는 사람들도 있고, 또 안치 아닌 다른 데 사람들도 경작하는 사람들도 있는데, 그 사람들은 그동안 서로 매매에 의해 있고, 당초에는 소포 사람들만 했었지.

불 타버린 당솔나무

자료코드	589_MONA_20170725_SPR_KDC_002
조사장소	진도군 진도읍 동외리 진도문화원
조사일시	2017. 7. 25
조 사 자	윤홍기, 김명선
제 보 자	김덕춘(남, 79세, 1939년)

> **줄거리** 소포리에 아름드리 당솔나무가 있었는데, 1950년대에 아이들이 그 고목의 파인 곳에 들어가 놀다가, 나무에 불을 피워 나무가 불타버렸다는 이야기이다.

당솔나무, 보통 [당에 서있는] 소나무를 당솔나무라 안하요. 우리 마을에 당솔나무가 세군데 있었다 그래.

마을 뒷산에 있는 당솔나무, 또 마을 앞산에 있는 당솔나무, 그래서 뒷산에 있는 당솔나무는 어미 당솔나무, [앞산에 있는] 아빠 당솔나무. 이케 당솔나무가 그케 있었는데, 지금은 없어졌어.

당솔 나무가 있었던 그 지역을 '당 잔등', 넘어 가는 데는 '당 넘어', 저 앞에를 '당 앞에', 넘어가는 당 잔등, 거기에 당이 있었던가, 그건 나는 모르는데, 당솔나무가 있었어.

우리가 아름으로 보듬으면 장정 네 사람이 보듬어. 얼마나 컷습니까? 그 당솔나무가 1950 몇년, 확실한 연대는 내가 기억을 못합니다만은, 그때 철부지한 애들이 그것 당솔나무가 거목이니까 들어가고, 동공도 많고, 그 자리에다 불을 피워가지고 그 나무가 불에 타 죽어 불었어.

그 나무 가지 끄트머리에서 연기가 나도록, 그렇게 고목이라 약 보름간 탔어. 그렇게 거대한 나무가 없어져갖고, 지금 와서, 정말 참 아쉬운 나문데, 그래서 그 자리를 '당잔등'이라 해. 마을에, 지금은 그러지 않지만은, 옛날에 상여가 나가거나 그럴 때는 그 고개를 안 넘어 가.
당이 있는 잔등이라 해갖고 안 넘어가고, 저쪽으로 우회해서 돌아가고 그랬어. 그 당솔 나무를, 다시 다른 나무를, 좀 당솔 나무를 심어야 되겠다, 그러고 하는데 그 땅주인이 허락을 안 해서 못 심었는데 그것이 좀 아쉽지. 지금.

소포 유래비와 들독

자료코드	589_MONA_20170725_SPR_KDC_003
조사장소	진도군 진도읍 동외리 진도문화원
조사일시	2017. 7. 25
조 사 자	윤홍기, 김명선
제 보 자	김덕춘(남, 79세, 1939년)

> **줄거리** 소포 유래비는 마을 노인회에서 모은 예금과 찬조를 받아 세웠다. 들독은 소포 입구에 다가 두고, 지나가는 행인이 이 돌을 못 들면 못 지나가게 했다고 하는데, 지금은 유래비 옆에 고정시켜놓았다는 이야기이다.

소포 유래비를 73~4년도에 내가 했습니다만 확실히는 모르겠는데, 유래비를 세웠어. 마을 어른들이 주머니에서 조금씩 모태 놓고, 모아 논 돈을 예금해 뒀다가 내가 노인회장 하면서
"이 돈은 예금만 해서 계속 통장만 해놓으면 누가 쓰느냐, 내가 쓸란다."
해서, 그 돈을 종자돈으로 해가지고 몇 사람한테 협조를 받아가지고, 그 비 하나 세웠는데, 지금 그 비(碑)에가 소포가 있었던 얘기가 다 써져 있어. 지금 마을회관 옆에 있어.

소포리 유래비와 들독

또 유래비 옆에가 지금 또 돌이 있어요. 들독, 들독이 150킬로그램, 260근 정도, 그란데 그전에는 장정들이 그것을 이렇게 들었드라 해. 그란데 우리 같은 이는 움직이지도 못하는데, 이 들독을 소포 입구에다가 두고, 지나가는 행인이 이 돌을 못 들면 못 지나가게 했다는 그런 옛날에 그런 얘기들이 있어.

그란데 이 돌을 어느 날엔가 누가 가져가 불고 잊어 불었어. 잊어 불었다가 수년이 지난 다음에 우리 청년이 발견해 가지고, 다시 찾아서 그 유래비 옆에다 아주 지금 고정시켜 놨어.

신침이라 불렸던 임종의씨

자료코드 589_MONA_20170725_SPR_KDC_004
조사장소 진도군 진도읍 동외리 진도문화원
조사일시 2017. 7. 25
조 사 자 윤홍기, 김명선
제 보 자 김덕춘(남, 79세, 1939년)

> **줄거리** 체험관 옆에 임종의씨 공적비가 있는데, 임종의씨 침은 신에게 받았다 해서 신침이라고 했으며 신통하게 사람들을 잘 낫게 해주었다는 이야기이다.

체험관 앞에 가면 거기가 비석이 좀 있을 겁니다. 거기에서 임종의씨, 그 공적비라고 하는 비(碑)가 있어요.

그분이 침을 놔서, 옛날에 애기들 자래가 끼었으면 침으로 해서 아주 잘 낫어 줬어. 그래갖고 공적비를 세웠었는데, 그 침을 그 어른이 어디서 배운 것도 아니고, 그러니까 어느 신한테 받었다 해.

신에게서 그 침은 받았다고 그랬더래요.

(조사자 : 옛날에는 자격 없이 그렇게 하는 분들도 많았지요.)

예, 그렇지요. 옛날에는 자격이 없었지요. 없었고, 이 어른은 침을 신에게서 받았다고 그래서 신침이라고 해.

그때 어려서 컸던 애기들은, 나도 애기들 키울 때 그 어른한테 침도 우리 애기들도 맞추고, 갑자기 애기들 까무라치고 경련이 일어나고 그런 때 안 있습니

임종의 찬양비

까? 그러면 데리고 가서 맞치면 신통하게 잘 낫고….

간척공사 이전의 소포마을

자료코드   589_FOTA_20170725_SPR_KDC_004
조사장소   진도군 진도읍 동외리 진도문화원
조사일시   2017. 7. 25
조 사 자   윤홍기, 김명선
제 보 자   김덕춘(남, 79세, 1939년)

> **줄거리** 소포마을은 간척공사 하기 전까지는 전답(田畓)이 없어 가난했고, 높은 산이 없어 물과 나무가 귀했다. 그래서 처녀들이 시집오기를 꺼려했으며, 염전이 있어 소금 굽는 사람들이 소포로 모여들어 여러 성씨들이 모여 살게 되었다.

마을이 크다 보니까 이런 얘기, 저런 얘기 많이 있었습니다 만은, 아까도 얘기가 유래비에가 적어졌는데, 소포는 마을이 큰 것은 그전에 염전이 있었기 때문에 마을이 큽니다. 옛날에 먹을 것이 없지 않습니까?
먹을 것이 없으니께, 벌어먹고 살란께, 소금 굽는 분들이, 사람이 많이 찾아드는게 소포인데, 소포는 전답이 없어요. 그랬기 때문에 뭣했는데, 소포만 간척공사 하기 전, 또 대흥포 막기 전, 같은 무렵입니다.
대흥포도 70년대 초에 완공됐고, 저쪽[소포] 간척공사도 70년대 초에 완공됐습니다. 같이.
저런데서 농토가 좀 생겼으니까 그렇지, 그 전에는 밭은 둘째고, 논이 참 없었어요. 논농사가 없어가지고 아주 가난했고, 또 높은 산이 없으니까 물이 귀했고, 또 산이 없으니까 땔감이 귀했고….
그러니까 소포는 시집올라면 잘 안 온다 그랬습니다. '물 없다, 나무 없다.'그래서 인자 그랬는데, 그런 염전 때문에 소금막들이 소포로 많이 왔고, 또 그래서 한 어느 집성촌이 아니고, 어느 성받이가 같이 이케 꼭 지내는 것도 아닌, 서로 다른 성받이가 많이 모여서 사는 그런 마을이예요.

소리마을 거문고 혈

자료코드 589_FOTA_20170725_SPR_KDC_005
조사장소 진도군 진도읍 동외리 진도문화원
조사일시 2017. 7. 25
조 사 자 윤홍기, 김명선
제 보 자 김덕춘(남, 79세, 1939년)

> **줄거리** 당섬 앞밭이 '거문고 혈'이여서 소포 사람들이 소리나 굿을 잘한다는 얘기가 있다. 소포 사람들이 농악을 즐겨하고 예능적 기질이 있어 소포농악이 도지정 문화재로 지정되었고, 소포리에 농악 예능 보유자가 세 사람이나 있다는 이야기이다.

우리 마을은 참 이상하게도, 마을 앞에 있는 조그만 동산을 '당섬'이라 합니다.
아까 얘기하던 당나무가 있었던 산입니다. 그래서 거기를 당섬이라 하는데, 그 앞에 보면 앞에가 밭이 한자리가 있는데, 그 밭이 기다랗게 이케 생겼어, 그 밭을 '거문고 혈'이다.
그런께 다른 사람은 잘 몰라요. 밭에가, 밭 가운데가 돌이, 이 바위돌이 주루루 몇개 있어요. 거문고 줄 같은 그런 돌들이 띄엄띄엄 몇 개 있어. 그란데 고인돌이 아니고, 이것은 땅에 묻힌 돌이 그런 돌이 몇 개 있어. 옛날 어른들이 저 밭에 저런 것이 있는께 '거문고 혈'이고, 그랑께 소포 사람들이 소리를 잘하고 굿도 잘한다. 그 얘기를 할려고 그라요.

그런데 외지에서 소포로 시집만 와도 소리를 잘해, 소포로 오면 소리를 잘해. 그란데 자기 집은 못한 데서 살았어도 소포만 오면 잘한다, 그래서 이런 소포 혈 자리가 소리를 잘 할 수 있는, 예술을 가진 그런 혈이 뭐가 있지 않느냐, 하는 농담처럼 하는 얘기가 있어요.

그래서 소포는 인자 우리가 어렸을 때도 소포농악이 제주, 또 전라북도 타지로 많이 팔려 나갔습니다. 그래서 보통 농악은 설 명절 때 하지 않습니까? 농한기에….

[농악을] 하면 보통 마을에서는 보름날에 농악이 끝나고 내는데, 농악을 낸다 합니다. 들이고 내고…. 내는데, 그 나가면 그 다음에는 상모나 상쇠나 꾕과리나 북을 잘 하시는 분들은 외지로 팔려 나갑니다.

주로 제주로 많이 나가고, 또 전라북도로 많이 나가고, 그랬다가 모내기가 끝나야 옵니다. 그런 정도로 소포 사람들이 농악을 즐겨했고 예능이 있었습니다. 그래서 현재 우리 소포농악이 전라남도 도 지정 문화재가 되어갖고 있어요.

그것도 그런 때 체계가 없이 그냥 명절 때가 되면 치고 했던 것이, 각 마을마다 갖고 있던 농악이었지만, 면으로부터 마을에서 농악을 가지고 와서 이케 하는 경연 대회식으로 5·16혁명 후에 생겨났어요. 그래가지고 하는 경연대회, 그렇게 해갖고 다시 체계화 되어 가지고 해 나온게, 소포 농악은 계속 꾸준히 해 나왔고, 또 우리면 대표로 군에서 나와서, 군에서 군 대표로, 도 대회까지 나가고, 도 대표로 전국대회까지 농악을 가지고 나갔어요.

그 소포사람들을 그렇게 잘 엮어낼 수 있었던 것은 마을 주민 수가, 마을이 컷기 때문에 우리 마을 사람들만으로 소화 시킬 수 있었기 때문에 그렇게 잘 해

나갈 수 있지 않았냐 그렇게 봐요. 타고난 개인적인 소질도 있었겠지만….
그래서 소포에서 농악을 위시해서 민속놀이를 몇 가지를 해가지고, 전국대회
를 두 번 갔다 왔습니다. 그래, 다 전국대회에 가서 입상하고. 지금 마을에는
농악 예능보유자가 세 사람 있는데, 한 사람이 타계하고 두 사람 남았어요.

1970년대 지산면 소포마을의 경로잔치. 사진은 좌로부터 故김홍연(김유식 부친/당시 상쇠, 故박진성, 임봉기(임근식 부친), 박형식(박호배 부친), 조동환, 김연식 부친. (제공:지산면 소포마을)

지산면 심동리 하심동마을

웃심동이 망한 이유

자료코드	589_FOTA_20170824_HSDR_HKH_001
조사장소	진도군 지산면 심동리 하심동마을 제보자 자택
조사일시	2017. 8. 24
조 사 자	윤홍기, 김명선
제 보 자	허경환(남, 69세, 1949년)

줄거리 하심동은 저수지를 막기 전 웃심동에 최씨들이 먼저 거주했는데 저수지를 막은 후 지금 마을로 이주해왔다. 하심동이 배 형국인데, 어떤 중의 말을 듣고 마을 가운데 샘을 파고 성재에 돌을 쌓아서 마을이 망해버렸다는 이야기가 전해온다.

(조사자 : 그럼 선생님, 마을 유래부터 얘기 한번 해보십시오.)

우리 마을은 원래 여가 본거지가 아니어요. 저수지를 막고 요리 인자 이주한 자리여요. 그람, 저수지 막은 안에도 원래 본토 동네가 아니고, 저그 웃심동, 거기가 원래 어르신들 말 들으면은 최씨네들이 맨 먼저 거주를 하셨다고 그라대요.

그래갖고 옛날에 살 때 동네마다 산을 지키라고 간수를 한 사람을 정해줬었다 하는구만. 간수라는 사람 정해 놨는데, 최씨 그분이 간수를 했던 모양이여. 그래갖고 동네 전부 다 산을 간섭하고 나무를 마음대로 하지마라 하고 그렇게 간섭하면서, 그런대로 동네가 번성해 나갔던 모양이여.

어르신들 얘기 들어보면. 그라는데 인자 하루는 옛날에는 중들이 도부를 많이 안 다녔습니까? 옛날에는 도부를 많이 다녔었는데, 도부 오는 그 중을 못난 사람들이 대태를 매놨던 모양이여, 다시는 못 오게, 대태…. 대로 이케 동그랑게….
그것 보고 대태라고 그래, 그람 이케[덮어 씌우는 흉내를 내며] 씌여 불면 딸싹 못하게…. 대태를 주고, 대태를 주고 했던 모양이여.
"그람 대태를, 나를 풀어주라. 풀어주면 이 동네를 잘 살게 하는 비법을 내가 갈쳐 주마."
"그람 니가 비법이 뭣이 있냐?"
해. 인자 그 중을, 대태를 풀어 준께, 자기가 하는 말이,
"이 동네가 잘 될라고 하면은 동네 한 가운데에 샘을 파거라. 그 샘물이 좋다."
샘을 파고 우리 동네에서 바로 가학 넘어가자면 거가 성재여, 지금은 길을 노면서 더 뚝 짤라버렸습니다 만은 고리 성이 쌓여 있었어.
"그람 거기다(성재에) 돌을 쌓거라. 그라면 이 동네가 부자로 잘 살 것이다."
라는 말을 듣고 샘을 파고 거기다 돌을 쌓고 그라고는 인자 그 동네가 완전히 망해 버렸다고 해, 그런 얘기가 있어.
그라믄 우리 동네 형국이 배 형국이여 배 형국…. 배 형국인데 배 한가운데다가 샘을 파불고, 그 뒷에는 도팍을 입빠이(가득) 실어 불고 했으니 부자가 되것습니까?
그라고 옛날에 쥐덤이 있어요. 쥐덤. 큰 소나무가 두개, 그것이 돗대였어요. 큰 소나무가 두개 나두고 정월 대보름날 언제나 거기서 제를 모시었었지요. 제(祭)를 모시다가 몇 년 후에 인자 제청(祭廳)도 싹 비어 불고 없어져 불었어요.
그런 유래가 있어.

갯벌을 농토로 만들었으나

자료코드	589_MONA_20170824_HSDR_HKH_001
조사장소	진도군 지산면 심동리 하심동마을 제보자 자택
조사일시	2017. 8. 24
조 사 자	윤홍기, 김명선
제 보 자	허경환(남, 69세, 1949년)

줄거리 마을 사람들은 갯벌을 농토로 만들기 위해 별다른 장비 없이 뻘로 원을 막고 둑을 쌓았으나 바닷물이 계속 유입되고 수리시설이 부족하여 10년간 농사를 짓지 못했다. 그래서 농번기 때면 자기 논에 물을 대기 위해 억지 행동을 하기도 했다는 이야기이다.

(조사자 : 팽목하고 마세 둑을 막으면서 그 얘기를 연관해서 해보세요.)

지금 우리가 그때 한 20대가 됐을까? 못 됐을까? 그 무렵에, 여기는 바닷물이 들어오고 인자 보시면 아시겠습니다만은 저수지 물이 빠졌기 때문에, 이 뚝방에….

그 뚝은 뭔 뚝이냐? 바닷물이 들어오지 마라고 막아놓고 그 안에 논을 벌었습니다. 논을 벌면서 그 뚝을 어떻게 막았느냐? 옛날에는 돌은 순 지게로 져다가 놓고, 장부 있어 장부, 뻘은 세 사람이 아주 이런 발판을 타고, 그람 장부로 뻘을 퍼서 던져서 뚝을 막았어.

뚝을 막은, 인자 그 개옹이, 옴막 옴막한 자리가 있을 것 아니요? 그람 물 쓰면(썰물때) 그런 데 푸면은 시체 푼다고 그라제, 푸면은 운조리, 숭애, 모치, 껄떠구 이런 것들을 잡아 먹고 살았어.

그라고 그 뚝에서 인자 해가 질만 하면은 '갈기'라고 있어. '갈게' 지금은 표준어로 '게'인데 그 시절엔 '갈기'라고 했어.

갈기 고놈을, 갈기 볶아 노면 맛있어요. 그렇게 어려운 세상을 살아 나왔어요. 그러다가 한 지금 50년 이상 됐는데, 저 뚝을 막는 다기에 내려가서 봤더니 거기에는 순 무슨 장비로 하는게 아니라 꼭깽이, 꼭깽이로 뚝을 파고, 옛날 북한 식으로 꼭깽이로 흙을 파고, 또 돌은 어찌게 하느냐? 지금 같으면 기계로 남포 구멍을 안뚤릅니까? 옛날에는 때려서 한 사람이 잡고, 정을 요케…

처음에는 요만한 놈 하다, 요만한 놈 하다, 차 차 길게 해가지고, 때려서 구멍을 냈어요. 그래갖고 화약을 넣어갖고 발파를 했어. 그래갖고 가서 보니까 옛날에는 철 구르마, 철 구르마를 놓고 인자 철 구르마에 사람이 삽으로 실어요.

삽으로 실어갖고 쭉 밀고 가서 붓고, 또 오고 그래서 한 2~3년 걸렸어요. 거기서 인자 돈도 벌고…. 그 후로 저수지, 원 뚝 안있습니까? 안으로 뚝을 또 냈어요.

왜냐하면 바닷물이 침수를 더 이상 하지 마라. 안쪽으로 뚝을 낼 때. 아까 얘기 하다시피 장부 안 있습니까? 장부질 댕겼어. 그 삽만하게 이렇게 생겨가지고 자루가 긴 게 있어. 그래갖고 양쪽 줄들을 매가지고, 그람은 한사람이 찍어서 이케 던지면 상당히 멀리가요. 한 10~15미터 그케 가요.

지금 북한 사람 하는 그 형태예요. 그래갖고 참 그런 때 요런데서 기나 잡아먹고, 낙지나 파먹고, 대롱이나 파먹고, 그렇게 살다가 저 원 막아 갖고 농토가 많이 생겼지요. 그란데 저 농토가 생겨갖고 저수지는 저 뒤로 막고, 봉암저수지, 심동저수지, 그란데 막기 전에 산 밑에로 물 난데는 이케 도래 도래 막아갖고 논 맨드라서 벌어먹고 그래.

저수지 막은 뒤로도 여기가 상당히 오래까지 논이 안 됐어요. 그런께 처음에는 고생들 많이 했어. 그란데 지금 수리시설이 어느 정도 해가지고 지금 농사 짓제, 그때 저 뚝을 막어 가지고 한 10년간은 아무도 농사를 못 지었어.

그래갖고 요 물이 내려가다가 마세까지 못 내려가니까, 중간에서 없어지니까, 물 갖고 여자들하고 싸우는 것이 일이여. 여자들은 그런 때 어떻게 물을 대었느냐? 순 밤으로 대었는데, 인자 물이 흘러 내려갈 것 아니요?

그람 여기서 터, 그라면 요 밑에 사람은,

"트지 마라, 물이 내려가야 된다."

여자들은,

"요놈을 터야 내 논을 댄다."

하다하다 안 되면 인자 남자들한테, 여자가 못해 볼 것 아니요? 그라믄 여자들이 깨(옷) 벗고 들어가 불어. 깨 할딱 벗고 들어가 불면은 그라면 어쩌게 접근할 거요. 옛날 순 그케 농사를 지었어. 순 어거지 농사였어.

(조사자 : 옛날 말에 내 자식 입에 밥 들어가는 것 하고 우리 논에 물 들어가는 소리가 제일 듣기 좋다. 그거군요?)

그래, 금년에도 이 한해 때 비가 안 와서 엄청나게 여기는 고생했어. 그래갖고 여그 백동 큰 뻘이 있는데, 거기는 뻘이 다 막아가지고 조금씩 보이는데는 양수기가 한 20~30대 붙었어. 그래갖고 뭐냐 200미터, 400미터 호스 깔아갖고 그 짓거리를 했습니다. 겁나게 고생했지요.

중업바위와 쌀 나오는 구멍

자료코드 589_FOTA_20170824_HSDR_HKH_002
조사장소 진도군 지산면 심동리 하심동마을 제보자 자택
조사일시 2017. 8. 24
조 사 자 윤홍기, 김명선
제 보 자 허경환(남, 69세, 1949년)

줄거리 중이 방독을 놓고 살았던 바위를 '중업바위', '중바위'라고 불렀는데, 마을 부녀자들이 비가 오지 않아 뭣을 파러다니다 '중업바위'를 발견하고 방독이랑 흙들을 전부 파버렸다는 이야기와 중이 하루 먹을 만큼 쌀이 나오는 쌀 구멍이 있었다는 이야기이다.

여기 중업바위를 여기서 보면,
(조사자 : 중업이 무엇인가요?)
중바위여요, 중바위를. 그 중이 거기서 살았다 해가지고, 옛날말로 중업이라 그래요. 거기 가면 중업이라 그래요. 지금말로는 중바위.
그란데 거기서 중이 한 분이 살았다는 흔적이 어르신들 말 들어 보면, 가 보면 움먹해가지고 가운데가 움먹해. 그람 거기다 방독을 났던 흔적이 있다고 해, 옛날에 거기다 방독을 놔갖고 산 흔적이 있었는데, 그 방독이 어째 없어 졌느냐?
 옛날에 그랑께 지금은 수리시설이 좋습니다만은 그때는 수리시설이 안 좋기 때문에 비가 안 왔다 그라문 나무 갖고 산에 올라가서 불 피고 그랬어. 또 부인네들, 나이 자신 어른 함씨네들, 막 중간 40~50대 그런 사람들이 여자들이 날굿이를 하면 비 온다 해갖고, 명산에 묘를 쓰면 비가 안 온다 해가지고 묏 파러 댕겼어.
묏 파러 댕기면서 거기를 긁어 파 보니까, 거가 인자 움먹한 방독 같은 것이 있고 그랑께 여가 시체가 있지 않느냐? 해골이 있지 않느냐? 그래갖고 거기 있던 방독이고 흙이고 파갖고 전부 다 버려 불었다 해.
옛날에 중이 한 사람 거기서 살았던 거지. 염불하고 있던 중, 한 스님이 찾아 왔던 모양이여. 한 스님이 찾아 와서 인자 먹을거리를 해야 될텐데, 자기가 사는 하루에 한 번씩만 나오는, 그 쌀 한사람만 먹을 양만치 나오는 거가 구멍이 있어.
구멍이 있는데, 인자 스님이 와서 밥을 좀 더해야 할 것 아닙니까? 밥을 더해야 할텐데 쌀은 고만치 밖에 안 나오고 한사람 몫만 나오고…. 그란데 쌀을 더 나오라고 그 부지갱이, 옛날말로 비땅으로 그 구멍을 쑤신 모양이여, '더 나온나' 그라고. 쑤시니께 쌀은 안 나오고 피만 나왔다고 그래….
지금 올라가서 보면은 그 구멍이 있고, 그 빨간 자리가 있어. 그런 얘기가 있어.

학 혈인 박좌수 묘

자료코드 589_FOTA_20170824_HSDR_HKH_003
조사장소 진도군 지산면 심동리 하심동마을 제보자 자택
조사일시 2017. 8. 24
조 사 자 윤홍기, 김명선
제 보 자 허경환(남, 69세, 1949년)

> **줄거리** 박씨네 선산에 박좌수 묘가 있는데 풍수가 좋지 않다고 해서 파묘를 하는데 기이한 일들이 일어났다는 이야기와 그곳이 '학 혈'이라는 이야기이다.

박 좌수 묘는 우리는 확실하게 잘은 모르겠습니다만은 묘가 있어요. 거기가 '학 혈'이라고 그래요. 혈이 '학 혈'이다.

거기가 제일, 이따 가서 보시면 알겠습니다만은 제일봉에가 이케 둥그렇게 석 담을 쌓아가지고 묘 한 비상을 썼어. 그란데 거기가 참 따뜻하니, 그전에 우리가 나무하러 댕기면, 바로 갔다 오다가 거가 따땃하니 지게통발 내려놓고, 거기서 쉬어, 쉬어 오고 그랬어.

그랬는데 그 박좌수, 박좌수라고 그런 말씀을 하시기에,

"어째서 여기가 박좌수라 한디야?"

그러니 여기 진도읍네 박씨네들이 거가 묘, 선산인데, 거기 묘 자리가 옛날 풍수가 안 좋다고 파다가, 파다 보니까 황송아지가 이케 앞무릎을 꿇고 일어나다 사그라졌다는 그런 얘기가 있어.

그란데 곁에서는 안 봤어도 멀리서 본께 거기서 안개가 푹 하니 솟아올라 갔다는 그런 얘기가 있어, 어르신들 말씀에 의하면. 그래서 우리가 지금도 박 좌수, 박 좌수라고 그래요. 거그서 좌수가 나온 모양이여.

목 잘린 목섬

자료코드	589_MONA_20170824_HSDR_HKH_004
조사장소	진도군 지산면 심동리 하심동마을 제보자 자택
조사일시	2017. 8. 24
조 사 자	윤홍기, 김명선
제 보 자	허경환(남, 69세, 1949년)

> **줄거리** 목섬의 산세가 좋아 큰 인물이 날까봐 일본인들이 육지를 잘라버려 섬이 되었다는 이야기이다.

목섬. 여기는 우리가, 위치가 여기서 서쪽으로 수양리 넘어가는 거가 우리 해안인데…. 심동도 해안이 있어요. 거기 위치가 산세가 참 좋아요. 우리가 볼 때 산세가 좋은데, 옛날 왜정 때 일본놈들이,
"이 산세가 좋음과 동시에 놔둬서는 안 되겠다. 여그 이 산으로 봐서 여그서 큰 사람이 나것다. 이것 놔둬서는 안되것다."
해 가지고 거그를 짤라 버린거야. 그라고 지금은 물 들면 못 건너가고 물 쓰면 건너가고 그렇게 되어 있어. 원래 육지가 섬이 되었어.
(조사자 : 원래 일본 놈들이 그런 것을 엄청 많이 했어요. 나쁜 짓을….)
그랬다고 그래. 왜정 때 그랬다고 그래, 일본 놈들이.

죽은 총각을 묻은 성재 잔등

자료코드   589_FOTA_20170824_HSDR_HKH_005
조사장소   진도군 지산면 심동리 하심동마을 제보자 자택
조사일시   2017. 8. 24
조 사 자   윤홍기, 김명선
제 보 자   허경환(남, 69세, 1949년)

> **줄거리** 성재 잔등이 짤린 자리의 길 옆에 총각으로 죽은 사람을 묻었는데, 어두워지면 사람들이 무서워서 그곳을 혼자 가지 못하고 다른 사람들의 배웅을 받으며 뒤도 안 돌아보고 간다는 이야기와 무서운 마음에 그곳을 지나가던 차가 고랑에 빠져 엑셀만 밟다가 결국 차가 망가져 폐차 시켰다는 이야기이다

(조사자 : 그 성재에 대해서 말씀 해보세요.)

성재. 그 가학 넘어 가자면, 아까도 얘기 했지만 성재 잔등 짤른 자리 안 있습니까? 옛날에는 돌아가시면 젊은 총각이나 처녀는 길 옆에다 묻어요, 그런 때는. 거기가 가학 ○○이 형님, ○○씨다고 그 형님이 결혼 안 하고 상사병으로 죽었을 거이여. 그래 거그다 묻혔는데,

그 전에 박은부씨라고 그분이 도의원도 하시고 면장도 하시고 그랬어요. 그분이 면장하실 때 그런 때는 차가 없기 때문에 자전거로 다녔어요.

자전거 타고 다니든 시절인데 인자 퇴근 시간이 늦어져 불면, 그 무서워서 거그 가서 봤든 모양이여. 그 넘에는 한씨라고 살았어요. 그분 보고 꼭 보내다 주라고, 허한씨 보고 꼭 보내다 주라고, 글 안하면 거기서 주무시고 가고….

또 그 후로는 우리 장인영감이 그 조카 돼요. 가학 갔다 밤에 오는데 봤었던 모양이여. 그래갖고 그 한씨네 집이 그 저수지 안에 조그만 가게 집이였어요. 가게 집이기 때문에 얼른 거기 들어가서 술 마시기 좋고, 얼른 사람 뭣하기 좋고 그라기 때문에 도로변이라 거그를 들어가서,

"어야, 조카네 나 좀 데려다 주게, 우리 딸네 집에 좀 데려다 주게."

"어째라?"
"안 보이는가? 쟈가 안 따라오는가?"
"뭣이 따라 와라."
그랑께,
"안 보이는가? 송호리 집으로는 못가고, 우리 딸네 집으로 잔 데려다 주게."
그래서 내가 저수지 안에서 남의 셋방살이를 하고 있는데, 거기를 밤에 모시고 왔더라고…. 아홉 시 반, 열 시. 그 무렵에 모시고 왔데.
"가학 갔다 오시다가 혼자는 못 가신다 해서 요리 모시고 왔네."
그래 모시고 와갖고는 '자가 나 뒷 따라 온다'고 그래갖고 그거서 밥 해갖고 갖다 막 허치고 했어. 그란데 지금도 즈그 동생은 밤에 거기를 못 다녀요. 인지리서나 십일시서나 같이 저하고 놀다가 거기까지 보내다 줘요. 성재까지 보내다 주라 해. 보내다 주면,
"가게 오게."
얘기 말도 없어. 거기까지 가자마자 번개같이 가버려 그냥, 번개같이 가불어 아주. 그랑께 갸도 봤던 모양이여.
그라고 차도 한 대 망가졌어. 인자 봤었던 모양이제. 속력으로 달려가는데 차가 다행히 우쪽으로 붙었던 모양이제. 꼬랑으로 들어가 불어갖고, 꼬랑으로 들어가 분지 얼로 들어간지도 모르고 계속 악세레타만 볼 분께(밟으니까). 차가 다이야가 완전히 다 망가져갖고, 차 한나 폐차시켰어. 무서워갖고….

지산면 인지리 독치마을

당솔나무를 베었더니

자료코드 589_FOTA_20170816_DCR_KBU_001
조사장소 진도군 진도읍 성내리 진도군 노인 복지회관
조사일시 2017. 8. 16
조 사 자 김명선, 윤홍기
제 보 자 김봉의(남, 79세, 1939년생)

> **줄거리** 가치리에 사는 한 부자가 장사를 하러 나갈 배를 만들려고 당(堂)에 있는 소나무를 베었더니 피가 나왔는데도 그 소나무로 배를 만들어 장사하러 나간 뒤 돌아오지 못했다는 이야기이다.

가치리에 한 부자로 잘 사는 정씨가 있었는데, 그 집 선조가 돈이 많았어. 배를 짓어 가지고 장사를 나갈려고 당(堂)에 가서 솔을 비는데, 솔나무를 도끼로 딱 찌니까 걱써(거기서) 피가 나오더래. 그래 그 나무를 비어가지고 와서 배를 지어가지고 바다로 나가서 장사를 할라고 바다로 나갔는데, 그 질로 돌아오지 안 했다고 그래.
(조사자 : 무엇 때문에 그랬을까요?)
글쎄, 당에는 신이 있어서 아무래도 피가 묻은 당에서는 아무것도 안 갖다 써야 돼. 나무도 안 비고, 그래서 그랬지 않냐 하는 생각이 들어. 그런 전설이 있어.

풍파에 가족을 구해준 형제

자료코드	589_MONA_20170816_DCR_KBU_001
조사장소	진도군 진도읍 성내리 진도군 노인 복지회관
조사일시	2017. 8. 16
조 사 자	김명선, 윤홍기
제 보 자	김봉의(남, 79세, 1939년생)

> **줄거리** 청등도에서 한 가족이 목포로 이사를 가는 중 풍파에 배가 부서져 위급한 상황에 처했다. 구조 요청 소리를 들은 그 섬의 형제가 가족들을 구해주었더니 그 고마움을 전하기 위해 4~5년간 떡을 해왔다는 이야기이다.

청등도에서 풍파가 센날 목포로 전부 가족이 이사를 가다가 큰 바다에서 풍파를 만나서 배가 파산되았어.
"사람 살려~"
란 소리가 아련프시(어렴풋이) 들렸어. 그래서 인자 섬에 사는 사람들은,
'자기 형제간들이 목포를 가서 그랬지 않느냐.'
그라고 다른, 사실 자기 형제간이 아니면 갈 수가 없었어. 자기들도 생명을 담보해 놓고 가니까. 가서 보니까 배가 파산되아서 애기 업고 물에서 떠 댕기고 하는 것을 전부 건져서 싣고 와서 밥해 믹여 갖고, 고리 실어다 줬어 청등도로. 그래서 해마다 한 4~5년은 떡을 해갖고 왔다해 고맙다고.

풍어를 예견하는 바다 구렁이

자료코드	589_FOTA_20170816_DCR_KBU_002
조사장소	진도군 진도읍 성내리 진도군 노인 복지회관
조사일시	2017. 8. 16
조 사 자	김명선, 윤홍기
제 보 자	김봉의(남, 79세, 1939년생)

줄거리 주지도에서 금노로 2km가 넘는 먼 바닷길을 일 년에 한 번씩 큰 구렁이가 왔다 갔는데, 그 구렁이가 오면 고기가 많이 잡힌다는 말이 있다.

주지도에 큰 구렁이가 있어 가지고 교미하러 오는가, 지산면 금노라는 데를 1년에 한 번씩 온다고 그래. 그 구렁이가 한 번씩 오면 고기가 많이 잡힌다고 그런디, 하여튼 그래.

오래 되아서 잘 모르겠어. 그런 이야기를 들어가지고 걱써 구렁이를, 큰 구렁이가 골로 히엄쳐 왔다가 가는 것을 보고 그랬다는 이야기를 들었지. 확실한 것은 잘 몰라. 주지도에서 금노로 왔다 갔다 했다해.

(조사자 : 왜, 구렁이가 왔다 가면 고기가 많이 잡힐까요?)

글쎄 그런 것은 잘 몰라. 오래 된 것이라.

(조사자 : 주지도에서 금노까지는 얼마나 될까요?)

상당히 멀어. 2킬로 훨씬 멀어. 바닷길이라 큰 구렁이 한 마리만 왔다해.

동백사에 떨어진 벼락

자료코드	589_FOTA_20170816_DCR_KBU_003
조사장소	진도군 진도읍 성내리 진도군 노인 복지회관
조사일시	2017. 8. 16
조 사 자	김명선, 윤홍기
제 보 자	김봉의(남, 79세, 1939년생)

> **줄거리** 동백사라는 절에서 100일 기도를 드리고 있던 스님이 마지막날 처녀와 동숙하는 바람에 벼락을 맞았다고 한다. 그 스님의 가사가 날아가서 '가사도'가 되고, 부처는 '불도'가 되고 바지는 '하의도'가 되었으며, 망건이 날아가 '장도'가 되었다는 이야기이다.

옛날에 와우리 뒤 지력산에가 동백사라는 절이 있었어. 거그서 스님이 100일 기도를 드리다가 99일자 되던 날에 자기 아는 처녀가 와서 같이 동숙을 하다가 배락(벼락)을 맞았어.

그래가지고 인자 가사도로는 가사(袈裟)가 날아가서 가사도가 되고, 또 불도는 섬이 딱 바위가 부처같이 생겼다해.

그래서는 부처는 고리 가고(불도로 가고), 하이도(하의도)로는 밑에 바지가 하이도로 가서 하이도가 되고, 혈도는 거기 구멍이 있어. 장도는 장건(망건, 網巾)같은 것이 날아가 섬이 되었다는 전설이 있어.

동석산의 쌀 나오는 구멍

자료코드 589_FOTA_20170816_DCR_KBU_004
조사장소 진도군 진도읍 성내리 진도군 노인 복지회관
조사일시 2017. 8. 16
조 사 자 김명선, 윤홍기
제 보 자 김봉의(남, 79세, 1939년생)

> **줄거리** 동석산 절에는 한사람 먹을 만큼만 나오는 쌀 구멍이 있었는데, 절에 손님이 와서 스님이 구멍을 크게 쑤셨더니 그 뒤로는 쌀이 나오지 않는다는 이야기이다.

동석산에 절이 있었는데, 쌀이 조금씩 한 사람이 먹을 치만 먹을 쌀이 나왔다 해. 그래서 한번은 스님이 아는 손님이 와서 혼자 해 갖고는 적은께 쌀을 좀 더 나오라고 구먹을(구멍을) 더 크게 쑤시니까, 그냥 그 뒤부터는 쌀이 안 나왔다는 이야긴데, 사람이 너무 욕심을 부리지 말라는 그런 뜻이겠지.
(조사자 : 쌀 나오는 구멍이 지금도 있나요?)
응.
(조사자 : 지금도 그 구멍이 동석산에 있어요?)
모르겠지만 아마 있기는 있겠지. 그래서 이런 이야기가 있겠지.

천수골 도깨비 친구

자료코드	589_FOTA_20170816_DCR_KBU_005
조사장소	진도군 진도읍 성내리 진도군 노인 복지회관
조사일시	2017. 8. 16
조 사 자	김명선, 윤홍기
제 보 자	김봉의(남, 79세, 1939년생)

> **줄거리** 도깨비가 잘나오는 곳으로 유명한 천수골이 있는데, 한 사람이 술에 취해 밤중에 천수골을 지나갔다. 그런데 그 사람의 죽은 친구인 천수를 닮은 도깨비가 나와 집까지 데려다 주었다는 이야기이다.

임회에서 지산을 가자면 중간에 꼴창이가 있어. 물 흐르는 꼴창이가 있는데, 거그서 항시 옛날부터 도깨비가 잘 난다는 그런 소문이 있었어. 지금도 그 소문은 있어. 그랬는데 지금으로부터 약 120~130년 전이나 되겠어.

그 사람이 지금 아흔일곱 살 잡샀는데, 거 윤씨란 사람한테 들었어. 그 분 고숙이 삼당리서 살았어. 그래 십일시 가서 술을 거나히 먹고 밤중에 혼자 오는데, 거기서 자기 친구였닥 해 천수가, 친구가 나오더니,

"내가 느그 집 데려다 주마."

그라고 삼당리까지 데려다 주고 갔다는 이야기를 즈그 조카 허윤씨한테 했다 그래. 그 사람이 지금 살아 계셔.

(조사자 : 천수씨는 죽은 사람이지요?)

죽었지. 도깨비가 나와서 친구를 데려다 주었다 그래. 아주 유명해. 천수꼴 도깨비 잘 난다고.

할아버지의 선몽

자료코드 589_FOTA_20170816_DCR_KBU_006
조사장소 진도군 진도읍 성내리 진도군 노인 복지회관
조사일시 2017. 8. 16
조 사 자 김명선, 윤홍기
제 보 자 김봉의(남, 79세, 1939년생)

> **줄거리** 제보자의 어머니가 첫아이 임신 중 꿈에 시아버님이 아이의 이름을 '희루구'로 지어주셨는데, 호적에 한자로 올릴 수가 없어 다른 이름으로 지었더니 몇 달 후에 아이가 죽었다는 이야기이다.

우리 어머니가 처음 임신을 했는데 태몽에 할아버지가 나오셔서,

"애기 이름을 '희루구' 라고 지어라."

그래서 그렇게 이름을 지었어. 아주 똑똑하고 공부도 잘하고 옛날에 서당을 댕긴다고 책도 다 맨들고. 호적을 올려야 쓰겠는데 면에로 아버지가 올리려 가니까,

"'희루구' 라고는 올릴 수가 없다. 한자를 쓸 수 없으니 이름을 다시 지어라."

그래서 이름을 다시 짓고 나서 몇 달 후에 그 애는 죽어 불었어. 우리 어머니, 아버지가 늘 하시는 말씀이,

"그때 갸는 그게 영리하고 뭣했는데, 이름을 잘못 지어서 태몽대로 이름을 안 지어서 죽었다."

고 그렇게 얘기 했어. 섭섭해 했어. 그렇게 잘 생기고 똑똑하고….

(조사자 : 왜 '희루구'라고 지었을까요?)

꿈에 그렇게 선몽을 댔으니까 그랬제. 면에 가니까 '희루구'라고 올릴 수가 없다는 것이어. 그래서 우리 어머니가 항시 그런 말씀을 하셨어. '희루구' 이름을 쓸 수 없어 다시 지어갖고는 그렇게 잘생긴 놈을 죽였다는 말씀을 하셨어.

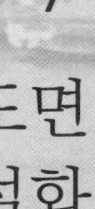

7 조도면 설화

조도면 개관

조도면의 동쪽은 지산면, 임회면, 북쪽은 신안군 하의면과 장산면에 닿는다. 면 전체가 섬 154개로 이루어져 있으며 그 중 유인도는 35개, 무인도는 119개가 있다. 국내 읍·면 중에서 섬이 가장 많은 곳이기도 하다. 섬은 대부분 구릉성 산지로 이루어져 있으며 마을은 산지의 완경사면에 입지하고 있다. 선사유적으로는 성남도와 하조도 읍구에서 고대 조개무지가 발견되었다. 성남도에서는 무문토기와 제주도돌로 보이는 석기도 발견되어 이미 이 섬에 석기시대 때부터 사람이 살았던 것을 알 수 있다. 하조도 신육리 읍구에는 3기의 지석묘와 선돌도 있고 고려 때 고분도 있다. 가사도, 관사도, 관매도 등지에서도 돌칼, 돌도끼, 돌화살촉을 수습한 바 있다.

현주민의 선조들은 임진왜란 이후 해남, 진도, 영암, 영광 등지에서 들어왔다. 숙종 34년(1708)에는 상조도와 하조도에 관방을 설치해 그 흔적 성터가 상조도 맹성리와 하조도 읍구에 있다. 신금산과 돈대산, 대봉산 등 주요섬의 높은 산들은 봉화불로 연락하던 돈대로 쓰였다. 정도 이후 하조도에 창고를 두어 창리라는 지명이 생겼으며 이곳 책임자였던 도감(都監) 비석도 있다. 조선시대에는 제도면(諸島面)이라고 했다.

구한말에는 가사도(加沙島)가 면으로 독립되어 있었다. 이때의 조도면 관할리는 33개리로 창리, 유토, 읍구, 육동, 신전, 산행, 명지, 당도, 맹성, 동구, 율목, 여미, 라배, 관사, 관작, 진목, 모도, 소마도, 대마도, 우매도, 관호도, 청등도, 죽항도, 독거도, 서거차도, 동거차도, 맹골도, 외병도, 내병도, 눌옥도, 만재도, 성남도, 옥도였으며 가사도면 관할리는 6개리로 가사도, 저도, 율도, 마진도, 평사도, 고사도였다.

1914년 행정구역 개편으로 가사도가 다시 조도면에 통합되었다. 당시의 조도면 관할리는 관매리(관매, 관호), 동거차도리(동거차도), 서거차도리(서거차도), 신육리

(신전, 육동, 읍구), 창유리(창리, 유토, 산행, 명지), 대마도리(대마도), 소마도리(소마도), 관사도리(관사, 관작), 라배도리(라배도), 맹성리(당도, 맹성), 여미리(동구, 율목, 여미), 성남도리(성남도), 죽항리(죽항도), 독거도리(독거도), 청등도리(청등도), 모도리(모도), 진목도리(진목도), 맹골도리(맹골도), 만재도리(만재도), 옥도리(옥도), 내병도리(내병도), 외병도리(외병도), 눌옥리(눌옥도), 가사도리(가사도, 평사도, 고사도), 마진도리(마진도, 율목도, 저도)였다.

1963년에 마진도리를 신안군에 넘겨 주고, 1964년 가사도에 가사출장소를 두고, 1966년 서거차도에 거차 출장소를 두어서 현재 2출장소, 24개 리를 관할하고 있다. 1981년 12월 다도해해상국립공원으로 지정되었다. 1983년 만재도리 및 고사도·평사도리를 신안군으로 넘겨주어 23개 리를 관할하게 되었다. 1997년 상조도와 하조도를 연도(교량길이, 510m)하였다.

명승 및 문화유적으로는 조도5군도(가사군도, 대소동도, 주지도(손가락섬), 양덕도(발가락섬), 구멍 뚫린 공도(혈도), 연병장 같은 가사 백사, 좌우로 호송이라도 하는듯 부장된 제도, 다공도, 접우도, 북송도, 불도), 관매8경(관매도해수욕장, 방아섬, 돌묘와 꽁돌, 할미중드랭이굴, 하늘다리, 셔들바굴폭포, 다리여, 하늘담(벼락바위)), 관매도후박나무, 신전해수욕장, 돈대봉 봉수 도리산 전망대 등이 있다.

〈참고문헌〉
디지털진도문화대전(http://jindo.grandculture.net)
『진도군지』(진도군지편찬위원회, 2017)

조도면

조사마을

조도면 가사도리 가사도

조도면 가사도 마을 전경

가사도는 조도면에 속하는 법정리이자 행정리이다. 지형이 가새(가위) 형국이라 가사도라 불렀다는 설과, 주변 섬들이 불의불형(佛衣佛形)의 모습으로 보아, 스님이 장삼 위에 걸치는 법복인 가사(袈裟)에 해당하는 형국이라 가사도라 했다는 설이 있다. 『고려사지리지』, 『동국여지승람』, 『동국여지도』에는 '伽西'로, 『대동여지도』에는 '加沙'로, 『진도읍지』에는 '伽土'로 기록되어 있다. 1700년께 해남 우수영에서 인동장씨 장태산이 상촌에, 진도 임회면의 장성원이 하촌에 입도했다는 설이 있고, 그 이전에 추씨, 고씨가 먼저 살았다는 설도 있다.

1896년 이전에는 전라남도 진도군 제도면에 속했다가 1896년 행정구역 개편 때 가사면으로 독립했다. 1914년 행정구역 개편 때 평사리, 고사리를 병합하여 가사도리라 해서 조도면에 편입되었고, 1964년 7월 31일 군 조례 제 87호에 의하여 가사출장소가 개설되었다. 1983년 고사도, 평사도는 전라남도 신안군 신의면에 넘겨주었다.

해안은 대부분 암석해안을 이룬다. 북서쪽 해안은 급경사의 암벽이, 남서쪽 해안은 사질해안이 발달되어 있다. 동북쪽에 있는 만은 간석지가 넓게 발달하여 제방으로 막아 농경지와 염전으로 이용되고 있다. 갯벌(0.680km²)과 모래사장(0.6km)이 있으며 섬의 지질은 응회암, 사암, 이암 등으로 이루어져 있다. 목포항으로부터 직선거리로 45km떨어져 있다. 목포에서 출발하는 정기 여객선이 운항된다. 정기여객선은 본섬의 쉬미항에서도 운항되고 있다. 면적은 5.58km²이며 해안선은 18.10km에 달하고 표고는 268m이다.

가사도에서는 2017년 12월 현재 총 89세대에서 163명이 거주하고 있다. 조도면 해역 중 유일하게 다도해상국립공원 지구에서 제외된, 농업과 어업이 발달한 섬이다. 조도 해역에서 톳 양식이 많고 품질이 좋아 일본으로 수출된다. 주 어류로는 숭어, 우럭, 붕장어가 있으며, 해산물로 전복, 톳, 미역, 참모자반, 농산물로 쌀, 대파, 홍화씨, 더덕 등이 있다. 곰솔 군락 및 복분자 군락의 수목이 발달되어 있으며, 소와 흑염소 방목도 이루어지고 있다.

조도면 신육리 신전마을

신전리(신전마을)는 조도면 신육리에 속하는 행정리이다. 신전리가 있는 신육리는 본래 진도군 조도면의 지역인데, 1914년 행정구역 개편에 따라 신전리, 육동리, 읍구리를 병합하여 신전과 육동의 이름을 따서 신육리가 되었다.

신전마을은 북쪽의 신금산(232m)에서 뻗어져 내려온 산줄기 사이에 위치하고 있다. 남쪽으로는 남해가 펼쳐져 있어 배산임수 취락입지의 전형을 보여준다. 일사량이 높고 북서풍 차단에 유리한 곳에 마을이 입지해 있다. 특히 경관이

조도면 신전마을 전경

빼어난 곳이다. 신전리 포구는 좌우에서 뻗어 내려온 산줄기가 돌출해안을 이루어 천연의 방파제 구실을 함으로써 양항을 이루고 있다. 신금산에서 동남쪽으로 이어지는 산릉선이 동서로 분기하여 신전리 마을을 좌우로 감싸고 있다. 바다에 접한 마을 앞 남쪽은 모래사장이 동서로 길게 이어져 있고 멀리 남해를 조망할 수 있다. 기반암은 화산쇄설성 역암이나 사암, 응회암, 유문암, 백악기 경상계 퇴적암으로 이루어져 있다.

하조도의 동남단에 있으며, 동쪽, 남쪽, 북쪽은 바다와 면하고, 서쪽은 창유리와 접하고 있다. 교통은 마을 앞에서 시작된 도로는 서쪽으로 면소재지로 연결되어 있으며, 조도대교를 지나 상조도까지 연결되어진다.

2017년 12월 현재 총 65세대에서 127명의 주민이 살고 있다. 마을 배후 산지에서 남서남동 방향으로 흘러 내려온 지류가 신전리에서 합류하여 농업용수와 생활용수가 된다. 논은 없으며, 산록 완경사면은 개간하여 밭으로 이용되고 있는데, 밭에서는 콩, 마늘 등이 재배된다. 특히, 겨울철에는 농한기를 이용하여 쑥을 많이 재배하고 있어 농가수익을 올리고 있다. 수산물은 멸치, 활어, 미역, 톳 등을 어획 및 채취하고 있다. 식수는 상수도 시설이 되어 있으며, 전기는 하조도 내연발전소에서 전력을 공급하고 있다. 신전해수욕장이 있다.

조도면 여미리 율목마을

조도면 율목마을 전경

율목리(율목마을)는 조도면 여미리에 속하는 행정리이다. 율목리가 있는 여미리는 본래 진도군 조도면의 지역으로서 예미 또는 여미라 하였는데, 1914년 행정구역 개편에 따라 동구리, 율목리가 여미리에 병합되었다.

돈대산(205m)을 배후산지로 삼고 있으며 작은 만 안쪽의 산록완경사면과 해안이 접한 곳에 위치하고 있다. 마을 남쪽에 위치한 나병도를 바라보고 있으며, 마을 전면에 발달한 갯벌을 매립하여 넓은 농토를 경작하고 있다. 섬 전체가 산지, 산록완경사면, 갯벌 등으로 구성되어 있는데, 산지는 기반암 노출을 부분적으로 확인할 수 있고 산릉은 몇 개의 봉우리를 이루며, 돈대산을 중심으로 동서 방향으로 펼쳐져 있다.

산록완경사면은 돈대산의 남동쪽으로 발달하고 있으며, 갯벌은 마을 전면인 남쪽 만 안쪽에 있어 논으로 간척되어 이용되고 있다. 갯벌 바깥쪽은 염생습지를 이루고 있으며 주로 갈대가 분포한다. 기반암은 화산쇄설성 역암과 사암, 응회암, 유문암, 백악기 경상계 퇴적암으로 이루어져 있다.

상조도의 남서부에 있으며, 동쪽은 맹성리, 서쪽과 남쪽은 바다, 북쪽은 옥도리와 각각 접하고 있다. 교통은 마을 앞에서 동쪽으로 조도대교를 지나 면소재지까지 연결된 도로가 있어 이용하기가 편리하다.

2017년 12월 현재 총 37세대에서 67명의 주민이 살고 있다. 주민들은 마을 전면에 발달한 갯벌을 매립하여 논농사를 주로 하고 있는데, 배후의 산록완경사면을 개간하여 마늘, 콩, 대파, 겨울무 등을 경작하며, 특히 겨울에는 농한기를 이용하여 쑥을 많이 재배하여 농가소득을 올리고 있다. 식수는 상수도 시설이 되어 있어 편리하며, 전기는 하조도 내연발전소에서 전력을 공급하고 있다.

조도면 창유리 곤우마을

조도면 곤우마을 전경

곤우리(곤우마을)는 조도면 창유리에 속하는 행정리이다. 원래 본 마을은 '곤투

머리'라고 불리어 오다가 음의 변화로 '곤우', '곤티미' 라 마을 이름을 칭하였다. 하조도 서단에 위치하고 있으며, 서향을 하고 있다. 면적은 0.73km²이며, 2017년 12월 현재 총 18세대에서 41명이 살고 있다. 마을 시설물로는 회관 및 경로당 1동, 정자 1동이 있다.

조도면 창유리 창리마을

조도면 창리마을 전경

창리(창리마을)는 조도면 창유리에 있는 행정리이다. 본래 진도군 조도면의 지역인데, 1914년 행정구역 개편에 따라 창유, 유토리, 산행리, 명지리를 병합하여 창유와 유토리의 이름을 따서 창유리가 되었다.

손가락산(231m), 돈대봉(墩大峰, 271m), 신금산(神禽山, 232m)으로 이어지는 산릉선을 배후산지로 북쪽 사면에 입지하고 있다. 기반암은 화산쇄설성 역암과 사암, 응회암, 유문암, 백악기 경상계 퇴적암으로 이루어져 있다.

하조도의 중앙에 있으며, 동쪽은 신목리이고 서쪽, 남쪽, 북쪽은 바다와 각각 접하고 있다. 교통은 면소재지로서 도로가 동쪽으로는 신전해수욕장까지 이어지고 북쪽은 조도대교를 지나 상조도의 여미리까지 연결되어 있다.

2017년 12월 현재 창리에는 총 188세대에서 307명의 주민이 살고 있다. 주요 농산물은 쌀이나 주민들의 주 소득원은 배후산지의 산록완경사면을 개간하여 참깨, 마늘, 콩, 파 등을 일구는 밭농사와 마을 앞 북서쪽으로 발달한 갯벌을 간척하여 조성한 논경지의 벼농사이다. 마을회관과 조도초등학교가 있다.

〈참고문헌〉
디지털진도문화대전(http://jindo.grandculture.net)
『진도군지』(진도군지편찬위원회, 2017)

조도면

설화를 들려준 사람들

조도면 가사도리 가사도마을

문형주 (남, 80세, 1938년생)

제보자는 조도면 가사도리에서 태어나 스무 살에 같은 마을에 사는 스물한 살의 장순례와 중매로 결혼하여 4남 3녀를 두었다. 제보자의 부모님은 논 이십 마지기, 밭 삼십 마지기를 소유한 비교적 부농이었다. 하지만 제보자가 결혼하여 분가할 때 농사짓기에 좋지 않은 땅 열 마지기만 주었다고 한다. 살림을 일으키느라 젊어서 지겟일을 너무 많이 해서 지금도 어깨랑 다리가 불편하다고 한다.

제공 자료 목록

589_MONA_20171009_GSDR_MHJ_001	오두막집으로 분가하다
589_MONA_20171009_GSDR_MHJ_002	지게 짊어지고 선창까지 달리기
589_MONA_20171009_GSDR_MHJ_003	남 따라서 다 먹을라 하면 안돼
589_MONA_20171009_GSDR_MHJ_004	가사도 한 마지기는 다르다
589_FOTA_20171009_GSDR_MHJ_001	3구로 가신 당할머니
589_FOTA_20171009_GSDR_MHJ_002	할머니당과 할아버지당
589_MONA_20171009_GSDR_MHJ_005	교회 생겨 사라진 당
589_FOTA_20171009_GSDR_MHJ_003	음력 시월에 모시는 산제
589_MONA_20171009_GSDR_MHJ_006	가사도 광산과 염전에서 일하다
589_FOTA_20171009_GSDR_MHJ_004	지금은 사라진 씻김굿
589_MONA_20171009_GSDR_MHJ_007	화장 말고 상여로 해라
589_MONA_20171009_GSDR_MHJ_008	회한이 남는 젊은 시절
589_FOTA_20171009_GSDR_MHJ_005	초분을 하는 이유

장봉현 (남, 85세, 1933년생)

제보자는 일본 오사카에서 출생하여 열두 살 때 부모와 함께 귀국했다. 가사도초등학교 6학년으로 들어갔지만 가난해서 졸업장을 받지 못했다. 지산면에 농악을 치러 다니다가 가치리 이씨와 결혼했다. 고기잡이를 했고 신안군 섬 지역을 대상으로 돼지 장사를 했다. 김대중 전 대통령과는 6촌 관계로 재임시 김대통령의 초청을 받기도 했다. 평생을 근면 성실히 살아온 사람이다.

제공 자료 목록

589_MONA_20171018_GSDR_JBH_001 오사카에서 태어나 열두 살에 한국으로
589_MONA_20171018_GSDR_JBH_002 가사도 광산에서 일하다가 일본으로 건너간 부친
589_MONA_20171018_GSDR_JBH_003 일본 집 판 돈을 소매치기 당하다
589_MONA_20171018_GSDR_JBH_004 조선말 하다가 걸리면 경찰서에 잡혀가다
589_MONA_20171018_GSDR_JBH_005 오사카의 우리 집은 한국 사람 하숙집
589_MONA_20171018_GSDR_JBH_006 일본인들 모르게 소고기 사 먹기
589_MONA_20171018_GSDR_JBH_007 기타오카지마 학교와 저지대 공장들
589_MONA_20171018_GSDR_JBH_008 밀선을 타고 일본에서 가사도로
589_MONA_20171018_GSDR_JBH_009 김대중 대통령과 6촌간
589_MONA_20171018_GSDR_JBH_0010 가치리로 농악 치러 다니다 만난 배필

조도면 신육리 신전마을

박정인 (남, 76세, 1942년생)

제보자는 신전마을 출신으로 한국전쟁이 발발하자 목포로 일가족이 피난을 가서 살다가 12살 때 다시 고향으로 돌아와 궁핍한 어린 시절을 보냈다. 일찍부터 집안일을 도맡아 하느라 단 하루도 편하게 응석부리며 살 수 없었다. 십대 초반부터 뱃일을 배우면서 나룻배, 중선배등 종류를 가리지 않고 주낙, 그물 등을 배워서 지금도 그물 손질은 눈감고도 할 수 있을 정도이다. 스스로 삶을 개척해온 억척스런 사람이자 자수성가한 꿋꿋한 어부이다.

제공 자료 목록

589_MONA_20170819_SJR_PJI_001	다섯 살 아이가 젖먹이를 돌보다
589_MONA_20170819_SJR_PJI_002	구사일생으로 살아난 아이
589_MONA_20170819_SJR_PJI_003	불빛이 빤딱거린 곳은 폭격신호
589_MONA_20170819_SJR_PJI_004	폭격을 맞은 나룻배 주인
589_MONA_20170819_SJR_PJI_005	고향 아이들의 텃세
589_MONA_20170819_SJR_PJI_006	제식훈련 받던 처녀들
589_MONA_20170819_SJR_PJI_007	감시막에서 살게 된 일가족
589_MONA_20170819_SJR_PJI_008	모래땅에서 캔 조개로 학용품 사기
589_MONA_20170819_SJR_PJI_009	공부냐, 지게냐?
589_MONA_20170819_SJR_PJI_0010	노력만으로 자수성가하다
589_MONA_20170819_SJR_PJI_0011	조기 배를 탄 열네 살 어부
589_MONA_20170819_SJR_PJI_0012	저 놈 수덕 있다.
589_MONA_20170819_SJR_PJI_0013	군산에서 탄 중선 배
589_MONA_20170819_SJR_PJI_0014	유자망 선원이 되다
589_MONA_20170819_SJR_PJI_0015	같은 쪽으로 노를 저으면 배가 기우뚱 기우뚱
589_MONA_20170819_SJR_PJI_0016	위도에서 새 주인 찾기
589_MONA_20170819_SJR_PJI_0017	닻배는 닻이 5, 60개
589_MONA_20170819_SJR_PJI_0018	물을 파는 연평도 아낙네들
589_MONA_20170819_SJR_PJI_0019	연평도까지 3일 걸리는 유자망배
589_MONA_20170819_SJR_PJI_0020	닻배 살림 준비
589_MONA_20170819_SJR_PJI_0021	왕등이 밖으로 벗어나면 죽는다
589_MONA_20170819_SJR_PJI_0022	닻 50 개, 60 개가 그물을 잡고 있어
589_MONA_20170819_SJR_PJI_0023	닻배는 한 물 때 되면 끄집어 올려야 돼

589_MONA_20170819_SJR_PJI_0024	한식 때 떠 망중살 되면 돌아와
589_MONA_20170819_SJR_PJI_0025	여그 사람들은 쉴 때가 없어
589_MONA_20170819_SJR_PJI_0026	동생 낫에 다리가 잘라져불었어
589_MONA_20170819_SJR_PJI_0027	자식 키우려고 중선배 타다
589_MONA_20170819_SJR_PJI_0028	처갓집하고 낭장망을 했어
589_MONA_20170819_SJR_PJI_0029	목포에서 소목수를 데려다 목선을 짓다
589_MONA_20170819_SJR_PJI_0030	동생의 실수로 침몰한 화물선
589_MONA_20170819_SJR_PJI_0031	중선배 타고 화장질을 했어
589_MONA_20170819_SJR_PJI_0032	낭장망, 멸치어장을 새로 개발했어
589_MONA_20170819_SJR_PJI_0033	닻배노래보존회서 닻배를 탄 사람이 나밖에 없어
589_MONA_20170819_SJR_PJI_0034	신전리 말고는 그 닻배 만들수 있는 나무가 없어
589_MONA_20170819_SJR_PJI_0035	신전리에서 나무 베어 선주집으로
589_MONA_20170819_SJR_PJI_0036	뒷발질을 잘해야 하는 고비끼질
589_MONA_20170819_SJR_PJI_0037	나무와 목수만 있으면 닻배 만들 수 있제
589_MONA_20170819_SJR_PJI_0038	위도 파장금이에 색시집이 있었어
589_MONA_20170819_SJR_PJI_0039	선장보다 선주가 더 잘 알아야 해
589_MONA_20170819_SJR_PJI_0040	하노잽이, 전노잽이, 중착잽이
589_MONA_20170819_SJR_PJI_0041	닻과 웃꾸시, 아랫꾸시

조도면 여미리 율목마을

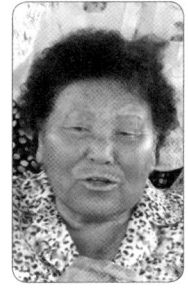

박막례 (여, 81세, 1937년생)

제보자는 상조도 명지리 출신으로 설대오씨의 부인이다. 결혼 후 애기를 낳은 지 한 달도 안 되었을 때 배를 타고 고기잡이를 떠난 남편에게 한참이 지나도 소식이 없자 죽었다고 생각하고 혼 건질 준비를 한 적이 있을 만큼 마음 졸이는 삶을 살았다. 다행히 남편이 살아 돌아와 가슴을 쓸어내렸던 기억을 갖고 있다. 섬에 사는 여인의 애달픈 사연을 들려주었다.

제공 자료 목록

589_MONA_20170720_YMR_PMR_001   배 타러 간 아들을 걱정하는 시어머니
589_MONA_20170720_YMR_PMR_002   13년간 시어머니 간병
589_MONA_20170720_YMR_PMR_003   상조도의 혼건짐 당골
589_MONA_20170720_YMR_PMR_004   배 타러 가는 남편 배웅하는 아내

설대오 (남, 84세, 1938년생)

제보자는 조도면 율목리 출신으로 젊었을 때는 닻배를 타고 칠산바다에 나가 조기잡이를 했으며 어선을 타고 선원으로 일하기도 했다. 바닷일을 숙명으로 여기고 목숨을 하늘에 맡기고 살아왔다고 한다. 바다에서 잔뼈가 굵은 제보자는 뱃일을 한 사람들만 경험할 수 있는 일화를 여러 편 들려주었다.

제공 자료 목록

589_MONA_20170720_YMR_SDO_001   칠산도 바닥 조기배
589_MONA_20170720_YMR_SDO_002   기곗배 선원들에게 맞은 닻배 선원들
589_MONA_20170720_YMR_SDO_003   구십리에서 잡은 깡패들
589_MONA_20170720_YMR_SDO_004   장원기를 꽂고 들어오는 만선배
589_MONA_20170720_YMR_SDO_005   굵은 조기는 우리 집 몫
589_MONA_20170720_YMR_SDO_006   가득찬 물통이 더 편하다
589_MONA_20170720_YMR_SDO_007   남자들이 전멸한 마을
589_MONA_20170720_YMR_SDO_008   별만 나면 이 잡는 게 일
589_MONA_20170720_YMR_SDO_009   인명은 재천이라

조도면 창유리 곤우마을

한월례 (여, 93세, 1925년생)

제보자는 하조도 곤우리 건너편 섬인 나배도에서 열아홉 살에 시집왔다. 14세 연상의 신랑을 만난 것이 아직도 한스럽다. 이마가 좁아 동년배와 결혼하면 30세 이전에 죽는다는 친정아버지의 판단에 따른 것이어서 팔자로 생각했다고 한다. 술을 즐기던 남편은 일찍 세상을 떠났고, 노래가 그녀의 벗이 되어 주었다. 덕분에서 조도에서 이름난 소리꾼으로 한 시대를 살아왔다.

제공 자료 목록

589_MONA_20170720_GUR_HWL_001 　내 아깐 노래 어찌께 잊어부까
589_MONA_20170720_GUR_HWL_002 　예쁘고 고왔던 소녀 시절
589_MONA_20170720_GUR_HWL_003 　말 실수 안 하려고 노인회관은 안 가요
589_MONA_20170720_GUR_HWL_004 　잘생기고 영리하셨던 아버지
589_MONA_20170720_GUR_HWL_005 　큰애기 때는 맨 노래만 하고 춤추고 그랬어
589_MONA_20170720_GUR_HWL_006 　사라진 섬타령

조도면 창유리 창리마을

장만익 (남, 70세, 1948년생)

제보자는 조도면 산행리에서 곤우리로 분가한 아버지의 5남 2녀 중 차남으로 태어났다. 그는 어려서부터 매우 가난한 환경에 처해 있었다. 16세에 목포로 가출하여 문구사에서 일했으며 서울에서는 봉제회사에 다녔다. 현재 창리에서 20년째 장미식당을 운영하고 있다. 농사도 조금 하는데 쉬지 않고 일하는 것이 체질이 되었다. 지금은 2남 1녀를 두고 걱정 없이 살고 있다.

제공 자료 목록

589_MONA_20170720_CYR_JMY_001 배가 고파 황토도 먹어봤다
589_MONA_20170720_CYR_JMY_002 주낫배를 공격하는 나니떼
589_MONA_20170720_CYR_JMY_003 꿩밥, 찰밥나무로 개떡을 해먹다
589_MONA_20170720_CYR_JMY_004 갈포래 뜯어다 돼지비계 넣고 끓인 국
589_MONA_20170720_CYR_JMY_005 톳밥도시락 이야기로 글짓기 일등
589_MONA_20170720_CYR_JMY_006 조도에서 옷 장사를 시작했지
589_MONA_20170720_CYR_JMY_007 다방이 일곱 개 있었는데 이제는 없어
589_MONA_20170720_CYR_JMY_008 개간한 밭 등기이전을 안해놨더니
589_MONA_20170720_CYR_JMY_009 젊은이들에게는 서울보다 조도가 낫다
589_MONA_20170720_CYR_JMY_0010 남의 소, 반해 킨다

조도면

마을에 전해오는 설화

조도면 가사도리 가사도마을

오두막집으로 분가하다

자료코드	589_MONA_20171009_GSDR_MHJ_001
조사장소	진도군 조도면 가사도리 제보자 자택
조사일시	2017. 10. 9
조 사 자	박주언, 김현숙
제 보 자	문형주(남, 80세, 1938년생)

> **줄거리** 큰 마을에서 태어나 살다가 결혼 후 아랫마을 작은 집으로 분가했다. 오두막집에서 살다가 나중에 윗집까지 사서 집을 크게 지었다.

(조사자 : 가사도에서 몇 대나 살아오셨습니까?)

그건 거 잘 모르는데, 우리 뒷으로는 지금 여그서 3대차 내래와요(내려와요).

(조사자 : 삼대면 증조부님께서 여기 사셨고 그러면 그 전에 고조부님은?)

그란데 그것은 어찌케 된 줄을 모르지. 째깐해갖고(어려서) 알라(알려고) 해도 그걸 알려줄 사람도 없고, 그라고 정신도 없고, 내가 정신이 없어. 정신이 부족해.

내가 처음에 분가(分家)를 할 때 쩌(저) 아랫마을로 했어요. 쪼깐한(조그만) 오두막집으로.

태어나기는 요그서(여기서). 저 좌우간 큰 마을이여. 쩌 아랫마을로 갔다가 거가 응간(원체) 좁고 그랑께 이 욱에집, 요만한 오두막집을 한나(한채) 샀어. 사 가지고 우리 집 욱에집(윗집), 거그서 살다가 하도 기양(그냥) 멋하고(살기 불편하고) 그랑께.

돈이 어찌케(살다보니) 좀 생깁디다. 그래, 집을 사갖고 이케(이렇게) 지었지. 이 집이 네 채요, 네 채.

지게 짊어지고 선창까지 달리기

자료코드 589_MONA_20171009_GSDR_MHJ_002
조사장소 진도군 조도면 가사도리 제보자 자택
조사일시 2017. 10. 9
조 사 자 박주언, 김현숙
제 보 자 문형주(남, 80세, 1938년생)

> **줄거리** 지게를 지고 재를 넘어다니면서 선창까지 물건을 날랐다. 잠시 쉴 틈도 없이 달음박질로 다시 가야할 정도로 아이들을 키우기 위해 정신없이 일을 하며 살았다.

(조사자 : 세상에, 어떻게 하면 돈이 생기나요?)

[웃음] 글쎄요, 어찌게 괜찮합디다. 그라다가 아이들 가르치느라고.

하, 말로 하자면 다 할 수가 없어. 그렇게 곤란받고. 여그서 지금은 그래도 차나 댕기고 경운기나 있소.

그전에는 지게를 짊어지고. 쩌 선창 있제? 지금은 괜찮한데, 이렇게 깎져(경사져).

재를 타고 넘어가졌소(넘어다녔어). 갔다오면은 또 담박질(달리기) 해. 돈을 챌라고(벌려고). 아이들 때문에.

(조사자 : 돌목쪽에서요?)

아니, 어류포. 그라면 갔다와서 여그서 인자 담박질하제, 내가. 돈 채러 댕겨. 집집마다 아이들 가르치니라고. 방아 찧어서 돈 쪼깐(조금) 벌은 거 아그들 밑으로 다 들어가불고 또 도굿대로 찧어. 지금은 기계나 있고, 먼 누워서 떡 먹는 세상이제만.

그래 갖고 방애(방아) 찧어서 일주일만에 꼭 대두(콩) 한 말씩 빼오고, 짊어지고 선창에 대두 한 말 갖다 실리고, 또 갔다 오먼 또 담박질 해. 돈 채로. 아이들땜에.

한 번에 목포다가 서니(셋을) 가르쳤소. 그라나 못 살겄습디다, 그 때는.

그란데 어찌케 사람이 뭐 도와줬던가 어쨌던가 안 죽고 살 때도 있다고 이렇게 살고 있어.

지금은 농사도 안 하고, 별 놈의 일도 하도 안 하고 그래요. 이렇게 나이 먹어서, 인자 내 땅 있어도 남의 사람에 줘 불었어. 논일 하라고.

그라고 금년에 밭 쪼깐(조금) 하는데 우리 내자도(부인도) 허리가 활장(활처럼) 되아 갖고 굽고, 귀할라(귀조차) 먹고 눈이 멀고 그래요. 지금. 우리 내자가.

인자 농사 못 짓겄어. 나도 활동 못하고 다리 어깨가 아픙께.

남 따라서 다 먹을라 하면 안돼

자료코드	589_MONA_20171009_GSDR_MHJ_003
조사장소	진도군 조도면 가사도리 제보자 자택
조사일시	2017. 10. 9
조 사 자	박주언, 김현숙
제 보 자	문형주(남, 80세, 1938년생)

줄거리 김 양식을 했으나 돈이 안 되어 소를 키워서 돈을 모았다. 먹고 싶은 것이 있어도 참고 부지런히 살다보니 지금은 살만하다.

(조사자 : 젊었을 때는 주로 어떤 일을 하셨어요?)

어떠나 팽야(결국) 농사일이제. 시한에(겨울에) 해태밭(김양식) 쪼깐 하고.

해태 해가지고는 돈이 안 되고 소를 키워갖고, 소 키워서 한 푼 두 푼 모태면(모으면).

여, 놈(남) 따라서 뭐 먹을라먼 안 돼요. 놈 먹는데도 거 먹을라먼 안 되아. 솔직한 얘기야.

굶다 먹다, 굶지는 않응께, 그러나 내가 놈 먹는 거 다 못 먹었어. 인자는 내가 먹소. 놈 먹는 거 먹어. 인자는.

내가 자랑이 아니라, 놈 먹는 거도 먹고 그라고 이렇게 살고 있는데, 아직까지는 놈한테 손 안 벌린께 괜찮합니다. 지금은 소도 안 해요. 암것도(아무것도) 안 하고 집에가 이렇게 있어요.

가사도 한 마지기는 다르다

자료코드	589_MONA_20171009_GSDR_MHJ_004
조사장소	진도군 조도면 가사도리 제보자 자택
조사일시	2017. 10. 9
조 사 자	박주언, 김현숙
제 보 자	문형주(남, 80세, 1938년생)

> **줄거리** 가사도는 밭 칠십 평을 한 마지기로 치고 논은 백오십 평이 한 마지기다. 진도 본섬에서는 이백 평을 한 마지기로 하기 때문에 차이가 있다. 요즈음에 가사도는 톳 양식이 수익이 많아서 굳이 농사를 지으려 하지 않기 때문에 논밭을 팔려고 해도 사는 사람이 없다.

그래, 활동한다고 재넘에(재너머) 밭을 한 엿 마지기냐(여섯마지기)? 여기는 (한마지기가) 칠십 평인데, 사백이십 평이나 될 꺼이여. 육칠 사십이, 여기는 한 마지기가 칠십 평이거든.

(조사자 : 그래요? 여기가 땅이 좋아서 그런가요?)

거기서 뭣하는데, 놈은(남은) 고치하고(고추농사) 뭣한다 해쌓더니는 활동을 못해. 약을 못항께 안돼. 그랑께 영영 암것도 안 할라고 하는데, 그런데 암것도 안 하고 있으머는 이거 보통일이 아녀. 걸음을 못 걸어불어, 이 다리 아픙께. 그랑께 걸음 걸을랑께 하는 거이제.

(조사자 : 그럼 거 여섯마지기 밭은 뭘 하세요?)

고기다가(거기다가) 여러가지 하제. 그라나 밭 세댕이나(세 마지기) 묵혀불었다니까. 그 위로 올해 또 한댕이 묵힐 판이여. 인자 못항께.

내랑(내가) 못해. 내자(부인)도 그라고. 고추도 약을 못항께, 못해. 다리, 어깨 아픙께.

그라나 내자나(부인이나) 건강하먼은 그라제. 방금 이야기한 바같이 눈이 멀고 귀 멀고. 눈이 못 봐요. 한 쪽 밖이 못 봐. 한 쪽은 망각되고, 귀가 멀고. 그라고 허리도 이케 굽은데 뭐, 할 수가 없제.

그래도 이 나라가 나같은 놈은 이라고 있어도 배터져 죽었다고 할 것이여. 나보다 나은 사람들도 영세민으로 빼갖고 뭐 주고 모도 야단인데, 나같은 놈은 암 것도 없어.

뭐 집도 이거 있다고 또 재산세는 또 솔찮이(상당히) 나와. 땅은 밭이라도 믹인(묵힌) 곳 있고 그랑께, 논도 있고 그랑께, 그랑께는 부자라고 그런 모양이여. 재산세가 삼만 원 넘게 나오제.

(조사자 : 밭이 칠십 평이 한 마지기이면 논은 한 마지기가 몇 평이에요?)

백오십 평.

(조사자 : 읍에 저쪽에서는 이백평이 논 한마지기인데.)

그건 신안쪽 2구에, 거그는 다 이백 평이에요. 옛적에 이백 평 했제. 그랑께 그 본을(본을) 따고 있제, 지금.

여그는 사고 팔고 하면 그렇게 해. 칠십 평, 백오십 평이 한 마지기인게 본 섬보다 땅이 비싸다고 봐야 돼. 그랑께 농사도 못 짓고 그랑께, 논 저것을 팔락하는데 살 이가 없어.

여그는 톳 양식을 해가지고 농사땅을 할라머는(하려면은) 톳 한 줄 더 연다(넣는다) 그거여. 한 몇 개월만 하면 돈 백 넘게 버는데 농사 지을라 하겠어? 안 할락해. 톳이 훨씬 수입이 많이 나오니까 그러제. 톳에서.

3구로 가신 당할머니

자료코드	589_FOTA_20171009_GSDR_MHJ_001
조사장소	진도군 조도면 가사도리 제보자 자택
조사일시	2017. 10. 9
조 사 자	박주언, 김현숙
제 보 자	문형주(남, 80세, 1938년생)

줄거리 예전에는 당집을 지어놓고 밥을 해서 놓았는데, 당이 없어져서 당제 자체가 사라져버렸다. 그 후로 당할머니가 3구로 가버렸다고 한다. 그래서 3구는 다른 마을보다 잘 살게 되었다는 말이 전한다.

(조사자 : 옛날에 당제 모시는 것 기억 하시죠? 당제. 거리제라고 했습니까, 뭐라고 했습니까, 여기서는?)

옛날은 여기 거리에서 안 모시고 개인집서 음식을 장만해 가지고 이 욱에가(위에) 있었어. 그란데 샘, 거그서 목욕하고 물을 길어가 밥하고 그랬거든. 그란데 이 동네가 당이 없어져서 밥도 안 놓고 해서 그런가, 뭔 이상해, 이 동네가.

(조사자 : 할머니 당산이죠?)

예, 그래갖고, 당할마니가 저그 3구로 가불었다고, 할뭄이(할머니가) 저 3구로 가불었다고, 여기서는 야단이고. 아이구, 지금 사람들이믄 그런 거 할라고 해요? 안해요. 3구.

(조사자 : 3구요? 아, 돌목해수욕장 있는 거기요?)

에, 거기여, 3구로 당할머니가 글로(거기로) 가버렸다 그래요. 예, 그라대.

(조사자 : 거기가 잘 살게 되어서 그런가요?)

3구가 인제는 좋게 되아불었어. 당할머니가 그렇게 갔기 때문에 잘 살게 되었다고. 옛적에는 이 당, 당지(당제) 모시고, 저기 1구, 2구, 3구, 저 건네는 1구여. 거기가 아주 곤란했어. 그래 명절 돌아오면 품, 한 되, 두 되 없응께 품을 내러

와(빌리러 와). 없을 때는 한 되, 두 되 곡석을(곡식을) 내러 와. 그라면 있는 사람이 그걸 주고 이자를 걷었거든. 그란데 지금은 외려(되려) 큰 마을이 곤란하게 되았어. 바꽈지게 되아불었어.

할마니당과 할아버지당

자료코드 589_FOTA_20171009_GSDR_MHJ_002
조사장소 진도군 조도면 가사도리 제보자 자택
조사일시 2017. 10. 9
조 사 자 박주언, 김현숙
제 보 자 문형주(남, 80세, 1938년생)

> **줄거리** 제를 모실 때에는 산 밑에 있는 옹돌샘에서 떠온 물로 목욕하고 일주일간 공을 들였다. 마을 뒤에 할아버지당이 있고, 아래에는 안당이라 해서 할머니당이 있었다. 지금은 당도 다 없어지고 다 땅이 되어 버렸다.

(조사자 : 그런데 그 당제를 거리제라 했습니까, 뭐라고 그랬습니까?)
지(제) 모신다고 했제. 지 모신다!
그때는 이 욱에(위에) 바로 산 밑에 요만한 옹돌샘(옹달샘)이 있어. 거그서 물 길어다 목욕하고. 그라고 한 일주일 공을 믹애(드례). 공을 디래. 사람 못 오게 금줄 선반에다 딱 쳐놓고. 못 들오게. 그렇게 했어.
[뒤를 가리키며] 여가 할아버지라 하고 할아버지 당이라 모시고 이 아래는 안당이라 하고. 안당이라 하고. 안님네 당이라 그 말이제. 여자 당이라 그거여. 여그가 할마니당이고, 이 앞이가.

(조사자 : 할머니당이 어딘가요?)

그랑께 다 당도 없어지고 집도 다 땅 되아불었어.

아, 가만있어. 파출소 있는 그 대목, 순경이 파견 나왔거든. 파출소 그 대목 어디꺼여. 그 자리가 할머니당이라 했지. 잘 헌게(자세히 말한 것) 아니라 대강대강 말 한 거이제.

할아버지당은 산으로 올라가. 바로 우리 집 뒤 아주 산꼭대기.

거가 나무도 워~ 하고 우거졌어. 멋지제. 요즘 할아버지당에 제는 전혀 안 모셔. 그래갖고 내나(여태) 방금 이야기 안요. 우리 1구는 아주 망하댁끼(망하듯이) 한다니까. 2구, 3구는 잘 되는데. 하하.

교회 생겨 사라진 당

자료코드 589_MONA_20171009_GSDR_MHJ_005
조사장소 진도군 조도면 가사도리 제보자 자택
조사일시 2017. 10. 9
조 사 자 박주언, 김현숙
제 보 자 문형주(남, 80세, 1938년생)

> **줄거리** 한 70년 전 마을에서 당이 없어진 걸로 기억한다. 마을에 교회가 생기면서 사람들이 더 이상 당에서 제를 모시려고 하지 않았다.

당제 할 때만 해도 우리는 어렸거든. 아이 때야.

학교 댕기고 그럴 때가, 내가 대강 짐작하고 말을 한 거여, 지금. 내가 열 한 댓

살(열다섯살) 때까정 당제를 모셨거던. 제법 어리제.
국민학교 댕길 땡께(때에). 없어진 지가 칠십년 아니, 그 정도는 못 되았으꺼여.
근 오십년? 내 짐작으로 지금 하는 거여.
짐작 가는 데 이라겄다! 원래는 교회 생기기 전에 당이 없어졌제. 마을에 교회가 생기기 때문에 누가 당에 제를 모실라고 하것어. 그래 없애불었제.

음력 시월에 모시는 산제

자료코드   589_FOTA_20171009_GSDR_MHJ_003
조사장소   진도군 조도면 가사도리 제보자 자택
조사일시   2017. 10. 9
조 사 자   박주언, 김현숙
제 보 자   문형주(남, 80세, 1938년생)

> **줄거리** 음력 시월달에 좋은 날을 정한 뒤, 부정이 없는 사람을 제관으로 임명하여 산제를 준비했다. 그전에는 마을이 나누어지지 않았고, 1구 이장이 혼자서 관리를 했었다.

당에다 제사를 모시면 동네서 돈을 줘요. 하루 얼마썩 일당을 받고 한 일주일 동안 공을 들애(들여). 방금 말하대끼 그그 가서 목욕하고 물을 갖고 내래오는 거야. 거기 당샘에서 물을 길어다가 목욕을 거그서 하고, 물을 길어갖고 낼와(내려와요). 물을 길어가지고 갖고 와. 물은 갖고 와서 공을 들이제. 거기서 목욕도 하고 그 물로 집에 와서 공을 들이고. 음식장만은 집에서 하고. 그 물 갖고. 사람 못 댕기게 금줄, 어린애 낳으면 금줄 치대끼 딱 쳐불어. 부정 있는 사람은

못 들어가. 아니 추접한 사람은 못 들어가. 이치를 생각하면 부정 탄 사람은 못 들어가. 제관을 한 명. 제관도 이렇게 생기를(생기복덕) 모도 봐가지고 제관을 안 선정합니까? 금년에 누가 제관하면 되겠다, 누가 되겠다 이렇게 뽑아가지고, 그란데 안할락해(안할라해).

그란데 자석(자식)없고, 그런 사람이 산제를 모셨제. 산제.

(조사자 : 정월보름날 모셨던가요?)

아니, 날을 받아. 시월달에 날을 받제. 음력 시월달에 날을 받아가지고 좋은 날로 봐서 시월달에 모시는데, 좋은 날로 개린다(정한다) 그 얘기여.

그라고 산고(임신)나 들리고 어짜고 하머는 이 달에 '아, 한 열흘 남았다.' 달 기일을 보았을 때, '열흘나마 남았다', 임신해갖고 애기 낳을 달 같으먼 피해. 저 2구나 3구로. 피 땜에, 부정탄다고.

(조사자 : 이 동네 사람이 부정타면 다른 동네서 제관을 했나요?)

여그서 했제, 그전에는. 그라고 지금은 1구와 2구 갈라졌제, 그전에는 1구가 이장 혼자 다 관리해불었제. 그란데 마을이 너무 커져서 1구와 2구로 되았제. 여가 한 삼백호 나므(나마) 되았어요. 섬은 섬이여도 삼백호 정도여. 섬은 섬이어도 부촌은 부촌이요, 이 섬이. 돈이 그렇게.

가사도 광산과 염전에서 일하다

자료코드   589_MONA_20171009_GSDR_MHJ_006
조사장소   진도군 조도면 가사도리 제보자 자택
조사일시   2017. 10. 9
조 사 자   박주언, 김현숙
제 보 자   문형주(남, 80세, 1938년생)

> **줄거리**   젊었을 때는 가사도 광산에서 캔 옥을 지게로 져나르는 일도 하고 염전일도 했다. 예전에는 형님이 염전을 했었는데 못하고 묵히게 되자 다른 사람이 사서 하고 있다. 가사도에서는 염전이 5호까지 있는데, 지금은 한 군데만 빼고 나머지 네 군데에서는 소금을 내고 있다. 가사도 소금은 품질이 좋은 천일염이다.

젊을 때는 돌아도 댕기고(다니고) 그랬제. 내가 광산도 여그 옥돌, 옥방이라고, 옥 실러도 댕기고, 광산에 일하러는 안 댕기고. 그 전에는 기계, 뭣이 없을 때 지게로 다 져 올렸제. 그런 것도 하러 댕기고.

염전도 좀 댕기고, 염전도 좀 댕겼어. 천일염만.

그것도 안 하다가 사갖고 한 거제. 믹여(묵혀)불었어. 우리 형이 샀는데 못하고 믹혀불었는데, (다른사람이) 사 가지고 지금 하제. 지금 (소금을) 내고 있제.

그란데 가을에 안 내제. 여름에 평야(보통) 냉께(내니까).

가사도에 소금이 나오고 있어. 지금은 안 나오고, 그러니까 여름에 나오는 거제. 금년에도 내고 작년에도 내고. 한 집서 하는 거고. 염전밭이 1호, 2호, 3호, 4호, 5호까지 있어. 염전 그 밭이 5호까지 있는디, 5호는 주인이 안 판다고 항께 거기는 믹여놔두고(묵혀두고) 네 반데서(군데서) 사서 지금 하고 있어.

하나는 묵혀 놔놓고 한 사람이 사서 하고 있어. 소금 많이 했어요. 아, 여기도 뻘이 있고 하니까 여그 소금이 말할 것 없제. 좋아요. 말할 것 없제. [웃음]

지금은 사라진 씻김굿

자료코드	589_FOTA_20171009_GSDR_MHJ_004
조사장소	진도군 조도면 가사도리 제보자 자택
조사일시	2017. 10. 9
조 사 자	박주언, 김현숙
제 보 자	문형주(남, 80세, 1938년생)

줄거리 옛날에는 마을에 당골이 있어서 사람이 죽으면 씻김굿을 했다. 당골이 둘이 있었는데 친척간이었다. 두 사람이 함께 다니며 굿을 했었다.

(조사자 : 동네에서 사람이 돌아가시면 씻김굿을 안합니까? 이 동네에 그런 굿 하던 분 계셨어요?)

옛적에 있었죠. 아, 옛날에 여기서 마을 사람이 했거든. 당골 하다가 아주 나가서 죽었는가 살았는가 몰라.

그란데 옛적에는 했는데, 이 근래에 또 하는 것 같던데. 진도서 데려다가 하는 것 같더니 인자는 일절 안해불어라. 씻김굿은 없어.

거가, 거 생각이 안 나네. 엄매 아부지. 우리 내자(부인은) 알랑가?

(조사자 : 강씨, 강현복이라는 사람이 가사도 사람인데 지금은 노래하고 그러는데 옛날에 여그서 당골 집안이거든요. 거긴가?)

선민이라고 이름은 내가 알어. 선민이라고. 그란데 성은 뭔지 몰라. 서, 민. 서민이라고.

(조사자 : 서민은 남자이름이네요.)

남자요. 당골. 여자가 이상 예쁘고 잘 했어. 거 방수라 했거든. 아니, 또 다른 사람이 방수라고. 또 다른 당골이 있었어. 당골이 두 사람이 있었다고, 옛날에 거 바로 친척이제. 아들네들은 상섭이, 뭐 아이구 생각이 안나.

방수 아들들이 상섭이고, 뭐 뭔(무슨)섭이고 한데 생각이 안나. 팀을 이뤄서 굿도 하고 잘 했어.

그란데 그런 사람들이 있긴 있는데, 이따끔 한 사람, 한 번 실지로 데려다가 한 사람도 있어. 밤에 곽머리씻김을, 곽머리를 했었어. 그런데 그사람 씻김 다 하고 실제 곽머리면 당골이 아아아~ 하고 뭐 어짜고 그래쌌더라만은.

화장 말고 상여로 해라

자료코드 589_MONA_20171009_GSDR_MHJ_007
조사장소 진도군 조도면 가사도리 제보자 자택
조사일시 2017. 10. 9
조 사 자 박주언, 김현숙
제 보 자 문형주(남, 80세, 1938년생)

> **줄거리** 평소에 자식들에게 본인이 죽으면 화장하지 말고 상여로 하라고 당부했다. 자식들에게 장례 치러줄 돈을 남겨주려고 마음먹고 있지만 지금 너무 자주 아프고 병원비 지출이 많아 장담할 수 없다.

(조사자 : 한 십여 년 전, 여기 출상할 때 보니까 청년들이 전부 나와서 아주 걸게 출상하던대요?)

생이(상여)나갈 때 청년들이, 청년회에서 메었어. 지금은 사람이 죽으면 기양 올라가서 화장시켜서 내래오고(내려오고) 그랑께.

나는 죽으면 혹 모르제. 나도 병으로 나가갖고 거그서 죽어불면 화장시킬랑가 어짤랑가, 화장시키지 마라카는데 딱 죽어갖고 오면 화장시키는지 누가 뭐 알겼어요? 솔직히 얘기제.

그랑께 자석들한테 유언을 하제. 화장을 시키지 마라. 사짜(死者) 두 번 죽음 안 하냐, 그랑께 화장시키지 말고, 좌우간 나는 상여로 해라, 내가 너그(너희) 뭣할 (장례 치를) 돈은 내(내가) 애껴놨다가 딱 줄테니까.

그러나 지금 내가 아픙께 장담 못하겄어. 왜 그라냐면 한 달이면 보통 세 번, 네 번을 나대니거든, 병원에를. 주사 맞고, 약 먹고 한 번 가면 이십만 원 이상 없어져불어. 한번 가면. 그랑께 죽도록은 자석들한테 손을 안 벌릴라 하는데 암 것도 없어. 암것도 없는데, 늘 병원은 댕기고.

이 어깨 힘을 못써요. 다리도 힘 못쓰고. 그랑께 장담을 못하제. 내 맘으로는 지금 이란데, 쓰다가 내 것(돈) 떨어지면 할 수 없제. 뭔, 병원 못가고 집에서 앓고 있으면 그리 안하겄소?

회한이 남는 젊은 시절

자료코드   589_MONA_20171009_GSDR_MHJ_008
조사장소   진도군 조도면 가사도리 제보자 자택
조사일시   2017. 10. 9
조 사 자   박주언, 김현숙
제 보 자   문형주(남, 80세, 1938년생)

줄거리 광산에서 옥을 실어 나르다가 시비가 붙어 경찰에게 쫓겨 하의도로 갔다. 염전 일을 1년 하다가 군대 영장이 나와 서울에서 가설병으로 근무했다. 양평에서 민간인들과 만나는 일이 잦아 어느 아가씨와의 사이에 아이가 생겼는데 책임을 지지 못해 평생 죄책감이 남아있다.

그전에 광산에 옥 실러 댕기면은 이백 근, 이백오십 근 그렇게 짊어지고 배에다가 내렸어. [짐을 배에다가 부리는 동작을 하며] 지게를 져서 했제. 지게에다 그냥 뭐 옥 실어갖고.
(조사자 : 그런데 그렇게 많이씩 짊어지라고 시켜서 많이 짊어진 거에요?)
아, 아니, 돈을 많이 벌을라고. 한 오년 했으꺼여. 날마다 한 것이 아니고 배 들오면 하제. 짐배가 들오면 바로 달려가서 하제. 염전일은 한 일 년 댕겼으꺼여. 그라자 한 일 년 댕겼는데, 참 여그와서 물어봉께 밸(별) 놈으 말이 나오요. 옥을 실로 댕기다가 싸움이 벌어졌네.
싸움이 벌어져갖고 나는 때리도 안 했는데, 나보고 때랬다고 덮어씌워불어. 기복이 하고 창배하고 둘이가 때랬는데, 그랑께 도망쳤제.
경찰들이 나를 잡으로 댕깅께 도망쳐갖고, 하의도 '쉬미 버턱골'이라고 거그 가서 염전을 한 일 년 댕겼어. 염전 한 일 년 댕기다가 영장이 나왔다 하네. 인자 그때 군대 가야한다고 영장이 나왔다고 해. 집이 사람이 기별이 왔제.
'옳다, 되았다. 나는 이대로 군대나 가야 쓰겄다'
그라고 하의도에서 내래와 불었어. 내래왔는데 나하고 여그서 서이(셋이) 영장이 나왔어. 저기 죽의도 아이하고 우리 사춘, 외사춘 성하고(외사촌 형하고) 나하고 서이 나왔어.
우리 사촌형이 내가 군대를 기피해서 숨은 줄 알아요. 형님은 내가 기피한 걸로 알아놓께. 아, 내가 군대를 안 가려고 기피해갖고 또 이제 피해 댕긴다고 생각하고는 그래 되니까 가불었어.
서이 나왔는데 나 혼자 군대 가갖고는 군대생활, 그때는 단축도 안 되고 32개월 하고는 와불었지. 제대해갖고 왔지. 패히(편히)는 했어. 군대생활을 팬하게는 했다고.
야통교로 떨어졌는데 가설병으로 있다가 언제 가서 교육받고 훈련, 그랑께 24주 받았는가, 교육을. 훈련 끝낭께 또 통신교육 받을라고 거그서 또 받고, 그래갖고는 파견생활 해갖고. 여자들하고 같이 저 망우리, 서울. 거그서 내가 근무

455

했어. 거그서 근무해갖고 여자들하고, 아, 저, 민간들하고 같이 밥 먹고 이용도 하고 모도 그랬어. 거그서 그리고 아주 편했지.

그란데 우리 본 중대가 어디가 있었냐면 양평가(양평에) 있었어. 그래갖고 가을 되면 쌀 타러만 거그를 가는디, 쌀도 많이 남고 건빵 같은 거 그런 거 나오머는 민간인들 다 줘 버리고 민간인들하고 같이 살았어. 그래 큰애기(아가씨) 하나 내가 배래불고(망치다). 제대하면 같이 살까 해갖고. 집에 와농께 가기가 싫어.

그 여자가 어린애 한나 낳았지. 우리 집 사람이 아이 둘 낳아 놓고 내가 군대 가고. 군대 가서 한나 낳았당께. 내가 큰애기 한나 배래불었당께. 그때만 해도 옛적이라, 지금 같으면 별 것 아닌데.

그래갖고 내가 제대하면 같이 살자 했거든. 그란데 집에 와농께, 집에 갔다올 텡께 기다리고 있으라 해갖고 집에 내래와갖고 안 가불었제. 처남(그 여자의 남동생) 이름이 조○○이라고 그랬는디….

나도 못난 짓거리 많이 했어. 나도 불량하게 나쁜 짓거리 많이 했어. 나도 아까 말했지만은.

초분을 하는 이유

자료코드	589_FOTA_20171009_GSDR_MHJ_005
조사장소	진도군 조도면 가사도리 제보자 자택
조사일시	2017. 10. 9
조 사 자	박주언, 김현숙
제 보 자	문형주(남, 80세, 1938년생)

줄거리 예전에는 사람이 죽으면 바로 생장을 하지 않고, 초분을 만들어 육탈할 때까지 두었다가 깨끗하게 된 상태로 묘를 썼다. 선산에 들어갈 때는 뼈만 갖고 들어가야 해서 초분을 했는데, 기준이 정해져 있는 것은 아니고 후손들이 결정하면 초분을 했다.

(조사자 : 지금도 가사도에 초분이 있나요?)

없어. 초분을 왜 하냐믄, 바로 죽어서 쌩장(생송장)으로 묏을(묘를) 쓴다 말이여? 묏을 쓰며는 그놈이, 사람이 얼른 안 썩어. 그랑께 초분에서 썩혀갖고, 초분을 만들어갖고 묏하지, 묏을 쓰제. 깨끗하게 해가지고. 깨끗하다 그 얘기제.

(조사자 : 깨끗한 것을 모셔야 조상들도 좋아하는가요?)

그래서 초분을 하는 거지. 보통 초분을 하며는 3년, 4년, 5년, 6년 그렇게 초분을 해. 다 하는 건 아니고, 할 사람은 하고 안 할 사람은 안 하고 그라지. 그것이 뭐 기준이 없어.

나는 죽으면 초분을 할건지 말건지는 아그들한테 매였제(달렸지), 그것은. 유언하고 죽는다믄 초분하라고 해야제. 아그들이 해준다면 해야제.

(조사자 : 돌아가신 해가 안 좋아서 초분한다든지 하는 것이 아닙니까?)

아니고, 선산이 있으머는 선산 밑에다 생장을 못 옇고(넣고). 그라고 이렇게 초분했다가 다 육탈하고 씻어가지고 그 때는 들어가고.

선산에는 그렇게 씻골(세골洗骨)을 해야제. 씻골을 해갖고 초분하든가, 이장하든가 해서 뼈만 가지고 들어가제. 뼈만 갖고 저 선산 밑으로 들어가. 글 안하면 못 들어가 생장은.

(조사자 : 그래서 점쟁이들이 하는 말이 맨날 '생장했다, 생장해서 뭐 문제 생겼다' 이런 얘기 많이 하잖아요.)

오사카에서 태어나 열두 살에 한국으로

자료코드　589_MONA_20171018_GSDR_JBH_001
조사장소　진도군 조도면 가사도리 제보자 자택
조사일시　2017. 10. 18
조 사 자　박주언, 김현숙
제 보 자　장봉현(남, 85세, 1933년생)

> **줄거리** 부모님이 가사도에서 큰아들을 낳고 살다가 아버지가 먼저 일본으로 건너가 군수공장에 취직했다. 제보자와 동생들은 일본 오사카에서 태어났다. 해방 후 일본인들이 한국 사람들에게 복수한다는 말이 있어 가택을 팔고 가사도로 돌아왔다.

나는 본래 일본에서 태어났어. 부모님들이 왜정 때 큰놈은 여기서 낳아갖고 데려갔었는데 별사하고, 우리 동생들, 나, 삼형제 거기서 낳아서 해방되던 해 한국에 처음 들어왔어.

오사카시 다이쇼쿠 기타오카지마죠 산주로쿠반지에서 태어났지. 거기서 초등학교 오학년 다니다가 해방 되아갖고 왔는데, 나 온 뒤로는 한 번도 못 가봤어. 해방되니까 우리 한국 사람들이 일본 사람들한테 압박당하다가 기쁨이 이만저만 아니었제. 하도 기쁘고 좋아항께, 일본 놈들이 인자 '아배꼬배' 복수한다' 그래서 돌아왔어.

해방되자 우리 형제들하고 아버지하고 돌아오고, 어머니는 가택을 다 팔고 석 달 후에 돌아왔어. 내가 열두 살 때, 그때 같이 나왔던 고향 친구들 다 죽어불었구만.

아버지하고 어머니는 결혼해놓고, 가사도에서 큰아들 낳고 살다가 [먼저] 아버지만 일본에 가셨지. 아버지가 무기, 어뢰 만드는 오사카 군수공장에 다녔어. 오사카에 한강 같은 강이 있고, 그 건너에가 직고오카, 거가 미군포로수용소가 있었는데, 미군이 거그는 폭격을 안 했어요. 미국은 알고 있으니까, 폭격을 못했지. 일본은 거그다가(포로수용소옆) 군수공장을 만들었어.

가사도 광산에서 일하다가 일본으로 건너간 부친

자료코드	589_MONA_20171018_GSDR_JBH_002
조사장소	진도군 조도면 가사도리 제보자 자택
조사일시	2017. 10. 18
조 사 자	박주언, 김현숙
제 보 자	장봉현(남, 85세, 1933년생)

줄거리 가사도 납석광산에서 일하던 제보자 아버지는 광물을 일본으로 실어 나르는 배에 밀항을 해 일본으로 가게 되었다.

아버지 장태줄씨는 가사도 돌목에서 일본사람들이 돌목 납석광산을 할 때 거그서 일했는데, 광물을 일본으로 실어간단 말이요. 곧 밀선이지. 일본만 떨어지면 증명이 나오니까 [괜찮지만] 큰 공장에서 일하니까, 만약 잽히면 다시 한국으로 보내불거든. 그라던가 탄광으로 보내불어. 가사도 등대있는 데, 거그 납석을 연방 일본으로 실어 날렸어. [아버지는] 그 배로 갔어. 밀선만치로(밀항처럼) 선원만치로.

그거(납석)를, 천도씨(1,000℃)로 돌을 녹여요. 돌을 녹이면, 쇠를 만들 거 아닙니까. 용광로 만들 때 납석으로 벽을 싸서, 내화벽을 그걸로 만들지요. 왜정 때는 가마 만들 때 사용했지. 몇 천도 올려도 괜찮한 모양입디다. 납석은 도자기 원료로도 사용하는데, 가사도에서 나온 놈은 도자기에는 사용 안한 것입디다.

일본 집 판 돈을 소매치기 당하다

자료코드	589_MONA_20171018_GSDR_JBH_003
조사장소	진도군 조도면 가사도리 제보자 자택
조사일시	2017. 10. 18
조 사 자	박주언, 김현숙
제 보 자	장봉현(남, 85세, 1933년생)

줄거리 일본에 있던 제보자 형님이 가사도 집으로 오기위해 일본 집 판돈을 허리에 차고 부산에 왔는데, 그 돈을 소매치기 당했다. 집에 갈 돈이 없어 목포 미군부대에서 일하던 중 영특했던 형님이 부대 안에서 갑작스럽게 돌아가셨다는 이야기이다.

우리 형은 공부를 그렇게 잘하고, 인물도 잘났고, 키도 크고 영리하고, 일본말도 영어도 잘했어. 명치대학교 나와서 해방 되아갖고 한국에 와서 비행기 나사 보도를 만들었거든.

그때 해방 돼갖고 갓바위 있는 데가 굴들이 있잖아. 거가 미군들이 무쟈게(아주 많이) 있었단 말이요. 그란데 미군부대에 있다가 갑자기 뭣을 잘못 먹었던가, 갑자기 죽었어. 연락받고 어머니가 목포에 가보니, 벌써 장사해불고 비석을 세워놨더락 합디다.

그 형님이 일본서 어머니하고 집 폴아갖고 그 돈을 허리에 차고 부산에 왔는데, 그때는 쓰리꾼(소매치기) 천지였어.

그놈들은 그것을(돈이 있다는 것) 아는가, 그때는 먹을 것이 없응께, 시장에서 보리개떡 사러갔다가, 여나문 놈이 달라들어. 공중화장실로 끌고 가서 깨를 뺏기다시피(옷을 벗기다) 하고, 돈을 다 뺏어가불었지. 뚜들도 안하고 그대로 돈만 갖고 도망가불었어.

집으로 올라는데(오려고 하는데) 배도 없어서 목포에 한 보름 있다가 미군부대에 들어갔지.

조선말 하다가 걸리면 경찰서에 잡혀가다

자료코드	589_MONA_20171018_GSDR_JBH_004
조사장소	진도군 조도면 가사도리 제보자 자택
조사일시	2017. 10. 18
조 사 자	박주언, 김현숙
제 보 자	장봉현(남, 85세 1933년생)

줄거리 일제시대에 니혼마치나 조선마치에서 우리말을 하다가 경찰에게 걸리면 벌금내고 경찰서에 잡혀갔다. 우리말을 일절 못하게 해 부부간에도 밤에나 할 수 있었다.

(조사자 : 열두 살까지 살았기 때문에 지금도 일본말을 완전히 하시겠네요?)
조선말은 일절 못했거든요. 조선말을 아버지 엄마도 포도시(겨우) 알다시피 하고. 못하게 하니까. 니혼마치에 있어놔서.
조선마치에 있는 사람들은, 우리 한국 사람들이 모도 거가 있어서, 그 사람들은 조선말로 통해요. 하다가 앵기면(걸리면) 벌금, 경찰서에 잽혀가고 그랬어.
그때, 왜정 때, 못하게 해. 그란데 우리는 니혼마찌에 있어서 일본사람만 산께. 조선말은 일절 못하고. 부부간에도 혹연 밤에나 할까 낮에는 할 수 없었어. 그래갖고 조선말 모르거든요.

오사카의 우리 집은 한국 사람 하숙집

자료코드   589_MONA_20171018_GSDR_JBH_006
조사장소   진도군 조도면 가사도리 제보자 자택
조사일시   2017. 10. 18
조 사 자   박주언, 김현숙
제 보 자   장봉현(남, 85세, 1933년생)

> **줄거리** 일본에서 살 때 집이 커서 한국 사람들을 대상으로 하숙을 했다. 아버지가 영리하시고 일본 경찰과도 친분이 있어, 한국에서 온 사람들을 보호해줄 수 있었으며 일자리를 마련해주기도 했다.

우리 아버지가 갈 때는 혼자 가셨고, 그 후로 아버지 주선으로 여럿이, 시아버지네[제보자를 소개한 어촌계장 장영수의 아내 조인숙씨를 보면서] 작은아버지 성배씨라고 거그도 일본서 잘 살았어.

영리했고 인물도 잘났고, 뭣 했냐면 요꼬, 그때 요꼬를 했어. 쉐타 짜는 공장. 한 댓틀 놓고 했을거요. 그때만 해도, 봉안씨 어른, 청자네 할아부지, 쩌그 수복이네 할아부지, 거그는 가갖고 기울러서(게을러서)…

우리 집에 한국 사람이 오면은, 우리 집이 하도 커서 하숙을 하는데 완도 사람, 경상도 사람도 와. 우리 집에만 있으면 아버지가 형사들하고 뭣 해갖고 우리 집에 있다가 취직도 시켜주고.

잘못하다 잽히면 조회해갖고 탄광이나 그렇지않으면 한국으로 보내불어요. 그란데 우리 집에만 있으면 형사들 와서 안 잡아가요, 경찰서하고 잘 닿아갖고. 우리 아부지도 영리했거든요. 그래가지고 한국 나가지 말고 한국 사람들 오며는, 완도 사람도 있었고, 가치 사람도 있었고, 우리 집에가 한 이삼십 명 있었어라. 그리고 취직시켜주고, 돈도 잘 벌었어.

일본인들 모르게 소고기 사 먹기

자료코드　589_MONA_20171018_GSDR_JBH_007
조사장소　진도군 조도면 가사도리 제보자 자택
조사일시　2017. 10. 18
조 사 자　박주언, 김현숙
제 보 자　장봉현(남, 85세, 1933년생)

> **줄거리** 일본 거주 당시 모든 것이 배급제였기 때문에 소고기를 사먹는 것은 어려운 일이었다. 제보자 부모님은 몰래 소고기를 시골에서 잡아서 말구루마에 실어와 집에 사는 사람들과 함께 먹었다.

그라고 보통 한 달에 한번썩(한번씩) 소를 한번씩 잡어요. 쩌 시골서 모르게 야매로(허가받지않고) 죽여갖고. 손님들 맥일라고. 차도 있었지만은 말 구루마로. 밤이면 큰 장통으로, 나무로 짰거든요, 그 통에다 실고 경찰이 조사하면 냄시(냄새)난게 그 욱에다는(위에다는) 된장을 얹고, 소고기 냄새가 안 나게, 밤이면 실고 와요.

그러면 그거를 얻다가 간섭하냐면(관리하냐면), 냉장고가 없으니까 다다미방 띠어가지고 땅을 파갖고 고 안에다 저장해노면 한 일주일 가량은 저장되는갑습디다. 그렇게 해서 모도(모두) 먹고, 그때 어디서 소고기를 먹어요. 힘들었어요. 그때는 쌀을 폴락(살려고)해도 쌀을 못 폴아요. 쌀도 배급 주제, 국수도 배급 주제, 계란도 배급, 뭣이든지 배급이여, 고구마 같은 것도 배급으로 주고. 통장 있어요. 통장에다가 부분 부분 품목이 있어. 멫(몇) 그라무(그램), 멫 그라무.

한 3일 만에. 시장에 가서 그 통장 갖고가야 주고, 쌀도 그라고. 우리는 사람이 만한께 시골에다가 넉넉하게 야매로 사고 그랬을 것 아니요. 집이 학교만치로(학교처럼) 칸이 한 열 개는 되았을 것이요. 컸어요 집이.

기타오카지마 학교와 저지대 공장들

자료코드	589_MONA_20171018_GSDR_JBH_008
조사장소	진도군 조도면 가사도리 제보자 자택
조사일시	2017. 10. 18
조 사 자	박주언, 김현숙
제 보 자	장봉현(남, 85세, 1933년생)

> **줄거리** 기타오카지마 학교에는 초등학교부터 고등학교까지 있어 학생 수가 몇천명이 되었다. 학교 근처에 바다가 있고 저지대에 공장들이 있었는데 지진이 났을 때는 공장으로 바닷물이 못 들어오게 문을 닫고 물을 퍼냈다.

(조사자 : 그때 그 학교는 학생 수가 얼마나 되었어요?)

기타오카지마 학교가 그때 당시에 5층이었어요.

학생만해도 초등학교보탐(부터) 중학교, 고등학교까지 있거든요. 그랑께 몇천명 되지요.

(조사자 : 학교 갔다 오시면 어떻게 시간을 보냈습니까?)

손님들 심바람(심부름)도 해드리고, 모도 집에가 많이 있응께, 담배도 사다드리고, 그리고 공부는 한 두시간 하다가 말어버리고. 손님들이 심부름하면 돈을 조금씩 주거든요. 그라면 그 돈으로 과자도 사먹고 아그덜(아이들)하고 놀고 그랬지요.

그래도 나는 키가 큰편이었어. 학급이 60명씩 이었거든. 학교에가 강당, 영화실 있고, 검도도 하고, 또 풀도 크게 있고, 5층 욱에서(위에서) 축구도 하고. 지금은 학교가 없어지고 공원이 되었다고 그래.

바다가 가까우니까 한 천 미터 가면 바닷가니까. 생각이 납니다. 우리 어렸을 때 지진도 났고, 물이 육지로 올라와, 해변이니까.

공장으로 물이 못 들어오게 문을 닫아버려도 조금은 들어와. 평지 지대라 하숫물도 못나가니까, 이렇게 커다란 펌프로 물을 퍼내야 하지. 공장들이 모두 해변에 있으니까요.

밀선을 타고 일본에서 가사도로

자료코드　589_MONA_20171018_GSDR_JBH_009
조사장소　진도군 조도면 가사도리 제보자 자택
조사일시　2017. 10. 18
조 사 자　박주언, 김현숙
제 보 자　장봉현(남, 85세, 1933년생)

> **줄거리**　태평양 전쟁 때, 미군의 폭격에 대비해 중학생까지는 시골로 피난을 시키고, 고등학생은 일본 본도를 지키게 했다. 제보자가 절에서 피난 생활을 하던 중 오사카에 있던 형이 데리러 왔다. 그 후 아버님과 제보자, 동생 이렇게 셋이 밀선을 타고 가사도 활목까지 왔다.

대동아전쟁 때 중학교까지가 피난을 갔어요. 그래야만 국민을, 커나는 학생들을 죽이면 안 되니까. 오사카에서 쩌그 시고꾸로 갔어요.
'고등학생만은 본도를 지켜야한다.'
그리고서 중학교까지는 피난을 갔어요. 규슈로도 가고, 그쪽으로는 농촌이라 발달이 안 되아서 폭격을 안 한께.
내가 시고쿠로 가서 8개월 있었어요. 절에가 있는데, 우리가 간 데가 한 6백명 갔을거요. 그래갖고 모도(모두) 학교에도 있고, 절에도 있고, 여러군데로 모도 있었는데.
우리는 절에가 있었어. 절에서 생활하는데 사람이 어찌께 만한께(많으니까) 발도 제대로 못 뻗고, 밥그럭도(밥그릇도) 부족해서 대나무를 쪼개갖고 밥그럭을 만들었어. 대통 짤라갖고 그것이 밥그럭이여.

거그서 학교는, 지방 사람은 야간에 하고 우리, 도시에서 피난 온 사람은 오후에 하고, 초등학교는 오전에 네 시간 수업하고 그랬어요.

그런데 우리 형이 죽어도 같이 죽어야 한다고 거그까지 델러왔어요. 8개월만에. '부모가 보고 싶어 죽겠다'고 해가지고 거그까지 델러왔어요. 거짓말로 딴 데로 간다고 그렇게 속이고. 서류를 띠어갖고, 학교에 제출하고 고리 왔거던요. 그래갖고 집에 와서 있다가 한 3개월만에 해방된께, 아버지하고 동생하고 (나하고) 서니(셋이서), 야매배 타고, 밀선, 그때 여객선 없으니까 돈 몽땅 한사람한테 3천 원썩 주고, 배가 가사도 여그 활목까지 왔어요.

김대중 대통령과 6촌간

자료코드 589_MONA_20171018_GSDR_JBH_0010
조사장소 진도군 조도면 가사도리 제보자 자택
조사일시 2017. 10. 18
조 사 자 박주언, 김현숙
제 보 자 장봉현(남, 85세, 1933년생)

> **줄거리** 김대중 대통령의 생모가 제보자의 5촌 고모이다. 그래서 제보자는 김대중 대통령과 6촌간이 된다. 대통령이 된 후 목포 비치호텔에 머물면서 제보자 가족을 초대했다고 한다.

김대중씨 대통령 돼갖고 바로 목포 왔거든.

김대중씨 외가가 여가(이 섬이) 기대요(맞아요). 김대중씨 어머니가 우리 고모여. 우리가 6촌간이제. 그 고모가 대리로 갔어. 김대중 아버지에게 본처가 있었어. 그란데 본처가 죽은 뒤로 우리 고모가 그리 갔었던가 보드만.
(조사자 : 그 고모님은 대리로 처녀 때 갔을까요?)
김대중씨네가 부자거든요. 그랑께 그때 가난한께 갔지요. 김대중씨 외가라 해서 김봉호씨 국회의원이 우리 집에 오고 그랬어.
대통령 되아갖고 와서 목포 비치호텔에 머물면서 우리를 초대했지요. 우리가 제일 가까운 친척이지.

가치리로 농악 치러 다니다 만난 배필

자료코드	589_MONA_20171018_GSDR_JBH_0011
조사장소	진도군 조도면 가사도리 제보자 자택
조사일시	2017. 10. 18
조 사 자	박주언, 김현숙
제 보 자	장봉현(남, 85세, 1933년생)

줄거리 가사도 농악패는 잘하는 것으로 유명해서 다른 마을들에서 초청을 받았다. 처음 초청 받은 가치리에서 집집마다 돌아다니며 농악을 하다 청혼을 받아 결혼했다.

(조사자 : 지산면 가치리로 농악 치로 다녔다는데, 거기는 농악팀이 없었을까요?)
있지요. 농악 있어도, 그 사람들은 같이 놀기도 했지만은 따라가질 못하지요.

우리가 쎘지요. 상모 돌리는 것, 북 치는 것, 장구 돌림, 이런 것은 따라가질 못하고.
다들 돌아가셨소. 옛날에 장맹술씨라고 우리보다도 거의 삼십살 차이나지요. [그분이] 명절 느름에(즈음에) 모두 갈쳤어(가르쳤어).
가치, 가학, 와우, 금노, 이런 동네도 다니고, 인지리는 오락했는데, 날이 궂응께 못 갔어요. 가면 농악을 같이 치고.
처음에 가치를 갔는데, 자기들이 오라고 했어도 안 받아줘요. 못 들어오게 했어요. 기를 세워 막어놓고. 거그서 회의해서 승낙 받아갖고 부락에 들어갔지라. 집마다 돌아댕기면 쌀도 놓고 돈도 놓고요.
[잡색 차림을 한] 나보고 여자라고, 화장실 가도 따라와요, 가이나덜이(여자들). 지켜서서 남자인지 여자인지 보자고 그랬어. 나중에는 [남자인지] 알게 되었지만. 참 재미 있었어. 그때, 가이나들이 대고 달라들고라(집적거리고).
그때 여러 집에서 청혼 와갖고 결혼하게 되았어. 나하고 여덟 살 차이로 내가 스물일곱에 열아홉 이씨를 골랐지.

조도면 신육리 신전마을

다섯 살 아이가 젖먹이를 돌보다

자료코드 589_MONA_20170819_SJR_PJI_001
조사장소 진도군 조도면 신육리 신전마을 제보자 자택
조사일시 2017. 8. 19
조 사 자 박주언, 김현숙
제 보 자 박정인(남, 76세, 1942년생)

> **줄거리** 다섯 살 때 가족이 육도로 이사를 했다. 아버지는 일본으로 다니시고 어머니가 농사를 지어 생계를 담당하셨는데, 고작 다섯 살인 나에게 어린 동생을 맡겨두고 일을 하러 가셨다.

(조사자 : 원래 여기서 태어나셨어요?)

원 안토(안태) 고향이 바로 고개 막 넘으면 제일 위에 밭이 있습니다. 그 밭이 내 집자리 밭이요. 우리 할아버지 살아계실 때 거기서 내가 났어요. 고개 바로 넘으면 거기가 돌담 쌓아져 있는 담 길이 있어요. 그 채소밭이 우리 할아버지 밭이에요.

(조사자 : 그것이 집턴가요?)

예, 그게 집터죠. 거기가 집이 세 가구가 있었어. 옛날에. 제가 세 살 때, 아니 다섯 살 때 육도로 나갔습니다. 육도, 목포 어류 건네 육도. 육도라는 데가 진실도 있고 그라잖아요? 어디 나갈라면, 개안도 있고.

육도에가 살고 있을 때 우리 아버지는 일본 다녔어요. 나는 모르는데, 일본 다녔어요.

그란데 어느 정도까지 아느냐 하며는, 내가 다섯 살이나 먹었을 거 아닙니까?

갓난 아기가 기어댕겼을 정도니까, 우리 동생이 기어댕길땐께, 나도 애기인디 또 애기를 보라고 해요.
어머니가 콩 밭 매러 가면서 동생보라니까, 나는 놀러가서, 옛날에는 아그들하고 구슬 갖고 다마치기 하고 그런 것 하니라고.
그냥 애기를 안보고 놔두니까 애기가 똥을 싸서 보리깍지기를 먹어서, 옛날에는 젖으로만 못 키니까, 보리를 믹여(먹여) 노니까(놓아서).
기어댕김시로 (입을 만지면서) 이런 데가 얼마나…. 그런 적도 있고, 내가 그랑께 다섯 살쯤 되었으꺼요.

구사일생으로 살아난 아이

자료코드 589_MONA_20170819_SJR_PJI_002
조사장소 진도군 조도면 신육리 신전마을 제보자 자택
조사일시 2017. 8. 19
조 사 자 박주언, 김현숙
제 보 자 박정인(남, 76세, 1942년생)

> **줄거리** 마을에 전염병이 돌아 할머니, 할아버지, 작은 어머니 세분이 돌아가셨다. 아버지는 제보자를 포기하고 윗목에 밀쳐두었는데 염병 걸린 사람들 중 유일하게 제보자만 목숨을 건지게 되었다.

우리 작은 어머니, 할아버지, 나도 그 때 당시 죽을 고패를(고비를) 견뎠어요. 그란데 나는 죽을 고패 겪은 그런 의식을, 그것을 한다는 것까지는 아는데, 죽는다 산다는 것은 내가 몰랐어.

염병 때문에 우리 할머니 돌아가지, 할아버지 한 달 후에 돌아가셨지, 우리 작은 어머니 돌아가셨지.
그래갖고 거그서 다 돌아가시니까 마치(마침) 아버지가 오셔서 나는 죽으라고 냅두라고 우선 저그 큰아들 살려야 쓴다고 그라고는, 정수 살려야 쓴다고 그라고 나는 웃목에다 밀쳐놔불었어. 근디 다 죽어버리고 나만 살았어. 그 아픈 사람들, 염병한 사람들 중에서 나만 살았어요.
(조사자 : 그 때가 다섯 살 때인가요?)
예, 그렇죠, 다섯, 여섯 살 그런 때.

불빛이 반딱거린 곳은 폭격신호

자료코드 589_MONA_20170819_SJR_PJI_003
조사장소 진도군 조도면 신육리 신전마을 제보자 자택
조사일시 2017. 8. 19
조 사 자 박주언, 김현숙
제 보 자 박정인(남, 76세, 1942년생)

줄거리 한국전쟁 때 목포에 사는 외숙집으로 가서 노적봉 산 밑에서 살았다. 밤에 첩자가 불빛으로 반짝반짝 신호를 보내면 그 곳에 폭격이 있었다. 그걸 알고 다들 동굴 같은 곳으로 피했다.

그래 다 죽어불고는 아버지가 우리를 데려다가 유달국민학교 있는데다가 옛 날에는 내화공장이라 했나, 벽돌공장이라고 그랬제? 그 온금동에 있는 훈동 씨네.

그래 가지고 내화공장 뒤에 가면 몇 가구 있고 엉덕이(언덕이) 있어요. 그 밑에가 살았제.
마침 육이오 동란이 나부잖아요? 그작, 저작 몇 년 살다보니까. 그래 육이오가 나부니까 어떻게 하겠습니까, 막 고향 가자 그라고 어짜고 울고 불고 난리를 치고.
우리 아버지는 일본으로 가불고 없으니까, 어머니하고 우리 누나하고 나하고 동생하고 서니(셋이) 사반데로(사방으로) 피난 댕기고, 또 거기서 형제간붙이 좀 있다고 육도로 피난 가갖고 옴시로는 또 여름이라서 수박 따서 갖고 오면 유달국민학교 우에가 건네는(건너에) 오포산이 있잖아요.
노적봉 요쪽 산 밑에가, 유림호텔 욱에가(위에) 우리 외숙이 한 분 살았어. 거기 의지하고 있다가 피난 가면 유달국민학교 뒤에가 굴이 두 개가 있습니다. 그 굴 두 개 앞에가 있으면 굴 속에 들어가먼 살것다고 어머니하고, 누나하고, 나하고 서니 앞에서 서 있었어요.
근디 유달국민학교를 폭파 때린다고 때린 것이 오포산에 때려불어. 오포산을 때려부니까, 유달국민학교는 아무 피해를 안 보고, 거기다 팡 놔붕께, 비행기가 와서 때리먼, 지금 보셨으먼, 지났으먼 다 모도 아시겠제만은 비행기가 보통 니(네) 대나 여덟 대가 한 구미라 말입니다.
그 때 당시 나는 알제, 지금은 니 대다, 다섯 대다 나는 구미라고 생각을 못하거든요. 니 대가 착 가서는 확 내려갔다가 올라가면서 팍 떨우고(폭탄을 떨어뜨리고) 올라가서 떠불어. 그라먼 또 다른 구찌가 와서 또 떨우고 가고.
밤 폭격은, 보통 그 때는 스빠이꾼들이(스파이) 있어가지고 스빠이가 간첩이제. 한 마디로 그 사람들은 밤에 불빛을 비차줘요(비춰줘요). 반딱반딱 하는 그 불빛을 놈들이 하도 옆에서 그래 싸니까 어렸어도
'저 불이 이쯤에서 반딱거린다, 내일 저그다 때린다. 그 근방은 오늘은 피해서 나가야 된다.'
밤에는 그 구경을 나오는 거에요, 옛날에는, 육이오 때라놔서.

그래갖고 거기서 그 오다가 내려오면 굴 앞에가 있다가 저 안으로 다 화약 포격 바람에 그렇게 무섭게 그 굴안으로, 저 안에까지 불이 나 들어가버리고 막, 아이고 죽네, 죽네 사네 하고 난리를 치고 그라제.
낮에도 폭격을 하제만은 밤에 폭격을 보통 많이 해요.
그때는 해질 무렵이나 되면 폭격을 제일 많이 했어요. 밤에는 반딱반딱 불빛을 간첩들이 해주는 거야.

폭격을 맞은 나룻배 주인

자료코드 589_MONA_20170819_SJR_PJI_004
조사장소 진도군 조도면 신육리 신전마을 제보자 자택
조사일시 2017. 8. 19
조 사 자 박주언, 김현숙
제 보 자 박정인(남, 76세, 1942년생)

> **줄거리** 한국전쟁 때 영암 나루터에서 사람을 실어 나르던 목선에 폭격이 떨어져 키를 잡고 배를 운전하던 선주는 다리가 떨어져 나갔다. 배에 탔던 손님들은 물로 뛰어들어 배 바닥을 잡았다. 피를 많이 흘린 선주는 결국 배에서 그대로 죽었다.

그래갖고 견디다(견디다) 견디다 못 견뎌서 어느 정도 육이오가 거의 되 갈 짬이었을 거구만.
그란데 아버지가 일본에서 왔대요. 아버지는 기술이 좋아요. 선반일, 대장간일 같은 그런 것을 빼치(펜치) 하나만 주면, 아주 망치 하나, 펜치 하나만 주면 별의별 것을 다 만들어불어. 그렇게 기술이 좋으니까, 그랑께 일본서 데려다가,

쓸모 있으니까 데려다가 일 시켰겠제.

육이오 때 우리 아버지가 조금 멀리로 간다고 영암으로 갔는데, 영암이면 옛날에는 소전리 나루갓이라 그라던데, 거기를 가니까 나이는 우리 아버지보다 적은 분인데, 할아버지 된 분이 옛날에 '첵첵첵' 하는 목선을 타고, 배를 딱 치(키)를 잡고 이라고 앉아갖고 가는데 (무릎을 치면서) 여기다가 때려불어. 사람을 실은 나루선이니까. 여기다가 폭격을 해불어. 일로쪽에서 영암으로 건너가는 나루를 타는데 폭격을 해불었어.

그래갖고 다리가 부러져서 펄쩍 펄쩍 뛰다가 옆에 사람들은 뭐하는가 봉께(보니까), 폭격을 함께 다른 사람들은 물로 뛰어 내려서 (배)바닥을 잡았더락해(잡았다고 해).

그 할아버지는 선장, 배 선주놔서 그걸 잡고 있다가 하늘에서 폭격을 때려부니까 다리는 밖으로 나가 버리고, 그래도 그 배에서 가에(가장자리)를 타고 어치게(어떻게) 있드래.

옆에 사람들은 상자를 가에다가 밧줄로 묶어놓고 있는데, 피를 많이 흘려갖고 그 할아버지가 물 주라고 그랑께, 가는 날이 장날이라고 물 주면 바로 죽어분다더만. 그랑께 물을 못 주고 조금 있다 옆 사람이 가까이 가봉께, 금방까지 물 주라고 했던 사람이 죽어불었더락해.

고향 아이들의 텃세

자료코드 589_MONA_20170819_SJR_PJI_005
조사장소 진도군 조도면 신육리 신전마을 제보자 자택
조사일시 2017. 8. 19
조 사 자 박주언, 김현숙
제 보 자 박정인(남, 76세, 1942년생)

> **줄거리** 초등학교 2학년 때 고향으로 다시 들어왔는데, 표준말을 쓴다고 아이들이 텃세를 부리며 따돌림을 해서 어린 마음에 상처를 입었다.

내가 초등학교 2학년 2학기 때나 되었으꺼여. 내가 2학년 다니다가 고향으로 다시 갔으니까. 여기를 오니까 텃세가 심해서 죽겄어요. 유달국민학교 다니다가 거그서 이리 전학을 왔습니다.

이리 왔는데 마을 사람들은 물론이고 마을 아이들이 데려다가 동네만 넘으면 자꾸 인계를 해요 인계를 하면서, 나는 표준말을 쓰지 않습니까? 목포 살던 사람이라.

지금은 도로가 좋으니까 그라제만 그때만 해도 다섯 고개를 넘어야 초등학교를 가거든요. 여기는 잔등이라 그라는데 나는 한 고개 넘는다, 두 고개 넘는다 이라게 표준말을 쓴다고. 신전리 아들이 이건 뭐 텃세를 하는데 따돌린다는 소리지, 말하자면 왕따시키는 것 같이.

(조사자 : 그러면 여기에는 친척이 하나도 없는데 오셨어요?)

아니요, 여기서 할아버지가 원래 살던 곳이니까 우리 형제간들이 제일 많이 사는 곳이죠. 친척이 있어도 다른 친척들, 어른들은 텃세를 안 해요. 나 또래 학생들이 텃세를 하는 거제. 다 들옹께(들어오니까) 좋다 하제. 어른들은 좋다 하는데, 학교를 다니는 내가 애들한테 텃세를 당했제.

제식훈련 받던 처녀들

자료코드	589_MONA_20170819_SJR_PJI_006
조사장소	진도군 조도면 신육리 신전마을 제보자 자택
조사일시	2017. 8. 19
조 사 자	박주언, 김현숙
제 보 자	박정인(남, 76세, 1942년생)

> **줄거리** 전쟁이 끝났는데도 마을 처녀들이 머리를 따고 총 대신 죽창을 들쳐 매고 훈련을 받고 있었다. 제식훈련을 받은 처녀 총각들은 마을 감시막에서 다섯 명씩 보초를 서면서 마을 치안을 담당했다.

고향에 막 들으니까, 처녀들이 이렇게 긴 머리를 따갖고 총이라고 이만씩한 대나무 깎아서 끄트리(끝부분) 날카롭게 깎은 죽창, 그 놈 들쳐메고 제식훈련 받고 그랍디다. 알고봉께 제식훈련이야. 군대를 갔다 나와봉께. 치렁치렁하니 처녀들이 제식훈련 받드랑께. 여기를 들오니까 처녀총각들이 전부가 다.
(조사자 : 학생도 아니고 육동 신전리 이쪽 처녀들이 훈련을 받았어요?)
우리 신전리 사람들이 마을마다 그란 거에요. 그런데 마을마다 받은지 안 받은지 그것은 내가 기억이 안 나도, 우리 마을에서는 여 앞에가 바로 모래땅이지, 이 축대가 없었거든요.
그란데 지금 말로는 초소막이고, 옛날 말로는 감시막인디 사람들이 다섯씩 조를 짜서 육이오 때 보초를 서는 거예요. 나쁜 사람들이 들올까 봐서 마을 자체 내에서.
육이오가 벌써 끝나불었어요. 들오니까 전쟁 끝난 후에도 제식훈련을 받고 그렇게 그라더라고요.
(조사자 : 마을 방위대네!)

477

감시막에서 살게 된 일가족

자료코드	589_MONA_20170819_SJR_PJI_007
조사장소	진도군 조도면 신육리 신전마을 제보자 자택
조사일시	2017. 8. 19
조 사 자	박주언, 김현숙
제 보 자	박정인(남, 76세, 1942년생)

줄거리 진도에 돌아왔지만 살 집이 없어 감시막에서 살다가, 동네분의 도움으로 산감집을 지었다. 그때 산감의 기세가 무척 셌을 때였는데도 경찰들에게 많이 시달렸다.

들오니까 어데가(어디) 살 데가 있습니까? [손뼉을 치면서] 손바닥 탁 치고 들왔는데, 먹을 것은 뭣이 있어요? 아무 것도 없이. 울아버지 이거 쇠망치질, 망치 한나, 집게 한나만 짊어지고 댕기는 장수여요.

지금은 초소를 좋게 짓잖아요. 옛날에는 땅을 파고, 구뎅이를(구덩이를) 파고 그 안에가 짚을 한참 옇어요(넣어요). 옇어 가지고.

옛날 통시 봤어요? 화장실. 통시라는 것은 화장실 보고 통시라 합니다. 칙간. 칙간을 짓을 때 보통 이렇게 짓습니다. 이렇게 감시막을 지어요. 그래 놓고 볏 짚으로 싹 해서 절대로 비가 안 들어가게 밖으로 홀을 파서 물이 안 들어가게끔 하고 이 안에 사람이 한 이십 명 들어갈 수 있어요.

(조사자 : 땅을 많이 파고 들어가요?)

그랑께 그 때 육이오를 대비해서 널릅게(넓게) 짚이(깊이) 파가지고 거기다가 방을 만들어 짚단을 재는(쌓는) 거에요, 안 춥게 할라고.

그라면 그 속에다가 바로 드러눕고 잠도 자고 모도 옛날에 화토도 치고, 그 때 당시는 잭기(노름)꾼들이 많았어요. 쪼끔 나이 자신(드신) 분들은, 젊은 사람들은 뭣해도 나이 자신 분들은 안에서 밤낮 지꾸땅이나 하고 그런 식이었어요.

아이 그러다가 거기서 우리가 들어가서 살림을 하게 되았어요. 밖에 솥 걸어놓고 밥해 먹고.

그라다 동네 사람 도움으로 쪼끄마하게 산감집을 한나 지었어요. 옛날에는 산감이라먼 무지하게 컸습니다. 산감집을 지어놓고 우리 아버지가 경찰들한테 많이 뜯기며 댕겼습니다. 우리 아들도 경찰 하요만은, 지금 경찰들은 참 봉사하는 경찰이고, 옛날에는 뜯어 묵을라는 경찰. [웃음]

모래땅에서 캔 조개로 학용품 사기

자료코드 589_MONA_20170819_SJR_PJI_008
조사장소 진도군 조도면 신육리 신전마을 제보자 자택
조사일시 2017. 8. 19
조 사 자 박주언, 김현숙
제 보 자 박정인(남, 76세, 1942년생)

> **줄거리** 동생들에게 치여 의붓자식처럼 장손 대접도 못 받고 자라서 많이 서러웠다. 심지어 모래땅에서 발로 모래를 헤집어 조개를 캐서 공책과 연필을 바꿔 공부했다.

나는 의붓새끼처럼 살았어요. 여자형제간은 여럿 돼도 남자 형제는 우리 동생 한나, 나 한나, 형제란 말이에요. 학교를 다니면 연필 한 자리(자루) 못 타 써 봤어. 내가 이렇게 서러운 세상을 살았어. 우리 동생은 아주 더 이상 할 수 없이 하고(사랑을받고).

그라면 옆에 조카들이

"삼춘, 삼춘은 어디서 주워왔당가? 또랑 밑에서 주워왔당가? 할마이가 안 낳았지라?"

이라고 나를 골리고 그랬어.

그란데 내가 분명히 우리 엄매 아부지 아들이여.

그란데 우리 동생은 막동이고 함께 하도 곱게 곱게 키고 손(장손) 밑에 바로 뽀짝(잇대어) 밑에고 그 밑에는 가이나들이여.

(조사자 : 딸들도 있고 그런데 왜 장손을 천대했을까요?)

그란데 나는 뭔 일인가 지게 목발이나 뚜드라 하고 우리 동생은 고등학교까정 내보내고, 내가 겨우 선선이 초등학교 나왔는데, 내가 학교 다닐 때 공책 한장, 연필 한 자루 안사고 당겼어요.

이 앞 모래땅 있잖아요? 발로 모래를 헤집으면서 해수욕장 앞까지 가요. 발로 모래를 차면서 걸어가면 저런 박스로 두 개씩 조개를 파. 백합 같은 거를 손가락으로 팠던가. 다른 동네는 그것이 없으니까 백합하고 연필 한 자리랑 바꺼(바꿔). 또 공책도 한 권 바꺼. 그래갖고 공부하고.

공부냐, 지게냐?

자료코드 589_MONA_20170819_SJR_PJI_009
조사장소 진도군 조도면 신육리 신전마을 제보자 자택
조사일시 2017. 8. 19
조 사 자 박주언, 김현숙
제 보 자 박정인(남, 76세, 1942년생)

> **줄거리** 초등학교를 졸업하고 아버지가 "공부할래, 지게질할래" 하고 물으니 집안형편상 농삿일을 택해야 했다. 대신 전과를 한 권 사달라고 해서 자습을 했다. 서당을 한 달 정도 다녔지만 명심보감 배운 것만 기억에 남고 전쟁 때라서 배운 것이 딱히 없었다.

졸업을 하고 나서 한번은 아부지가,
"공부 할래냐? 지게질 할래냐?"
그라고 묻읍디다. 그래서는 나는,
"살림살이가 이케 쪼달리는 형편이니 공부를 하겠소? 지게질 할랍니다."
"그람 그래라."
그라나 내가
"전과 지도서만 한 나 사주시요."
그라먼 내가 자술을(자습을) 한 번 해보겠다 그 말이야. 전과를 한나 사주랑께, 그 소리 하기가 바쁘게 전과를 한나 사주대요.
그래서 그 놈 갖고 공부 좀 하고 내 이름자나 그런 것을, 육이오 때 낳아갖고 뭐 공부나 했겠습니까? 서당을 한 달 다녔습니다. 여기 신전리에서요.
(조사자 : 아, 신전리에 서당이 있었어요?)
옛날에 몇 사람을 데려다가, 여섯 사람을 가르쳤어요, 훈장을 데려다가. 그란데 어찌케 나이 먹은 사람들이고 모도 못된 짓거리들이나 하고 해서 안되겠덩만. 하다가 한 달이나, 어디나 뱄던가(배웠던가) 말았던가. 한 달이나 다녔으니까.

그란데 그 것 뿐인데도 한 가지 것만 밴단(배웠단) 말이지 뭐, 명심보감에다 뭣에다, 이것 저것 기양 흩어져놓게 해골(머리)도 복잡해불고, 그래, 공부도 못했어요.

노력만으로 자수성가하다

자료코드 589_MONA_20170819_SJR_PJI_010
조사장소 진도군 조도면 신육리 신전마을 제보자 자택
조사일시 2017. 8. 19
조 사 자 박주언, 김현숙
제 보 자 박정인(남, 76세, 1942년생)

> **줄거리** 열일곱 살 되도록 나무하고 집안일만 했는데, 조금만 늦거나 일을 잘 못하면 아버지께 매를 맞았다. 지금까지 살아오면서 부모에게 단돈 10원도 받지 않고 자수성가한 자신이 자랑스럽다. 남에게 의존하지 않도록 강하게 키워준 아버지이기에 원망하지 않는다.

육이오가 끝나고 나서 졸업을 하고 한 열일곱 살 정도 먹었을까, 그 때까지는 어떻게 하든지 나무지게나 짊어지고 지게목발 뚜들고 산으로 한하고(계속다니다) 그라고 돌아다니다가, 일을 잘 못하면은 우리 아부지가 나를 지둥에(기둥에) 묶어놓고 뚜들어(때려요).
어디가 조금 오래 놀다만 와도 뚜들어. 하, 그런 세상을 참말, 내가 말로 다해서 뭣을 하겠소? 그래서 나는 우리 부모한테는 지금껏 아직까지 십 원짜리 한나 안받고 살았습니다만은 우리 아부지보고 나를 잘못 킸다고는(키웠다고) 안 합니다.

내가 참말로 아파서 돈을 워낙 많이 까먹어불어서 그라제, 나를 그렇게 강하게 키워놨기 때문에 나도 놈만치(남만큼) 벌을만치 벌었어요. 우리 동네서 자수성가 노력을 해서 나보담 돈 더 많이 번 사람 있으면 나와보락해. 지금은 다 기계적으로 해서 돈 벌제, 노력만으로 나보다 더 많이 번 사람이 없어요.

조기 배를 탄 열네 살 어부

자료코드 589_MONA_20170819_SJR_PJI_011
조사장소 진도군 조도면 신육리 신전마을 제보자 자택
조사일시 2017. 8. 19
조 사 자 박주언, 김현숙
제 보 자 박정인(남, 76세, 1942년생)

> **줄거리** 열네 살 되어 조깃배에 취직을 했는데 칠산 앞바다 조기가 내려오는 곳에서 주낙으로 잡았다. 함께 배를 탄 나이든 어부들이 배가 마을 앞을 지날 때면 짖궂은 장난들을 많이 했다.

열네 살 먹어서 졸업을 딱 하고 나니까 배에 취직을 시켜줍디다 조깃배. 그 때는 주낙 익깝(미끼)을 끼워갖고 이루꾸(멸치)를 끼워서 바다에다 주낙 놓으면 아주 잘 물어요. 조기가 칠산바닥서 내래오면 여가 조기가 물거든요.
그래 그놈을 타고 사는데 잡기도 잘 잡아. 잘 잡는데 영감들이, 어르신들이 나를 덱고(데리고) 댕김시로 깨벗겨서(발가벗겨서) 여 이(부인) 양반 사는 동네 지날라머는(지날때면) 행지라고 가시나가 있거든.
옆에 동넨데, 그라면 돛대 꼬대에(돛대끝에) 달아매놓고는 나를 깨벳개서(발가벗

겨서) 올려놓고 쩌기 큰애기 있다 막 그라고 그런 장난도 다하고 그렇게 웃긴 짓을 했어.

저 놈 수덕 있다

자료코드   589_MONA_20170819_SJR_PJI_012
조사장소   진도군 조도면 신육리 신전마을 제보자 자택
조사일시   2017. 8. 19
조 사 자   박주언, 김현숙
제 보 자   박정인(남, 76세, 1942년생)

> **줄거리** 배를 받아서 주낙을 하는데 고기를 제법 많이 잡자 뱃사람들이 제보자에게 '수덕있다' 고 했다. 그러나 잡은 생선은 부모님이 상인들과 계약을 해서 바로 팔아버렸기 때문에 정산을 해도 자신한테 돌아오는 것은 없었다.

그라다가 조기 배를 한 서너 해 탔으니까, 한 열일곱 살이나 먹었을 거야. 배를 해 줬어 나를. 너는 배나 타라 그람서. 그 배가 스무자 배니까 목척으로 한 너 발(네 발) 밖에 안 돼. 쪼그만한 배라 노 두 벌 있으면 저서 다니는 배야. 그건 닻배는 아니고, 닻배는 좀 더 기다려. [웃음]
그 놈을 타고 다니다가 고기를 많이 잡았어. 그랑께 암튼
"저놈 수덕 있다"
고 그랬어요. 열네 살에 졸업하고, 그 해부터 배를 한나 받아갖고 주낙을 함시로(하면서) 독새를(독사를) 물려갖고 또 징한 꼴을 봤소. 주낙질을 할라면 이런 닻나무를 쩌다가(베어다가) 참나무 옛날에 닻배처럼 닻을 맞차사(맞추어야) 할 것인

데, 그거 찌러(나무하러) 갔다가 독새를 물려서 고생도 한 해 여름 내 고생 했어요.

한 두 해 주낙질을 하다 봉께는 돈은 내게는 한 푼도 십 원 짜리 한나도 안 와요. 바로 부모한테 가버린께. 그러다보니 매번 아버지한테

"신발 한 켤레 살라 돈 천 원 주시오, 오백 원 주시오, 칠백 원 주시오."

이것도 참 부모 자식간에 징합디다. 징해. 그래서는 도망을 갔어. 어디를 도망 갔냐.

(조사자 : 그러면 그동안 주낙질해서 잡은 것은 다 그냥 부모님한테 드리고요?)
예, 부모가 기양(그냥) 팔아. 다 잡어다가 갯수만 시어(세) 놓으면 계약선 상인들하고 계약을 해 갖고는 부모들끼리 돈이고 뭣이고 딱 해불제, 내게는 한나도 소용없어.

개림개리로 해도 기양 간주한다 그라요. 옛날에 개림개리라고 그랬어. 개림개리로 한다 그랑께 서니(셋이) 다니면 보통 너니(넷이) 다녔습니다. 너니 다니면 우리 아부지가 기양 얼마짜리고 이깝 값이 얼마 들어가고 딱 갈라서 선원들 얼마 개림 가린다고 줘 부리면 끝나는 것이여. 나는 거 뭐 있어, 아무것도 없지 뭐 어린애고 그러니까.

군산에서 탄 중선배

자료코드 589_MONA_20170819_SJR_PJI_013
조사장소 진도군 조도면 신육리 신전마을 제보자 자택
조사일시 2017. 8. 19
조 사 자 박주언, 김현숙
제 보 자 박정인(남, 76세, 1942년생)

줄거리 군산 해망동으로 가서 중선배 선원이 되어 화장이 되었다. 주방장으로 일하면서 그리운 고향에 왔다가 다시 배를 타고 돌아다니게 되었다.

그래서 열여섯 살 땐가 도망을 간 것이 군산을 갔습니다. 군산 해망동요.
(조사자 : 어떻게, 그 배를 끌고 갔어요? 아니면 배는 놔두고?)
예, 도망을 갔어. 배는 놔두고, 배는 뭐이고, 내 몸만, 몸뚱아리 하나만. 돈을 몇 푼이나 쥐었것지라? 물론 우선 먹고 댕길 만치는. 다믄(다만)
'내 이놈 가지면 한 달은 살겄다'
하는 치는 쥐었겄제. 나간다 항께 어머니가 빤스 속에다가 주머니를 달아주대. 그리고 삔으로 낑겨줌시로(찔러주면서)
"화장실에 가서 그놈 끄집어내서 써라"
그라더만.
그래서 거기가 해망동 솔꽂이배, 강태홍님 배에요. 내가 이름도 안 잊히요. 강태홍씨 배를 탔어. 그 분이 이북서 내려와서 사는 분이요. 피란민 배라 이말입니다. 그란데 아주 깐깐한데, 사륙제로, 그랑께 백만 원을 하면은 육십만 원은 자기가 먹어부고 사십만 원 갖고 선원들 야닯을(여덟 명) 나눠주는 것이요. 보통 야달이 다녀요. 야달이 다니는데 그놈 갖고 자식들도 그 속에서 먹고 다 그라지라.

그물을 손질하고 있는 박정인 제보자

그거는 중선배에요. 중선배. 그놈을 몇 년 타다가는 기양 또 그것도 사반데로 (사방으로) 다님시로 또 고향도 그립고 그라데. 그래 들왔어, 또 그런데 돌아 댕겨요.
그케 맨 넘(남들) 밥해주고 그러니까 내가 식사 요리 같은 거 잘 하요. 주방장처럼. 그라고 어디 배를 가도 나를 내리지를 못하게 해요. 절대로 화장은 못 내리게 해요. 밥해주는 사람은 배에다 딱 묶어놔둬불어. 화장이라는 것은 주방장이라고 불 때는 사람, 불 만지는 사람이라요.

유자망 선원이 되다

자료코드 589_MONA_20170819_SJR_PJI_014
조사장소 진도군 조도면 신육리 신전마을 제보자 자택
조사일시 2017. 8. 19
조 사 자 박주언, 김현숙
제 보 자 박정인(남, 76세, 1942년생)

> **줄거리** 나이가 들수록 힘이 드는 닻배는 못타고 그물로 고기를 잡는 유자망을 택해 선원으로 가서 고기를 잡았다. 중선 배 그물 일에 능숙해서 지금도 그물 손질이나 판매를 한다.

집에 와서 있는데 닻배를 하라대. 사반데(사방으로) 닻배 갈 사람들을 모집하러 댕기면 돈을 많이썩 주고 다녀요. 선원들을 잡을라고 돈 주고 다녀. 근디
"너는 닻배 가머는 힘이 너무 없고 한께, 내년에나 닻배를 가고 금년에는 투망에를 가봐라."
그래.
투망은 유자망입니다. 지금 유자망은 수월하다니까, 유자망을 갔습니다. 첨에 선원으로.
내가 중선배 댕기고 뭣하고 해서 그물 일을 잘합니다. 지금, 금방도 내가 그물을 한방을 꿰매놓고 왔는데, 한 삼십몰 꿰매놓고 왔어. 한몰에 육만 원씩에 내가 팔아. 내가 꿰매요. 그래갖고 아주 탁 치게끔 해서 주며는 고기 잡아먹고 그라제.
(조사자 : 열여섯 살에 군산에 갔다가 몇 살에 들어왔어요?)
그 해 들왔어요. 7, 8개월 되었을까, 들왔어요.

같은 쪽으로 노를 저으면 배가 기우뚱 기우뚱

자료코드	589_MONA_20170819_SJR_PJI_015
조사장소	진도군 조도면 신육리 신전마을 제보자 자택
조사일시	2017. 8. 19
조 사 자	박주언, 김현숙
제 보 자	박정인(남, 76세, 1942년생)

줄거리 예전에는 통통배가 없어 노를 젓는 풍선배를 탔는데, 한쪽에 두 개, 건너편에서 한 개 총 3개를 젓는다. 그런데 한 방향으로 저으면 배가 균형을 잃고 기우뚱 거린다.

맹골도 임만기씨가 우리 외숙네 아들이여. 우리 어머니 사촌오빠네 아들인디, 나한테 외사춘이제. 옛날에는 통통배는 없으니까 노전배를(노 젓는 배를) 타고, 노를 젓는 풍선. 바람으로 다니는 풍선인디 노를 세 개 저어요. 이 쪽에 두 개, 건너에 한 개 젓고 요쪽에서 젓고 그라제.

닻배노래도 지금 내가 회장입니다만은, 내가 '이렇게 저렇게 하고 뭣은 어쩌케 하고', 그물도 내가 다 꿰매준 것이여. 모든 것이. 노도 요롷게 저어야 하고, 노를 저으면 같이 한번에 질투룸하게 좌측에 있는 것은 하노, 우측에 있는 것은 전노 그란다 말이요.

내 앞노, 내 뒷노 그라는데, 오모까지, 도리까지, 옛날 사람들은 일본말로 오모까지, 도리까지 그라지. 내 뒷노는 하노고 내 앞노는 한마디로 해서 전노여. 반대쪽에서 해서.

그란데 이것이 요놈을 밀 때 요놈도 당거불면 배가 끼뚱끼뚱하는 거여. 배도 그냥 무조건 간 것 같죠? 배 노를 요쪽도 한 사람 젓고, 요쪽도 한 사람 젓는데 같이 잡아당길 때는 이렇게 잡아당겼다가 [양쪽이 가운데 쪽으로 안쪽으로 함께 노 젓는 흉내를 내면서], 밀 때는 이렇게 밀었다가[양쪽이 바깥 방향으로 미는 모습을 보여준다] 이케 잡아당겼다가 해야 배가 빤듯이 가제. 그리 안하고 이 배를 갖다가 그냥 무조건 요놈 민다고 요쪽으로 민다고 요쪽으로 같이 밀어주면 기우뚱기우뚱 그래. 그랑께 노 저은 것에도 배 균형을 잡아준다(그말이여).

위도에서 새 주인 찾기

자료코드 589_MONA_20170819_SJR_PJI_016
조사장소 진도군 조도면 신육리 신전마을 제보자 자택
조사일시 2017. 8. 19
조 사 자 박주언, 김현숙
제 보 자 박정인(남, 76세, 1942년생)

줄거리 알마도나 파장금, 위도에 가서 새 주인을 찾는다. 식비나 돈이 다 떨어지면 내가 잡은 고기에 대한 수수료를 주인에게 주고 돈으로 받는다.

그 배를 타고 삼일, 사일을 가서 알마도 밭에나, 쩌 위도나 파장금에 가서 주인을 갑니다(바꿉니다). 주인을.
거 가서, 배가 우선 그동안 식권비나 갖고 간 돈이 떨어지면, 주인을 데려와요. 그 주인이 내가 잡은 고기에 대한 수수료를 먹고, 건장 같은 것도 빡대나 장대나 이런 거, 잔조기가 이런 것은 [양손을 벌려 크기를 보여주면서] 잔조기고, 전(겉)날개부터서 꼴랑지까지 한 뼘이 되야만이 온마리여.
글 안하고 다른 것, 잘잘한 것은 깡치여. 이만치. 지금 7촌짜리 이거는 전부 깡

치여. 완전 옛날 양틀 스물 두 마리나, 스무 마리 들어가는 그 조기만 한 마리로 들어가는 조기에요.

닻배는 닻이 5, 60개

자료코드 589_MONA_20170819_SJR_PJI_017
조사장소 진도군 조도면 신육리 신전마을 제보자 자택
조사일시 2017. 8. 19
조 사 자 박주언, 김현숙
제 보 자 박정인(남, 76세, 1942년생)

> **줄거리** 닻배노래는 유자망 형식을 노래하므로 실제 내용이 닻배내용이 아니다. 닻배는 닻이 5, 60개로 실제로 김발배로 재현이 가능하다고 본다.

낭망 고사를 모셔. 우리 닻배노래 할 때 부원장님(박주언) 들으셨지라?
"고사지내세."
그라고 나머는, 꼭 그 식으로 고사를 지내고 그물을 달아놓고. 지금 현재 하는 것은 이 닻배노래 식이 아닙니다.
이것은 닻배노래라는 명칭을 갖고 있지만, 유자망 하는 형식이에요. 지금 우리가 하는 것은 이건 유자망이야. 닻배가 아니고.
내가 닻배를 타봤지만 닻배는 닻이 50개, 60개가 되아야 돼요, 닻이. 그란데 닻이 60개 정도면 그 배가 엄청 크죠. 지금 재현 못합니다. 그냥. 그대로 보면 그 뭔 배요? 그 배들 가지면 충분히 해요. 그 김발배들 가지면 닻배 충분히 해요.

김발배들.

그 배들 가지면 닻배 충분히 해요. 그란데 시설 하는 것이 성가신께, 그랑께 투망배 식으로 그물 흘려놓고 그라제.

쌓아둔 그물

물을 파는 연평도 아낙네들

자료코드	589_MONA_20170819_SJR_PJI_018
조사장소	진도군 조도면 신육리 신전마을 제보자 자택
조사일시	2017. 8. 19
조 사 자	박주언, 김현숙
제 보 자	박정인(남, 76세, 1942년생)

> **줄거리** 알마도바다, 칠산바다, 왕등이바다에서 조기가 잡히지 않을 때에 연평도에서는 많이 잡히기 때문에 투망 배를 타고 노를 저어 연평도까지 갔다. 연평도에서는 마실 물이 귀해서 연평도 여자들이 물동이를 이고 다니며 판다.

옛날에는 투망 배를 타고 노 저어서 연평도까지 갑니다. 알마도밭에 조구(조기) 안 나고, 칠산바닥 조구 안 나고, 여 왕등이밭에 조구 안 나먼은(안잡히면) 모두 다 연평도서 많이 난다.

그라먼 삼일, 사일 노 저어 가서 연평도 가. 연평도 거기까지 가고 나먼 물이 떨어지잖아요? 그라먼 물 질러 들어가먼은 여자들이 이만치서 [가슴께로 손을 수평으로 하여] 물동이를 이고 이라고(이렇게) 와서 물 사라고, (바닷물이) 이케 차고 [배를 가리키고] 이케 차도록[가슴을 가리키며]

"내 물 사시오, 내 물 사시오."

그라고.

(조사자 : 바다 속으로?)

예. 배가 오다가 짜짐 짜짐하고 배가 느려. 그라니까 이케 차도록 물동이를 이고 가슴까지 허가니(하얗게) 다 덜렁덜렁하고 옛날에는, 연평도를 가면 그렇게 물장수를 해요.

연평도까지 3일 걸리는 유자망배

자료코드	589_MONA_20170819_SJR_PJI_019
조사장소	진도군 조도면 신육리 신전마을 제보자 자택
조사일시	2017. 8. 19
조 사 자	박주언, 김현숙
제 보 자	박정인(남, 76세, 1942년생)

줄거리 바람이 불면 연평도 올라가는 배는 8시간 동안 갈 수 있지만 내려오는 배는 4시간 밖에 못 온다. 들물과 썰물의 물때가 다르기 때문이다. 내려올 때는 두 배로 더 돌려야 내려올 만큼 힘이 든다.

그러면 지금 여기서부터 유자망배로 연평도까지 삼일, 사일이며는 가거든. 삼일 사일이 바람끔이(바람금이) 좋아야 바람이 좀 좋아야. 썰물은 못 가고 닻주 놓고 기달렸다가 다시 들물이 올르면.

이 물때에는 올라가는 배들은 여덟시간을 갑니다. 그 다음 내로는(내려오는) 배들은 네 시간밖에 못 오요. 썰물에 낼오면 되는데, 우리가 내롤(내려올) 때는 꼽배기로 더 돌려야 낼와. 올라가는 배들은 여덟시간 밖에, 똑같은 들물이라도. 내가 여 가만히 있을 때 매리 끝에가 여기 등대끝에가 있을 때 여섯 시간 써요. 그란데 이 배가 올라가먼 올라갈수록 물때가 길어집니다. 그래서 여덟시간. 올라갈 때는 여덟시간이라서 더 빨리 가고 내롤 때는 네 시간밖에 못오니까 그쪽으로 가면 물발이 엄청 쎄요. 물발이 싸.

서해안 쪽으로 한번 가면 물발이 엄청 쎕니다. 그랑께 가다가 그냥 닻 놓고 섰다가 들물이 올라간다 그라면 다시 닻 줘서(거둬서) 가고 그라죠.

닻배 살림 준비

자료코드 589_MONA_20170819_SJR_PJI_020
조사장소 진도군 조도면 신육리 신전마을 제보자 자택
조사일시 2017. 8. 19
조 사 자 박주언, 김현숙
제 보 자 박정인(남, 76세, 1942년생)

> **줄거리** 닻배를 타려면 장작으로 쓸 나무를 베고 선원들 먹을 쌀과 취사도구를 챙겨야 한다. 막걸리를 옹기에 넣어서 마람(짚단)을 엮어 파묻어 깨지지 않게 보관한다.

지금은 장비가 좋아서 다 레이다 놓고, 뭣도 놓고, 보고 댕기고(다니고) 하제만은, 옛날에는 뭐 있소? 콤파스 하나 갖고 댕겨. 옛날에는 나침판 하나여. 그래 가지고 가서도 잘 버냐(버는가) 그러면, 돈 한 사만 몇 천 원, 그 때 돈으로, 삼만 몇 천 원, 이라고(이렇게) 벌어가지고 오제.

돈이라 해봤자 목에 풀칠할 돈도 못되제. 그래서 그 뒤로는 닻배를 타야 어디가 태가(티가) 나더만.

내가 첨이로(처음으로) 이놈의 닻배를 탈랑께, 뭣이가 있냐 그라면 나무를 베야 돼. 이 공사들, 선원들이 열다섯 명, 열네 명을 잡지 않습니까? 그라면 그 선원들이 먹을 음식들, 쌀이랑 징한 취사도구에다가 옹구독에다가 막걸리를 몇 개씩 옇어서(넣어서) 막 짚으로 짚단을 엮어갖고, 마람 엮듯이 엮어갖고, 안 다치게 할라고, 한 반데다(군데다) 해서 그 술동우를 꼬라박고(구석에다 처박아두고),

왜냐하면 술동우는 부딪치면 깨지니까 그렇게 해줘야 돼. 그렇게 하고. 그래가지고 한 반데다(군데다) 파묻고, 내롤(내려올) 때까지 땔 나무를 배안에다 줏어 싣습니다만은 안돼, 모자라.

그라면 쩌 왕등도 가면은 나무를 쪼개 장작을 해서 요만씩, 요만씩 해서 파는

사람이 있어. 왕등도라고 하는 덴데, 칠산바다 알마도 밖에 가머는.

왕등이 밖으로 벗어나면 죽는다

자료코드 589_MONA_20170819_SJR_PJI_021
조사장소 진도군 조도면 신육리 신전마을 제보자 자택
조사일시 2017. 8. 19
조 사 자 박주언, 김현숙
제 보 자 박정인(남, 76세, 942년생)

> **줄거리** 왕등이 밖으로 나가면 홍도고, 거기서 나가면 중국이라 들어올 수가 없게 된다. 그래서 예전부터 뱃사람들에게 왕등이 밖으로 벗어나면 죽는다는 말이 있다.

옛날에는 돛단배들은 왕등이 밖에 빈지먼은(벗어나면) 죽은 줄로 알았어. 왕등이 밖에 가면 홍도밖에 없잖아요? 그라면 중국으로 떠가분다 그말이여. 샛바람 불먼 들어올 길이 없제. 샛바람 불먼 바로 어디로 바닥으로만 떠나가제. 안으로 들어올 길이 없제.
그래서 옛날에
'왕등이 밖에 빈졌다.'
그런 얘기 못 들어봤어?
'빌렸다', '벗어났다', '비졌다'는 말이 벗어났다는 말이여. 현재 표준말로는 벗어났다. 벌써 밖으로 벗어나서.
지금은 돛단배가 아니고 기계선이기 때문에 그냥 들어와버리잖아요? 그 때는

왕등이밖에 나가버리먼은 저놈이 못 들어오고 죽는다.
옛날에 쓰는 문자가
'왕등이 밖에 비졌다.'
그랬어.

닻 50개, 60개가 그물을 잡고 있어

자료코드   589_MONA_20170819_SJR_PJI_022
조사장소   진도군 조도면 신전리 신전마을 제보자 자택
조사일시   2017. 8. 19
조 사 자   박주언, 김현숙
제 보 자   박정인(남, 76세, 1942년생)

> **줄거리** 닻배 어망 설치과정과 닻배로 고기를 잡는 방법에 대한 이야기이다. 투망배보다 닻배가 고기도 많이 잡히고 다양한 물고기를 잡을 수 있다고 한다.

닻배는 닻을 50개, 60개를 쓴단 말입니다. 그라먼 그물 이만치를 놓으머는 여그다 닻을 한나 빠쳐야 되아. 닻을 먼저 빠쳐 놓고 그물은 요롷게 가리펴(펴) 있는데, 닻이 (그물에가) 한나씩 여그 한나 있고, 여그 한나 있고, 여그 한나 있고, 그물을 뒤에서 받쳐먹은 것이여.
한 마디로 고기가 이케 내롤(내려올) 것 아니여, 물발이 세면 내롤 거 아니여? 떠내라(떠내려와). 제대로 헤엄쳐 온 놈도 있고, 물대로 내려가면서.
그라먼 그물이 요롷게 해갖고 아바가 인자, 툽 모새, 한 마디로 아바라고 그라

제, 우리가. 이만치나 붙어갖고, 툽 그놈을 전부 옛날에는, 지금은 스치로프가 있어서 좋잖아요? 옛날에는 툽을 전부 한 반데다 못질해갖고, 삼나무 껍질 벗겨서 못질해서 다듬아 갖고, 그놈으로 웃배를 이렇게 시어(씌워).

그라면 그물이 이렇게 떠갖고 있잖아요? 그라면 여기에서부터서 이렇게 닻줄이 저놈을 잡고 있어요. 그냥 얼른 뭣한 것이 아니라, 이 닻이 이 그물을 잡고 있어. 그라면 그물 이놈 뭉치가 푸욱 쳐져갖고 배기는 짝 배면 깔렸으니까. 그래갖고 여기는 전부 다 닿게 해놓고 이 웃백에다, 여그다 이케 딱 해. 그라면 여가 망이 이케 뜨지 않아요.

그라면 골고루, 이놈이 고정적이로 되아 갖고 있으니까 인자 고기가 거기 지나가는 고기는, 닻배는 갖은 잡어, 뭐라 할까, 장대, 민어, 이런 것도 많이 잡습니다. 대바나 빡대나 이런 것을.

그라고 투망질은 힘으로 댕겨부니까 못 잡어, 많이. 그랑께 전장 같은 것을 하면은 닻배들은 엄청 많이 해. 뒷날에 모도 나놔먹고 어짜고.

닻배는 한 물 때 되면 끄집어 올려야 돼

자료코드	589_MONA_20170819_SJR_PJI_023
조사장소	진도군 조도면 신전리 신전마을 제보자 자택
조사일시	2017. 8. 19
조 사 자	박주언, 김현숙
제 보 자	박정인(남, 76세, 1942년생)

> **줄거리** 닻배는 그물에 닻을 하나씩 달아서 고기를 잡기 때문에, 중간에 고기가 그물에 차면 꺼내고 다시 그물을 바다에 내야한다. 그물을 낼 때는 힘이 들기 때문에 노래도 하고 다 함께 술도 한 잔하면서 낸다.

한 물 때 되먼은, 썰물 바닥 되니까, 올려야 되잖아요. 한 물 되먼, 올려야 돼. 유자망은 이렇게 흘려 내려가다가, 물이 이케 돌아서 올라가먼 돌아 올라가는 대로 이케 놔둬도 되잖아. 돌아서 가고 지맘대로 떠갔다, 떠올라갔다 이케 해요.

그러지만은 닻배 이것은 한 물 한 물 만든 것이기 때문에 안 내면 안 돼요, 안 내면. 일단은 내야 돼 (고기를 꺼내야해). 내 갖고 다시 인자, 삼바이 첫손 물 막 내릴라 하머는 놨다가, 다섯 물 되면 끄집어 올렸다가 다시 또 놔.

그랑께 밀물이 투망배가 더 낫제. 자주 냉께. 우리들이 술 실고 뭣 안합디여? 그란데 말이 그라제.

"화장(주방장)아야, 술 걸러라 배가 고파 못 하겠다."

이런 노래도 많이 하고 그라제. 그랑께 그놈을 하다가도 낼라먼, 그물 낼라먼 술 걸르라 해서 술 먹고, 모도 술짐에 내고 그랬제.

한식 때 떠 망중살 되면 돌아와

자료코드	589_MONA_20170819_SJR_PJI_024
조사장소	진도군 조도면 신전리 신전마을 제보자 자택
조사일시	2017. 8. 19
조 사 자	박주언, 김현숙
제 보 자	박정인(남, 76세, 1942년생)

> **줄거리** 닻배나 유자망배나 한식 때 떠나서 망중살이 되면, 돛을 달고 풍장굿을 하며 돌아오는데 그 기간이 사십여일 정도 된다.

(조사자 : 그럼 연평도에서 닻배를 했어요?)

닻배는 알마도 밖에서 했어. 알마도 밖에, 칠산바다, 칠뫼. 여 왕등도 안으로. 알마도 등에서 주로.

우리 할아버지도 알마도 밖에서 돌아가셨어요. 닻배 하다가. 그러니까 닻배 해갖고 쫓기다가. (바람에) 쫓기다가 풀등에 갖다 얹혀불어 죽었어. 말하자면 피항을 하다가, 쫓기다가, 바람이 부니까 피항을 하제.

그래 가지고 인자 그작 저작 망중살이 되먼은, 다 돛달고 팽야(물론) 그물일 하다가 돛달고 내려오죠.

"돛 달아~~ 금가라깽 깽깽깽 깅가깽 깽깽깽"

하고 내죠.

징~ 징~ 하고 풍장굿 들먼은 멀리가 소리가 다 나잖아요? 그란데 그 풍장굿 치고 내로먼은

"엄매 쩌기 돛 달았다."

인자 못 잡고 있는 사람들 말이제.

"쩌기, 저기 돛 달았다."

인자 내려간다 그 말이여. 고향 간다고. 한 40십일씩, 닻배나 유자망이나, 가면 한 40일씩 있다 옵니다.
여그서 나간 지 40일 있다가. 여그서 보통 한식 때 뜬단 말입니다. 한식 때 뜨머는 한식, 입하, 곡우, 망중 하고 나머는 망중살 넘으면 인자 귀항을 하는 거에요. 망중살 더 넘어 내려오는 사람들도 있고.

여그 사람들은 쉴 때가 없어

자료코드 589_FOTA_20170819_SJR_PJI_025
조사장소 진도군 조도면 신전리 신전마을 제보자 자택
조사일시 2017. 8. 19
조 사 자 박주언, 김현숙
제 보 자 박정인(남, 76세, 1942년생)

> **줄거리** 톳양식, 미역, 다시마 등 일이 끝나는 듯하지만, 연이여 해야 할 일들이 있어 이곳 사람들은 쉴 새가 없다. 매년 같은 시기에 같은 일을 반복하는 것이 사람들의 일상과 닮았다는 이야기이다.

쪼끔만 시간 있으면 쉴 때가 없어, 여그 사람들은. 지금 낼 모래, 이제껏 우리가 뭐 했습니다. 그러니까, 톳을 했어요 금톳을. 톳발 했어.
톳발 이것이 끝나고 나면 다시마 해야 되요. 또 자연산 미역 매야지, 자연산 톳 매야지. 시간이 없어. 하여간 시간이.
그라면 그놈 돌아가머는 톳발에 약 해야제. 톳발에 제초제, 살충제 안 하면 물벼룩이 끼어들어서 다 먹어불기 때문에 톳발에 살충제 해야지. 그라고 살충제

하고, 또 지심 안 나게 농약도 살짝 살짝 끼어서, 대숲을 엮어서 많이 하거든. 살충제 하면서, 바다에다가.
인자 뭐야 저 요즘 유기산, 유기산 그놈 섞어서, 그렇게 해서 포래도 죽고 세균도 없고, 그렇게 모두 다듬어.
그리 하면 가을 되면 인자, 이 사람 산다는 것이 팽(다) 도리애미타불 도리애미…. 일년에 하다보면 그일 도리하고(다시하고), 도리하고, 도리하고 밤낮 넘어감서 그케 사는 거에요.

동생 낫에 다리가 잘라져불었어

자료코드   589_MONA_20170819_SJR_PJI_026
조사장소   진도군 조도면 신전리 신전마을 제보자 자택
조사일시   2017. 8. 19
조 사 자   박주언, 김현숙
제 보 자   박정인(남, 76세, 1942년생)

> **줄거리** 밤새 꼰 새끼를 동생에게 지키라 하고 산판일 하는 곳에 일을 보러갔다. 그런데 동생이 꽈 놓은 새끼를 지키지 않고 따라와 홧김에 발길질을 했는데, 동생의 양손에 들려있던 낫에 제보자의 발목이 심하게 상했다.

열아홉에 약혼을 했습니다. 열아홉에 약혼을 해가지고 그것을 내가 써른, 아주 통정을 얘기를 한다면, 열아홉에 약혼을 해갖고 다리를 [발목부분을 가리키면서] 여기부터 요케 잘라불었어요, 여가. 다리가 여기서 여기까지 잘라불었어요. 낫으로. 우리 동생이 그라게 곱게 태어나가.

밤새도록 이 새나꾸를 꽈먼 내가 다섯 자리, 여섯 자리를 꽈갖고 짊어지고, 내가 놈(남) 산판 일하는 데 일하러 댕기고 그랄 땐데.
내가 스무살 먹었어요. 열아홉에 약혼은 했는데, 스무살 먹어서 새나꾸를 꽈다놓고 동생보고, 지게에다 딱 짊어질밈시로
"아야 너 이것 좀 지키고 있거라. 아야, 나 발매지를 한 데, 산판 치는데 가서 발매를 하는데 발매를, 내 그 무엇을 알아오마, 가서 산주하고 만나서 나무를 어느 정도 몇 쪽으로 묶어야 내가 인건비를 받을 거 아니냐."
그것 듣고 있을라니까 (동생이) 금방 간 순간에 와 불었어.
"아, 이놈아 그것 잔 지키랑께 왔냐."
그라고는, 내가 스무살이 되둥 동생이 열일곱살이었더라요. 낫만 두 개 양짝 손에 이케 들고 왔어. 어깨에 새나꾸 하나도 없어, 다 가져가고. 여자들이 다 둘러가불었어(훔쳐가버렸어).
그랑께 인자 나는 성질이 난께 동생을 [발을 들어올리면서] '탁' 찰라 할 것 아녀? '탁' 찰라하니까 이놈이 낫을 두 개 들고 이라고[양팔을 벌리며] 도망을 가. 인자 곁에 있는 놈을 '탁' 찰라니까 그 낫이 착 걸려갖고 [다리가] 잘라져불었어.
2년 동안을 여그서 천별식이라고 사사의원한테 여그다 판자때기 대놓고 묶어놓고 2주 된께 여그 쳐져불대. 인동외과를 가니까
"어떤 놈이 이 모양으로 했냐."
고 여기에서 짝 찢어서 쳐져 있잖아요. [가리키면서] 여가. 여기 짝 찢으고, 여그서 요케 다 찢어서 다 잘라내고 심줄, 가죽 다 꿔매고 다시 해갖고, 열 넉달만에 내가 퇴원했어. [목발 짚는 모습 보이면서] 목발 짚고.

자식 키우려고 중선배 타다

자료코드   589_MONA_20170819_SJR_PJI_027
조사장소   진도군 조도면 신전리 신전마을 제보자 자택
조사일시   2017. 8. 19
조 사 자   박주언, 김현숙
제 보 자   박정인(남, 76세, 1942년생)

> **줄거리** 스물한 살에 결혼해 부모님의 바다 일을 도우며 함께 살았는데, 부모님이 생활비를 전혀 주시지 않아 분가를 했다. 아이들을 낳고 군대를 갔다 와 돈을 벌기위해 중선배를 탔었는데 벌이가 좋았다.

스물하나에 결혼을 했어. 결혼을 해놓고, 옛날에는 미역발을 하고, 톳 이거 자연산 하고, 뭣 쪼까서(조금씩) 하고 하면 부모밑에 있응께, 뭐 내게는 사실 부모가 알아서 잔 줘야 하제.

근데 우리 부모네들은 어찌게 욕심이 많았던가 한닢도 안 주고 일일이 신 한 켤레 살 돈도 타다가 사고, 내가 우리 아버지한테, 내가 [노트를 보여주면서] 있다 내가 한번 읽어드릴께라. 대충만 내가 써놔 봤는데, 우리 동생한테 내가 원정을 할라고.

그래서 하도 인자 안 된께, 옆집이 종식이라고 우리 팔촌 형님네 뒷방 쬐끄만 한 요런 방이로 제금을 났다.

그래갖고 그 밖에다가 화닥 걸어놓고 밥을 해먹고. 보쌀 한 말, 쌀 한 되 줬다더냐 어쨌다더냐 그람서 준께, 친정집이 잘 살았어. 죽항리. 거그서 얻어다 먹고 어짜고 했어.

나는 인자 여그서 도저히 안되겠응께, 인자 배 타다가 와. 돈 벌어서 보내 놓으면, 신, 오직해야 울 아부지가 신발값, 운동화를, 나는 [발을 가리키며] 이랑께 고무신을 못 신소. 운동화 사 신을란다고 돈 주랑께 돈 3천 원인가, 2천 원인가

던져줌시로,

"느그 새끼 한나 죽는다 해도 오지마라."

요. 울 아부지가. 내가 지금도 아주 기억이 생생하요. 반침, 이집을 내가 뜯어불고 내가 짓었습니다만은, 반침 옛날에 그 저 나무집, 반침으로 신짝을 내버림시로 인자

"느그 새끼 한나 죽는다 해도 오지마라."

요. 그 길로 내가 바로 중선배 타고 나갔어, 또. 중선배는 내가 수덕이 있어서 잘 벌었어. 아이, 벌어다가 넘의 집에다가 집사람이 몰래 땔겨놔둔 그놈을 어찌 알고,

"아야, 그 돈 우선 내가 써야 되겠다. 어디 투망 갈아야 쓰겠다."

옛날에는 부새잽이(잡이) 같은 거 했단 말이요. 어장을, 우리 아버지가. 그래갖고 돈도 안준께, 중선배를 타고 가서 쪼끔 벌어갖고.

하이구 새끼들도, 아그들도, 군대 가기 전에, 군대를 스물 니살에 가서 스물 여섯살에 왔어. 애기 낳아놓고. 그래 가갖고 갔다 와서, 군대 갔다 와 논께, 뭐 참 막막하대. 그러니까 할 수 없이, 돈 주라해도 안준께는 따로 딴 모방으로 나온다고 놔놓고는, 인자 나는 중선배를 타고 좀 벌었어.

벌어갖고 그것 벌어갖고는 꼭 내 양에 잘 안 차더란 말이요.

처갓집하고 낭장망을 했어

자료코드 589_MONA_20170819_SJR_PJI_028
조사장소 진도군 조도면 신전리 신전마을 제보자 자택
조사일시 2017. 8. 19
조 사 자 박주언, 김현숙
제 보 자 박정인(남, 76세, 1942년생)

줄거리 처갓집 식구들하고 낭장망을 같이 했었는데, 임금이 너무 적었다. 본인이 낭장망을 맡아서 해보려 했으나 여의치 않자 처가 낭장망 일을 그만두었다.

'우선은 목구멍에 풀칠은 하겠다' 그라고 낭장망을, 우리 처갓집하고 낭장망을, 멸치 어장을 세 통을 했습니다. 아니, 두 통을 했는데, 처갓집도 불량헙디다. 처갓집도 불량해.
왜 뭐가 불량허냐? 인자 죽어분 사람들, 이런 소리하면 뭐 하겄소만은, 돈을 벌머는 저그(자기) 전부 먹고 살 것 다 공제하고 남는 돈 20만 원이나, 30만 원 남으면 그 놈만 갈라주는 거야. 그랑께 내 인건비가 못 돼. 한 달에 15만 원이나, 12만 원이나 주먼 내 인건비가 되겄어요? 안되지. 이건 미치제, 말은 못하고. 그래서 [부인을 흘낏보고] 지금 듣고 있겄지요만은 저그 오빠한테
"예, 형님, 형님이 그놈을 찾으시오. 그라고 나 40만 원만 주시오. 도저히 내가 생활을 못하겄소. 40만 원만 주시오. 글 안하먼 나를 주시오. 그라먼 내가 형님이 나 줄 때는 일년 있다 주든지, 이 년 있다 주든지, 아무 때 준다고 대답만 하먼 되고, 내가 형님을 줄 때는 내가 일시불로 줄라. 일시불로 내가 드립시다."
그랑께 그래도
"내가 할라네."
그라고 있어. 그래서는

"그라면 그라쇼. 오늘부로 나는 그만이요."

목포에서 소목수를 데려다 목선을 짓다

자료코드 589_MONA_20170819_SJR_PJI_029
조사장소 진도군 조도면 신전리 신전마을 제보자 자택
조사일시 2017. 8. 19
조 사 자 박주언, 김현숙
제 보 자 박정인(남, 76세, 1942년생)

> **줄거리** 목포에서 소목수를 데려다가 처가 근처에서 화물선을 만들었다. 목포를 오가며 일년 반 정도 일을 하다보니, 빚을 다 갚아서 금방 부자가 될 것 같았다.

그만 두고 나와서 배를 한나 무었어(만들었어). 이런 데서 옛날에 목선 한나 무을라면 힘듭니다. 목포서 소목수를 데려다 배를 한나 무었는데, 이게 뭔 배냐 하면 화물선, 화물선을 한나 무었는데, 마침 한 일년 반 된께는 빚이 전부 싹 정리돼불대.
(조사자 : 배를 무었다는 얘기가 샀다는 얘기에요?)
지었어. 저 죽항도 짝지밭에서 목수 데려다가, 처갓집에다 밥 잔 해주라 하고. 처가 동네서. 아침밥, 저녁밥.
몰래 구덕에서 엉큼한 구덕에서 배를 지었어. 지어갖고 그 배를 타고 나가서 내가 선장, 기관장 다 하고
'통 통 통 통'

하는 배.

'야끼다마'라고 옛날에는 다 그 통통배제.

내가 야끼다마 기계 잘 봤소. 아주. 그 기계를 타고 목포 갔다 오면은 그래도 돈이 몇 십만 원, 돈 백만 원 나오고. 금방 부자 될 것 같애. 그래서 일년 반이 됐는데 장사 되는 그런 차여(참이여).

동생의 실수로 침몰한 화물선

자료코드 589_MONA_20170819_SJR_PJI_030
조사장소 진도군 조도면 신전리 신전마을 제보자 자택
조사일시 2017. 8. 19
조 사 자 박주언, 김현숙
제 보 자 박정인(남, 76세, 1942년생)

> **줄거리** 동생이 화물선에 물건을 가득 싣고 목포를 갔다가, 밤에 조도로 돌아오는 길에 술을 마시고 다른 배 사람들을 부르는 과정에서 배가 파도에 휩쓸려 가라앉아버렸다. 다행히 배에 탄 네 사람은 배에 실은 대박(대나무)을 타서 다른 배에 의해 구조됐다.

우리 동생이 뭣을 했어. 재혼을 했어. 여기 읍구 꼴끼미에다가 몇 년 살았는데, 애기를 못 낳아. 자식을 못 낳으니까, 목포에서 임신 해 본 그런 여자를 만나. 그래도 우리 작은 어머니 소개를 해서 목포 사는 여자니까. 거그를 만나서 자꾸 걸핏하면,

"형님, 내가 배타고 갔다 올라. 형님 내가 배타고 갔다 올라."

지는 히피(쉽게) 알지만, 나는 불안하제.

나는, 내가 가먼은 모든 것을 내가 다 물정을 알어서 하는데, 지가 댕김시로 술이나 먹고 그라먼 어짜고. 갔다 와불어야 잊어지제.
갔다 오더니, 마지막 밤이 10월 18일 날 밤 11시여. 내가 날짜도 안 잊혀. 그 때가 설흔 일곱 살 되던 해에, 날짜는 10월 18일 날 11시여, 밤 11시.
그 때 밤 열한 시. 사고는 해질 무렵에 사고는 났는데, 해질 무렵에, 가사도 욱에 가면 '방부다래기'라는 섬이 있어요. '지지미', '양디기' 그러죠. 가사도 욱에 가면 상투섬이 있고, 상투 있는 섬이 있고, 요거 있는 거를 주지미(주지도)라고 합니다. 우리말로는 '주지미', '양덕이'. 뿔 있는 그 섬 보고 양덕이(양덕도).
그 욱에는 '방부다래'라는 것이 있어요. 잘잘한 섬이 두 개 있어요. 그 방부다래, 거기가 나는 지금도 콤파스 하나만 보고, 밤에 눈감고도 가불어요. 안개만 안 찌먼. 안개 찌어도 가고.
그란데, 그 때는 그 우리 배 속도로 몇 분 가먼 갈커리, 몇 분 가먼 부처섬, 몇 분 가먼 진대섬, 진섬… 다 기록해 놓고 댕겼제.
그래 가지고 거그서 배를 목포에서 이빠이(가득) 짐을 실코 내로다가(내려오다가), 우리 동생이 실코 내로다가, 술병을 들고 이놈이, 걍 깃발이, 각시랑 있다 낼오다가 소리를 치제. 뒤에 중선배가 우글우글 이라고 수십 명이 옴시로 한 놈이
"저 새끼가 우리보고 오란다냐, 어짠다냐."
그라고 처음에는 갔다해, 술병 보고. 자세히 본께는, 배를 대라는 것이 아니라 술병 들고 보여 주며 술 한 잔 먹자고 그라는 것이여. 그랑께는 곁으로 뽈짝 대는 것이, 파도 보고 '이끼하시'라 합니다.
파도가, 배가 이케 앞에가 물결이 겁나게 오죠? 그거이 '이끼하시'여. '이끼하시'. 그 이끼하시 옆에가 침몰이 되아불었어. 그대로 가라앉아분 거야.
그래서 죽항도 처갓집 아짐 한 분 하고, 우리 작은 어머니, 오촌 작은 어머니 한 분 하고, 여자들이 두 분 타고, 남자들 두 분 타고 그랬는데 다 사람은 살았어. 옛날에 말대질(지주) 해서 해탯발(김발) 했어. 손으로 이케 대박질 해서 가딱 가

딱 대박으로 너는(말리는), 김발을 대박으로 했어. 대박으로 김발도 하고 주지식으로 했제.
그 나무, 그 대나무를 실코 오다가 배가 가라앉아부니까, 그 대나무 타고 사람이 살았어. 그래갖고 중선배가 다시 건져줌서 사람을 실코 여기 딱 왔어. 온 시간이 열 한 시여. 그래 잠을 자니까 우리 어머니가 꼭 이러대요. 아주 우리 어머니 목소리도 내가 생생해 아주.
"아이구, 정복아! 어짜꺼나. 아이고, 정복아! 어짜꺼나."
내 이름이 정인인데, 집에서 부르는 이름이 정복이여.
"아이고, 아이고, 어짜꺼나, 정복아! 어짜꺼나."
"먼 일이여? 우째 그라요?"
팬티만 입고 잠 자제. 젊은 사람잉께.
"우째 그라요?"
그랑께
"먼일 났다요?"
"배 내버리고 왔단다."
그래.
"사람은?"
"배를 갖다 내버리고 왔다."
그 말이여. 배안에다 뭘 실냐? 옛날에는 쎄멘(시멘트)을, 화물선 칸 안에다가는 쎄멘을 이빠이 실어요. 여기는 아주 전부가 첨첨마당 댕김시로 나놔주는 쎄멘을, 멸치 어장하는 데, 집도 짓고, 뭣도 짓고 할라고 브로크 실코, 뭣 실코, 주문한 거는 다 실어불어, 화물선 한나(가득).
그라고 대는 옆에다 타. 그라면 배가 놀음도 안하고 좋죠. 그랑께 내가 그건 다 실어서 하고, 기관장 보낼 때, 나보다 한 살 더 먹은 사람이 기관장인데, 좀 또이 또이해(똑똑해). 그래서 그 사람 시켜서 내가 못 갈 때는 보내고. 그렇게 그 대나무가 뜬께 뭣하고, 배는 기양 그대로 기양 짐이 가라앉아불고. 그 와중에도

내가 사람 죽었으까미
"어머이, 사람은이라?"
그 소리가 제일 먼저 나오대?
"사람은 살았단다."
"사람 살았으면 되았소."
기양 천연시럽게.

중선배 타고 화장질을 했어

자료코드   589_MONA_20170819_SJR_PJI_031
조사장소   진도군 조도면 신전리 신전마을 제보자 자택
조사일시   2017. 8. 19
조 사 자   박주언, 김현숙
제 보 자   박정인(남, 76세, 1942년생)

> **줄거리** 배를 잃고 실의에 빠져있는데 부인이 "서로 아직 젊으니 다시 시작하자"는 말에 힘을 냈다. 주변 사람들에게 돈을 빌려서 배를 만들어 빚을 다 갚고, 돈을 벌기위해 다시 중선배를 타면서 화장일을 해 돈을 많이 벌었다는 이야기다.

그 뒤로부터서는 [동생이 화물선을 가라앉힌 후부터는] 우울증이 걸려갖고 무엇을 할 수가 없어. 그란데 우리 집사람이 음마나 그래.
"우리는 지금 인자 설흔여덟 살, 나이가 한참 젊은 땐데, 인제 다시 시작하면 되는 거제. 그 시작하는 것이 문제요? 뭐가 있냐? 앞으로 살아나갈 길이, 빚이 천지 아니냐?"

이 멸치를 한 번 싣고 가머는 몇 백만 원어치 싣고 가잖아요? 몇 천만 원어치. 그리고 내래올 때 이빠이 실었잖아요? 이걸 내가 변상을 해줘야 돼,
그란데 여그 충일씨라고 담뱃집 하는 사람 있어. 이 사람이 돈 한 사백만 원을 꿔줘라우? 이찌아리 돈이여. 이찌아리 돈. 1할, 이자가 이찌하리.
또 태금씨라는 분이 육백만 원을 줘서 천만 원을, 빚을 얻었어. 빚을 얻어갖고 써름, 써름 아주 말이 이랑께 이라제, 그놈의 이찌아리 돈을 얻어갖고 빚을 갚고 인자, 뭣을 할 것이 없이 다 빚 갚았제, 그놈으로.
그놈으로 몇이 보상을 해준 거야. 전부. 나는 손 찰부닥 쳐불고, 인자 얼른 벌어야제. 제일 빠른 것은 미역발이고 뭐고 다 해도, 중선배 타는 것이 제일 돈이 많이 벌어지대요.
기운만 있으면 그 때는 내가 고기를 막 바지게로 져다가 야마로 해서 폴고 그랬잖아요? 조구 같은 것도 막 이만씩한 조구, 간질이라도 해서.
고기잽이 할 때는 화장질을 했어. 화장질을 하면 뭣이가 돈이 많이 남냐면, 내가 버는 돈보다 건장값이 돈이 더 많아불어. 이 말려갖고 온 놈에다가 내가 몰래 차대기 속에다가 김치통 갖고 댕김시로 그놈에다가 구울 좋은 고기 갖다가 간해갖고 가서, 화장이니까 다 내려가고 나면 밤에 그놈을 팔아먹는 거야.
그렇게 해서 내가 벌은 수입보다 그 수입이 더 크대. 그래서 내가 그 일은 한 7년 다녔어.

낭장망, 멸치어장을 새로 개발했어

자료코드 589_MONA_20170819_SJR_PJI_032
조사장소 진도군 조도면 신전리 신전마을 제보자 자택
조사일시 2017. 8. 19
조 사 자 박주언, 김현숙
제 보 자 박정인(남, 76세, 1942년생)

> **줄거리** 제보자는 말뚝대신 돌을 이용해 낭장망을 만들어 고기를 잡았다. 그때 운이 좋았는지 하는 일마다 잘 돼 돈을 많이 벌어 동네에서 최고 부자가 됐다.

낭장망을 한 철을 나갔어. 5만 원짜리, 옛날 돈으로 오만 원짜리. 낭장망, 낭장망이 멸치 어장입니다. 어떻게 하는 멸치어장인고 하면은, 멸치어장도 옛날에는 말뚝 질러서 했어. 옛날에 말뚝 질러서 하는 어장터여.

그래서 나는 개발을 하기를, 내가 낭장망을 해본 그런 뭣이라놔서, 낭장망을 말뚝을 지르는 것이 아니라, 거그다 돌을 내 손으로 돌을 몇 개를 묶어서 우리 배로 갖다 하나 쳐다 넣고, 또 그 자리에 또 놓고, 또 놓고, 또 놓고 이렇게 해서 절대 안 끈게(끌리게) 여러 개 한 반데 놓고, 또 이쪽도 마찬가지 저 쪽도 마찬가지, 세 개를 그렇게 해갖고 놨어.

운이 차니까 사람이라는 것은 죽으라는 법은 없더만. 한 사리에 9백만 원을 했어. 15일 동안에 9백만 원을 했어요. 하여간 갖다 대며는 하루에 백만 원씩, 하루에 백만 원, 보통 백만 원씩.

그랑께 막 아주, 될 사람은 될라니까, 그것 뿐이요? 어장에 주낙질을 놔도 기양 고기가 후두러지지(많이 잡히지), 별 것을 놔도 기냥 아주 넘보다 일등이요. 그랑께 내가 우리 동네에서 최고 벼락부자 됐어. 부자 중에 부자.

그래갖고 목포에 집도 하나 사 놓고 아그들 모두 전부 대학교, 큰 놈은 여수 수

산대학 나오고, 둘쨋놈은 경찰이요, 남악 가 있고. 그라고 셋째는 병무청에
가 있고, 그라고 인자 며늘애들도 우체국에 가 있고, 요리사도 있고, [웃으며]
소방서 가 있는 놈.

그런데다가 미역을 많이 할 때는 뭐 몇 천만어치 했단 말이요. 그란데 이천만
원짜리 해안수를 하나 팔았어. 샀다가. 내가 평생 한하고(계속) 산 섬을 너무 피
곤하고 몸에 부쳐서 못 하겄대.

그란데 옛날에는, 지금 그라제, 내가 젊어서는 우리 집에 들오면 돈이 바닥에
질질 흐른다고 했어. 바닥에 흐른다 그랬어. 그란데 내가 아퍼서 3억 까먹었어.

닻배노래보존회에서 닻배를 탄 사람이 나밖에 없어

자료코드   589_MONA_20170819_SJR_PJI_033
조사장소   진도군 조도면 신전리 신전마을 제보자 자택
조사일시   2017. 8. 19
조 사 자   박주언, 김현숙
제 보 자   박정인(남, 76세, 1942년생)

> **줄거리** 제보자는 닻배놀이보존회를 구성할 당시 필요한 물품을 책임지고 구입할 정도로 닻배
> 를 많이 탔다고 한다. 닻배를 타셨던 분들이 이제는 다 돌아가시고 닻배 노래를 제일 많
> 이 불렀던 율목에만 세 분이 살아계신다는 이야기이다.

(조사자 : 닻배놀이보존회에서 닻배를 제일 많이 타신 분이 어르신인가요?)

그란데, 다 돌아가시고 인자 나밖에 없는 거 같애. 다 돌아가시고.

(조사자 : 설정주씨는 닻배 안 탔어요?)

설정주 안 탔어요. 노래는 그 분이 하는데, 노래 소리는 소리로 하니까. 나하고 동갑이요. 그 사람들은 배를 잘 안 타본 사람들이요.
옛날에는 그러고 댕긴다고 댕겼어. 연호씨한테서 인자 전부 이수를 받었제. 그 사람이 꽹과리를 잘 치고 목소리도 좋고 한 가락썩 하고 그러니까, 니가 해라. 처음에 닻배노래 구성을 하면서 구성할 때 나도 들어갔습니다. 처음에 구성할 때 들어갔어요. 나는 모든, 그 때 당시는 물품 같은 거, 이런 것을 내가 마련을 하게끔 해서 노고, 닻이고, 종쩜망이고, 그물이고 이런 거 책임을 내가, 아는 사람이 해야된다 하니까, 그래서.
지금은, 옛날에 그런 거 다 맨들어 놓은 거 있으니까, 지금은 거 뭣에다 해놨잖아요. 복사해놨잖아요. 그놈만 듣고 기양 그대로
"어허야, 어야"
하고 하믄 되는 것이고, 하나도 타보도 안하고. 그러고 여자들을 너무 저케 많이 넣으니까 별로대. 여자들이 절반 정도 돼요.
(조사자 : 상조도 ,하조도 해가지고 닻배 타신 분은 몇 분이나 살아계실까요?)
지금 닻을 타신 분이 쩌 율목에가 두 분 세 분쯤 계시꺼요. 거그가 남석씨하고, 설재호씨하고, 종석씨하고. 그 사람들 타고는 읍구에 없고, 율목백에. 율목에가, 저 라배도가 원래 닻배노래 제일 많이 하는 데 잖아요.

신전리 말고는 그 닻배 만들 수 있는 나무가 없어

자료코드 589_MONA_20170819_SJR_PJI_034
조사장소 진도군 조도면 신전리 신전마을 제보자 자택
조사일시 2017. 8. 19
조 사 자 박주언, 김현숙
제 보 자 박정인(남, 76세, 1942년생)

줄거리 닻배를 만들 때 필요한 참나무가 신전리에만 있었다는 것과 배를 만들기 위해 참나무를 다듬고 배를 제작하는 과정에 대한 이야기이다.

우리들은 닻배할 때 나무, 우린 신전리가, 다른 데는 그 나무가 없었어. 나무를 [손으로 크기를 보여주며] 이만씩한 참나무, 이만씩한 놈, 또 [더 크게 모양을 만들며] 이만씩한 놈, 이놈을 인자 해다가 씨악을 여갖고 한 번 꽉 도치(도끼)를 때려서, 도치를 놓고 도치를 때리잖아요? 그라면 뻥꺼지지요(쪼개지지요)? 그라면 자꾸 도치를 놓고 또 두드려. 그래갖고 두 덩이 뻥끼 놓으면, 다 까져짐서 이런 놈을 뒤에다가 다듬어 깎아갖고 [두 손가락으로 거꾸로 된 브이 자를 만들어 보이며] 이렇게 망막해서 인자 이걸 묶어.

씨악도 그 전에, 옛날에는 나무 단단한 여정실 나무로 해서 깎아서 씨악 질러 갖고, 가운데도 마찬가지. 그래갖고 옆에다가는 구멍 뚫어서 나무 단단한 나무로 팬상(편상)해갖고 물에다가 항시 담궈놔뒀제. 다들 담가놔둬. 그래야 던져 부면 이것이 건대(견대).

그라고 앞에 돛도 크게 중선배 돛처럼, 옛날 중선배 돛처럼 크게 맞촤갖고, 거기다가 앞에 호롱을 만들었어. 양쪽에, 이케 잡아댕기는 호롱.

그래갖고 짚줄도 디린데 이놈을 양쪽서 물라지게(맞물려지도록) 자꾸 돌려주고, 옛날에 이케 돌렸어. 그라고 공판이라 해갖고 이런 구먹(구멍)을 세 개를 뚫러놨

어.

그리 짚 물가지를 세 개를 여가지고(넣어가지고), 이놈을 잡아서 여그서 되게(세게) 물가지를 끌며는, 뒤옛 사람 한 사람이 돌리면 빠져나감서 되게 디레지고 느리게 디레지고 하거든.

그렇게 해서 디레고 두룬 거 케이스 두루고, 또 배기 같은 것은 할 때 칡 있잖아요? 옛날에는 칠일 전부터서 칡일 한번씩 하고 나머는 옷 다 베라불고 올 때 칡물 떨어져. 두들바지 징한 방한복 두들바지 그 놈 입고 여그다 대고 칡도 원 없이 긁었어. 그래갖고 그놈도 마찬가지 이케저케 두드리고 두드려갖고 베리야 하고.

신전리에서 나무 베어 선주집으로

자료코드 589_MONA_20170819_SJR_PJI_035
조사장소 진도군 조도면 신전리 신전마을 제보자 자택
조사일시 2017. 8. 19
조 사 자 박주언, 김현숙
제 보 자 박정인(남, 76세, 1942년생)

줄거리 신전리에서 나무를 베어서 선주 집으로 가서 배를 만들었는데, 라배도에 선주가 많았다고 한다.

(조사자 : 신전리에서 닻배를 만들었나요?)

닻배를 만든 것이 아니라 그 나무를 비어갖고 배임자 집으로 가. 배임자, 선주

집으로.

(조사자 : 대개 어느 동네로 제일 많이 갔어요?)

라배도가 제일 많이 가고, 읍구에도 가고.

(조사자 : 배임자가 라배도에 제일 많나요?)

에. 라배도가 제일, 원래 배 제일 많이 부르는 데가 라배도, 우리는 외숙이, 우리 외할아버지가 닻배 타다 돌아가셨어. 파도에 돌아가셨어. 외할아버지.

(조사자 : 어디 사셨어요?)

맹골도. 맹골도도 옛날에는 닻배를 했었어요.

(조사자 : 그럼 여기서 닻배 하던 데가?)

맹골도도 있고, 읍구에도 있었고 신전리는 없었어요. 상조도에는 잘 모르겠어요. 옥도도 한컨 했던가, 종석씨한테 가면 알 거에요.

뒷발질을 잘해야 하는 고비끼질

자료코드   589_MONA_20170819_SJR_PJI_036
조사장소   진도군 조도면 신전리 신전마을 제보자 자택
조사일시   2017. 8. 19
조 사 자   박주언, 김현숙
제 보 자   박정인(남, 76세, 1942년생)

줄거리 배를 만들 때 톱질하는 사람을 '고비끼'라고 하는데, 고비끼 질을 할 때는 뒷발을 이동하면서 톱질을 해야 나무가 고르고 평평하게 잘 잘라진다는 얘기다.

(조사자 : 닻배는 어디에서 만들어요?)

옛날에는 자기 마을에서 많이 만들었어. 이 나무를 비어다가 옛날에는 나무가 하도 좋으니까. 고비끼 나무. 나도 고비끼질 많이 했소.

톱이, 이렇게 생긴 [반원을 그리며] 톱이 있어. 그라고 톱자루는 여가 있고, 끄터리(끝)에 이케 약간 홈이 있어. 그 나무를, 이케 톱을 쓰는, 이 한(하는) 사람을 보고 '고비끼'라고 그래. 그란데 그 나무를 쓰는 폼을 보여주까? [일어선다]

나무를 쓸면은(톱으로 썰면), 이렇게만(한쪽 방향으로만) 쓸면은 길이 나쁘게 납니다. 뒷발질을 잘해야 되요. 뒷발질. 뒷발질.

얼른 알기 쉬랍게(수월하게) [메모첩과 볼펜을 들고 톱질하는 흉내를 내며] 나무를 쓸잖아요? [뒷발을 점점 원을 그리며 한 쪽 방향으로 움직이면서] 요롷게 들어갔다, 요롷게 나갔다, 요롷게 들어갔다, 요롷게 나갔다. 이렇게 해야 나무질이 좋아. 나무결이 반듯이 나오제.

나무가 요롷게 한쪽에서 계속 쓸잖아요? 그라머는 나무가 퉁, 먹어불 수가 있고 안 먹을 수 없어. 이 뒷발질을 잘해야 돼. 나도 고비끼질을 몇 년 해봤거든요? 우리 배 짓니라고. 그래서 나무를 쓰는 데는 고비끼라고, 톱질하는 사람을 '고비끼'라 했어요.

내가 왜 고비끼질을 해봤냐믄, 내가 풍선, 화물선 그 놈을 죽항리서 지었다 했잖아요? 그 나무를, 참나무 같은 것들을 [두 손으로 크게 한아름을 만들어] 이런 나무들을 갖다 쪄서 배를 지었어.

그래서 그 고비끼 톱을 사다가 이것을 하는데, 그건 얼마 안 쓰먼은 톱니가 이상하게 옹니로 요기가 이케 되었어. 그래갖고 톱을 쓰다가 닳아지먼은, 이 새 다구(사이)를 이케 하면 택아리지게 생겼어. 그라면 여그를 다시 쪼까 더 문대먼, 한번 씩 문대고 나먼 아주 톱이 잘 나가고 매끈매끈 잘 나가더라고.

나무와 목수만 있으면 닻배 만들 수 있제

자료코드	589_MONA_20170819_SJR_PJI_037
조사장소	진도군 조도면 신전리 신전마을 제보자 자택
조사일시	2017. 8. 19
조 사 자	박주언, 김현숙
제 보 자	박정인(남, 76세, 1942년생)

줄거리 옛날에 닻배를 만들어 봤기 때문에 지금도 나무와 목수만 있으면 닻배를 만들 수 있다고 한다. 지금은 합판이 있어 배 만들기가 훨씬 수월하다고 한다.

(조사자 : 어르신은 지금 닻배를 직접 만들 수 있으신가요?)

지금 만든다 하면, 어치게 하든지

"어찌 어찌케 해라"

하고 시켜서도 만들아 불제만은. 나무하고 목수만 있으면 '이케 이케 해라' 하고 만들제. 앞에 옆에.

그 배는 옛날에는, 지금은 합판 붙이기가 좋잖아요. 다 붙이는데, 옆에고 뭐고 다 붙이는데, 옛날에는 참 못이 없응께, 나무를 깎아다 나무로 못질하니까.

그라고 옆에는 화라제들 대서 건당을, 왜 옆에가 화라제를 했냐면은, 고기같은 것, 건장을 엮어서 거그다 걸쳐 놓을라고, 그래서는 건당을 했고, 화라제를 많이 걸었어. 그라고 닻끈은 또 뭣도 인자 있고.

그라고 앞에는 돛대 시우고(세우고), 뒤에 또 치(키) 자리는, 치를 올리는, 오래됭께 인자 뭣하요(잘 생각이 안난다). 치를 지금은 항시 고정적으로 놔두잖아요. 옛날에는 치를 어디가면 이케 올래(올려). 노로 해서 달아 올래(올려).

노도 그라고 지금 뗏마들은, 보통 적은 배, 내가 조굿배 탄, 조굿배는 [젓는 모습을 보여주면서] 이렇게 저으잖아요? 저 닻배 노는 저 앞에서 저어. 닻캐는 그 앞에서. 그리고 화장질칸도 그 앞에가 있어. 그리고 잠자는 데는 뒤에 가운데가 있고. 가운데는 인자 고기칸, 그물칸이 있고. 가운데.

위도 파장금이에 색시집이 있었어

자료코드 589_MONA_20170819_SJR_PJI_038
조사장소 진도군 조도면 신전리 신전마을 제보자 자택
조사일시 2017. 8. 19
조 사 자 박주언, 김현숙
제 보 자 박정인(남, 76세, 1942년생(호적으로는 1943년 8월 1일생))

> **줄거리** 배가 출항해서는 손톱 발톱도 못 깎게 하고 육지에 배를 대지 않는다. 한 두어 달 지나 돈벌이가 되고 물이나 식량이 떨어지면 위도 파장금이로 들어가는데, 돛을 내리지 않고 배에서 생활했으며 그곳에 예쁜 색시들 집이 있었다.

(조사자 : 배에가 몇 분이나 타요?)

열 네 사람이 타요. 선주 포함해서 열 넷.

(조사자 : 그럼 한 번 여그서 출발해가지고 40일 정도 돼서 돌아와요?)

그렇지. 그런데 처음에는, 첫 사리는 손톱도 못 깎게 해요. 배에가 여자도 못 올라오게 하고, 손톱도 못 깎게 하고, 발톱도 못 깎게 하고, 그리고 가에(육지)를 안 대줘. 가에를 잘 못 내리게 해.

그리고 인자 한 두어 달 지나면, 6월이나 지나머는, 돈벌이가 좀 되고 그라면 가에 가서 칠산바다 파장금이라는 데가 있어. 위도 파장금이.

위도 파장금이 거가 뭐냐면 옛날에는 색시들도 만하고(많고) 술집이, 위도 파

장금이를 가머는 파시가 거그가 겁나게 서. 파장금이. 식도는 별로였고 식도는 들어가는 데, 진입을 하는 데가, 거그도 식도도 그래도 많이 있었어. 있었는데 파장금이를 가면 순 색시들 집이 있었어.
(조사자 : 그러면 배 타고 일단 가서 고기를 잡다가 인자 식량이 떨어졌다, 물이 떨어졌다, 땔나무가 떨어졌다 하먼은 파장금으로 들어가요?)
그랄 때 들어가.
(조사자 : 며칠이나 지나면 파장금이 가요?)
거 한 달이나, 한 달이 못 가고 두어 달 보면 되까, 한 삭이라 하면 한 보름, 십오일이거든, 한 달이나 되면 다 들어 가요. 그라고 바람이 불면 보통 파장금이로 들어가는 배들도 있지만은 닻을 안 내라(내려). 보통. 그랑께 뭐 배에서 세수라고 해봤자, 세수를 하겠소 뭣 하겠소. 양치질 하고, 소금으로 양치질 좀 하고, 갱물로 양치질 하는 거제.

선장보다 선주가 더 잘 알아야 해

자료코드	589_MONA_20170819_SJR_PJI_039
조사장소	진도군 조도면 신전리 신전마을 제보자 자택
조사일시	2017. 8. 19
조 사 자	박주언, 김현숙
제 보 자	박정인(남, 76세, 1942년생)

> **줄거리** 선장이 키를 잡고 배를 운전하고, 선주는 돈을 대며 배에서 일어나는 일을 관리하는 사람이지만 선주가 선장보다 더 많이 알아야 한다.

(조사자 : 닻배에 열 네 명이 타잖아요, 열네 명의 역할이 정해져 있나요?)
그렇죠. 선장, 선주는 한 마디로 기양 돈 간섭하는 사람이여.
선주는
"자, 내가 오늘 꿈을 잘 꿨응께, 어디로 가보세."
하고 지시를 하기도 하고, 선장보다 선주가 더 잘해야 돼. 잘 알아야 돼. 선주가, 더 모르는 사람은 (선주를) 별로 안해. 선장은 무조건 키를 잡고, 선주는 키를 안 잡어. 안 잡고 선주라 해갖고 탁 딴 방을, 방까지 하나, 쨰간한 방 하나 해갖고, 거그서 맨날 내다보고 일 잘하나 보고 그라제.
그라고 그물 때 되면, 쪽대기라 안합디여? 우리가 보통 보면, 고기 떠오는 채가 있거든. 고기가 뭣에가 떨어질까봐, 자꾸 이케 보제. 떨어져 나가는 놈도 있고 그랑께, 쪽대로 떠서 배로 올리고 그라제. 선주가 보통 그것을 많이 해.

하노잽이, 전노잽이, 중착잽이

자료코드 589_MONA_20170819_SJR_PJI_040
조사장소 진도군 조도면 신전리 신전마을 제보자 자택
조사일시 2017. 8. 19
조 사 자 박주언, 김현숙
제 보 자 박정인(남, 76세, 1942년생)

> **줄거리** 닻배엔 노가 두 개 있는데 커서, 한 노를 서너 명이 함께 젓는다. 노의 앞부분을 젓는 사람을 이물사공, 하노잽이, 전노잽이라고 그 뒤에서 젓는 사람을 꼬물사공, 중착잽이라고 부른다.

(조사자 : 선주, 선장 그 다음에 이름이 또 뭐가 있나요?)

'이물 사공', '꼬물 사공'. 말하자면 이물에서 하는 사람이 있어. '하노잽이'가 있고, '전노잽이'가 있고, '중착잽이'가 있고 다 있제.

중착이라는 것은 이케 제일 앞에서 [노젓는 시늉을 하면서] 이케 하는 것은 원 하노잽이고, 노 원잽이고, 뒤에서 이케 미는 사람은, 중착잡고 둔다 그래갖고 '중착잽이'여.

중착을 많이 잡고, 하도 노가 커 노니까 한자(혼자)는 젓기 힘들어요. 보통 한 세 사람, 네 사람씩 들어붙어서 저으제. 세 사람씩, 네 사람씩 저을 것 아니여? 그라면 그물 놓을 때 인자 닻 던지는 사람, 줄 치는 사람, 그물 놓는 사람, 망 던지는 사람, 뭐 저 따로 따로 타지.

그물을 던지면, 그물 놓는 데마다 그물에서 연결되는 줄에가 웃기(우끼 부표)가 있어요. 우에 뜨는 부위가 있어. 하노잽이가 보통 세 사람 네 사람이 저어. 그란데 세 사람이 저을 때도 있고, 뭣 할 때 따라서.

그것이 노가 두 개여. 한 데로만, 한 쪽만 저으면 배가 뭐 거시기 그라고.

(조사자 : 이물잽이, 꼬물잽이?)

앞잽비, 뒷잽이라고, 웃꾸시 아랫꾸시 그라거든.

닻과 웃꾸시, 아랫꾸시

자료코드 589_MONA_20170819_SJR_PJI_041
조사장소 진도군 조도면 신전리 신전마을 제보자 자택
조사일시 2017. 8. 19
조 사 자 박주언, 김현숙
제 보 자 박정인(남, 76세, 1942년생)

> **줄거리** 그물에 부표를 단 곳을 웃꾸시라 하고, 그물 밑에 납이나 돌을 단 곳을 아랫꾸시라고 한다. 닻과 웃꾸시, 아랫꾸시가 연결되어 있어 닻을 놓을 때마다 그물이 들어간다는 이야기이다.

제보자 자택에서 구술 조사하는 장면

그물이 웃꾸시, 아랫꾸신데, 웃꾸시라는 데는 이 아바(부표浮漂)를 만들어서 톱으로, 내나 옛날에는 이케 만들어서 딱 잘라서 높이해서 이케 해갖고는 묶어서 그물에다 째맸어(묶었어).

그랑께 묶으면 떨어질꺼 아닙니까? 그게 웃꾸시. 아랫꾸시는 밑에가 독을 달았어. 납을 달았잖아요? 그라면 납 다는 데다가 거가 닻이 들어가.

그랑께 닻을 던지고 그물은, 웃꾸시는 그물만 보내지고 그라면 되제. 그람시로 웃꾸시, 닻 넣을라고 할 때마다 망이 들어가. 망. 이런 눙끼가 들어간다 그 말이여.

1972년 조도면 죽항도 마을 주민이 닭에게 모이를 주고 있다.

조도면 여미리 율목마을

배 타러 간 아들을 걱정하는 시어머니

자료코드 589_MONA_20170720_IMR_PMR_001
조사장소 진도군 조도면 여미리 율목마을 마을앞 정자
조사일시 2017. 7. 20
조 사 자 박주언, 김현숙
제 보 자 박막례(여, 81세, 1937년생)

> **줄거리** 시어머니는 딸 일곱을 낳은 다음에 낳은 귀한 아들이 배 타고 나가서 돌아오지 않자 애가 탔다. 그래서 아이 낳은 지 한 달도 안 된 며느리에게 남편 찾아오라며 바닷가로 내보내기도 했다.

내가 애기를 낳았어. 애기를 난 지 한 달 못되았는데, 어른(남편)이 가서 안와붕께 죽었다고 난리고.

시방은 기계가 있응께 기계로 뭣하지만은, 그 껍덕가루를 애기난 지 한 달 못되는 애기엄매가 그 껍덕갈을 찣어갖고 술을 두 물안 해였어(해 넣었어). 어른 혼 건질라고. 술독아지는(술항아리는) 열어보면 뿌득뿌득 술은 괴고, 우리 어른은 그케 안오고 그랬어.

그랑께 내가 애기 낳고 우리 아버니가(시아버지가)

"죽은 놈은 죽었어도 우리 지모가 불쌍하다. 애깨주라(아껴주라고)."

참 따순밥 먹고 조리하꺼인데 저렇게 이런 꼴 당했다고.

그케 아슬아슬한 세상을 넘어갔어요. 그전 일을 생각하면 어찌께 사는가 몰라. 그랑께 그말을 할라면 한도 끝도 없어.

우리 어머니가 딸을 일곱을 낳아놓고 이집 어른(제보자의 남편), 아들을 낳았어

요. 그래놓께 암꿋도(아무것도) 시키도 안하고 그랬응께, 바다에 가서 죽고 못 온다고 그랑께, 어머니가 어찌께 막 죽을라고 [가슴을 쥐어뜯으며] 치는 통에 어찌께 놀래고.
비는, 꼭 이런 손가락같은 비가 떨어지고 바람부는데 저 끝에, 거가 낭장망 하는데가 있어. 거그 가서 어머니가 나보고 배가 들어왔는가 안왔는가 보고 오라고 그라요.
"오매 오매"
그때는 갑바도(비옷) 없는 세상이라 암꿋도 없는 세상잉께 겉에 쓰고, 저 넘에 아주 징하요. 거그를 갔어. 강께는 두 분 있음시로
"멋하러 이라고 나오는가?"
그랑께
"아니, 이케 배에 갔는데 안 온다고. 배가 들왔는가, 어쨋는가, 어머니가 죽을라고 실수하는가 진짜 여그 가서 물어보고 오락항께 그라요."
그랑께 못 봤다고 어서 가라고, 애기엄매가 이 비를 맞고 왔냐고 어서 가라고 그라요.

13년간 시어머니 간병

자료코드	589_MONA_20170720_YMR_PMR_002
조사장소	진도군 조도면 여미리 율목마을 마을앞 정자
조사일시	2017. 7. 20
조 사 자	박주언, 김현숙
제 보 자	박막례(여, 81세, 1937년생)

> **줄거리** 시어머니가 병이 나자 대소변을 받아내며 13년간 모셨다. 반찬이 없으면 밭에 달려가 나물 한 가지라도 해드리고 갱변에 가서 고동을 잡아 해드리기도 했다. 그런 덕으로 지금까지 부부가 80세 넘도록 사는 것 같다.

어머니가 딸 일곱 낳은 중에서 딸 둘하고, 우리 어른 밑으로 아들 한나 나갖고(낳아서) 그놈하고, 한달에(같은달에) 죽어불었어.
열시 살(13살) 먹은 딸, 열한 살 먹은 딸, 시 살 먹은 아들.
그랑께 자기가 죽을라고 열병이 걸려갖고, 내가 아주 대소매(대소변) 받아내고 십삼년만에 우리 어머니가 돌아가셔서 개도 몰라 아주.
시방은 걸레도(기저귀도) 채우고 뭣이던지 반찬도 있는데, 그전에는 동배추 짐치(김치) 그런 것에 어머니가 안 잡수시면 밭어덩(밭두렁) 논어덩(논두렁) 가서 배추라도 있는가 해서 노물해서(나물해서) 드리고, 갱변(바다) 가서는 고동 잡어서 꼭 해서 드리고 그란데 꼭 십삼년만에 돌아가셨어. 극케(그렇게) 아슬아슬한 세상을 살았어. 그랑께 두 늙은이 오래 사는가, 어짠가 시방 오래 상께(사니까) 팔십 넘어 사는가 오래 살었소.

상조도의 혼건짐 당골

자료코드	589_MONA_20170720_YMR_PMR_003
조사장소	진도군 조도면 여미리 율목마을 마을앞 정자
조사일시	2017. 7. 20
조 사 자	박주언, 김현숙
제 보 자	박막례(여, 81세, 1937년생)

줄거리 넉구지에 살던 당골이 있었는데 종선이네가 굿을 잘했다. 산행리에도 당골이 있었는데 이름이 색고수라고 했다.

(조사자 : 그 때 혼건짐 하면 누가 와서 건졌어요?)

당골이 있었어. 넉구지에서 살았어. 종선이네가 굿을 잘했어. 성은 몰라. 그집 아들이 고등학교도 나오고 화가였어. 상조도에서 산행리에도 당골이 있었는데 남자 이름이 색고수라고 했어.

배 타러 가는 남편 배웅하는 아내

자료코드   589_MONA_20170720_YMR_PMR_004
조사장소   진도군 조도면 여미리 율목마을 마을앞 정자
조사일시   2017. 7. 20
조 사 자   박주언, 김현숙
제 보 자   박막례(여, 81세, 1937년생)

> **줄거리** 아이를 낳은 지 얼마 되지 않았을 때 남편이 배를 타러 집을 떠나게 되었다. 뗏목을 탄 남편을 바라보고 있으니 발길이 떨어지지 않았고, 집으로 돌아오니 마음이 허전했다는 이야기이다.

어쨌던지 정순이 낳고 군대 안 가고 광해까지 낳고 군대를 갔응께, 정순이 나서 애기도 째깐했응께(작았으니까).
스물한나에 내가 우리 정순이를, 큰딸을 났거든. 당신이 이러트면(말하자면) 이십 살이고, 나는 스물한나에 내가 한 살 욱엥께(위니까) 예를 갔어(혼인을 했어).
쩌~그 아주 끝에서 나 한하고(계속) 있응께, 째깐한 뗏마새끼로(뗏목으로) 감시로 나를 불러. 대답을 항께,
'애기 운다고 어서 가라고. 나 어디 배타로 간다고 안한가?'
오매오매 남편 보내고 집에 옹께는(오니까) 극케도(그렇게도) 허전하고
[한 살 아래 남편 설대오씨가 자기의 말을 끊었던 아내의 말을 끊는다. 박막례 씨는 웃으면서 말을 하다가 손수건을 쥐고 콧등을 닦았다. 남편은 이 대목에서, 또 울기 전에 재빨리 아내의 말을 끊는 듯했다.]

칠산도 바닥 조기배

자료코드	589_MONA_20170720_YMR_SDO_001
조사장소	진도군 조도면 여미리 율목마을 마을앞 정자
조사일시	2017. 7. 20
조 사 자	박주언, 김현숙
제 보 자	설대오(남, 80세, 1938년생)

줄거리 동네 어르신 두 분과 함께 하지 즈음에 조기를 사러 작은 배를 타고 칠산바닥으로 갔다. 하지가 되면 닻배들이 조기가 모이는 칠산도 바닥으로 들어와서 고기를 잡는데, 때마침 큰 배가 한 척 들어와 그 배에 옮겨 탔다.

그 당시 여가 매립이 안 되어 가지고요, 우리 회관 뒤에 정배씨라고 쪼그만 오두막집이 있었어, 요 뒤에가. 그때 여가 전부 바다여 바다.

그래가지고 정배씨 그분이 돛대 둘 신(세운) 배가 있었어. 그래 닻배가 작업해갖고 칠산 들어오며는 앞바닥이라고 거그 가서 조기 사가지고 육지로 장사한다고 갔는데, 우리가 여그 기표씨 어르신하고 나하고 정배씨하고 서니(셋이) 배를 갖고 갔어.

칠산바닥으로 가서 하지 앤겨(맞아) 들어갔는데 말하자면은, 여그서 한식살에는 알마도 밖에 거그서 모도 작업을 해.

닻배덜이(닻배들이) 닻 놓고, 그물 놓고, 고기 잡고 그라다가 하지 되면은 조기 따라서 칠산도 바닥이라고, 거가 제일 시간이 많이 가고 거그서 고기를 많이 잡고 그래.

그란데 우리가 밤에 막 아홉물 싼물에 올라갔는데, 칠산 거그를 들어가니까 밤 됐어, 밤.

밤이 됐는데 어느 불 한나가 닻 놓고 배가 한 척 있어갖고, 오늘밤에 우리가 편하게 잘라면은 그 배에 가서 발 펴놓고 자야쓰겄다고 그라고는 그 배를 가보니까, 우리가 목적하는 그 배여, 큰 배. 그 배를 우연히 만났어.
그 배가 제일 먼저 칠산바다 안에를 들어왔더만. 들어와서 배 한쪽 가에서 큰 돼지를 잡어가지고 고사를 모셨어. 근데 빨리 올라오라고 그래서 배 달매놓고(달아매놓고) 올라가니까는 돼지고기를 이케(이렇게) 썰어줍디다.

기곗배 선원들에게 맞은 닻배 선원들

자료코드 589_MONA_20170720_YMR_SDO_002
조사장소 진도군 조도면 여미리 율목마을 마을앞 정자
조사일시 2017. 7. 20
조 사 자 박주언, 김현숙
제 보 자 설대오(남, 80세, 1938년생)

> **줄거리** 닻배에서 고사를 모시려고 꽂은 깃발을 보고 멀리서 상선이 다가왔다. 고기도 없는데 기를 꽂았다고 선원들을 마구 때려서 선원들 중 몇 명은 집으로 돌아갔다.

돼지고기를 막 먹었는데 어째 선원들이 여가 전부 이케 드르누워갖고 있어. 그래 고기 먹고 물어보니까 뚜둘어맞어서(두들겨맞아서) 그란다고 그래. 선원들이 상사한테 맞아서.
닻배가 고사를 모실라고 물기(깃발)를 질러놨는데(걸어놨는데) 고기 잡은 기는 말하자면 뒤에가 있고, 고사 모신 기는 앞에다 꽂고 해서 고사를 모실라고 기를 질러놨는데, 먼디서 경상도 상선이 기를 보고는 쫓아왔어. 고기 있는 줄 알고 온 거여. 상선이 와서 보고는

"고기도 없는 것들이 기를 달아났냐."
고 말을 그렇게 했어. 그랑께 닻배에서는
"그라먼 느그는 눈으로 그것도 모르냐?"
그라고 서로 시비가 되아가지고 언쟁이 됐어.

발동기는 많이 타봤자 사람이 5명 미만이여. 그란디 닻배는 열넌이가(열넷이) 타고 그란데. 상선 기곗배에서 다섯도 안 된 사람들이 쇠몽둥이를 갖고 올라와서 막 뚜들어팼어.

열넌이가 딸싹 못하고(꿈쩍도 못하고) 맞어갖고 젊은 사람들이 전부 누워갖고 있지. 그래서 할 수 없이 그 사람덜이 맷(맞)이가 집으로 내려오게 됐어. 나보고 닻배로 올라오라고 하더만. 그때만 해도 나는 닻배가 첨이여.

구십리에서 잡은 깡패들

자료코드 589_MONA_20170720_YMR_SDO_003
조사장소 진도군 조도면 여미리 율목마을 마을앞 정자
조사일시 2017. 7. 20
조 사 자 박주언, 김현숙
제 보 자 설대오(남, 80세, 1938년생)

> **줄거리** 닻배를 타고 5일정도 가다가 서풍을 만나 구십리로 피신했다. 그중 아들이 기곗배에서 폭행당한걸 알고 한 어르신이 경찰서에 수사 신청을 했다. 그런데 조도닻배 선주들이 소극적으로 임해서 이 사건이 유야무야 되고 말았다.

나는 닻배에 올라가서 타고 앞에서 양쪽으로 이케 노를 저으면 닻배가 막 기곗배 같이 잘 가요.
"영차, 영차"
하고 노를 저어서 말이여. 뒤에서는 사공이 치(키) 갖고 방향을 잡어주고.
그래 바다에서 한 5일인가 있었어. 그물로 고기를 잡는데 고기가 점점 잡혔는데, 마침 늦바람이라고 서풍이 쎄게 불어서 거그 얼로(어디로) 쫓겼어.
말하자면 쌍말로 씹둥 구십리 라는 데가 있어. 땅이름이 구십리고 영광 법성포 그 근처여.
그란데 배가 바람에 법성포 앞에, 거가 순 풀등인데 배들이 피신해 들어왔어. 발동선이 녜일곱(6,7) 척이 들어왔덤만.
말하자면 여그서 닻배를 타고 간 이는 즈그 아들이 타고 가고, 여그서 우리하고 같이 간 즈그 아부지가, 어르신이 우리하고 같이 고기장사 한다고 타고 갔어.
가갖고 즈그 아들도 맞어갖고 있고 한게 포구에서 보고는 성질내갖고, 배들이 여그로 모두 바람에 쫓겨 들어왔응께 그라면 [폭행했던] 발동기를 알겄냐고 그래.
저 발동기가 타개뷘다고(닮아보인다고) 그래서는 나보고 가에로 가자고 그라더만.
배에서 내려서 가에 가서, 마치 경찰파견소장이 잎사구가 네 개인 것이 경위 밑에 경사던가 뭔가? 그분이 파견소장이더만.
그래 거그다 신고해가지고는 배 한나 빌려갖고는 그 배를 쫓아갔어. 가서는, 이만저만해서 한 매칠(며칠) 전에 닻배에다 폭력을 한 적이 있냐? 알고 가니까 딸싹없이(꼼짝없이) 거그서 경찰을 덱고(데리고) 갔으니까 잡었어.
잡어서 전부 덱고(데리고) 내려왔어. 가에로 내려와서 문초하고 모두 그렇게 하는데, 아니 그랑께 치료비라도 받고 손해배상을 잔(좀) 해야 하는데, 그 사람덜이 어찌께 술만 대접하고 하덤만.

조도 배 가진 사람덜이 전부가 사고가 있닥해갖고는 모두 같이 합동이 되았는데, 서로 집안싸움 나댁끼(나듯이) 선주들끼리 옥신각신 하는 바람에, 그분들이 바람도 자고 그랑께 새북에(새벽에) 술값만 내고 기양 도망가불었어.
그래서 폭행한 선원들을 잡도 못하고 치료비도 못받고 그래갖고는 그냥 진도 오드락 끝까지 못 만나고 말었어. 우리 고향사람덜이 그렇게 뒷이(뭐가) 물러갖고 발동기 한척에 맞어갖고 열년이가(열넷이) 피해를 보고 그랬어.
(조사자 : 그 닻배는 어디 닻배여요?)
여그 눌옥도 닻배여요. 선주가 송식씨, 김송식씨여. 거가 닻배가 몇 척 있었어. 한 세 척인가 니척인가(네 척인가) 있었어.

장원기를 꽂고 들어오는 만선배

자료코드 589_MONA_20170720_YMR_SDO_004
조사장소 진도군 조도면 여미리 율목마을 마을앞 정자
조사일시 2017. 7. 20
조 사 자 박주언, 김현숙
제 보 자 설대오(남, 80세, 1938년생)

> **줄거리** 만선으로 고향에 들어오는 배는 장원기를 꽂고 오지만 마을 근처에 와서는 풍물을 치지 않는다. 마을의 안부를 묻고 난 후에야 기쁨의 풍물을 치면서 만선을 알린다.

그때는 만선으로 배를 몰먼 쩌그 서부쪽 옴시로 막 장원기라고 광목을 사가지고 기 꼭대기에다 올리더만.

올려갖고 풍장하고(풍물을 치면서) 내려온데, 그때만해도 전화가 없응께 그 섬 가차이(가까이) 와서는 풍장을 중지하락 하덤만.
풍장을 중지함시로(중지하면서) 그 섬을 두어번 돔시로(돌면서) 집안들 편하냐고 안부를 물어요. 인자 편하닥하면 풍장을 쳐.
(조사자 : 고향 섬에 초상이 났다든가 등의 안 좋은 일이 있을 수 있기 때문에 만선을 했더라도 무작정 풍장을 치고 요란스럽게 입항하지 않는 거군요.)

굵은 조기는 우리 집 몫

자료코드 589_MONA_20170720_YMR_SDO_005
조사장소 진도군 조도면 여미리 율목마을 마을앞 정자
조사일시 2017. 7. 20
조 사 자 박주언, 김현숙
제 보 자 설대오(남, 80세, 1938년생)

줄거리 조기를 잡아서 그중 굵은 놈은 살짝 빼내서 소금간해서 따로 말린다. 육지에다 맡겨놓거나 배에서 말려서 자기 집에 가져가곤 했다.

조기 잡으먼은 굵은 놈은 빼서 전부 막 아가지에다 소금 여갖고(넣어서) 모도(모두) 간해갖고 오고.
빡대, 장대, 꽃게, 신대, 머 전부 이런 고기털은 모두 말려서, 많하먼은(많으면) 육지에다 맡겨서 말라지면은 집으로 가져오고 그랬어. 그리고 배에서도 말리고.

가득찬 물통이 더 편하다

자료코드	589_MONA_20170720_YMR_SDO_006
조사장소	진도군 조도면 여미리 율목마을 마을앞 정자
조사일시	2017. 7. 20
조 사 자	박주언, 김현숙
제 보 자	설대오(남, 80세, 1938년생)

> **줄거리** 고기를 많이 잡으면 포구에서 파는데 닻배가 닿으면 선원들은 제일 먼저 물통을 지고 물을 떠나른다. 물통은 물을 가득 채워야 덜 출렁거려서 걷기가 훨씬 편하다.

한번은 고기를 많이 잡었어. 많이 잡어갖고 포구에 들어가서 팔아.

그러자 선원들이 닻배가 닿으면 뭣을 지고 일어나냐며는 물통. 그란데 물장구 지고 가며는 물장구를 이빠이(가득) 채야제(채워야제) 안 채우면은 막 출렁출렁해서 걸음을 못 걸어.

쪼끔 걸을라면 자빠지고(넘어지고), 막 흔들리는 놈에. 그랑께 꾀 안부리고 물을 이빠이 채우면은 무겁기는 해도 딸싹없이(별일없이) 오는데 물을 못 채워갖고 쪼금만 가지고 오면은 출렁출렁해서 못 걸어.

나무로 짠 물장군, 똥통, 똥장군.

남자들이 전멸한 마을

자료코드 589_MONA_20170720_YMR_SDO_007
조사장소 진도군 조도면 여미리 율목마을 마을앞 정자
조사일시 2017. 7. 20
조 사 자 박주언, 김현숙
제 보 자 설대오(남, 80세, 1938년생)

줄거리 물통을 지고 물을 받으러 간 한 마을은 한국전쟁 때 남자가 전멸했는데, 그 곳에 혼자 사는 아주머니 한 분이 여기서 함께 살자고 한 적도 있다.

나도 물통을 지고 물 받으러 갔는데, 그때 거가 6·25때 하여튼 남자는 전멸해 불었어. 아, 부안. 마을 이름은 모르겄는데 그 마을에 남자가 거그서 전멸했다고.
그때 아주머니가 나보고 젊응께 앞으로 여그서 살자고 그라더라고. 가정도 있고 그라는데 어찌께 산디냐고 그랬어. [부인도 웃음]

볕만 나면 이 잡는게 일

자료코드	589_MONA_20170720_YMR_SDO_008
조사장소	진도군 조도면 여미리 율목마을 마을앞 정자
조사일시	2017. 7. 20
조 사 자	박주언, 김현숙
제 보 자	설대오(남, 80세, 1938년생)

줄거리 배에서 가장 문제되는 것은 이로 인한 가려움이었다. 옷들이 모두 누빔옷이라 이가 많이 생겼다. 딱히 약이 없어서 햇볕만 나오면 옷 벗고 이를 잡는 게 일이었다.

배에서 무엇이 제일 문제냐면, 옷도 전부가 이런 누덕바지 같은 그런 막 누빈 것이여. 옛날에는 춥다고 첨에는 갖고 가.

우리도 그런 것 입고 갔는데 이가 많아. 말하자면, 어찌께도 약이 없응께 좌우당간 우리 어디 대놓고, 그물 놔놓고 화장은(주방장은) 막걸리 걸러서 대접하고 식사대접도 준비하지만은 선원들은 뺕만(햇볕만) 나면 앉어서 옷 벗고 이 잡는 거가 일이여.

그런데 그놈의 이라는 것이 얼마나 (많은지) 그때만 해도 '쌔'라고 했제 '쌔', '서캐', 알 그것이 옷에가 허~억해(하얘).

그것이 막 늘어져갖고 그라머는 하루 열 번이면 열 번, 한 번에 백 마리 잡았다면 열 번이면 또 백 마리. 옷만 벗으며는 백 마리씩 잡아. 그래서 그런 환경이 안좋고 그랑께 고생들 했어.

인명은 재천이라

자료코드 589_MONA_20170720_YMR_SDO_009
조사장소 진도군 조도면 여미리 율목마을 마을앞 정자
조사일시 2017. 7. 20
조 사 자 박주언, 김현숙
제 보 자 설대오(남, 80세, 1938년생)

> **줄거리** 배를 타면서 죽을 고비를 대여섯번은 족히 만났다. 윤선에 걸리기도 하고, 풀등에 얹히고, 수문에 끼이기도 했다. 사주에 천수가 들어서 오래 사는가 생각한다.

율목마을에서의 설화 조사 장면

확실히 인명은 재천이라고 사람 목숨은 쉽게 죽는거 아니덤만.
내가 바다에서 태풍을 두 번 겪어서 살어나고, 또 소소한, 윤선도 한 번 겪어보고, 풀등도 한번 연쳐보고(얹혀보고), 내가 수문도 끼어보고, 가만이 보먼 다섯

율목마을에서의 설화 조사 장면

번도 더 될 거여, 여섯 번인가, 그 죽을 고삐를 겪어도 안죽어. 그것이 사주를 보니까 천수가 들었어. 목숨 수가. 그래서 내가 오래 사는가 그라요.

(청중 : 아주머니 사주가 좋아서 살아난 모양입니다) [웃음]

조도면 창유리 곤우마을

내 아깐 노래 어찌께 잊어부까

자료코드 589_MONA_20170720_GUR_HWL_001
조사장소 진도군 조도면 곤우마을 제보자 자택
조사일시 2017. 7. 20
조 사 자 박주언, 김현숙
제 보 자 한월례(여, 93세, 1925년생)

> **줄거리** 면민들 행사가 있을 때면 가서 마이크 잡고 노래를 불렀다. 그러면 용범이 어매가 꼭 장구를 메고서 두드리며 나갔다 들어갔다 하면서 흥겹고 멋지게 놀이가 한판 벌어졌다. 지금은 나이가 들어 노래 잊어먹는 것이 제일 걱정이다.

나이가 아흔니살인데(아흔네살인데) 뭔 정신이 있겠소. 나도 그전에 아주 타랑도(타령도) 잘 하고, 춤도 잘 추고, 어디 놀러가먼 여그 어리포(어류포)도 버스로 올라오먼 노는 놀이터까지 가서 한하고(시간가는줄모르고) 서서 노래하고 장구치고 그렇게 재밌게 살았어.

그란데 기양(그냥) 늙어붕께, 늙고 내가 정신이 잔(좀) 취듯해(희미해). 그랑께(그래서) 이렇게 성가셔. 그랑께 내가 카만이(가만히) 누워있으면

'내 아깐(아까운) 노래, 멋있는 노래를 어찌께 잊어불어지까 해.'

옛날에는 면민들이 노는데 오락해(오라해서) 가먼은, 용범이 엄매라고 진도서 사는데 그 엄매는 지금은 돌아가셨어.

나는 마이크 들고 노래하면, 용범이 엄매가 앞에서 장구 미고(장구메고) 똥땅뚱땅 띠들고 나갔다 들어갔다, 그케 멋지게 하고 살았어.

그라면 면민에 가면 꼭 내게다가 마이크를 모도(모두) 대. 그라면 그 용범이네

제보자 자택에서의 조사 장면

엄매는 장구 미고 똥땅똥땅 치고. 그라먼 다른 사람보고 마이크 대고 노래하라고 그라먼 뺏어다가 꼭 내게다 맽겼어. 그케 잘하고 멋지게 하고 살었어.
인자는 나이 먹고 혼자 있응게 정신도 없고, 식사를 잘 못해 내가. 나 멋 좀 먹었으면 쓰겄다 해도 맘이 없어. 먹은 것이 술이야. 식사 나오면 홀딱하고, 술 한 잔 홀랑 마시고. 그랑께 애터져.

예쁘고 고왔던 소녀 시절

자료코드	589_MONA_20170720_GUR_HWL_002
조사장소	진도군 조도면 창유리 곤우마을 제보자 자택
조사일시	2017. 7. 20
조 사 자	박주언, 김현숙
제 보 자	한월례(여, 93세, 1925년생)

> **줄거리** 나이 열아홉에 시집을 왔는데, 상대는 14살 연상이었다. 딸의 이마가 좁아서 동년배와 결혼하면 일찍 죽는다는 말을 믿은 아버지가 강제로 혼사를 시킨 것이다.

내가 열아홉에 시집왔어. 남자는 군대 가서 일본을 다 댕겼닥해. 남자는 나보담 열네살 더 먹었어. 나배도 할아부지대 보팀(부터) 그 마을이 옛날에는 한 백오십호 살았어요. 그란데 지금은 다 없어지고 삼십호 된답디다.

할아부지가 이장했제, 할아부지 돌아가서 아부지가 이장했제, 또 아부지 돌아가서 동생이 이장했제, 동생 죽고 또 동생이 이장했제, 그케(그렇게) 우리 집 어른들이 동네어른 노릇을 했지라.

아부지(남편)가 군소(군대)에 갔다가 왔는데, 나배도에 왔어요, 나를 볼라고. 그란데 나는 나이가 많고 항께(하니까) 절대 마다했지요. 나도 가이나 때는 이삐기도 하고 키는 째깐했어도(작았어도) 때깔도 좋고 그랬어.

그란데 아부지 하는 말씀이

"너는 너하고 연갑한테로 가면 삼십 안짝에 죽어."

내 이마가 얏찹다고 (좁다고) 오래 살라먼 나이 많은 사람하고 시집가야 한닥해. 그래갖고 남자가 나이 많애서 나는 안 올라고, 안 올라고, 놈으(남의) 집으로 댕김시로 울고 끄니(끼니를) 굶고 했는디, 아부지가 억지로 여그다 보냈어.

그랑께 영감은 돌아갔어도 나는 그때 일만 생각하먼 기가 맥혀 죽었어. 내가 어짜다가 이렇게 참, 종가집인데 종가집을 내가 차지하고 살았제.
징허네, 인자 나이 먹어 늙어지고 집은 크고 내가 간섭 못하고.

말 실수 안 하려고 노인회관은 안 가요

자료코드 589_MONA_20170720_GUR_HWL_003
조사장소 진도군 조도면 창유리 곤우마을 제보자 자택
조사일시 2017. 7. 20
조 사 자 박주언, 김현숙
제 보 자 한월례(여, 93세, 1925년생)

> **줄거리** 나이가 들어 귀가 먹어서 사람 입모양만 볼 뿐 잘 알아듣지 못하게 되자, 일부러 사람 많은 노인회관에 가는 걸 피한다. 잘 못 듣고 서운해 하거나 말이 잘못 전달될까봐 실수를 하지 않기 위해 주로 집에 계신다.

날 따수먼(따뜻하면) 안 놀아, 날 궂어야 놀제. 그래도 나이 많고 늙응께 머리는 허개갖고(하얘갖고) 내가 귀할라(귀까지) 먼께, 노무(남의) 서운한 소리 안 들을라고 마을회관에는 절대 안가불어.
그랑께 거그 가서 노라고(놀아라고) 아그덜은 그래도, 노무 입만 보제, 서운한 입만 보제 못 들어요. 나이 먹어 보청기 하면 멋하겄소. 놈 입만 찬찬이 보고 있다 빤하니 와부러.
그라고 또 쩌그 제주도 있는 큰며느리가 자주 말했쌓드만.
"어머니, 노무 잔치에 와서 소곤거리지 마쇼. 그라고 절대 어머니는 먼 말 하지 마쇼. 어머니 먼 말 잘못했다가는 큰일 낭께는(나니까) 가지도 마쇼."

그랑께 안 가불어. 귀먹은 사람이라 면 말 잘못 듣고 어디로 가면 쌈(싸움)이나 하제. 쓸데 없어. 멋(음식) 해놓고 오라거나 델로(데리러) 오면 가서 전하락해.
"우덜 집에 있는 것도 못 다 먹는데 내가 뭣하러 간다냐."
그라고 안가불어.

잘생기고 영리하셨던 아버지

자료코드	589_MONA_20170720_GUR_HWL_004
조사장소	진도군 조도면 창유리 곤우마을 제보자 자택
조사일시	2017. 7. 20
조 사 자	박주언, 김현숙
제 보 자	한월례(여, 93세, 1925년생)

> **줄거리** 곤우리에서 나배도로 다리를 놓는 공사를 하는데, 선산이 있어서 친정 생각이 났다. 잘생기시고 영리하셨던 친정아버지를 닮아 동생들도 영리했다.

여그서 [손가락으로 가리키며] 그리 다리 놓을라고[곤우리-나배도 교량건설사업] 거가 우리 선산인데. 젊어서 같으면 어찌게(어떻게) 하는가 가서 보겄는데 이제 늙어서 가도 오도 못해.
아부지가 이런 조간한 땜마로(뗏목으로) 고기잡어 날랐어. 엄마랑 농사짓고 닻배도 타고. 이런 배도. 고기 잡으러 저 먼데도 댕기고 그랬어.
우리 아부지가 징하게 영리하고 이뻤어. 우리 아부지도 아주 이쁘고 영리한 사람이여. 동생들도 다 영리했어.

큰애기 때는 맨 노래만 하고 춤추고 그랬어

자료코드	589_MONA_20170720_GUR_HWL_005
조사장소	진도군 조도면 창유리 곤우마을 제보자 자택
조사일시	2017. 7. 20
조 사 자	박주언, 김현숙
제 보 자	한월례(여, 93세, 1925년생)

> **줄거리** 나배도에서 노래하고 춤추고 살았고 버스타고 갈 때도 지칠 줄 모르고 노래를 했다. 흥타령, 아리롱타령을 잘해서 한번 마이크가 오면 다른 사람에게 시키지도 못하게 하며, 제보자에게 계속 노래를 시킬 만큼 구성지고 흥이 나게 노래를 잘했다.

나배도에서는 맨 노래만 하고 춤추고 그렇게 살았어요. 여기 와서도 쩌그(저기로) 모도(모두) 놀러댕겼어요 관광뻐스로.

그라면 팽목리라고 여가 배 닿고. 거그서 큰 대형뻐쓰가 실로(태우러) 와요. 버스가 올르면(타면) 탁 마이크 들고 거그 식당에 자리잡을 때 까장(까지) 감시로 노래부르고 춤추고, 기양 안 앉겄어요(앉지를 않았어요). 그래도 그런 때는 뻔친줄도(지친줄도) 모르고.

한 쉬운(쉰살) 되드락 노래 부르고 굿할 때는 여그 면민에 놀러 오락해. 가면은 용범씨 엄매라고 거그다가 장구 미우고(장구 메주고), 강당에 올라가면 내게다 마이크 대고.

나는 노래하면 그 엄매는 장구 미고 똥땅똥땅 뚜들어 들어왔다 또 돌아서 갔다, 내가 뻔치머는(지치면) 다른 사람 잔(좀) 마이크 준다먼(준다고 하면) 못하게 해요.

남자들이. 꼭 내게다만(나에게만) 한다요. 별 노래를 다 불렀어라. 그란데 인자 다 잊어불었소. 흥타령도 하고 아리롱타령도 하고. 주로 아리롱타령 잘하고 흥타령 많이 하고 인자는 몰라. 몰라.

사라진 섬타령

자료코드 589_MONA_20170720_GUR_HWL_006
조사장소 진도군 조도면 창유리 곤우마을 제보자 자택
조사일시 2017. 7. 20
조 사 자 박주언, 김현숙
제 보 자 한월례(여, 93세, 1925년생)

> **줄거리** 그리 좋아하고 불러댔던 섬타령 가사를 나이가 들어 다 잊어버렸다. 나배도에서 섬타령을 알만한 사람이 없다. 예전에 이 노래를 알려준 언니도 목포에서 살다가 죽었다고 한다

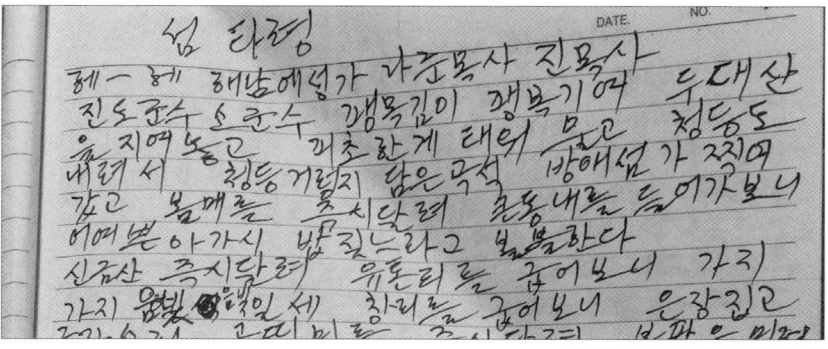

신전마을 박정인이 기록해놓은 섬타령

섬타령도 다 잊어불고, 섬타령이 그케 좋앗는데 인자 다 잊어불었어. [섬타령 아는 사람] 여그는 없어요. 암도(아무도) 없어요.

아는 사람이라고는 나배도 가도 없어요. 그 전에 섬타령 가르쳐 준 언니라고 있었는데 거그도 죽어불고 없고, 여그는 노래하는 사람이 한나도 없어요.

그 언니 목포서 살다가 죽어불었어. 사춘 언닌데 여그서 곤우에서 살다가 목포 아들네 집이 가 살다가 죽어불었어.

조도면 창유리 창리마을

배가 고파 황토도 먹어봤다

자료코드	589_MONA_20170720_CYR_JMY_001
조사장소	진도군 조도면 창유리 창유마을 제보자 자택
조사일시	2017. 7. 20
조 사 자	박주언, 김현숙
제 보 자	장만익(남, 68세, 1949년생)

줄거리 가난하고 배고팠던 시절 배고픔을 달래기 위해 산 약초, 해초들을 날마다 먹었었는데, 오염되지 않아 길가에 있는 황토도 먹어봤다는 이야기다.

할아버지는 산행리에 살았고, 아버지가 곤우리로 분가했지요. 농사도 옹색하게 사니까 없어가지고 밭만 밭뙤지기나 쪼금만 이백평이나 삼백평 파서(개간해서), 고구마를 주로 해먹었지요.

어려운 여건에서 배가 고프니까 바닷가에서 해초로나, 산에 가면 약초 되는 칡 같은 거 뿌리를 캐먹는 것이 일과였고, 그런 거 먹었기 땜에 좋은 세상 사는가도 몰라요. 지금 생각하면 보약이니까. 도로 가에 있는 흙도 깨끗한 진흙 같은 거 나오며는 하도 깨끗하고 좋으니까 띠어서 먹다보면

"야 이건 못 먹겄다."

하고 밭어버리고(뱉어버리고) 살았다 이것이지요.

의식주로 먹었다는 말은 아니고, 황투(황토)가 부분적으로 나오는 데가 있었어요. 황투밭이 아니라 황투 나오는데서 하얀 부분을 먹었지요. 돌이 아니라 가리(가루)니까 탈은 없었다 그것이죠.

주낫배를 공격하는 나니떼

자료코드 589_MONA_20170720_CYR_JMY_002
조사장소 진도군 조도면 창유리 창유마을 제보자 자택
조사일시 2017. 7. 20
조 사 자 박주언, 김현숙
제 보 자 장만익(남, 68세, 1949년생)

> **줄거리** 작은 배로 노를 저어 고기잡이 하러 가면 나니떼들이 배주위를 공격했다. 나니떼를 쫓기 위해 쉿독(숫돌) 간 물을 바다에 뿌렸다.

주낫질(어장일)을 가면, 째깐한 뽀트 타고 가면, 소마도나 진목도 뒤로 두어시간썩 노저어가지고 물 때 따라 가는데, 거기다 놔 가지고, 주낫 놓고 바로 내야(거둬야) 되는데, 그 고기잽이 하러 노 젓어 다니니까 그것이 힘들었제. 일일이 사람이 노를 저어 다녔으니까.

그리고 바다에서 그때는 물개 같은 나니떼가 있었소. 나니떼.

그때 뭣보고 나니떼락 했던가 물개 종류였을 거요. 떼로 달라들먼은 막 쉿독(숫돌)을 갈아가지고 물에다, 도망치라고.

배가 째깐한 배거든요 노저어 다니니까. 물리친다 해가지고 쉿독을 갈아가지고 바다에다 뿌리기도 하고.

(조사자 : 나니떼요?)

예, 나니떼들이. 고기 종륜데 그런 떼가 있었어요. 지금 같으면 상쾡이(돌고래)떼로 달라든다 그것인데, 그때는 나니떼가 막 사정없이 젙에(곁에) 와갖고 옆에서 우굴 우굴하니 공격을 해요.

배를 건들면 큰일 나지요. 그러니까 못 건들게 할라고 막, 상쾡이는 아닌데 상쾡이만 하니까 크제. 그것이 바다물개였든가 확실히 잘 모르겠어요. 그때 부모

들이 말한 것이 나니떼라고 그랬어요.
막 우굴우굴 달라드니까 무서웠지요. 잘못하면, 엎어부리면 몰살시키는데 무서웠지요. 둘이 서니(셋이) 꼭 다녔거든요. 아버지하고 형하고 나하고. 나는 초등학교 졸업하고 목포 문구사에서 일하다가 서울로 갔는데 아버지하고 형은 고향에서 살았지요.

꿩밥, 찰밥나무로 개떡을 해먹다

자료코드 589_MONA_20170720_CYR_JMY_003
조사장소 진도군 조도면 창유리 창유마을 제보자 자택
조사일시 2017. 7. 20
조 사 자 박주언, 김현숙
제 보 자 장만익(남, 68세, 1949년생)

> **줄거리** 1950년대 초 먹을 것이 없던 시절에 칡도 먹고 꿩밥이라는 난초뿌리, 코나무라고도 부르는 느릅나무 뿌리를 캐다가 밀가루와 섞어서 떡을 해먹었다.

우리가 다 커서 (조도를) 나갈 때는 세월이 그때는 육십구년도였어요. 육십 팔년, 구년. 그때는 상황이 다 풀린 때였어요. 옹색한 시절은 넘어갔제. 벌써 오십년도 초에 그렇게 힘들었다 그거제.
(조사자 : 꿩밥은 어떻게 먹었어요?)
꿩밥을 갖다가 찍어서 떡 해먹었어요. 캐 가지고 뿌리를 다듬어서. 난초뿌리지요. 똥굴똥굴하니 생겼어요. 끈끈해 가지고. (먹을것이) 없으니까 우선 먹을라고

밀가루 같은 것하고 쪄서 그렇게 먹었다 그것이죠.
칡도 먹었지만 별로였고 찰밥나무라고 또 있었거든요. 표준말로 귀목나무라고 하는데 위장에 좋다고 요새 오차로 많이 끓여 먹데요. 그때는 찰밥나무라고 했어요.
뿌리를 밀가루하고 섞어서 떡 해먹고. 뿌리 가죽이 벗어져요. 벗어지면 끈끈하니 그래요. 그래가지고 그것을 개떡을 해 먹었다 그 소리죠. 찰밥나무라고. 그걸 '느릅나무'라고 하고 '코나무' 라고도 하는데 그것을 귀목나무라고 그래요. 내가 그걸 재배할라니까 강원도 사람이
"강원도에는 엄청나게 많은데 하지 마시오."
그래가지고 그만두었지요. 위장약으로 오차 끓여먹으면 좋잖아요.

갈포래 뜯어다 돼지비계 넣고 끓인 국

자료코드 589_MONA_20170720_CYR_JMY_005
조사장소 진도군 조도면 창유리 창유마을 제보자 자택
조사일시 2017. 7. 20
조 사 자 박주언, 김현숙
제 보 자 장만익(남, 68세, 1949년생)

> **줄거리** 보리도 귀했던 시절에는 지금은 다 버리는 돼지비계를 갈파래에 넣어 국을 끓여 맛있게 먹었다는 이야기이다.

옛날에, 지금은 누가 주어도 안 먹고 땅에다 파묻지 않아요? 돼지기름 비계가

있어, 돼지 잡으면은. 비계. 하얀 비계만 나오는 부분이 있어요. 그러면 다 버리는데 그때는 그거를 한 주먹씩 얻어다가, 갈포래 뜯어다가 국을 끓여 먹었다니까. 국을. 비계 넣고. 그것 진짜 맛있었지요.
(조사자 : 쌀 넣고 죽을 끓이는 것이 아니고요?)
예, 국을 끓였어요. 갈포래 국. 쌀이 어디가 있어? 그때 참. 파래는 갯가에 가면 많이 있습니다. 많이 나요. 공꺼로(공짜로), 그때만 해도 누가 돈 주고 사고 어짜고 없응께 막 뜯어다가 시쳐가지고(씻어가지고) 돼지기름 넣어가지고 국물로 끓여먹었어요. 그때만 해도 좀 괜찮할(좋아진) 때였어요. 그래도 그 정도면.
(조사자 : 국물에 곡식도 조금 넣었어요?)
보리 같은 거 조금 넣고. 그때는 보리도 귀할 때였어요.

톳밥도시락 이야기로 글짓기 일등

자료코드　589_MONA_20170720_CYR_JMY_006
조사장소　진도군 조도면 창유리 창유마을 제보자 자택
조사일시　2017. 7. 20
조 사 자　박주언, 김현숙
제 보 자　장만익(남, 68세, 1949년생)

> **줄거리**　초등학교 소풍 때 싸가지고 간 시커먼 톳밥이 부끄러워 친구들을 피해 혼자 도시락을 먹었었다. 톳밥도시락 이야기를 글로 썼더니 글짓기대회에서 일등을 했다는 이야기이다.

초등학교 다닐 때 소풍 다니잖아요. 소풍. 소풍가서 글짓기해서 일등상도 받

어보고 했어요. 전교에서.

그것이 어떻게 받았냐면, 그때 글짓기를 실화(實話)대로, 인자 지어서 해도 되는데 글짓기니까. 실화 그대로 썼어요. 그것이 그때만 해도 배가 고프고 하니까, 인자 밴또(도시락)를 싸가야 하지 않습니까.

부모들은 말할 것도 없이 못 데리고 가고, 점심시간 되면 밴또 가지고 쩌 혼자 바위 위에서 밥을 먹었다니까요. 왜냐면 그때만 해도 보리밥에다 톳밥을 해줘요. 톳밥을.

톳밥 해주면 암만(아무리) 톳밥이 잘해도 밥이 시커멓지요. 그라먼은 소풍간다 해가지고 살짝 이렇게 톳을 거둬불고 속에 밥을 살짝 떠서 이렇게 주먼 그놈 가지고는 한반대(친구들과 한 곳에서) 못 먹으니까 그걸 가지고 친구들 전부 피해서, 같은 반 애기들 피해서 혼자 가서 밥 먹고 왔어요.

그것도 글짓기 해서 이상하게 전교 일등하더라고요.

집에서 밥 먹을 때는 엄마가 그렇게[위에는 톳 아래는 보리밥] 많이 주지. 그란데 소풍날은 밥만 주는데도 톳밥 속에 보리밥이니까 별로 안좋지요.

조도에서 옷 장사를 시작했지

자료코드 589_MONA_20170720_CYR_JMY_007
조사장소 진도군 조도면 창유리 창유마을 제보자 자택
조사일시 2017. 7. 20
조 사 자 박주언, 김현숙
제 보 자 장만익(남, 68세, 1949년생)

> **줄거리** 제보자가 군대 제대 후 15년간 섬을 돌아다니며 옷장사를 했는데, 섬에 젊은 사람들이 계속 줄어 옷장사를 접고 지금은 20년 넘게 식당을 하고 있다.

그래 가지고 [목포 문방구점에서 일을 하고, 서울에서 요꼬회사 다니다가 입대하여 제대한 뒤 조도에 와서] 옷장사를 시작했지요. 서울 평화시장 다니면서 옷을 띠다가 시골에서 파는데 그런대로 갠찮했어요.(괜찮았어요).
조도장에서 팔고, 읍에는 가지 않고요. 섬에 다니면서도 팔았어요. 옷 싸가지고. 지금은 장이 없고 현재 조도장 자리가 보건소 자립니다. 지금은 장이 안서요.
그래서 살림이 갠찮해지고. 그래도 시골서 옷장시(옷장사) 하니까 큰 돈을 벌지도 못하고. 그래가지고, 돈만 있었으면 인자 평화시장 같은데로 전부다 가서 장사를 했지요.
나하고 같이 늦게 시작한 사람들도 다 돈을 벌어가지고 다 잘 되았어요. 나는 지금까지 돈이 없어 못 갔는데.
그때부터 시골에서 사람들이 빳데요(줄어들대요). 젊은 사람들이. 옷은 젊은 사람이 아니면 팔 수가 없어요. 그란데 젊은 사람들이 싹 빠져부니까 서울서 예를 들어 삼백만 원 아치 옷 가져오면 조도 오면 한 백만 원 아치 팔리면 이백만 원 아치는 못해불어요. 그래 결국 못했지요.

그래서 식당업으로 돌리니까 식당업은 아쉰대로(아쉬운 대로) 갠찮하더라고요. 옷장시 십오년 하고 식당한지 이십년이 넘었네요. 지금은 (옷장시를) 못해요 힘들어서.
(조사자 : 그러면 식당하면서 사모님을 만나신거요?)
옷장시 할 때 만났어요. 사람이 빠져불어서(줄어들어서) 안되니까 식당을 하는 것이 낫지 안냐고 해서 시작했지요.
(조사자 : 옷 사러 오셨다가 눈이 맞으셨던가요?)
모르겠어요, 그랬던가 어쨌던가.

다방이 일곱 개 있었는데 이제는 없어

자료코드	589_MONA_20170720_CYR_JMY_008
조사장소	진도군 조도면 창유리 창유마을 제보자 자택
조사일시	2017. 7. 20
조 사 자	박주언, 김현숙
제 보 자	장만익(남, 68세, 1949년생)

> **줄거리** 진도대교가 생기기 전 조도는 인구도 많고 생활권이 목포여서 진도보다 더 빨리 개발되었다. 그래서 조도에 다방이 일곱 개나 있었는데 지금은 사람들이 줄어들어 다방도 없고 식당들도 수족관에 고기를 사놓지 못하는 상황이다.

그때만 해도 젊은 사람들이 많이 있었어요. 아가씨들도 섬에도 [많이 있었고] 그때는 조도 인구가 만 인구였어요. 지금 선거인구 삼천밖에 안 되요. 그때는 만 인굽니다(인구입니다).

다방이 여가 일곱 개 있었어요. 지금은 한나도 없잖아요. [그때] 우리가 진도(진도읍)에 가면 진도가 촌 같이 보이더라고요.

여기는 생활권이 목포였거든요. 그때는 연육교가 없었어요. 진도대교도 없었고. 진도 가면 오솔길이 그대로 카만이(가만히) 있더라고요. 아주 힘하게 생겼고. 조도가 진도보다도 훨씬 빨리 (개발이) 당겨진 것 같아요.

[지금은] 사람이 없으니까 수족관에 고기를 사지를 못하지 않아요? 몇십만 원 아치 들여놓으면 한 달 두 달 살고 다 말라져불어요. 빼딱만(뼈만) 남고 먹지를 못해요 그냥. 그러니까 고기 같은거 있으면 딱 오면 생으로 사서 냉동에 넣어버리고 탕이나 끓여주지 (사시미는) 못해요.

개간한 밭 등기이전을 안 해놨더니

자료코드   589_MONA_20170720_CYR_JMY_009
조사장소   진도군 조도면 창유리 창유마을 제보자 자택
조사일시   2017. 7. 20
조 사 자   박주언, 김현숙
제 보 자   장만익(남, 68세, 1949년생)

> **줄거리**   부모님 때 산주에게 돈을 주고 산을 개간해 밭을 벌면서도 등기이전을 해놓지 않았다. 사오십년이 지난 지금 산주인이 돈을 요구하면 내놓아야 하는 상황이다

우리 아버지 얘긴데, 아버지가 인자, 할아버지는 같지. 그런데 할머니가 옛날에 틀릴 수가 있잖아요. 그런 경우가 있어가지고, 우리 알기만 해도 그런데 많

네요. '논밭때기 전혀 없었다' 그 말을 아버지한테 들었지요. 맨몸으로 나왔었다, 밭 한 이백평 삼백평 개간해 가지고 많이 할 것도 없지요.
아버지 돌아가시고 했으면 되었는데 부모들 때는 돈 조금씩 주고 사갖고 개간해갖고 벌어먹고 있는데, 지금에 와서 사오십년 지났는데도 보니까 등기이전이 안되었더라고요. 그런 수가 많더라고요.
아니 등기이전 된 것은 팔십평 밖에 아닌데, 현재 있는 것은 이백평이 넘으니까 산주인이 돈 내놓으락 하면 내놔야 하는 입장이지요. 그때 부모들은 돈으로 얼마 주고 했는데 등기이전을 안해놓께 그런 소리가 들리더라고.

젊은이들에게는 서울보다 조도가 낫다

자료코드   589_MONA_20170720_CYR_JMY_0010
조사장소   진도군 조도면 창유리 창유마을 제보자 자택
조사일시   2017. 7. 20
조 사 자   박주언, 김현숙
제 보 자   장만익(남, 68세, 1949년생)

> **줄거리** 직장이 확실하지 않은 사람은 힘들게 서울생활 하는 것보다 오히려 인력이 부족한 조도, 시골에서 사는 것이 돈을 벌기 쉽고 여유가 있다는 말이다.

요새 젊은애들이 톳발, 전복양식이나 요런 거 할라고 각 마을에 너댓씩(4~5명) 다 있는데, 우리 생각이 맞아요. 서울생활 이십년 해도 집 한나 사기 힘들다 말입니다. 노가다 해서 번닥(번다)해도 뻔한 수치지.

559

그란데 이쪽에서는 톳밭이나 전복양식장에서는 놈의 일만 해줘도 한 오천만 원씩 예금하고 살아요, 일년에.

사람이 없어 일을 못 시켜요. 전부 외국 사람덜이 일해요. 노가다 일 하면 전부 하루에 십 만 원씩 딱딱 받고 일하고 있어요.

그란데 그 사람덜 소개소에서 만 원썩 받고, 하루에 구만 원썩 벌어요. 객지 산다는 것이 힘들어요 지금은. 그러니까 다 시골로 올락 하지요. 직장 있고 왕성하게 활동하는 사람은 갠찮제. 그란데 노가다 해먹는 사람은 안맞제.

남의 소, 반해 킨다

자료코드 589_MONA_20170720_CYR_JMY_0011
조사장소 진도군 조도면 창유리 창유마을 제보자 자택
조사일시 2017. 7. 20
조 사 자 박주언, 김현숙
제 보 자 장만익(남, 68세, 1949년생)

> **줄거리** 돈이 없던 시절 자신의 소를 갖는 방법으로 주인이 송아지를 갖다 주면 그 송아지를 어미 소로 키워 송아지 두 마리를 주인에게 주고 세 번째 송아지는 자신이 갖고 어미 소도 주인에게 돌려주는 것을 "남의 소 반해 킨다"라고 했다. 이런 식으로 자신의 소를 가질 수 있기까지는 4년 정도 걸린다.

(조사자 : 초등학교 다닐 때는 방과 후에 뭐하고 놀았어요?)

그때는 소 같은 거 한 마리씩 키웠거든요. 소 키면요 책가방 던져버리고 밥숫가락 빼기 전에 소 가지고 꼬피(고삐) 잡고 소 먹이러 댕겨. 소 한 마리만 있어도 여러 마리나 마찬가지죠.

제보자 자택에서의 설화 조사 장면

꼴 비다가 저녁에 재워야 되고. 소 한 마리가 뭐요. '남의 소 반해 키고(키우고)' 그랬지요.

소 띡기로(풀 먹이러) 가면 우리만 가는가요? 애기덜이 다 나와서 소는 산으로 몰아놓고 놀다가 저녁시간에는 자기 소 찾아가지고 끌고 오고.

(소를) 반해서 키웠어요. 옛날에는 모두들 돈이 없으니까. 송아지 키워가지고 송아지 준 사람한테 두 마리 주고 세 번째가 자기 것이어요. 그라고 어미 소도 줘야 되지. 그랑께 완전히 놈의 장사시키는 것이지요.

세 번째가 자기 것이어요. 그랑께 송아지 갖다가 자기 것이 될라면 한 사년 걸리지요. 송아지 길러 어미가 되면 그 어미가 새끼 두 마리 낳아 주인 주고, 세 번째를 자기가 가지면서 어미를 주인에게 주는 것이지요.

(조사자 : 소를 그렇게 키우는 것을 뭐라고 그랬던가요?)

'반해 킨다'고 그랬어요. 반해 키는 소.

설화 조사를 마치며…

설화 발굴의 소중함을 되새기다

김명선

2017년 4월부터 진도군 설화발굴을 위한 작업이 시작되었다. 진도군 실정에 밝고 진도의 지역사와 문화에 이해도가 높은 진도 문화원 원장 및 이사들이 조사위원으로 참여하였고, 남도학연구소의 설화 전문 연구자들이 지원팀으로 참여했다.

퇴직 후 낙향하여 고향에 살면서 지역의 발전과 개인의 성숙한 삶을 위한 여러 가지 길을 찾고 있는 시점에서 설화 조사 사업에 참여할 수 있었던 것은 큰 행운이라고 생각한다.

조사위원들과 지원팀은 멋진 설화집을 만들겠다는 다짐 속에 이미 발간된 설화집을 수집하여 그 목차와 내용을 면밀히 검토하고 분석하는 시간을 가졌다. 이를 통해 진도의 특성이 반영된 새로운 모습의 설화집을 구상하였다.

내가 소속된 제3팀(김명선, 윤홍기)은 의신면 일부와 임회면 지산면을 중심으로 설화발굴을 시도하였다. 여러 마을을 돌아다니며 어른들께 지역의 이야기와 살아온 이야기를 들으면서 함께 웃고 가슴아파 하며 함께 감탄한 시간들은 참으로 소중한 기억이다. 다만 행방불명된 외아들을 오매불망 기다리며 밤에는 불을 켜 놓고 잠을 청한다는 금갑 이만심 어머님의 가슴아픈 이야기를 아들이 언젠가 읽어주기를 바래본다.

오래된 기억을 되살려 제보에 응해주신 어르신들께 감사의 말씀을 드리고 많은 이야기를 간직한 분들이 故人이 되었거나 기억을 잃어가는 현실을 보고 조금만 더 일찍 설화 발굴 활동을 했더라면 하는 아쉬움이 남는다. 가급적 많은 동네의 다양한 이야기를 채록한다는 기준을 정해놓고 활동했으나 채록 과정에서 부득이 편중된 점은 보완이 필요하다고 본다.

끝으로 제보에 응해주신 뒤 얼마 지나지 않아 타계하신 용호리 백년 고택의 소유자 조은님과 3명의 손자를 키워 장한 할머니 상을 받은 매정리 김내동님의 명목을 빕니다.

옆집 할아버지의 이야기 바다

김현숙

박주언 선생님과 함께 진도읍과 조도면 설화 조사를 맡게 되면서 나는 인터뷰보다 촬영을 책임지기로 하였다. 진도읍 북상리에 사시는 94세 박종민 할아버지는 우리 조사의 첫 대상자였다. 설화 조사를 시작하기 전에는 전동휠체어를 타고 지나치던 평범한 우리 마을 할아버지셨다.

진도영화사의 산 증인이라는 언질을 받고 진도영화의 시작에 관한 언급 정도일 것이라는 예측과 다르게 우리는 박종민 할아버지의 이야기로부터 쉽사리 벗어나지를 못하였다. 카메라를 잡고 방관자 자세를 취하던 나는 어느덧 무궁무진한 할아버지의 이야기 속으로 빨려들어가 저절로 여러 가지 질문을 내뱉고 있었다.

일제강점기 교육 상황과 일본인 교사들 이야기, 6.25사변 때 인민군들의 진도 점령 정황, 진도에서 시작하여 곡성, 성환 등으로 이동하며 영화사업을 선도한 이야기들, 게다가 어릴 적에 명창 임방울이 진도서 공연한 이야기, 박옥진 박보아 자매의 창극단을 진도서 공연하게 만든 이야기 등등….

이야기는 다양한 분야에 걸쳐 끝없이 이어졌다. 연로하셨지만 기억력이 좋으셨고 외지생활을 많이 하셔서 이해하기 어려운 사투리도 별로 안 쓰셨다. 아무튼 조사 첫날 나는 이 조사에 참여하게 된 것이 얼마나 행운인지를 실감하기 시작했다. 박주언 선생님의 강권에 마지못해 참여한 조사였는데 첫날부터 신바람이 나기 시작하였다.

각 팀은 매월 40꼭지씩을 채록 정리해서 제출하게 되어 있는데 박종민씨 이야기가 40꼭지를 넘다 보니 너무 편중된다는 지적이 조사자 회의에서 나오기도 했다. 마을마다 꼭지수를 고루 배분해서 조사하는 팀도 있었지만 우리 팀은 마을이나 사람 배분보다는 '다양한 이야기 채록'이라는 이야기중심에 고집을 부렸다.

진도읍과 조도면의 이야기들은 그런 특징이 있다. 그래서 이야기를 읽게 되는 사람들은 어쩌면 조사대상자들의 이야기 바다에 빠져 헤어나지 못하는 조사자들의 모습을 발견하게 될지도 모른다. 그리고 또한 똑같이 그 바다 속에 빠지게 될지도 모르는 일이다.

보석을 캐 가꾸려는 마음으로

박영관

엊그제까지 창밖엔 하얀 눈이 소복하게 쌓여 있더니, 오늘은 촉촉한 봄비가 꽃망울을 재촉한다. 우리 고장 진도 곳곳에 간직된 전설을 2017년 4월 초부터 6개월간 조사하며 촬영하고 채록하였다. 조사를 하면서 전에 느껴보지 못한 서민들의 삶을 피부로 느낄 수 있었다. 이 기간 동안에 진도 지방의 마을 유래나 지역에 얽혀 있는 여러 가지 사연들을 현장에서 보고, 듣고, 관련 서적을 찾아 배울 수 있는 좋은 기회가 되었다.

시간이 흘러 날이 가면 세월이 되고 일상의 일들은 삶의 흔적으로 남는데 그 흔적이 지워지지 않고 오래 기억되었을 때 전설로 이어진다. 전설 속에서 우리의 평범한 일상 중 흔히 일어나는 일보다 특이한 재미와 해학, 뉘앙스, 불가사의한 일, 애환, 상상 등 삶의 편린들이 켜켜이 진주처럼 빛나고 있음을 엿볼 수 있었다.

권력자들의 행위는 사서로 엮어지지만, 서민들의 삶은 면면하게 야생화나 큰 나무의 그루터기에 매달려 구비문학에 담긴다. 그런 소중한 일을 하는데 어찌 낮은 목소리라도 업시름하게 여길 수 있을까? 수많은 이야기 주머니 속에서 희로애락이 꿈틀대고, 한(恨)과 열(悅)이 암묵적인 교훈으로 스멀거렸다.

나른해 할 때 전화벨이 울려서 받으면 "보석을 캐 담으러 가자"는 박정석 문화원장님의 열정적인 목소리가 들려온다. 사명감으로 무장된 저력을 지니신 분이라 따라다니기 버겁기도 했지만 보람 있는 시간이었다고 자평한다. 전설조사 때 반갑게 맞이해 응해주시고 도움주신 많은 분들께 머리 숙여 "감사합니다"라고 큰절 올린다.

옥주골 사람들의 숨은 자취를 찾아서

박정석

진도설화에는 옥주골 사람들이 살아온 자취가 숨겨져 있다. 나와 박영관 문학박사는 그 자취를 찾아서 군내면과 고군면, 그리고 의신면의 중심지인 의신초교 학구와 의동초교 학구에 속하는 마을을 담당하여 채록에 들어갔다.
박영관 박사는 촬영을 맡고 나는 이야기를 해 줄 제보자를 섭외하여 설화마다의 핵심을 얘기할 수 있도록 진행을 하였다. 매월 20건 이상의 설화를 녹음하고 영상에 담아 글로 풀어쓰는 작업은 많은 시간이 소요되었다.
특히 죽전마을 이승희 어르신이 들려준 '추자도 낚시 가서 세찬 파도에 죽을 고비를 겪었던 생생한 경험담'은 30여분 동안이나 구술이 이루어졌는데 이를 글로 풀어 쓰는 데는 이틀간에 걸쳐 작업을 해야 했다.
인내심을 필요로 하는 지난한 작업이었지만 조사와 채록 과정에서 새롭게 알게 된 사실도 많았고 감동을 받은 사연도 많았다.
신기리 무조마을 김성조 제보자가 들려준 어미소와 송아지 이야기를 생각하면 지금도 가슴이 먹먹하다. 가사도 솔섬(松島)으로 어미소와 송아지를 실러 갔는데, 어미소를 배에 실어놓으면 세 차례나 배 밖으러 내려가 버리더니 송아지를 실으니 어미소가 스스로 배에 올라와 살고 있던 솔섬을 멍하니 바라보더라는 내용이었다.
옛날에 제주도에서 말을 싣고 진도로 오면 의신면 송군과 삼섬(三島)사이의 몰(말)막기미에 말을 내렸다고 한다. 그런데 의신면 옥대마을 사람들이 제주도에서 가져온 말을 키우다가 잃어버리면 몰막기미에 가서 찾을 수 있었다고 한다. 금수(禽獸)도 고향을 그리워함을 느끼게 하는 설화였다.
유례없는 가뭄으로 더웠던 7개월 동안에 땀을 흘리며 우리는 280여 설화를 채록할 수 있었다. 짧은 기간이라 일부분에 그쳤지만 영원히 사라질 이야기들을 기록으로 남길 수 있는 소중한 시간이었다. 바쁘신 중에도 마을에 전해오는 이야기들을 전해 주신 여러분께 진심으로 감사드립니다.

백 사람이 읽을 한 사람의 이웃 이야기

박주언

모든 사람의 각각 다른 시각은 그 수만큼의 세계를 만들지만 우리는 그 세계들을 무관심으로 지나쳐버린다. 이번 설화채록 작업은, 오랜 세월 함께 살아온 이웃들을 눈을 번쩍 뜨고 바라보게 했다. 그동안 무심했던 스침이 그의 이야기를 통해 매우 소중한 존재로 떠올라 손을 잡게 한다. 그들의 이야기를 통해 나를 발견하기 때문이다.
우리 조사팀은 진도읍과 조도면 사람들을 만나면서 그들이 평생 해보지 않았던 자신의 이야기를 녹화하는데 합의 보았다. 해묵은 이야기가 할머니의 물레처럼 풀려나올 때 옆에 앉아서 소중히 받아 적은 작업은 이제 한 권의 책으로 출현한다. 이 책은 진도 사람들이 서로를 좀 더 가까이 바라보고 새로운 이웃으로 반기게 만드는 매개체가 될 터이다.
많은 대상자 가운데 94세 박종민 조재언 두 분이 큰 비중을 차지한 것은 언제 또 채록할 기회가 있을지 알 수 없어, 가지고 계시는 이야기를 모두 받고 싶은 욕심에서였다. 게다가 이분들은 기억력이 특출하고 일제시대, 한국전쟁까지를 체험한 스토리를 간직하고 계셨다. 많은 이야기를 수집했지만 아직도 아쉬움이 남는다.

설화 조사가 끝나갈 무렵에 진도읍 이행자씨를 만난 것은 행운이었다. 상징적으로 내세울 진도여성을 못 만나고 조사가 마감되던 차에 기회를 얻었다. 가정과 사업을 꾸려가느라 남들이 볼 때는 정신이 없을 것 같지만 이야기를 들으면서 놀라게 된다. 세상을 살아가는 기본정신이 분명하여 자녀교육으로부터 모든 일처리가 정대하고 분명했다. 진도에 훌륭한 여성들이 많겠지만 이행자씨를 만남은 잘된 일이다.

설화채록작업은 지역화시대의 매우 중요한 사업이다. 지역 사람들의 라이프 스토리는 지역문화의 뿌리이기 때문이다. 따라서 지역의 설화모음집은 단권으로 끝낼 일이 아니다. 각 시군마다 10권 정도는 나와야 한다.

21세기 사회상을 보여주는 귀중한 자료

윤홍기

고향을 떠난지 40여년 만에 중국 송나라 도연명의 '귀거래사'를 차용하여 읊으며 (『진도문화』66호(2011.9)게재) 귀향한지 벌써 8년이 흘렀다. 서울의 공기업에 근무하며 경제의 최일선에서 세계인들과 경쟁하며 치열하게 살아오다가, 은퇴한 후 어머니 품 같은 포근한 고향에 내려와 여러 선후배님들의 배려 속에서 어느덧 시골생활에 익숙해져 가는 중이다.

그사이 박정석(진도문화원장), 박주언(향토사학자) 선배님들의 크나큰 배려로 문화원과 인연을 맺게 되었고, 『진도문화』편집과 각종 자료의 정리 등 미력이나마 여러가지로 재능기부를 하게 됨은 퍽이나 다행이다. 앞으로 남은 여생도 내 고향 진도의 발전을 위해 내가 할 수 있는 일들을 찾아 성실히 봉사하는 삶으로 채우고 싶다.

그런 의미에서 금번 진도군 설화민담 수집사업에 참여하게 됨은 나에게 크나큰 행운이었다고 생각한다. 이를 위하여 임회, 지산, 의신면의 몇개 마을을 돌아다니면서 많은 사람을 만나 보았는데, 제보해 주신 분들이 연세가 대부분 연로하시어, 언제 사라질지 모르는 우리들의 삶의 옛이야기들을 하루라도 빨리 채록 보존해야 한다는 사명감이 들기도 하였다.

그런 와중에 설화 수집 중 최초로 만나 뵈었던 매정리 김내동 할머니께서 몇 달전 작고 하셨다는 비보를 듣고 안타깝기 그지 없었으며, 이 지면에서 나마 삼가 고인의 영전에 머리숙여 명복을 빌어 본다.

아울러 몇백년 후 우리의 후손들이 이 채록집을 읽어 본다면 오늘 우리들이 살고 있는 21세기의 사회상을 보여 주는 귀중한 자료가 될 것임을 의심해 마지 않으며, 향후에도 기회가 된다면 추가하여 진도의 구석구석 현존하는 어르신들이 기억하고 계시는 설화와 민담들이 꼭 영상과 책으로 기록되길 바라는 마음이 간절하다.

부록

진도 설화 유형별 목록

기이담

설화제목	유형	조사마을	제보자	조사코드
뽕할머니의 기도	기이담	진도군 고군면 금계리 회동마을	용홍태 (남, 1932년생)	589_FOTA_20170507_HDR_YHT_002
경주이씨들이 도론리에 터를 잡은 유래	기이담	진도군 고군면 도평리 도론마을	이영목 (남, 1945년생)	589_FOTA_20170703_DRR_LYM_005
감보도 앞바다 지네와 용의 결투	기이담	진도군 고군면 벽파리 벽파마을	김필윤 (남, 1934년생)	589_FOTA_20170424_BPR_KPY_002
신성한 탕건바위	기이담	진도군 고군면 지수리 지수마을	박양언 (남, 1934년생)	589_FOTA_20170411_JSR_PYU_001
먹구렁이와 호박 태몽 꿈	기이담	진도군 임회면 고정리 매정마을	강돈지 (여, 1941년생)	589_MONA_20170417_MJR_KDJ_004
윤선도 꿈에 나타난 구렁이	기이담	진도군 임회면 굴포리 남선마을	강진간 (남, 1939년생)	589_FOTA_20170609_NSR_KJG_004
묘에서 나온 색깔 좋은 녹두색 병	기이담	진도군 임회면 굴포리 남선마을	이길삼 (남, 1937년생)	589_FOTA_20170630_NSR_LKS_004
뱀골재 세 개의 동삼 이야기	기이담	진도군 임회면 명슬리 상미마을	김구보 (남, 1942년생)	589_FOTA_20170918_SMR_KGB_003
죽림마을 흔들바위 대참사	기이담	진도군 임회면 봉상리 봉상마을	윤춘엽 (여, 1947년생)	589_MONA_20170422_BSR_YCY_001
제삿날에 오신 영혼	기이담	진도군 임회면 봉상리 봉상마을	윤춘엽 (여, 1947년생)	589_FOTA_20170422_BSR_YCY_001
서럽게 죽은 혼백 위로	기이담	진도군 임회면 봉상리 봉상마을	윤춘엽 (여, 1947년생)	589_FOTA_20170422_BSR_YCY_002
저승에서 돈 받으러 온 시어머니	기이담	진도군 임회면 봉상리 봉상마을	윤춘엽 (여, 1947년생)	589_FOTA_20170422_BSR_YCY_005
궂은 날 신랑무덤에서 나는 소리	기이담	진도군 임회면 봉상리 봉상마을	윤춘엽 (여, 1947년생)	589_FOTA_20170422_BSR_YCY_008
우렁각시가 여기있어 여기산	기이담	진도군 임회면 봉상리 송정마을	김복진 (여, 1946년생)	589_FOTA_20170604_SJR_KBJ_001
눈동자가 네 개인 쌍동자 할아버지	기이담	진도군 임회면 봉상리 송정마을	김복진 (여, 1946년생)	589_FOTA-20170604_SJR_KBJ_002
대흥사로 간 동자부처	기이담	진도군 임회면 상만리 상만마을	이계진 (남, 1932년생)	589_FOTA_20170511_SMR_LKJ_004
두 마을 장사들의 힘 자랑	기이담	진도군 임회면 상만리 상만마을	이계진 (남, 1932년생)	589_FOTA_20170511_SMR_LKJ_005
작은 아버지의 영혼과 이장(移葬)	기이담	진도군 임회면 상만리 석교마을	하양수 (남, 1945년생)	589_MONA_20170424_SKR_HYS_001
상만 남장사와 탑리 여장사의 탑 싸움	기이담	진도군 임회면 죽림리 탑립마을	소두영 (여, 1941년생)	589_FOTA_20170415_TRR_SDY_001
앞날을 예견하신 할아버지	기이담	진도군 의신면 돈지리 향교마을	강송대 (여, 1941년생)	589_MONA_20170624_HGR_KSD_001
무승부로 끝나버린 이무기들의 싸움	기이담	진도군 의신면 만길리 도목마을	이춘홍 (남, 1940년생)	589_FOTA_20170717_DMR_LCH_001

설화제목	유형	조사마을	제보자	조사코드
인명은 하늘에 달렸다	기이담	진도군 의신면 만길리 도목마을	이춘홍 (남, 1940년생)	589_MONA_20170717_DMR_LCH_001
돔바위에 떨어진 노루를 먹고 횡사하다	기이담	진도군 의신면 만길리 원두마을	박주민 (남, 1940년생)	589_MONA_20170717_WDR_PJM_002
부처돌을 팔아서 화를 입다	기이담	진도군 의신면 만길리 원두마을	박주민 (남, 1940년생)	589_MONA_20170717_WDR_PJM_004
꿈에 나타난 장군의 묘에 치성을 드리다	기이담	진도군 의신면 옥대리 청용마을	박종성 (남, 1940년생)	589_MONA_20170502_CYR_PJS_002
소쿠리가 덮어줘서 구사일생으로 살아난 아이	기이담	진도군 의신면 창포리 창포마을	박종화 (남, 1936년생)	589_FOTA_20170523_CPR_PJH_001
재행(再行)왔다가요절한신랑	기이담	진도군 의신면 칠전리 칠전마을	조규일 (남, 1940년생)	589_FOTA_20170823_CJR_CGI_004
부인을 지켜주는 죽은 남편의 혼불	기이담	진도군 지산면 보전리 갈두마을	안장진 (남, 1944년생)	589_FOTA_20170918_GDR_AJJ_001
목침끼리 싸우다	기이담	진도군 지산면 보전리 하보전마을	허 재 (남, 1946년생)	589_FOTA_20170624_HBJR_HJ_004
불 타버린 당솔나무	기이담	진도군 지산면 소포리 소포마을	김덕춘 (남, 1931년생)	589_MONA_20170725_SPR_KDC_002
동백사에 떨어진 벼락	기이담	진도군 지산면 인지리 독치마을	김봉의 (남, 1939년생)	589_FOTA_20170816_DCR_KBU_003
할아버지의 선몽	기이담	진도군 지산면 인지리 독치마을	김봉의 (남, 1939년생)	589_FOTA_20170816_DCR_KBU_006
무서운 마음이 들면 바늘 정자, 마음 심자를 써라	기이담	진도군 진도읍 교동리 북상마을	박종민 (남, 1925년생)	589_FOTA_20170418_BSR_PJM_0012
혼불 나가더니 죽어불었어	기이담	진도군 진도읍 교동리 북상마을	박종민 (남, 1925년생)	589_FOTA_20170418_BSR_PJM_0013
소주잔 올리자 팔을 짝 편 시신	기이담	진도군 진도읍 북상리 30번지 조규식 자택	조규식 (남, 1951년생)	589_MONA_20170609_BSR_JGS_003
등을 보인 여자 시신	기이담	진도군 진도읍 북상리 30번지 조규식 자택	조규식 (남, 1951년생)	589_MONA_20170609_BSR_JGS_005
씻김굿 받을 귀신을 태운 택시기사	기이담	진도군 진도읍 남동리 남동마을	박병훈 (남, 1936년생)	589_FOTA_20170420_NDR_PBH_003

인물담

설화제목	유형	조사마을	제보자	조사코드
사라호 태풍에 구사일생한 정명부씨	인물담	진도군 군내면 나리 신기마을(무조마을)	김성조 (남, 1956년생)	589_MONA_20170419_MJR_KSJ_005
봉침 무료봉사자 김종식씨	인물담	진도군 군내면 녹진리 만금마을	한추향 (남, 1938년생)	589_MONA_20170528_MGR_HCH_001
상골산 석공 박중순	인물담	진도군 군내면 둔전리 둔전마을	박세종 (남, 1938년생)	589_FOTA_20170528_DJR_PSJ_004
많은 제자를 배출한 송암 선생과 이근 선생	인물담	진도군 군내면 송산리 송산마을	김용태 (남, 1936년생)	589_FOTA_20170603_SSR_KYT_001
마을을 위해 전재산을 기부한 박정준씨	인물담	진도군 군내면 죽전리 죽전마을	이승희 (남, 1935년생)	589_MONA_20170418_JJR_LSH_002
소치선생을 모신 양천 허씨 선산	인물담	진도군 고군면 내산리 황조마을	조윤환 (남, 1962년생)	589_FOTA_20170705_HJR_JYH_004

573

설화제목	유형	조사마을	제보자	조사코드
고려 말 충신 이제현 선생을 모신 영당	인물담	진도군 고군면 도평리 도론마을	이영목 (남, 1945년생)	589_FOTA_20170703_DRR_LYM_002
마을에 큰 도움을 준 두 분의 공로비	인물담	진도군 고군면 지막리 지막마을	조병재 (남, 1947년생)	589_MONA_20170503_JMR_JBJ_001
이순신 장군과 함께 전사한 판관 박만재	인물담	진도군 고군면 지수리 지수마을	김서규 (남, 1937년생)	589_FOTA_20170423_JSR_KSG_002
일본인 교장을 쫓아낸 곽충로 선생	인물담	진도군 고군면 지수리 지수마을	김서규 (남, 1937년생)	589_MONA_20170423_JSR_KSG_002
고군면 출신 항일운동가 이기환 열사	인물담	진도군 고군면 지수리 지수마을	김서규 (남, 1937년생)	589_MONA_20170423_JSR_KSG_006
율파선생 추모를 위해 헌신한 제자 이순목	인물담	진도군 고군면 하율리 하율마을	김맹우 (남, 1930년생)	589_FOTA_20170503_HYR_KMW_001
명당 먹통바위를 알아본 윤선도	인물담	진도군 임회면 굴포리 남선마을	강진간 (남, 1939년생)	589_FOTA_20170609_NSR_KJG_006
윤선도가 막은 남선둑이 간척사업의 시초	인물담	진도군 임회면 굴포리 번답마을	박청길 (남, 1940년생)	589_FOTA_20170630_BDR_PCG_006
임금 앞에서 연주한 대금의 명인 박종기	인물담	진도군 임회면 삼막리 하미마을	하영호 (남, 1945년생)	589_FOTA_20170612_HMR_HYH_008
상만리에 책계를 조직했던 12선생	인물담	진도군 임회면 상만리 상만마을	이계진 (남, 1932년생)	589_FOTA_20170511_SMR_LKJ_001
상만에서 10년을 왕래하며 연구한 이또 교수	인물담	진도군 임회면 상만리 상만마을	이계진 (남, 1932년생)	589_MONA_20170511_SMR_LKJ_001
대학자 송오선생 아버지의 훈육	인물담	진도군 임회면 석교리구 분실마을	주광현 (남, 1945년생)	589_FOTA_20170424_BSR_JKH_001
학문에 매진하라는 엄격한 가르침	인물담	진도군 임회면 석교리구 분실마을	주광현 (남, 1945년생)	589_FOTA_20170424_BSR_JKH_002
국악 입문에서 인간문화재가 되기까지	인물담	진도군 의신면 돈지리 향교마을	강송대 (여, 1941년생)	589_MONA_20170624_HGR_KSD_003
소미산 화가가 된 빗기내 나뭇꾼	인물담	진도군 의신면 사천리 사상마을	박정석 (남, 1948년생)	589_FOTA_20170411_SSR_PJS_004
헌종 어진에 떨어진 먹물	인물담	진도군 의신면 사천리 사상마을	박정석 (남, 1948년생)	589_FOTA_20170411_SSR_PJS_005
소치 선생이 스승을 향한 마음으로 심은 백일홍	인물담	진도군 의신면 사천리 사상마을	박정석 (남, 1948년생)	589_FOTA_20170411_SSR_PJS_007
진도에 유배 온 무정 선생과 경주이씨의 사랑	인물담	진도군 의신면 사천리 사상마을	박정석 (남, 1948년생)	589_FOTA_20170411_SSR_PJS_009
빗기내 무안박씨 집안을 일으킨 윤씨 할머니	인물담	진도군 의신면 사천리 사상마을	박정석 (남, 1948년생)	589_FOTA_20170411_SSR_PJS_010
첨찰산 동천암에서 불법을 깨우친 사명당	인물담	진도군 의신면 사천리 사상마을	박정석 (남, 1948년생)	589_FOTA_20170411_SSR_PJS_011
천수 만수 백년 왠수, 팡팡이 할아버지	인물담	진도군 의신면 사천리 사하마을	박옥길 (남, 1944년생)	589_MONA_20170606_SHR_POG_001
소치 선생의 글씨가 적힌 대들보	인물담	진도군 의신면 사천리 사하마을	차철웅 (남, 1954년생)	589_MONA_20170716_SHR_CCW_002
주역과 의술에 능통한 허성	인물담	진도군 의신면 연주리 응덕마을	박복용 (남, 1936년생)	589_FOTA_20170518_EDR_PBY_005
학식이 뛰어나고 축지법에도 능했던 창포 할아버지	인물담	진도군 의신면 창포리 창포마을	박종화 (남, 1939년생)	589_FOTA_20170523_CPR_PJH_004
침계마을 출신 인재	인물담	진도군 의신면 침계리 침계마을	조상인 (남, 1942년생)	589_MONA_20170502_CGR_JSI_002

설화제목	유형	조사마을	제보자	조사코드
거제리 설립자 백씨	인물담	진도군 지산면 거제리 거제마을	박 청 (남, 1940년생)	589_FOTA_20170828_GJR_PC_002
길은리의 입향조 나상서	인물담	진도군 지산면 길은리 용동마을	박양수 (남, 1945년생)	589_FOTA_20170715_YDR_PYS_005
생명의 은인인 보건소 진료소장	인물담	진도군 지산면 보전리 하보전마을	허 재 (남, 1946년생)	589_MONA_20170624_HBJR_HJ_004
버릇없는 나루쟁이	인물담	진도군 지산면 소포리 소포마을	김덕춘 (남, 1931년생)	589_FOTA_20170725_SPR_KDC_002
소포 봉이 김선달	인물담	진도군 지산면 소포리 소포마을	김덕춘 (남, 1931년생)	589_FOTA_20170725_SPR_KDC_003
신침이라 불렸던 임종의씨	인물담	진도군 지산면 소포리 소포마을	김덕춘 (남, 1931년생)	589_MONA_20170725_SPR_KDC_004
동네사람들 모두 살리고 죽은 박득재씨	인물담	진도군 진도읍 교동리 북상마을	박종민 (남, 1925년생)	589_MONA_20170418_BSR_PJM_020
박보아·박옥진 자매의 진도공연	인물담	진도군 진도읍 교동리 북상마을	박종민 (남, 1925년생)	589_MONA_20170418_BSR_PJM_022
약장시 하던 우리국악단 계만씨를 삽교서 만났어	인물담	진도군 진도읍 교동리 북상마을	박종민 (남, 1925년생)	589_MONA_20170418_BSR_PJM_024
정의현과 국악인들	인물담	진도군 진도읍 교동리 북상마을	박종민 (남, 1925년생)	589_MONA_20170418_BSR_PJM_026
곡성극장 할 때 신영희도 만났어	인물담	진도군 진도읍 교동리 북상마을	박종민 (남, 1925년생)	589_MONA_20170418_BSR_PJM_027
진도교장들을 청와대에 데리고 간 박정희의 동창	인물담	진도군 진도읍 교동리 북상마을	박종민 (남, 1925년생)	589_MONA_20170418_BSR_PJM_0034
국악인 오갑순과 살았던 북상리 박금재	인물담	진도군 진도읍 교동리 북상마을	박종민 (남, 1925년생)	589_MONA_20170418_BSR_PJM_0036
함경도에 코르크 공장을 차린 박국재	인물담	진도군 진도읍 교동리 북상마을	박종민 (남, 1925년생)	589_MONA_20170418_BSR_PJM_0037
백하고도 여덟 살을 더 먹은 복길네 할머니	인물담	진도군 진도읍 북상리 30번지 조규식 자택	조규식 (남, 1951년생)	589_FOTA_20170609_BSR_JGS_008
소전 손재형 선생님과의 인연	인물담	진도군 진도읍 남동리 조금마을	김현술 (남, 1950년생)	589_MONA_20171029_JGR_KHS_001
소전 선생님께 직접 사사 받은 박정희 대통령	인물담	진도군 진도읍 남동리 조금마을	김현술 (남, 1950년생)	589_MONA_20171029_JGR_KHS_002
소전선생과 주위의 인물들	인물담	진도군 진도읍 남동리 조금마을	김현술 (남, 1950년생)	589_MONA_20171029_JGR_KHS_003
호랑이 잡고 원님한테 곤장 맞은 장사 박춘도	인물담	진도군 진도읍 동외리 동외마을	서순창 (남, 1935년생)	589_FOTA_20170420_DWR_SSC_001
진도아리랑을 만든 허감찰과 동외리 박씨	인물담	진도군 진도읍 쌍정리 두정마을	이평은 (남, 1936년생)	589_FOTA_20171009_DJR_LPE_002

효열우애담

설화제목	유형	조사마을	제보자	조사코드
일 년 내내 자식 기다리는 손꾸락섬 노부부	효열우애담	진도군 군내면 나리 신기마을(무조마을)	김성조 (남, 1956년생)	589_MONA_20170419_MJR_KSJ_004
무명지를 베어 아버지를 살리다	효열우애담	진도군 군내면 녹진리 녹진마을	명춘희 (여, 1940년생)	589_MONA_20170526_NJR_MCH_002

설화제목	유형	조사마을	제보자	조사코드
상가리의 열부 박씨	효열 우애담	진도군 군내면 송산리 상가마을	양상훈 (남, 1934년생)	589_FOTA_20170603_SGR_ YSH_004
어머니 몰래 놓은 노둣돌	효열 우애담	진도군 군내면 월가리 월가마을	김선원 (남, 1944년생)	589_FOTA_20170420_WGR_ KSW_001
장한 할머니상을 받은 할머니	효열 우애담	진도군 임회면 고정리 매정마을	김내동 (여, 1930년생)	589_MONA_20170417_MJR_ KND_001
어머니의 고생을 알기에 먼길을 걸어다닌 아들	효열 우애담	진도군 의신면 금갑리 금갑마을	박매심 (여, 1940년생)	589_MONA_20170413_KKR_ PMS_001
호랑이를 가족처럼 돌본 효자 할아버지	효열 우애담	진도군 의신면 돈지리 향교마을	강송대 (여, 1941년생)	589_FOTA_20170624_HGR_ KSD_001
시아버지가 부르면 모시옷을 들고 달려간 며느리	효열 우애담	진도군 의신면 사천리 사하마을	김명자 (여, 1963년생)	589_MONA_20170827_SHR_ KMJ_004
시묘살이하는 소년과 효를 가르쳤던 호랑이	효열 우애담	진도군 의신면 옥대리 청용마을	박종성 (남, 1934년생)	589_FOTA_20170502_CYR_ PJS_001
시아버지를 재가시켜 대를 이은 송씨 부인	효열 우애담	진도군 의신면 옥대리 청용마을	박종성 (남, 1935년생)	589_FOTA_20170502_CYR_ PJS_002
광전리 유자효자	효열 우애담	진도군 의신면 초사리 초상마을	허상무 (남, 1950년생)	589_FOTA_20170716_CSR_ HSM_001
열녀비를 세운 사연	효열 우애담	진도군 지산면 관마리 관마마을	윤영웅 (남, 1940년생)	589_FOTA_20170816_GMR_ YYU_001
시부모를 지극정성으로 모신 관마리 효부	효열 우애담	진도군 지산면 관마리 관마마을	윤영웅 (남, 1940년생)	589_MONA_20170817_GMR_ YYU_001
부도난 아들에게 용기 주는 아버지의 사랑	효열 우애담	진도군 진도읍 쌍정리 통정마을	이행자 (여, 1942년생)	589_MONA_20170918_TJR_ LHJ_008
박참봉과 늦게 얻은 아들	효열 우애담	진도군 진도읍 포산리 포구마을	박상림 (남, 1935년생)	589_FOTA_20171024_PGR_ PSL_006

동물담

설화제목	유형	조사마을	제보자	조사코드
팔려가는 어미소와 송아지	동물담	진도군 군내면 나리 신기마을(무조마을)	김성조 (남, 1956년생)	589_MONA_20170419_MJR_ KSJ_002
우수영에서 헤엄쳐 온 개	동물담	진도군 군내면 녹진리 대사마을	문종우 (남, 1948년생)	589_FOTA_20170717_DSR_ MJW_002
호랑이에 팔 잃은 세배씨 한을 풀 어준 마을 사람들	동물담	진도군 고군면 향동리 향동마을	박상철 (남, 1940년생)	589_FOTA_20170711_HDR_ PSC_003
호랑이도 놀란 할머니의 고함소리	동물담	진도군 임회면 굴포리 남선마을	강진간 (남, 1939년생)	589_FOTA_20170609_NSR_ KJG_009
돌아온 백구	동물담	진도군 임회면 죽림리 동헌마을	윤홍기 (남, 1951년생)	589_MONA_20170916_DHR_ YHG_001
백구의 충직함이 낳은 백구테마센터	동물담	진도군 의신면 돈지리 돈지마을	박현재 (남, 1945년생)	589_MONA_20170704_DJR_ PHJ_005
구렁이 태워 죽이고 화를 입어 돌아가시다	동물담	진도군 의신면 만길리 원두마을	박주민 (남, 1940년생)	589_MONA_20170717_WDR_ PJM_005
멧돼지 잡으려다 멧돼지에게 물리다	동물담	진도군 의신면 사천리 사상마을	박정석 (남, 1948년생)	589_MONA_20170411_SSR_ PJS_002
할머니를 해친 첨찰산 호랑이	동물담	진도군 의신면 사천리 사상마을	박정석 (남, 1948년생)	589_FOTA_20170411_SSR_ PJS_012

설화제목	유형	조사마을	제보자	조사코드
호랑이에게 물린 연안명씨 할머니	동물담	진도군 의신면 사천리 사하마을	차철웅 (남, 1954년생)	589_FOTA_20170716_SHR_CCW_001
개만 물고 간 호랑이	동물담	진도군 의신면 창포리 창포마을	박종화 (남, 1937년생)	589_FOTA_20170523_CPR_PJH_002
호랑이를 잡은 의신면 향교 포수들	동물담	진도군 의신면 창포리 창포마을	박종화 (남, 1938년생)	589_FOTA_20170523_CPR_PJH_003
화롯불에 불이 붙어 무논에서 구른 호랑이	동물담	진도군 의신면 창포리 창포마을	박종화 (남, 1940년생)	589_FOTA_20170523_CPR_PJH_005
몰막기미로 와서 우는 말	동물담	진도군 의신면 초사리 송군마을	김종대 (남, 1939년생)	589_FOTA_20170508_SGR_KJD_004
해 그늘을 따라 출몰하는 호랑이	동물담	진도군 의신면 초사리 초상마을	박동양 (남, 1939년생)	589_FOTA_20170502_CSR_PDY_002
전설 속의 홍사를 눈으로 목격하다	동물담	진도군 지산면 보전리 하보전마을	허 재 (남, 1946년생)	589_FOTA_20170624_HBJR_HJ_001
몽둥이로 호랑이를 때려잡았으나	동물담	진도군 지산면 보전리 하보전마을	허 재 (남, 1946년생)	589_FOTA_20170624_HBJR_HJ_002
지게로 세 짐이나 되는 구렁이와 혈투	동물담	진도군 지산면 보전리 하보전마을	허 재 (남, 1946년생)	589_FOTA_20170624_HBJR_HJ_003
풍어를 예견하는 바다 구렁이	동물담	진도군 지산면 인지리 독치마을	김봉의 (남, 1939년생)	589_MONA_20170816_DCR_KBU_001

식물담

설화제목	유형	조사마을	제보자	조사코드
풍년과 흉년을 점치는 귀목나무	식물담	진도군 군내면 용장리 용장마을	곽재설 (남, 1943년생)	589_FOTA_20170413_YJR_KJS_005
수백 년된 소나무로 배 만든 사람	식물담	진도군 고군면 원포리 원포마을	임경웅 (남, 1942년생)	589_FOTA_20170422_WFR_LKY_009
만병통치약 진도 토종 석류	식물담	진도군 고군면 지막리 지막마을	박석근 (남, 1933년생)	589_MONA_20170409_JMR_PSG_001
신전리 말고는 그 담배 만들 수 있는 나무가 없어	식물담	진도군 조도면 신전리 신전마을	박정인 (남, 1942년생)	589_MONA_20170819_SJR_PJI_0034
상만을 지켜주는 600년 된 비자나무	식물담	진도군 임회면 상만리 상만마을	이계진 (남, 1932년생)	589_FOTA_20170511_SMR_LKJ_002
용산 저수지와 호구마을 소나무	식물담	진도군 임회면 상호리 호구동마을	조 은 (남, 1936년생)	589_FOTA_20170526_HGDR_JE_001
하늘을 가릴 만큼 울창했던 여귀산 숲	식물담	진도군 임회면 죽림리 동헌마을	윤홍기 (남, 1951년생)	589_FOTA_20170916_DHR_YHG_001
떨어진 아이를 잘 받아준 팽나무	식물담	진도군 임회면 죽림리 탑립마을	소두영 (여, 1941년생)	589_FOTA_20170415_TRR_SDY_002
진도 매화의 시초, 운림산방 매화	식물담	진도군 의신면 사천리 사상마을	박정석 (남, 1948년생)	589_FOTA_20170411_SSR_PJS_008
일경구화(一莖九花) 난(蘭)이 발견된 곳	식물담	진도군 지산면 보전리 상보전마을	김병훈 (남, 1939년생)	589_MONA_20170816_SBJR_KBH_001
장수마을 북상리의 비결은 구기자	식물담	진도군 진도읍 교동리 북상마을	박종민 (남, 1925년생)	589_FOTA_20170418_BSR_PJM_0014
진도구기자 갖고 대구 약재상에 가다	식물담	진도군 진도읍 교동리 북상마을	박종민 (남, 1925년생)	589_MONA_20170418_BSR_PJM_0039

설화제목	유형	조사마을	제보자	조사코드
청양에서 사간 진도 구기자순	식물담	진도군 진도읍 교동리 북상마을	박종민 (남, 1925년생)	589_MONA_20170418_BSR_PJM_0040
진도 외밭과 외 품종들	식물담	진도군 진도읍 동외리 동외마을	서순창 (남, 1935년생)	589_MONA_20170420_DWR_SSC_001
구기자 잎삭 담배	식물담	진도군 진도읍 성내리 성동마을	조재언 (남, 1925년생)	589_MONA_20170505_SDR_JJE_014

신성담

설화제목	유형	조사마을	제보자	조사코드
금호도에서 신성시한 김시중 묘	신성담	진도군 고군면 금계리 금호도마을	양재복 (남, 1947년생)	589_FOTA_20170426_GHDR_YJB_006
자식 이름을 지어주고 풍랑도 예견한 당할아버지	신성담	진도군 고군면 벽파리 벽파마을	김필윤 (남, 1934년생)	589_FOTA_20170424_BPR_KPY_001
마을을 지켜주는 원포당제	신성담	진도군 고군면 원포리 원포마을	임경웅 (남, 1942년생)	589_FOTA_20170422_WFR_LKY_001
3구로 가신 당할머니	신성담	진도군 조도면 가사도리 가사도마을	문형주 (남, 1938년생)	589_FOTA_20171009_GSDR_MHJ_001
할머니당과 할아버지당	신성담	진도군 조도면 가사도리 가사도마을	문형주 (남, 1938년생)	589_FOTA_20171009_GSDR_MHJ_002
교회 생겨 사라진 당	신성담	진도군 조도면 가사도리 가사도마을	문형주 (남, 1938년생)	589_MONA_20171009_GSDR_MHJ_005
태풍으로 옮긴 새 당집	신성담	진도군 임회면 굴포리 남선마을	강진간 (남, 1939년생)	589_FOTA_20170609_NSR_KJG_003
조카 영초의 씻김굿	신성담	진도군 임회면 죽림리 강계마을	소진덕 (여, 1929년생)	589_MONA_20170415_KKR_SJD_004
신(神)중의신(神) 산신당(山神堂)	신성담	진도군 의신면 칠전리 칠전마을	조규일 (남, 1938년생)	589_FOTA_20170823_CJR_CGI_002
당솔나무를 베었더니	신성담	진도군 지산면 인지리 독치마을	김봉의 (남, 1939년생)	589_FOTA_20170816_DCR_KBU_001

신앙종교담

설화제목	유형	조사마을	제보자	조사코드
폐사된 한산사와 사라진 5층 석탑	신앙 종교담	진도군 군내면 분토리 한사마을	박성배 (남, 1938년생)	589_FOTA_20170603_HSR_PSB_001
현몽으로 일으켜 세운 용장사 부처	신앙 종교담	진도군 군내면 용장리 용장마을	곽재설 (남, 1943년생)	589_FOTA_20170413_YJR_KJS_003
부주산 밑의 연주사 절터	신앙 종교담	진도군 군내면 정자리 정자마을	김진일 (남, 1950년생)	589_FOTA_20170518_JJR_KJI_002
상조도의 혼건집 당골	신앙 종교담	진도군 조도면 여미리 율목마을	박막례 (여, 1937년생)	589_MONA_20170720_YMR_PMR_003
빈대바위와 무학사	신앙 종교담	진도군 임회면 굴포리 번답마을	박청길 (남, 1940년생)	589_FOTA_20170630_BDR_PCG_002
풍어 기원하는 연신굿	신앙 종교담	진도군 임회면 죽림리 강계마을	소진덕 (여, 1929년생)	589_FOTA_20170415_KKR_SJD_001

설화제목	유형	조사마을	제보자	조사코드
풍년을 기원하는 죽림 마을 축제	신앙 종교담	진도군 임회면 죽림리 죽림마을	최수봉 (여, 1929년생)	589_FOTA_20170415_JRR_CSB_001
해남 대흥사로 간 죽림사 북	신앙 종교담	진도군 임회면 죽림리 죽림마을	최수봉 (여, 1929년생)	589_FOTA_20170415_JRR_CSB_002
조상숭배도 신앙생활 중의 하나다	신앙 종교담	진도군 의신면 금갑리 금갑마을	윤주빈 (남, 1942년생)	589_MONA_20170613_KKR_YJB_005
첨찰산 삼선암에서 수행한 신라 고승들	신앙 종교담	진도군 의신면 사천리 사상마을	박정석 (남, 1948년생)	589_FOTA_20170411_SSR_PJS_002
빈대 잡으려다 암자를 태우다	신앙 종교담	진도군 의신면 사천리 사상마을	박정석 (남, 1948년생)	589_FOTA_20170411_SSR_PJS_006
빈대가 성해서 폐사한 덕사동 절	신앙 종교담	진도군 의신면 연주리 응덕마을	박복용 (남, 1936년생)	589_FOTA_20170518_EDR_PBY_003

역사전쟁담

설화제목	유형	조사마을	제보자	조사코드
백구 때문에 징용 간 아버지	역사 전쟁담	진도군 군내면 나리 나리마을	김기율 (남, 1950년생)	589_MONA_20170717_NR_KGW_001
이순신 장군이 만들었다는 녹진 쇠고리	역사 전쟁담	진도군 군내면 녹진리 만금마을	김종식 (남, 1940년생)	589_FOTA_20170528_MGR_KJS_001
삼별초 군인과 말무덤	역사 전쟁담	진도군 군내면 송산리 송산마을	조재홍 (남, 1942년생)	589_FOTA_20170603_SSR_JJH_003
추모비에 새겨진 전쟁의 상처	역사 전쟁담	진도군 군내면 용장리 용장마을	곽재설 (남, 1943년생)	589_MONA_20170413_YJR_KJS_001
삼별초와 망바위	역사 전쟁담	진도군 군내면 용장리 용장마을	곽재설 (남, 1943년생)	589_FOTA_20170413_YJR_KJS_002
공출을 피해 산밭에 감춘 쌀 항아리	역사 전쟁담	진도군 군내면 용장리 용장마을	곽재설 (남, 1943년생)	589_MONA_20170413_YJR_KJS_002
일제강점기 당시 바다를 관리한 사람	역사 전쟁담	진도군 고군면 금계리 회동마을	용홍태 (남, 1932년생)	589_MONA_20170507_HDR_YHT_002
왜군을 놀라게 한 허새비재	역사 전쟁담	진도군 고군면 내산리 내동마을	고용범 (남, 1934년생)	589_FOTA_20170420_NDR_GYB_001
한국전쟁 때 목격한 마을 참극	역사 전쟁담	진도군 고군면 지막리 지막마을	박석근 (남, 1933년생)	589_MONA_20170409_JSR_PSG_006
일제강점기 가마니치	역사 전쟁담	진도군 고군면 지수리 지수마을	김서규 (남, 1937년생)	589_MONA_20170423_JSR_KSG_001
1·4후퇴 때 나주 부대의 만행	역사 전쟁담	진도군 고군면 지수리 지수마을	김서규 (남, 1937년생)	589_MONA_20170423_JSR_KSG_004
오사카에서 태어나 열두 살에 한국으로	역사 전쟁담	진도군 조도면 가사도리 가사도마을	장봉현 (남, 1933년생)	589_MONA_20171018_GSDR_JBH_001
가사도 광산에서 일하다가 일본으로 건너간 부친	역사 전쟁담	진도군 조도면 가사도리 가사도마을	장봉현 (남, 1933년생)	589_MONA_20171018_GSDR_JBH_002
일본 집 판 돈을 소매치기당하다	역사 전쟁담	진도군 조도면 가사도리 가사도마을	장봉현 (남, 1933년생)	589_MONA_20171018_GSDR_JBH_003
조선말 하다가 걸리면 경찰서에 잡혀가다	역사 전쟁담	진도군 조도면 가사도리 가사도마을	장봉현 (남, 1933년생)	589_MONA_20171018_GSDR_JBH_004
오사카의 우리 집은 한국사람 하숙집	역사 전쟁담	진도군 조도면 가사도리 가사도마을	장봉현 (남, 1933년생)	589_MONA_20171018_GSDR_JBH_005

설화제목	유형	조사마을	제보자	조사코드
일본인들 모르게 소고기 사먹기	역사 전쟁담	진도군 조도면 가사도리 가사도마을	장봉현 (남, 1933년생)	589_MONA_20171018_GSDR_ JBH_006
기타오카지마 학교와 저지대 공장들	역사 전쟁담	진도군 조도면 가사도리 가사도마을	장봉현 (남, 1933년생)	589_MONA_20171018_GSDR_ JBH_007
밀선을 타고 일본에서 가사도	역사 전쟁담	진도군 조도면 가사도리 가사도마을	장봉현 (남, 1933년생)	589_MONA_20171018_GSDR_ JBH_008
불빛이 빤딱거린 곳은 폭격신호	역사 전쟁담	진도군 조도면 신전리 신전마을	박정인 (남, 1942년생)	589_MONA_20170819_SJR_ PJI_003
폭격을 맞은 나룻배 주인	역사 전쟁담	진도군 조도면 신전리 신전마을	박정인 (남, 1942년생)	589_MONA_20170819_SJR_ PJI_004
제식훈련 받던 처녀들	역사 전쟁담	진도군 조도면 신전리 신전마을	박정인 (남, 1942년생)	589_MONA_20170819_SJR_ PJI_006
감시막에서 살게 된 일가족	역사 전쟁담	진도군 조도면 신전리 신전마을	박정인 (남, 1942년생)	589_MONA_20170819_SJR_ PJI_007
팽나무로 가늠하는 남도석성의 역사	역사 전쟁담	진도군 임회면 굴포리 남선마을	강진간 (남, 1939년생)	589_FOTA_20170609_NSR_ KJG_002
6·25때 피해없이 평화로웠던 마을	역사 전쟁담	진도군 임회면 명슬리 상미마을	김구보 (남, 1942년생)	589_MONA_20170918_SMR_ KGB_001
6·25전쟁에 얽힌 일가족의 비극	역사 전쟁담	진도군 임회면 봉상리 봉상마을	하영순 (남, 1945년생)	589_MONA-20170424_BSR_ HYS_001
신호를 착각해 목숨을 잃은 진준이	역사 전쟁담	진도군 임회면 봉상리 봉상마을	하영순 (남, 1945년생)	589_MONA-20170424_BSR_ HYS_002
아버지 목숨을 구해주었더니	역사 전쟁담	진도군 임회면 봉상리 봉상마을	하영순 (남, 1945년생)	589_MONA-20170424_BSR_ HYS_003
귀성에서 훈련한 일본군 상륙작전	역사 전쟁담	진도군 임회면 상만리 상만마을	이계진 (남, 1932년생)	589_MONA_20170511_SMR_ LKJ_002
6·25때 초소와 산털이	역사 전쟁담	진도군 임회면 상만리 상만마을	이계진 (남, 1932년생)	589_MONA_20170511_SMR_ LKJ_003
전사자, 유가족이 없는 상만	역사 전쟁담	진도군 임회면 상만리 상만마을	이계진 (남, 1932년생)	589_MONA_20170511_SMR_ LKJ_004
6·25때 비극의 죽림 송림해변	역사 전쟁담	진도군 임회면 죽림리 강계마을	소진덕 (여, 1929년생)	589_MONA_20170415_KKR_ SJD_001
초등학교 시절의 대피 훈련	역사 전쟁담	진도군 임회면 죽림리 동헌마을	윤홍기 (남, 1951년생)	589_MONA_20170916_DHR_ YHG_002
800여 명의 수군이 주둔한 금갑진	역사 전쟁담	진도군 의신면 금갑리 금갑마을	황석옥 (남, 1931년생)	589_FOTA_20170511_KKR_ HSO_002
일제 때 새로 만들어진 길, 신작로	역사 전쟁담	진도군 의신면 금갑리 금갑마을	황석옥 (남, 1931년생)	589_MONA_20170511_KKR_ HSO_001
정부 수립 후 치안 유지를 위해서 만든 금갑 경찰출장소	역사 전쟁담	진도군 의신면 금갑리 금갑마을	황석옥 (남, 1931년생)	589_MONA_20170511_KKR_ HSO_004
14후퇴 당시의 금갑 주변 상황	역사 전쟁담	진도군 의신면 금갑리 금갑마을	황석옥 (남, 1931년생)	589_MONA_20170511_KKR_ HSO_005
삼별초의 흔적인 떼무덤에서 농사를 짓다	역사 전쟁담	진도군 의신면 돈지리 돈지마을	박현재 (남, 1945년생)	589_FOTA_20170704_DJR_ PHJ_002
남자들은 급창둥병에, 여자들은 여귀둥병에 몸을 던져	역사 전쟁담	진도군 의신면 돈지리 돈지마을	박현재 (남, 1945년생)	589_FOTA_20170704_DJR_ PHJ_003
고향을 그리워하다가 죽어간 실향민	역사 전쟁담	진도군 의신면 만길리 도목마을	이춘홍 (남, 1940년생)	589_MONA_20170717_DMR_ LCH_002
국민학교 때 저수지 둑에서 본 인민군들	역사 전쟁담	진도군 의신면 만길리 원두마을	박주민 (남, 1940년생)	589_MONA_20170717_WDR_ PJM_001

설화제목	유형	조사마을	제보자	조사코드
삼별초군이 남김 나근당골과 말무덤	역사 전쟁담	진도군 의신면 사천리 사하마을	박옥길 (남, 1942년생)	589_FOTA_20170606_SHR_POG_001
피난민 일대기	역사 전쟁담	진도군 의신면 침계리 진설마을	주광열 (남, 1923년생)	589_MONA_20170623_JSR_JKR_001
침계리 농민운동기념탑 건립 과정	역사 전쟁담	진도군 의신면 침계리 침계마을	조상인 (남, 1941년생)	589_MONA_20170502_CGR_JSI_001
해방 후 압록강 다리에서 겪은 일	역사 전쟁담	진도군 지산면 보전리 하보전마을	허 재 (남, 1946년생)	589_MONA_20170624_HBJR_HJ_001
풍선 항로권 뺏은 진도환	역사 전쟁담	진도군 진도읍 교동리 북상마을	박종민 (남, 1925년생)	589_MONA_20170418_BSR_PJM_015
고작굴 뻘등 준공식하고 진도환 취항식을 같이 했다	역사 전쟁담	진도군 진도읍 교동리 북상마을	박종민 (남, 1925년생)	589_MONA_20170418_BSR_PJM_016
목포서 한 달간 준비한 인민군 진도 점령	역사 전쟁담	진도군 진도읍 교동리 북상마을	박종민 (남, 1925년생)	589_MONA_20170418_BSR_PJM_017
조도학살서 살아남은 사람	역사 전쟁담	진도군 진도읍 교동리 북상마을	박종민 (남, 1925년생)	589_MONA_20170418_BSR_PJM_018
독립운동가가 공산주의자가 되었어	역사 전쟁담	진도군 진도읍 교동리 북상마을	박종민 (남, 1925년생)	589_MONA_20170418_BSR_PJM_019
만주로 간 진도사람들	역사 전쟁담	진도군 진도읍 교동리 북상마을	박종민 (남, 1925년생)	589_MONA_20170418_BSR_PJM_021
인민군 선전에 동원된 악단장 채다인	역사 전쟁담	진도군 진도읍 교동리 북상마을	박종민 (남, 1925년생)	589_MONA_20170418_BSR_PJM_025
군인들이 애기 낳았다고 안 죽이고 그냥 가불었어	역사 전쟁담	진도군 진도읍 교동리 북상마을	박종민 (남, 1925년생)	589_FOTA_20170418_BSR_PJM_009
일제강점기에 벌어졌던 해남·진도 축구시합	역사 전쟁담	진도군 진도읍 교동리 북상마을	박종민 (남, 1925년생)	589_MONA_20170418_BSR_PJM_0029
5, 6학년 때 농사실습하고 졸업 때 통장 줘	역사 전쟁담	진도군 진도읍 교동리 북상마을	박종민 (남, 1925년생)	589_MONA_20170418_BSR_PJM_0030
학교 교장, 경찰서장, 군청 내무과장은 일본인	역사 전쟁담	진도군 진도읍 교동리 북상마을	박종민 (남, 1925년생)	589_MONA_20170418_BSR_PJM_0031
진도국민학교에 있었던 일본 선생들	역사 전쟁담	진도군 진도읍 교동리 북상마을	박종민 (남, 1925년생)	589_MONA_20170418_BSR_PJM_0032
5, 6학년 되면 진도읍으로 편입하다	역사 전쟁담	진도군 진도읍 교동리 북상마을	박종민 (남, 1925년생)	589_MONA_20170418_BSR_PJM_0033
도전할 사람이 없어야 이겼던 씨름대회	역사 전쟁담	진도군 진도읍 교동리 북상마을	박종민 (남, 1925년생)	589_MONA_20170418_BSR_PJM_0035
고군 지서에서 만든 여권	역사 전쟁담	진도군 진도읍 성내리 성동마을	조재언 (남, 1925년생)	589_MONA_20170505_SDR_JJE_008
일본말과 영어를 배우다	역사 전쟁담	진도군 진도읍 성내리 성동마을	조재언 (남, 1925년생)	589_MONA_20170505_SDR_JJE_009
차표를 사려면 일본말로 해야 한다	역사 전쟁담	진도군 진도읍 성내리 성동마을	조재언 (남, 1925년생)	589_MONA_20170505_SDR_JJE_010
차표 한 장으로 목포에서 동경 집 앞까지 도착	역사 전쟁담	진도군 진도읍 성내리 성동마을	조재언 (남, 1925년생)	589_MONA_20170505_SDR_JJE_011
둥글둥글 돌아가는 동경역	역사 전쟁담	진도군 진도읍 성내리 성동마을	조재언 (남, 1925년생)	589_MONA_20170505_SDR_JJE_012
조선 사람이 일본에서 맨 먼저 먹어야 하는 뚜부	역사 전쟁담	진도군 진도읍 성내리 성동마을	조재언 (남, 1925년생)	589_MONA_20170505_SDR_JJE_013
나는 어째야 쓰꼬!	역사 전쟁담	진도군 진도읍 성내리 성동마을	조재언 (남, 1925년생)	589_MONA_20170505_SDR_JJE_015

설화제목	유형	조사마을	제보자	조사코드
동경제일고등무선전신학교 입학	역사 전쟁담	진도군 진도읍 성내리 성동마을	조재언 (남, 1925년생)	589_MONA_20170505_SDR_ JJE_016
가고시마로 가자	역사 전쟁담	진도군 진도읍 성내리 성동마을	조재언 (남, 1925년생)	589_MONA_20170505_SDR_ JJE_017
사십칠 대 일의 편입시험	역사 전쟁담	진도군 진도읍 성내리 성동마을	조재언 (남, 1925년생)	589_MONA_20170505_SDR_ JJE_018
관용을 배우다	역사 전쟁담	진도군 진도읍 성내리 성동마을	조재언 (남, 1925년생)	589_MONA_20170505_SDR_ JJE_019
동외리 어떤 부인에게 옳게 당하다	역사 전쟁담	진도군 진도읍 성내리 성동마을	조재언 (남, 1925년생)	589_MONA_20170505_SDR_ JJE_020
돈 급할 때는 부모 밖에 없어	역사 전쟁담	진도군 진도읍 성내리 성동마을	조재언 (남, 1925년생)	589_MONA_20170505_SDR_ JJE_021
전시공장이라 남자 넷에 여자 칠십 명 근무	역사 전쟁담	진도군 진도읍 성내리 성동마을	조재언 (남, 1925년생)	589_MONA_20170505_SDR_ JJE_021
전시 군부 명령이 최우선	역사 전쟁담	진도군 진도읍 성내리 성동마을	조재언 (남, 1925년생)	589_MONA_20170505_SDR_ JJE_022
5·18 광주민중항쟁에 참여한 작은 아들	역사 전쟁담	진도군 진도읍 쌍정리 통정마을	이행자 (여, 1942년생)	589_MONA_20170918_TJR_ LHJ_007

도깨비귀신담

설화제목	유형	조사마을	제보자	조사코드
애기업은 무당을 도깨비로 착각하다	도깨비 귀신담	진도군 임회면 굴포리 남선마을	강진간 (남, 1939년생)	589_MONA_20170609_NSR_ KJG_001
도깨비에 홀린 남자	도깨비 귀신담	진도군 임회면 굴포리 남선마을	강진간 (남, 1939년생)	589_MONA_20170609_NSR_ KJG_003
어머니가 들려준 도깨비 이야기	도깨비 귀신담	진도군 임회면 굴포리 남선마을	강진간 (남, 1939년생)	589_FOTA_20170609_NSR_ KJG_0010
도깨비가 잘 나오는 참나무등	도깨비 귀신담	진도군 임회면 굴포리 번답마을	박청길 (남, 1940년생)	589_FOTA_20170630_BDR_ PCG_009
비지랑굴의 도깨비	도깨비 귀신담	진도군 임회면 봉상리 봉상마을	윤춘엽 (여, 1947년생)	589_FOTA-20170422_BSR_ YCY_003
귀신이 만지면 아프다	도깨비 귀신담	진도군 임회면 봉상리 봉상마을	윤춘엽 (여, 1947년생)	589_FOTA-20170422_BSR_ YCY_004
도깨비가 업어서 건너준 다리	도깨비 귀신담	진도군 임회면 봉상리 송정마을	이평진 (남,1945년생)	589_FOTA-20170604_SJR_ LPJ_001
몽당 빗자루와 밤새 싸운 천하장사	도깨비 귀신담	진도군 임회면 상만리 석교마을	하양수 (남, 1945년생)	589_FOTA_20170424_SKR_ HYS_001
술잔을 받고 길을 비켜준 도깨비	도깨비 귀신담	진도군 임회면 죽림리 강계마을	소진덕 (여, 1929년생)	589_FOTA_20170415_KKR_ SJD_003
북산재에서 만난 도깨비	도깨비 귀신담	진도군 군내면 덕병리 한의마을	김수자 (여, 1953년생)	589_FOTA_20170624_HYR_ KSJ_001
도깨비가 나타나는 요골서당	도깨비 귀신담	진도군 군내면 송산리 상가마을	양상훈 (남, 1934년생)	589_FOTA_20170603_SGR_ YSH_003
날이 궂으면 마장재에서 나는 소리	도깨비 귀신담	진도군 군내면 정자리 정자마을	김행규 (남, 1945년생)	589_FOTA_20170518_JJR_ KHG_001
금창둠벙이 울고 도깨비가 요동치다	도깨비 귀신담	진도군 의신면 돈지리 돈지마을	박현제 (남, 1945년생)	589_FOTA_20170704_DJR_ PHJ_004

설화제목	유형	조사마을	제보자	조사코드
상여를 앞서 가던 노인의 정체	도깨비 귀신담	진도군 의신면 사천리 사하마을	차철웅 (남, 1954년생)	589_FOTA_20170716_SHR_CCW_003
이미 죽은 도깨비에게 놀림 받은 한씨	도깨비 귀신담	진도군 의신면 옥대리 청용마을	박종성 (남, 1937년생)	589_FOTA_20170502_CYR_PJS_004
씨름하자고 덤비는 도깨비	도깨비 귀신담	진도군 의신면 옥대리 청용마을	박종성 (남, 1938년생)	589_FOTA_20170502_CYR_PJS_005
도깨비와 씨름 한 판	도깨비 귀신담	진도군 의신면 초사리 초중마을	박동판 (남, 1947년생)	589_FOTA_20170720_CJR_PDP_003
떡을 던진 이유	도깨비 귀신담	진도군 지산면 보전리 갈두마을	안장진 (남, 1944년생)	589_MONA_20170918_GDR_AJJ_004
천수꼴 도깨비 친구	도깨비 귀신담	진도군 지산면 인지리 독치마을	김봉의 (남, 1939년생)	589_FOTA_20170816_DCR_KBU_005
도깨비의 정체	도깨비 귀신담	진도군 진도읍 교동리 북상마을	박종민 (남, 1925년생)	589_FOTA_20170418_BSR_PJM_0010
도깨비로 보인 바윗돌	도깨비 귀신담	진도군 진도읍 교동리 북상마을	박종민 (남, 1925년생)	589_FOTA_20170418_BSR_PJM_011

생활경험담

설화제목	유형	조사마을	제보자	조사코드
진도와 목포를 왕래한 황포돛배	생활 경험담	진도군 군내면 나리 나리마을	김기율 (남, 1950년생)	589_FOTA_20170717_NR_KGW_001
수백 명이 몰려와 고기 잡던 개매기	생활 경험담	진도군 군내면 나리 나리마을	김기율 (남, 1950년생)	589_FOTA_20170717_NR_KGW_002
우수영 장에서 돌아오다 좌초된 조각배	생활 경험담	진도군 군내면 나리 신기마을(무조마을)	김성조 (남, 1956년생)	589_MONA_20170419_MJR_KSJ_001
바람 불면 아싹아싹 깨지던 옹기	생활 경험담	진도군 군내면 녹진리 녹진마을	김성산 (남, 1938년생)	589_MONA_20170628_NJR_KSS_002
가득 실으면 가라앉고, 덜 실으면 돈이 안 되고	생활 경험담	진도군 군내면 녹진리 녹진마을	김성산 (남, 1938년생)	589_MONA_20170628_NJR_KSS_003
칠산 앞바다 삼치배에서 만난 태풍	생활 경험담	진도군 군내면 녹진리 녹진마을	김성산 (남, 1938년생)	589_MONA_20170628_NJR_KSS_004
진도에 최초로 심은 통일벼	생활 경험담	진도군 군내면 녹진리 녹진마을	김효종 (남, 1949년생)	589_MONA_20170526_NJR_KHJ_001
빚 7만원으로 배운 세상	생활 경험담	진도군 군내면 녹진리 녹진마을	김효종 (남, 1949년생)	589_MONA_20170526_NJR_KHJ_002
쉬지 않고 일만 하며 살아온 인생	생활 경험담	진도군 군내면 녹진리 녹진마을	명춘희 (여, 1940년생)	589_MONA_20170526_NJR_MCH_001
진도에서 실천한 친환경농업	생활 경험담	진도군 군내면 녹진리 만금마을	고만술 (남, 1940년생)	589_FOTA_20170603_MGR_GMS_004
봉침으로 효과를 본 허리통증	생활 경험담	진도군 군내면 녹진리 만금마을	조상심 (여, 1945년생)	589_MONA_20170528_MGR_JSS_001
구사일생으로 살아 돌아온 추자도 낚시	생활 경험담	진도군 군내면 죽전리 죽전마을	이승희 (남, 1935년생)	589_MONA_20170418_JJR_LSH_001
나무를 태워서 소금기를 빼는 화렴	생활 경험담	진도군 군내면 죽전리 죽전마을	이승희 (남, 1935년생)	589_FOTA_20170418_JJR_LSH_002
생명을 구한 침술	생활 경험담	진도군 고군면 지막리 지막마을	박석근 (남, 1933년생)	589_MONA_20170409_JMR_PSG_002

설화제목	유형	조사마을	제보자	조사코드
굵은 소금은 만병통치약	생활 경험담	진도군 고군면 지막리 지막마을	박석근 (남, 1933년생)	589_MONA_20170409_JMR_ PSG_005
진도를 부유하게 해준 전복 사업	생활 경험담	진도군 고군면 향동리 모사마을	김정환 (남, 1949년생)	589_MONA_20170507_MSR_ KJH_001
종묘사업에서 가두리로 전환	생활 경험담	진도군 고군면 향동리 모사마을	김정환 (남, 1949년생)	589_MONA_20170507_MSR_ KJH_002
반골만 매고 놀자는 반골레	생활 경험담	진도군 고군면 향동리 향동마을	김영일 (남, 1938년생)	589_FOTA_20170409_HDR_ KYI_001
오두막집으로 분가하다	생활 경험담	진도군 조도면 가사도리 가사도마을	문형주 (남, 1938년생)	589_MONA_20171009_GSDR_ MHJ_001
지게를 짊어지고 선창까지 달리기	생활 경험담	진도군 조도면 가사도리 가사도마을	문형주 (남, 1938년생)	589_MONA_20171009_GSDR_ MHJ_002
남 따라서 다 먹을라 하면 안돼	생활 경험담	진도군 조도면 가사도리 가사도마을	문형주 (남, 1938년생)	589_MONA_20171009_GSDR_ MHJ_003
가사도 한 마지기는 다르다	생활 경험담	진도군 조도면 가사도리 가사도마을	문형주 (남, 1938년생)	589_MONA_20171009_GSDR_ MHJ_004
가사도광산과 염전에서 일하다	생활 경험담	진도군 조도면 가사도리 가사도마을	문형주 (남, 1938년생)	589_MONA_20171009_GSDR_ MHJ_006
회한이 남는 젊은 시절	생활 경험담	진도군 조도면 가사도리 가사도마을	문형주 (남, 1938년생)	589_MONA_20171009_GSDR_ MHJ_008
김대중 대통령과 6촌간	생활 경험담	진도군 조도면 가사도리 가사도마을	장봉현 (남, 1933년생)	589_MONA_20171018_GSDR_ JBH_009
가치리로 농약 치러 다니다 만 난 배필	생활 경험담	진도군 조도면 가사도리 가사도마을	장봉현 (남, 1933년생)	589_MONA_20171018_GSDR_ JBH_0010
다섯 살 아이가 젖먹이를 돌보다	생활 경험담	진도군 조도면 신전리 신전마을	박정인 (남, 1942년생)	589_MONA_20170819_SJR_ PJI_001
구사일생으로 살아난 아이	생활 경험담	진도군 조도면 신전리 신전마을	박정인 (남, 1942년생)	589_MONA_20170819_SJR_ PJI_002
고향 아이들의 텃세	생활 경험담	진도군 조도면 신전리 신전마을	박정인 (남, 1942년생)	589_MONA_20170819_SJR_ PJI_005
모래땅에서 캔 조개로 학용품 사기	생활 경험담	진도군 조도면 신전리 신전마을	박정인 (남, 1942년생)	589_MONA_20170819_SJR_ PJI_008
공부냐, 지게냐?	생활 경험담	진도군 조도면 신전리 신전마을	박정인 (남, 1942년생)	589_MONA_20170819_SJR_ PJI_009
노력만으로 자수성가하다	생활 경험담	진도군 조도면 신전리 신전마을	박정인 (남, 1942년생)	589_MONA_20170819_SJR_ PJI_0010
조기 배를 탄 열네 살 어부	생활 경험담	진도군 조도면 신전리 신전마을	박정인 (남, 1942년생)	589_MONA_20170819_SJR_ PJI_0011
저 놈 수덕 있다	생활 경험담	진도군 조도면 신전리 신전마을	박정인 (남, 1942년생)	589_MONA_20170819_SJR_ PJI_012
군산에서 탄 중선 배	생활 경험담	진도군 조도면 신전리 신전마을	박정인 (남, 1942년생)	589_MONA_20170819_SJR_ PJI_013
유자망 선원이 되다	생활 경험담	진도군 조도면 신전리 신전마을	박정인 (남, 1942년생)	589_MONA_20170819_SJR_ PJI_014
같은 쪽으로 노를 저으면 배가 기우뚱 기우뚱	생활 경험담	진도군 조도면 신전리 신전마을	박정인 (남, 1942년생)	589_MONA_20170819_SJR_ PJI_015
새 주인 찾기	생활 경험담	진도군 조도면 신전리 신전마을	박정인 (남, 1942년생)	589_MONA_20170819_SJR_ PJI_016
닻배는 닻이 5, 60개	생활 경험담	진도군 조도면 신전리 신전마을	박정인 (남, 1942년생)	589_MONA_20170819_SJR_ PJI_017

설화제목	유형	조사마을	제보자	조사코드
물을 파는 연평도 아낙네들	생활 경험담	진도군 조도면 신전리 신전마을	박정인 (남, 1942년생)	589_MONA_20170819_SJR_PJI_018
연평도까지 삼일 걸리는 유자망배	생활 경험담	진도군 조도면 신전리 신전마을	박정인 (남, 1942년생)	589_MONA_20170819_SJR_PJI_019
닻배 살림 준비	생활 경험담	진도군 조도면 신전리 신전마을	박정인 (남, 1942년생)	589_MONA_20170819_SJR_PJI_020
왕등이 밖으로 벗어나면 죽는다·	생활 경험담	진도군 조도면 신전리 신전마을	박정인 (남, 1942년생)	589_MONA_20170819_SJR_PJI_021
닻 오십개, 육십개가 그물을 잡고 있어	생활 경험담	진도군 조도면 신전리 신전마을	박정인 (남, 1942년생)	589_MONA_20170819_SJR_PJI_022
닻배는 한 물 때 되면 끄집어 올려야 돼	생활 경험담	진도군 조도면 신전리 신전마을	박정인 (남, 1942년생)	589_MONA_20170819_SJR_PJI_023
한식 때 떠 망중살 되면 돌아와	생활 경험담	진도군 조도면 신전리 신전마을	박정인 (남, 1942년생)	589_MONA_20170819_SJR_PJI_024
여그 사람들은 쉴 때가 없어	생활 경험담	진도군 조도면 신전리 신전마을	박정인 (남, 1942년생)	589_MONA_20170819_SJR_PJI_025
동생이 들고 있던 낫에 다리를 다치게 된 사연	생활 경험담	진도군 조도면 신전리 신전마을	박정인 (남, 1942년생)	589_MONA_20170819_SJR_PJI_026
자식 키우려고 중선배 타다	생활 경험담	진도군 조도면 신전리 신전마을	박정인 (남, 1942년생)	589_MONA_20170819_SJR_PJI_027
처갓집하고 낭장망을 했어	생활 경험담	진도군 조도면 신전리 신전마을	박정인 (남, 1942년생)	589_MONA_20170819_SJR_PJI_028
목포에서 소목수를 데려다 목선을 짓다	생활 경험담	진도군 조도면 신전리 신전마을	박정인 (남, 1942년생)	589_MONA_20170819_SJR_PJI_029
동생의 실수로 침몰한 화물선	생활 경험담	진도군 조도면 신전리 신전마을	박정인 (남, 1942년생)	589_MONA_20170819_SJR_PJI_030
중선배 타고 화장질을 했어	생활 경험담	진도군 조도면 신전리 신전마을	박정인 (남, 1942년생)	589_MONA_20170819_SJR_PJI_031
낭장망, 멸치어장을 새로 개발했어	생활 경험담	진도군 조도면 신전리 신전마을	박정인 (남, 1942년생)	589_MONA_20170819_SJR_PJI_032
닻배보존회서 닻배를 탄 사람이 나밖에 없어	생활 경험담	진도군 조도면 신전리 신전마을	박정인 (남, 1942년생)	589_MONA_20170819_SJR_PJI_033
신전리 말고는 그 닻배 만들 수 있는 나무가 없어	생활 경험담	진도군 조도면 신전리 신전마을	박정인 (남, 1942년생)	589_MONA_20170819_SJR_PJI_034
신전리서 나무 비어서 선주집으로 가	생활 경험담	진도군 조도면 신전리 신전마을	박정인 (남, 1942년생)	589_MONA_20170819_SJR_PJI_035
뒷발질을 잘해야 하는 고비끼질	생활 경험담	진도군 조도면 신전리 신전마을	박정인 (남, 1942년생)	589_MONA_20170819_SJR_PJI_036
나무와 목수만 있으면 닻배 만들 수 있제	생활 경험담	진도군 조도면 신전리 신전마을	박정인 (남, 1942년생)	589_MONA_20170819_SJR_PJI_037
위도 파장금이에 색시집이 있었어	생활 경험담	진도군 조도면 신전리 신전마을	박정인 (남, 1942년생)	589_MONA_20170819_SJR_PJI_038
선장보다 선주가 더 잘 알아야 해	생활 경험담	진도군 조도면 신전리 신전마을	박정인 (남, 1942년생)	589_MONA_20170819_SJR_PJI_039
하노잽이, 전노잽이, 중착잽이	생활 경험담	진도군 조도면 신전리 신전마을	박정인 (남, 1942년생)	589_MONA_20170819_SJR_PJI_040
닻과 웃꾸시, 아랫꾸시	생활 경험담	진도군 조도면 신전리 신전마을	박정인 (남, 1942년생)	589_MONA_20170819_SJR_PJI_041
배 타러 간 아들을 걱정하는 시어머니	생활 경험담	진도군 조도면 여미리 율목마을	박막례 (여, 1937년생)	589_MONA_20170720_YMR_PMR_001

설화제목	유형	조사마을	제보자	조사코드
13년간 시어머니 간병	생활 경험담	진도군 조도면 여미리 율목마을	박막례 (여, 1937년생)	589_MONA_20170720_YMR_ PMR_002
배타러 가는 남편 배웅	생활 경험담	진도군 조도면 여미리 율목마을	설대오 (남, 1938년생)	589_MONA_20170720_YMR_ PMR_004
칠산도 바닥 조기배	생활 경험담	진도군 조도면 여미리 율목마을	설대오 (남, 1938년생)	589_MONA_20170720_YMR_ SDO_001
기곗배 선원들에게 맞은 닺배 선원들	생활 경험담	진도군 조도면 여미리 율목마을	설대오 (남, 1938년생)	589_MONA_20170720_YMR_ SDO_002
구십리에서 잡은 깡패들	생활 경험담	진도군 조도면 여미리 율목마을	설대오 (남, 1938년생)	589_MONA_20170720_YMR_ SDO_003
장원기를 꽂고 들어오는 만선배	생활 경험담	진도군 조도면 여미리 율목마을	설대오 (남, 1938년생)	589_MONA_20170720_YMR_ SDO_004
굵은 조기는 우리 집 몫	생활 경험담	진도군 조도면 여미리 율목마을	설대오 (남, 1938년생)	589_MONA_20170720_YMR_ SDO_005
가득찬 물통이 더 편하다	생활 경험담	진도군 조도면 여미리 율목마을	설대오 (남, 1938년생)	589_MONA_20170720_YMR_ YMR_SDO_006
남자들이 전멸한 마을	생활 경험담	진도군 조도면 여미리 율목마을	설대오 (남, 1938년생)	589_MONA_20170720_YMR_ SDO_007
볕만 나면 이 잡는 게 일	생활 경험담	진도군 조도면 여미리 율목마을	설대오 (남, 1938년생)	589_MONA_20170720_YMR_ SDO_008
인명은 재천이라	생활 경험담	진도군 조도면 여미리 율목마을	설대오 (남, 1938년생)	589_MONA_20170720_YMR_ SDO_009
내 아깐 노래 어찌께 잊어부까	생활 경험담	진도군 조도면 창유리 곤우마을	한월례 (여, 1925년생)	589_MONA_20170720_GUR_ HWL_001
예쁘고 고왔던 소녀시절	생활 경험담	진도군 조도면 창유리 곤우마을	한월례 (여, 1925년생)	589_MONA_20170720_GUR_ HWL_002
말실수 안하려고 노인회관은 안가요	생활 경험담	진도군 조도면 창유리 곤우마을	한월례 (여, 1925년생)	589_MONA_20170720_GUR_ HWL_003
잘 생기시고 영리하셨던 아버지	생활 경험담	진도군 조도면 창유리 곤우마을	한월례 (여, 1925년생)	589_MONA_20170720_GUR_ HWL_004
큰애기 때는 맨 노래만 하고 춤추고 그랬어	생활 경험담	진도군 조도면 창유리 곤우마을	한월례 (여, 1925년생)	589_MONA_20170720_GUR_ HWL_005
사라진 섬타령	생활 경험담	진도군 조도면 창유리 곤우마을	한월례 (여, 1925년생)	589_MONA_20170720_GUR_ HWL_006
배가 고파 황토도 먹어봤다	생활 경험담	진도군 조도면 창유리 창유마을	장만인 (남, 1948년생)	589_MONA_20170720_CYR_ JMY_001
주낫배를 공격하는 나니떼	생활 경험담	진도군 조도면 창유리 창유마을	장만인 (남, 1948년생)	589_MONA_20170720_CYR_ JMY_002
꿩밥, 찰밥나무로 개떡을 해먹다	생활 경험담	진도군 조도면 창유리 창유마을	장만인 (남, 1948년생)	589_MONA_20170720_CYR_ JMY_003
갈포래 뜯어다 돼지비계 넣고 끓인 국	생활 경험담	진도군 조도면 창유리 창유마을	장만인 (남, 1948년생)	589_MONA_20170720_CYR_ JMY_004
톳밥도시락 이야기로 글짓기 일등	생활 경험담	진도군 조도면 창유리 창유마을	장만인 (남, 1948년생)	589_MONA_20170720_CYR_ JMY_005
조도에서 옷 장사를 시작했지	생활 경험담	진도군 조도면 창유리 창유마을	장만인 (남, 1948년생)	589_MONA_20170720_CYR_ JMY_006
다방이 일곱 개 였는데 이제는 없어	생활 경험담	진도군 조도면 창유리 창유마을	장만인 (남, 1948년생)	589_MONA_20170720_CYR_ JMY_007
개간한 밭 등기이전을 안해놨더니	생활 경험담	진도군 조도면 창유리 창유마을	장만인 (남, 1948년생)	589_MONA_20170720_CYR_ JMY_008

설화제목	유형	조사마을	제보자	조사코드
젊은이들 서울보다 조도가 낫다	생활 경험담	진도군 조도면 창유리 창유마을	장만인 (남, 1948년생)	589_MONA_20170720_CYR_JMY_009
남의 소 반에 키운다	생활 경험담	진도군 조도면 창유리 창유마을	장만인 (남, 1948년생)	589_MONA_20170720_CYR_JMY_010
매정 앞바다 간척사업	생활 경험담	진도군 임회면 고정리 매정마을	강돈지 (여, 1941년생)	589_MONA_20170417_MJR_KDJ_001
톱밥, 수수밥, 쑥밥	생활 경험담	진도군 임회면 고정리 매정마을	강돈지 (여, 1941년생)	589_MONA_20170417_MJR_KDJ_002
결혼 전에 한 세 가지 약속	생활 경험담	진도군 임회면 고정리 매정마을	강돈지 (여, 1941년생)	589_MONA_20170417_MJR_KDJ_003
열세 명의 가족과 고생한 이야기	생활 경험담	진도군 임회면 고정리 매정마을	박용자 (여, 1939년생)	589_MONA_20170417_MJR_PYJ_001
대가족 밥상 풍경	생활 경험담	진도군 임회면 고정리 매정마을	박용자 (여, 1939년생)	589_MONA_20170417_MJR_PYJ_002
썩은 보리밥 먹기	생활 경험담	진도군 임회면 고정리 매정마을	이상덕 (여, 1934년생)	589_MONA_20170417_MJR_PYJ_001
특이한 이름 석자	생활 경험담	진도군 임회면 고정리 매정마을	강보단 (여, 1938년생)	589_MONA_20170417_MJR_KBD_001
젊은 노인회장의 포부	생활 경험담	진도군 임회면 고정리 매정마을	박재순 (여, 1938년생)	589_MONA_20170417_MJR_PJS_001
굴포 바다에 침몰한 중국 배	생활 경험담	진도군 임회면 굴포리 남선마을	강진간 (남, 1939년생)	589_MONA_20170609_NSR_KJG_004
뼈에 좋다는 명약 산골빠	생활 경험담	진도군 임회면 굴포리 남선마을	김상례 (남, 1936년생)	589_MONA_20170630_NSR_KSR_001
안방까지 바닷물이 들었던 사라호 태풍	생활 경험담	진도군 임회면 봉상리 봉상마을	윤춘엽 (여, 1947년생)	589_MONA_20170422_BSR_YCY_002
전깃불 단 것처럼 훤하네	생활 경험담	진도군 임회면 봉상리 봉상마을	윤춘엽 (여, 1947년생)	589_FOTA_20170422_BSR_YCY_006
죽어서도 자식 생각하는 어머니	생활 경험담	진도군 임회면 봉상리 봉상마을	윤춘엽 (여, 1947년생)	589_FOTA_20170422_BSR_YCY_007
초상집에서 며칠을 먹고 살던 풍경	생활 경험담	진도군 임회면 삼막리 하미마을	하영호 (남, 1945년생)	589_FOTA_20170612_HMR_HYH_002
하미골에 있었던 세 개의 사창(社倉)	생활 경험담	진도군 임회면 삼막리 하미마을	하영호 (남, 1945년생)	589_FOTA_20170612_HMR_HYH_003
하미에 살던 단골들	생활 경험담	진도군 임회면 삼막리 하미마을	하영호 (남, 1945년생)	589_FOTA_20170612_HMR_HYH_007
시아버지의 며느리 훈육	생활 경험담	진도군 임회면 석교리 구분실마을	주광현 (남, 1945년생)	589_FOTA_20170424_GBSR_JKH_003
의술과 인술의 산실 구분실 약국	생활 경험담	진도군 임회면 석교리 구분실마을	주광현 (남, 1945년생)	589_FOTA_20170424_GBSR_JKH_004
산감 몰래 나무하기	생활 경험담	진도군 임회면 죽림리 강계마을	소진덕 (여, 1929년생)	589_MONA_20170415_KKR_SJD_003
달리기 선수로 활약한 어린 시절	생활 경험담	진도군 임회면 죽림리 강계마을	소진덕 (여, 1929년생)	589_MONA_20170415_KKR_SJD_005
옹기배가 많이 들어온 옹구막	생활 경험담	진도군 임회면 죽림리 강계마을	소진덕 (여, 1929년생)	589_FOTA_20170415_KKR_SJD_002
뜨고, 널고, 띠고 한겨울 뜸발하기	생활 경험담	진도군 임회면 죽림리 강계마을	소진덕 (여, 1929년생)	589_MONA_20170415_KKR_SJD_006
꿩과 노루 사냥	생활 경험담	진도군 임회면 죽림리 동헌마을	윤홍기 (남, 1951년생)	589_MONA_20170916_DHR_YHG_004

설화제목	유형	조사마을	제보자	조사코드
보리밥으로 연명했던 살림살이	생활경험담	진도군 임회면 죽림리 죽림마을	이송금 (여, 1931년생)	589_MONA_20170613_JRR_LSK_001
배고픈 시절 매생이밥과 톳밥	생활경험담	진도군 임회면 죽림리 죽림마을	이송금 (여, 1931년생)	589_MONA_20170613_JRR_LSK_002
맞칠 사람, 고칠 사람 하면 나	생활경험담	진도군 임회면 죽림리 죽림마을	이송금 (여, 1931년생)	589_MONA_20170613_JRR_LSK_003
죽림 앞 갯벌에서의 조개잡이	생활경험담	진도군 임회면 죽림리 죽림마을	이천심 (여, 1931년생)	589_FOTA_20170613_JRR_LCS_002
풀 캐고 나무하기	생활경험담	진도군 임회면 죽림리 죽림마을	이천심 (여, 1931년생)	589_FOTA_20170613_JRR_LCS_003
우리는 즐거운 할머니 3인조	생활경험담	진도군 임회면 죽림리 죽림마을	차화자 (여, 1936년생)	589_MONA_20170613_JRR_CHJ_001
일 많고 식구 많은 짭짭한 시집살이	생활경험담	진도군 임회면 죽림리 죽림마을	차화자 (여, 1936년생)	589_MONA_20170613_JRR_CHJ_002
어렵게 낸 탑립마을 진입로	생활경험담	진도군 임회면 죽림리 탑립마을	소두영 (여, 1941년생)	589_MONA_20170415_TRR_SDY_001
통발 놓아 문어잡기	생활경험담	진도군 임회면 죽림리 탑립마을	소두영 (여, 1941년생)	589_MONA_20170415_TRR_SDY_002
최초로 전기가 들어온 탑립마을	생활경험담	진도군 임회면 죽림리 탑립마을	소두영 (여, 1941년생)	589_MONA_20170415_TRR_SDY_003
주민 배고픔을 달래준 저수지 공사	생활경험담	진도군 의신면 거룡리 사정마을	박석규 (남, 1946년생)	589_MONA_20170611_SJR_PSG_001
보리밭에 거름 내기	생활경험담	진도군 의신면 금갑리 금갑마을	강용언 (남, 1946년생)	589_MONA_20170413_KKR_KYY_001
밤 뱃놀이를 즐긴 마을 청년들	생활경험담	진도군 의신면 금갑리 금갑마을	강용언 (남, 1947년생)	589_MONA_20170413_KKR_KYY_002
두말없이 믿어준 친구 덕에 곱게 살아	생활경험담	진도군 의신면 금갑리 금갑마을	곽남심 (여, 1932년생)	589_MONA_20170413_KKR_KNS_001
해남윤씨 가문 내력과 족보 편찬	생활경험담	진도군 의신면 금갑리 금갑마을	윤주빈 (남, 1941년생)	589_MONA_20170613_KKR_YJB_004
처음으로 장에 가서 파래 팔던 날	생활경험담	진도군 의신면 금갑리 금갑마을	이만심 (여, 1941년생)	589_MONA_20170413_KKR_LMS_001
고장이 잦아서 애태웠던 보리 탈작기	생활경험담	진도군 의신면 금갑리 금갑마을	이만심 (여, 1941년생)	589_MONA_20170413_KKR_LMS_002
지금은 반찬 한두 가지로 혼자 하는 식사	생활경험담	진도군 의신면 금갑리 금갑마을	이만심 (여, 1941년생)	589_MONA_20170413_KKR_LMS_003
죽기 전에 한번이라도 보고싶은 아들	생활경험담	진도군 의신면 금갑리 금갑마을	이만심 (여, 1941년생)	589_MONA_20170413_KKR_LMS_004
누우면 별이 보인 집 천장	생활경험담	진도군 의신면 금갑리 금갑마을	조용자 (여, 1939년생)	589_MONA_20170413_KKR_JYJ_001
맨발로 울면서 도망간 두 손녀	생활경험담	진도군 의신면 사천리 사하마을	김명자 (여, 1963년생)	589_MONA_20170827_SHR_KMJ_003
태풍에 터져버린 둑을 막기 위해 밀가루를 버리다	생활경험담	진도군 의신면 옥대리 정지마을	김삼순 (남, 1943년생)	589_FOTA_20170623_JJR_KSS_002
배고팠던 시절의 닭서리	생활경험담	진도군 의신면 초사리 초중마을	박동판 (남, 1947년생)	589_MONA_20170720_CJR_PDP_001
마을회관을 새로 건립하기까지	생활경험담	진도군 지산면 거제리 거제마을	박청 (남, 1940년생)	589_MONA_20170828_GJR_PC_002
흉년에 말을 잡아먹다	생활경험담	진도군 지산면 관마리 관마을	윤영웅 (남, 1940년생)	589_FOTA_20170816_GMR_YYU_002

설화제목	유형	조사마을	제보자	조사코드
10대 시절의 힘들었던 객지생활	생활 경험담	진도군 지산면 보전리 갈두마을	안장진 (남, 1944년생)	589_MONA_20170918_GDR_ AJJ_001
주경야독(晝耕夜讀)의 길을 찾다	생활 경험담	진도군 지산면 보전리 갈두마을	안장진 (남, 1944년생)	589_MONA_20170918_GDR_ AJJ_002
수심이 적합한 양식장을 찾기까지	생활 경험담	진도군 지산면 보전리 갈두마을	안장진 (남, 1944년생)	589_MONA_20170918_GDR_ AJJ_003
어머니의 손끝에서 나왔던 무명옷	생활 경험담	진도군 지산면 보전리 상보전마을	김민제 (남, 1939년생)	589_MONA_20170824_SBJR_ KMJ_001
배고픈 그 시절에 먹었던 음식	생활 경험담	진도군 지산면 보전리 상보전마을	김민제 (남, 1939년생)	589_MONA_20170824_SBJR_ KMJ_002
젊은 시절 힘겹게 보냈던 서울생활	생활 경험담	진도군 지산면 보전리 상보전마을	김민제 (남, 1939년생)	589_MONA_20170824_SBJR_ KMJ_003
불타는 학구열	생활 경험담	진도군 지산면 보전리 상보전마을	김민제 (남, 1939년생)	589_MONA_20170824_SBJR_ KMJ_004
서남해 최초의 전복 양식	생활 경험담	진도군 지산면 보전리 하보전마을	허 재 (남, 1946년생)	589MONA_20170624_HBJR_ HJ_002
황복어 양식을 성공시킨 비결	생활 경험담	진도군 지산면 보전리 하보전마을	허 재 (남, 1946년생)	589_MONA_20170624_HBJR_ HJ_003
인공호흡으로 죽은 아이를 살리다	생활 경험담	진도군 지산면 보전리 하보전마을	허 재 (남, 1946년생)	589_MONA_20170624_HBJR_ HJ_005
서양화가로서의 꿈	생활 경험담	진도군 지산면 보전리 하보전마을	허 재 (남, 1946년생)	589_MONA_20170624_HBJR_ HJ_006
소포마을 사람들의 대흥포 간척 공사	생활 경험담	진도군 지산면 소포리 소포마을	김덕춘 (남, 1931년생)	589_MONA_20170725_SPR_ KDC_001
갯벌을 농토로 만들었으나	생활 경험담	진도군 지산면 심동리 하심동마을	허경환 (남, 1949년생)	589_MONA_20170824_HSDR_ HKH_001
풍파에 가족을 구해준 형제	생활 경험담	진도군 지산면 인지리 독치마을	김봉의 (남, 1939년생)	589_FOTA_20170816_DCR_ KBU_002
임방울이 소리하고 임상권이 줄타기 한 진도의 포장극단	생활 경험담	진도군 진도읍 교동리 북상마을	박종민 (남, 1925년생)	589_MONA_20170418_BSR_ PJM_001
일제강점기 진도읍에 있었던 명월관과 제진관	생활 경험담	진도군 진도읍 교동리 북상마을	박종민 (남, 1925년생)	589_MONA_20170418_BSR_ PJM_002
해방 되갖고 진도에 극장이 생겼제	생활 경험담	진도군 진도읍 교동리 북상마을	박종민 (남, 1925년생)	589_MONA_20170418_BSR_ PJM_003
야외 영사기로 나이롱극장을 시작하다	생활 경험담	진도군 진도읍 교동리 북상마을	박종민 (남, 1925년생)	589_MONA_20170418_BSR_ PJM_004
35미리 필름 기계 들여오려고 논도 다 팔았어	생활 경험담	진도군 진도읍 교동리 북상마을	박종민 (남, 1925년생)	589_MONA_20170418_BSR_ PJM_005
변사에 따라 손님이 더 들고, 덜 들고	생활 경험담	진도군 진도읍 교동리 북상마을	박종민 (남, 1925년생)	589_MONA_20170418_BSR_ PJM_006
유성영화도 소리 꺼불고 변사가 해	생활 경험담	진도군 진도읍 교동리 북상마을	박종민 (남, 1925년생)	589_MONA_20170418_BSR_ PJM_007
소구루마에 실린 가설극장	생활 경험담	진도군 진도읍 교동리 북상마을	박종민 (남, 1925년생)	589_MONA_20170418_BSR_ PJM_008
여러 섬에서 열린 가설극장	생활 경험담	진도군 진도읍 교동리 북상마을	박종민 (남, 1925년생)	589_MONA_20170418_BSR_ PJM_009
곡성영화의 시작을 열다	생활 경험담	진도군 진도읍 교동리 북상마을	박종민 (남, 1925년생)	589_MONA_20170418_BSR_ PJM_010
천안 성환읍에서 극장을 열다	생활 경험담	진도군 진도읍 교동리 북상마을	박종민 (남, 1925년생)	589_MONA_20170418_BSR_ PJM_011

설화제목	유형	조사마을	제보자	조사코드
성환극장 운영에 도움 준 고향 후배들	생활 경험담	진도군 진도읍 교동리 북상마을	박종민 (남, 1925년생)	589_MONA_20170418_BSR_PJM_012
뒤집힌 해남환에서 살아나온 이야기	생활 경험담	진도군 진도읍 교동리 북상마을	박종민 (남, 1925년생)	589_MONA_20170418_BSR_PJM_013
시제 모시는데 나락이 일곱 가마니	생활 경험담	진도군 진도읍 교동리 북상마을	박종민 (남, 1925년생)	589_MONA_20170418_BSR_PJM_014
홍갑수 안채봉 주연으로 명창대회를 붙였어	생활 경험담	진도군 진도읍 교동리 북상마을	박종민 (남, 1925년생)	589_MONA_20170418_BSR_PJM_023
시골돈하고 서울돈하고 틀려	생활 경험담	진도군 진도읍 교동리 북상마을	박종민 (남, 1925년생)	589_MONA_20170418_BSR_PJM_028
씻김굿 하고 뇌졸증 나았어	생활 경험담	진도군 진도읍 교동리 북상마을	박종민 (남, 1925년생)	589_FOTA_20170418_BSR_PJM_006
육백 평은 아홉마지기	생활 경험담	진도군 진도읍 교동리 북상마을	박종민 (남, 1925년생)	589_MONA_20170418_BSR_PJM_0038
바다는 해경, 육지는 경찰 소관	생활 경험담	진도군 진도읍 북상리 30번지 조규식 자택	조규식 (남, 1951년생)	589_MONA_20170609_BSR_JGS_002
임금님께 진상했다는 명품 진도김	생활 경험담	진도군 진도읍 성북길 12	차상행 (남, 1948년생)	589_MONA_20171110_BSR_CSH_001
한국에서 제일가는 진도 미역	생활 경험담	진도군 진도읍 성북길 12	차상행 (남, 1948년생)	589_MONA_20171110_BSR_CSH_002
진도 육로 교통 문제 해결	생활 경험담	진도군 진도읍 남동리 남동마을	김원홍 (남, 1939년생)	589_MONA_20171012_NDR_KWH_001
진도의 해상교통 발전	생활 경험담	진도군 진도읍 남동리 남동마을	김원홍 (남, 1939년생)	589_MONA_20171012_NDR_KWH_002
육로 수송 장려	생활 경험담	진도군 진도읍 남동리 남동마을	김원홍 (남, 1939년생)	589_MONA_20171012_NDR_KWH_003
진도 숙박시설 변천	생활 경험담	진도군 진도읍 남동리 남동마을	김원홍 (남, 1939년생)	589_MONA_20171012_NDR_KWH_004
이틀이면 뚝딱 짓는 외막	생활 경험담	진도군 진도읍 동외리 동외마을	서순창 (남, 1935년생)	589_MONA_20170420_DWR_SSC_002
외 종자 받아 외 재배하기	생활 경험담	진도군 진도읍 동외리 동외마을	서순창 (남, 1935년생)	589_MONA_20170420_DWR_SSC_003
장터에서 외 파는 외첨지	생활 경험담	진도군 진도읍 동외리 동외마을	서순창 (남, 1935년생)	589_MONA_20170420_DWR_SSC_004
논 갈아주고 갈이삯 받기	생활 경험담	진도군 진도읍 동외리 동외마을	서순창 (남, 1935년생)	589_MONA_20170420_DWR_SSC_005
소구루마로 장마다 한 바퀴	생활 경험담	진도군 진도읍 동외리 동외마을	서순창 (남, 1935년생)	589_MONA_20170420_DWR_SSC_006
소도 구루마도 돈 들여야 좋다	생활 경험담	진도군 진도읍 동외리 동외마을	서순창 (남, 1935년생)	589_MONA_20170420_DWR_SSC_007
왕무덤재에서 생긴 소구루마 사고	생활 경험담	진도군 진도읍 동외리 동외마을	서순창 (남, 1935년생)	589_MONA_20170420_DWR_SSC_008
70년대 문화원 순회공연 역사	생활 경험담	진도군 진도읍 동외리 동외마을	박병원 (남,1945년생) 김길록 (남,1953년생)	589_MONA_20170904_DWR_KGR, PBW_001
한복에 삼신 신고 미국 간 젊은이들	생활 경험담	진도군 진도읍 성내리 성동마을	조재언 (남, 1925년생)	589_MONA_20170505_SDR_JJE_001
세계박람회에 출품한 진도 육날삼신	생활 경험담	진도군 진도읍 성내리 성동마을	조재언 (남, 1925년생)	589_MONA_20170505_SDR_JJE_002

설화제목	유형	조사마을	제보자	조사코드
짚신 수출로 돈을 번 이천	생활 경험담	진도군 진도읍 성내리 성동마을	조재언 (남, 1925년생)	589_MONA_20170505_SDR_JJE_003
짚신틀을 잘 보존한 며느리	생활 경험담	진도군 진도읍 성내리 성동마을	조재언 (남, 1925년생)	589_MONA_20170505_SDR_JJE_004
짚신 엮는 틀 도투마리	생활 경험담	진도군 진도읍 성내리 성동마을	조재언 (남, 1925년생)	589_MONA_20170505_SDR_JJE_005
공부하고 싶어 불효자가 되다	생활 경험담	진도군 진도읍 성내리 성동마을	조재언 (남, 1925년생)	589_MONA_20170505_SDR_JJE_006
바람 방향으로 잡아낸 그림의 오류	생활 경험담	진도군 진도읍 성내리 성동마을	조재언 (남, 1925년생)	589_MONA_20170505_SDR_JJE_007
택시회사 경영부터 지금까지	생활 경험담	진도군 진도읍 쌍정리 두정마을	김덕수 (남, 1942년생)	589_MONA_20170918_DJR_KDS_001
목탄차 운행기	생활 경험담	진도군 진도읍 쌍정리 두정마을	김덕수 (남, 1942년생)	589_MONA_20170918_DJR_KDS_002
자식들만 위한다고 토라진 남편	생활 경험담	진도군 진도읍 쌍정리 통정마을	이행자 (여, 1942년생)	589_MONA_20170918_TJR_LHJ_002
이사갔으니 동네사람들의 기득권을 인정해야제	생활 경험담	진도군 진도읍 쌍정리 통정마을	이행자 (여, 1942년생)	589_MONA_20170918_TJR_LHJ_003
사둔 신뢰 때문에 가출하지 못한 사연	생활 경험담	진도군 진도읍 쌍정리 통정마을	이행자 (여, 1942년생)	589_MONA_20170918_TJR_LHJ_004
진돗개 찾으려다 잃어버린 대학등록금	생활 경험담	진도군 진도읍 쌍정리 통정마을	이행자 (여, 1942년생)	589_MONA_20170918_TJR_LHJ_006

소담

설화제목	유형	조사마을	제보자	조사코드
서마장자, 우마장자만 찾는 당골네	소담	진도군 임회면 봉상리 봉상마을	윤춘엽 (여, 1947년생)	589_MONA-20170422_BSR_YCY_003
행암네 하남씨 해창 다녀오기	소담	진도군 임회면 봉상리 봉상마을	하영순 (남, 1945년생)	589_FOTA-20170424_BSR_HYS_001
수탉도 내일 조도 가려나 보다	소담	진도군 임회면 용호리 호구동마을	김환산 (남, 1939년생)	589_FOTA_20170526_HGDR_KHS_004
술 동우 감추기	소담	진도군 임회면 죽림리 강계마을	소진덕 (여, 1929년생)	589_MONA_20170415_KKR_SJD_002
부인들을 속여서 술을 훔쳐 먹은 술꾼들	소담	진도군 의신면 만길리 도목마을	이춘홍 (남, 1940년생)	589_MONA_20170717_DMR_LCH_003
자네가 참게, 빡보! 이름이 뭐인가, 빡보!	소담	진도군 의신면 사천리 사하마을	김명자 (여, 1963년생)	589_MONA_20170827_SHR_KMJ_006
꾀를 내도 죽을 꾀를 내다	소담	진도군 진도읍 포산리 포구마을	박상림 (남, 1935년생)	589_FOTA_20171024_PGR_PSL_003
비가 와도 달리지 않는 양반	소담	진도군 진도읍 포산리 포구마을	박상림 (남, 1935년생)	589_FOTA_20171024_PGR_PSL_004
밀주 단속을 피한 주인마님의 재치	소담	진도군 고군면 지수리 지수마을	김서규 (남, 1937년생)	589_MONA_20170423_JSR_KSG_003

인생담

설화제목	유형	조사마을	제보자	조사코드
석현리 김해김씨들과의 묘역 갈등	인생담	진도군 고군면 도평리 도론마을	이영목 (남, 1945년생)	589_FOTA_20170703_DRR_LYM_004
인민재판에서 목사님을 살려준 책 도둑	인생담	진도군 의신면 금갑리 금갑마을	윤주빈 (남, 1940년생)	589_MONA_20170613_KKR_YJB_003
지랄병하는 신랑에게 시집가서 잘살고 있는 신부	인생담	진도군 의신면 만길리 원두마을	박주민 (남, 1940년생)	589_MONA_20170717_WDR_PJM_003
술에 취해 도둑으로 몰린 할아버지	인생담	진도군 의신면 사천리 사하마을	김명자 (여, 1963년생)	589_MONA_20170827_SHR_KMJ_001
천수 만수 구만수 백년 원수 내 원수	인생담	진도군 의신면 사천리 사하마을	김명자 (여, 1963년생)	589_MONA_20170827_SHR_KMJ_002
걱정했던 월계가 말년이 제일 좋다	인생담	진도군 진도읍 쌍정리 통정마을	이행자 (여, 1942년생)	589_MONA_20170918_TJR_LHJ_001

지명담

설화제목	유형	조사마을	제보자	조사코드
땅이름에 담긴 조상의 선견지명	지명담	진도군 군내면 나리 신기마을(무조마을)	김성조 (남, 1956년생)	589_FOTA_20170419_MJR_KSJ_001
잃어버린 고향, 광대도	지명담	진도군 군내면 나리 신기마을(무조마을)	김성조 (남, 1956년생)	589_MONA_20170419_MJR_KSJ_003
새가 춤추는 형국인 무조마을	지명담	진도군 군내면 나리 신기마을(무조마을)	김성조 (남, 1956년생)	589_FOTA_20170419_MJR_KSJ_001
위험한 울돌목 물살	지명담	진도군 군내면 녹진리 녹진마을	김성산 (남, 1938년생)	589_MONA_20170628_NJR_KSS_001
담배농사가 적격인 녹진	지명담	진도군 군내면 녹진리 녹진마을	김효종 (남, 1949년생)	589_MONA_20170526_NJR_KHJ_003
대꾸지라 불렀던 대사마을	지명담	진도군 군내면 녹진리 대사마을	문종욱 (남, 1948년생)	589_FOTA_20170717_DSR_MJW_001
금골산에서 떨어지면 살고 독굴산에서 떨어지면 죽고	지명담	진도군 군내면 녹진리 대사마을	문종욱 (남, 1948년생)	589_FOTA_20170717_DSR_MJW_003
조상들의 선견지명을 큰 들이 된 대야리	지명담	진도군 군내면 녹진리 대야마을	박병림 (남, 1950년생)	589_FOTA_20170624_DYR_PBR_001
벽파 앞에 멈춰버린 감부도	지명담	진도군 군내면 녹진리 대야마을	박병림 (남, 1950년생)	589_FOTA_20170624_DYR_PBR_002
오빠를 부르는 도깨비 불치	지명담	진도군 군내면 녹진리 대야마을	박병림 (남, 1950년생)	589_FOTA_20170624_DYR_PBR_003
어제바위와 피섬의 유래	지명담	진도군 군내면 녹진리 만금마을	고만술 (남, 1940년생)	589_FOTA_20170603_MGR_GMS_001
원님이 다니던 길	지명담	진도군 군내면 녹진리 만금마을	고만술 (남, 1940년생)	589_FOTA_20170603_MGR_GMS_002
도깨비가 자주 출몰하는 광재	지명담	진도군 군내면 녹진리 만금마을	고만술 (남, 1940년생)	589_FOTA_20170603_MGR_GMS_003
고래가 지나가던 녹진 앞바다	지명담	진도군 군내면 녹진리 만금마을	김종식 (남, 1940년생)	589_FOTA_20170528_MGR_KJS_002
며느리의 한이 서린 가심재	지명담	진도군 군내면 덕병리 덕병마을	이상문 (남, 1942년생)	589_FOTA_20170518_DBR_LSM_001

설화제목	유형	조사마을	제보자	조사코드
호랑이산보다 기세등등한 덕병사람들	지명담	진도군 군내면 덕병리 덕병마을	이상문 (남, 1942년생)	589_FOTA_20170518_DBR_LSM_004
학처럼 깨끗한 한의 사람들	지명담	진도군 군내면 덕병리 한의마을	김재근 (남, 1928년생)	589_FOTA_20170624_HYR_KJG_001
흔적뿐인 마가패마을	지명담	진도군 군내면 덕병리 한의마을	김재근 (남, 1928년생)	589_FOTA_20170624_HYR_KJG_002
너무나 아까운 동서샘	지명담	진도군 군내면 덕병리 한의마을	김재근 (남, 1928년생)	589_FOTA_20170624_HYR_KJG_003
발 담구고 놀던 시원한 도구통샘	지명담	진도군 군내면 덕병리 한의마을	김수자 (여, 1953년생)	589_FOTA_20170624_HYR_KSJ_012
연안차씨와 방귀등	지명담	진도군 군내면 둔전리 둔전마을	박세종 (남, 1938년생)	589_FOTA_20170528_DJR_PSJ_001
둔전리 팔경	지명담	진도군 군내면 둔전리 둔전마을	박세종 (남, 1938년생)	589_FOTA_20170528_DJR_PSJ_002
해은사와 용샘 그리고 조새바우	지명담	진도군 군내면 둔전리 둔전마을	박세종 (남, 1938년생)	589_FOTA_20170528_DJR_PSJ_003
뒤롱이묘와 금골산 유래	지명담	진도군 군내면 둔전리 둔전마을	박세종 (남, 1938년생)	589_FOTA_20170528_DJR_PSJ_005
세골함에서 안농까지 해원바닥	지명담	진도군 군내면 둔전리 둔전마을	박세종 (남, 1938년생)	589_FOTA_20170528_DJR_PSJ_006
금골마을과 안농의 유래	지명담	진도군 군내면 둔전리 둔전마을	박세종 (남, 1938년생)	589_FOTA_20170528_DJR_PSJ_007
진도의 백두대간 금골산	지명담	진도군 군내면 분토리 외동산마을	박규배 (남, 1936년생)	589_FOTA_20170424_YDSR_PGB_001
크게 번성했던 상가마을	지명담	진도군 군내면 송산리 상가마을	양상훈 (남, 1934년생)	589_FOTA_20170603_SGR_YSH_001
울둘목까지 연결된 동밖굴	지명담	진도군 군내면 송산리 상가마을	양상훈 (남, 1934년생)	589_FOTA_20170603_SGR_YSH_002
서쪽을 막기 위한 선바우독과 제방둑	지명담	진도군 군내면 송산리 송산마을	조재홍 (남, 1942년생)	589_FOTA_20170603_SSR_JJH_004
걸어가다 멈추어버린 지심매산	지명담	진도군 군내면 용장리 용장마을	곽재설 (남, 1943년생)	589_FOTA_20170413_YJR_KJS_001
바위 속에 보물창고가 있는 맘바등바위	지명담	진도군 군내면 용장리 용장마을	곽재설 (남, 1943년생)	589_FOTA_20170413_YJR_KJS_004
아흔아홉 골짜기 물이 모이는 정자리	지명담	진도군 군내면 정자리 정자마을	강남철 (남, 1955년생)	589_FOTA_20170518_JJR_KNC_001
물이 마르지 않는 망산 십샘	지명담	진도군 군내면 정자리 정자마을	김진일 (남, 1950년생)	589_FOTA_20170518_JJR_KJI_003
오동메산과 금골산 사이 살막재	지명담	진도군 군내면 정자리 정자마을	박옥준 (남, 1939년생)	589_FOTA_20170518_JJR_POJ_001
옛 지명에 담긴 조상님들의 선견지명	지명담	진도군 군내면 죽전리 죽전마을	이승희 (남, 1935년생)	589_FOTA_20170418_JJR_LSH_001
자연물로 유일무이한 수림석	지명담	진도군 군내면 죽전리 죽전마을	이승희 (남, 1935년생)	589_MONA_20170418_JJR_LSH_003
중국에는 장가계 진도에는 안가계	지명담	진도군 고군면 가계리 가계마을	허광무 (남, 1946년생)	589_FOTA_20170506_GGR_HGM_001
붉은 뱀의 혈자리에서 유래한 단사골	지명담	진도군 고군면 고성리 오일시마을	곽채술 (남, 1930년생)	589_FOTA_20170521_OISR_KCS_001
고성성터와 성안 샘	지명담	진도군 고군면 고성리 오일시마을	곽채술 (남, 1931년생)	589_FOTA_20170521_OISR_KCS_002

설화제목	유형	조사마을	제보자	조사코드
건너 마을의 남근바위	지명담	진도군 고군면 고성리 오일시마을	곽채술 (남, 1932년생)	589_FOTA_20170521_OISR_KCS_003
용꼬리 흠집이 있는 용담바위	지명담	진도군 고군면 금계리 금호도마을	양재복 (남, 1947년생)	589_FOTA_20170426_GHDR_YJB_001
낭골 굴바위와 통하는 마을 앞굴	지명담	진도군 고군면 금계리 금호도마을	양재복 (남, 1947년생)	589_FOTA_20170426_GHDR_YJB_005
묵재 정민익 선생이 세운 서당 관해정	지명담	진도군 고군면 금계리 금호도마을	양재복 (남, 1947년생)	589_FOTA_20170426_GHDR_YJB_007
방죽골 밑 저수지	지명담	진도군 고군면 금계리 회동마을	용홍태 (남, 1932년생)	589_MONA_20170507_HDR_YHT_001
중을 제물로 삼은 임선포와 걸어가다 멈춘 선모산	지명담	진도군 고군면 내산리 내동마을	고용범 (남, 1934년생)	589_FOTA_20170420_NDR_GYB_002
생이바우 천장에 새겨진 한시	지명담	진도군 고군면 내산리 내동마을	고용범 (남, 1934년생)	589_FOTA_20170420_NDR_GYB_003
왜군들의 시신을 매장한 왜덕산과 왜병골짜기	지명담	진도군 고군면 내산리 마산마을	이정국 (남, 1949년생)	589_FOTA_20170526_MSR_LJK_001
황조마을의 유래	지명담	진도군 고군면 내산리 황조마을	조윤환 (남, 1962년생)	589_FOTA_20170705_HJR_JYH_001
방아 찧는 소리가 들리는 방애꾸미	지명담	진도군 고군면 내산리 황조마을	조윤환 (남, 1962년생)	589_FOTA_20170705_HJR_JYH_002
소나무와 동백나무 숲이 우거졌던 황조마을	지명담	진도군 고군면 내산리 황조마을	조윤환 (남, 1962년생)	589_FOTA_20170705_HJR_JYH_003
물이 빠져 멀어진 선창	지명담	진도군 고군면 내산리 황조마을	조윤환 (남, 1962년생)	589_MONA_20170705_HJR_JYH_001
도룡뇽 형국의 도론리	지명담	진도군 고군면 도평리 도론마을	이영목 (남, 1945년생)	589_FOTA_20170703_DRR_LYM_001
도론리에서 발굴된 고려자기	지명담	진도군 고군면 도평리 도론마을	이영목 (남, 1945년생)	589_FOTA_20170703_DRR_LYM_003
원님이 행차하고 들어오는 길	지명담	진도군 고군면 도평리 도론마을	이영목 (남, 1945년생)	589_FOTA_20170703_DRR_LYM_006
소맥분 팔아 만든 제2방조제	지명담	진도군 고군면 벽파리 벽파마을	박영준 (남, 1927년생)	589_MONA_20170505_BPR_PYJ_001
솥뚜껑으로 시험한 오누이고랑	지명담	진도군 고군면 석현리 사동마을	박석환 (남, 1937년생)	589_FOTA_20170424_SDR_PSH_001
금날산에서 파지 못한 금	지명담	진도군 고군면 원포리 원포마을	임경웅 (남, 1942년생)	589_FOTA_20170422_WFR_LKY_002
자연산 석화와 뻘낙지가 유명한 원포마을	지명담	진도군 고군면 원포리 원포마을	임경웅 (남, 1942년생)	589_FOTA_20170422_WFR_LKY_003
노적봉 쌓아 배로 실어나른 원포선착장	지명담	진도군 고군면 원포리 원포마을	임경웅 (남, 1942년생)	589_FOTA_20170422_WFR_LKY_004
제주와 추자의 고깃배도 모여들던 원포선착장	지명담	진도군 고군면 원포리 원포마을	임경웅 (남, 1942년생)	589_FOTA_20170422_WFR_LKY_005
노루 사냥터로 이름난 노루목	지명담	진도군 고군면 원포리 원포마을	임경웅 (남, 1942년생)	589_FOTA_20170422_WFR_LKY_006
물이 흘러 미끄러운 지막리 기름바위	지명담	진도군 고군면 지막리 지막마을	조병재 (남, 1947년생)	589_FOTA_20170503_JMR_JBJ_001
땅이 비옥한 지막마을 들녘	지명담	진도군 고군면 지막리 지막마을	조병재 (남, 1947년생)	589_FOTA_20170503_JMR_JBJ_002
지막리에 있는 산과 바위들	지명담	진도군 고군면 지막리 지막마을	조병재 (남, 1947년생)	589_FOTA_20170503_JMR_JBJ_003

설화제목	유형	조사마을	제보자	조사코드
돔박골에서 하율로 불리는 유래	지명담	진도군 고군면 지수리 지수마을	김서규 (남, 1937년생)	589_FOTA_20170423_JSR_KSG_001
나무하기 어려운 오산리 코베기산	지명담	진도군 고군면 지수리 지수마을	김서규 (남, 1937년생)	589_FOTA_20170423_JSR_KSG_003
역사적 슬픔이 깃든 마산리 흰재	지명담	진도군 고군면 지수리 지수마을	김서규 (남, 1937년생)	589_MONA_20170423_JSR_KSG_005
노루 잡은 개바위	지명담	진도군 고군면 지수리 지수마을	박양언 (남, 1934년생)	589_FOTA_20170411_JSR_PYU_002
기세당당한 오메 사람들	지명담	진도군 고군면 지수리 지수마을	박양언 (남, 1934년생)	589_FOTA_20170411_JSR_PYU_003
거북이가 알을 낳는 구자뜰	지명담	진도군 고군면 지수리 지수마을	박양언 (남, 1934년생)	589_FOTA_20170411_JSR_PYU_004
물이 풍부한 지막리와 지수리	지명담	진도군 고군면 지수리 지수마을	박양언 (남, 1934년생)	589_FOTA_20170411_JSR_PYU_005
세 번 이사한 향동마을	지명담	진도군 고군면 향동리 향동마을	김영일 (남, 1938년생)	589_FOTA_20170409_HDR_KYI_002
제자들이 세운 향동리 학행비	지명담	진도군 고군면 향동리 향동마을	김영일 (남, 1938년생)	589_FOTA_20170409_HDR_KYI_003
물이 너무 좋은 중리 큰샘	지명담	진도군 고군면 향동리 향동마을	김영일 (남, 1938년생)	589_FOTA_20170409_HDR_KYI_004
공룡 발자국이 있는 초상재 넙적바위	지명담	진도군 고군면 향동리 향동마을	김영일 (남, 1938년생)	589_FOTA_20170409_HDR_KYI_005
노래 부르고 넘어오는 소릿재	지명담	진도군 고군면 향동리 향동마을	김영일 (남, 1938년생)	589_FOTA_20170409_HDR_KYI_006
향동 굴바위 추억	지명담	진도군 고군면 향동리 향동마을	박상철 (남, 1940년생)	589_FOTA_20170711_HDR_PSC_001
원툿재를 넘다가 돌아가신 할머니	지명담	진도군 고군면 향동리 향동마을	박상철 (남, 1940년생)	589_FOTA_20170711_HDR_PSC_002
향동마을의 5봉 5재	지명담	진도군 고군면 향동리 향동마을	박상철 (남, 1940년생)	589_FOTA_20170711_HDR_PSC_004
향동초등학교의 유래	지명담	진도군 고군면 향동리 향동마을	박상철 (남, 1940년생)	589_MONA_20170711_HDR_PSC_001
조리 모양의 매정리	지명담	진도군 임회면 고정리 매정마을	강보단 (여, 1939년생)	589_FOTA_20170417_MJR_KBD_001
쩍골, 절골이었던 남선	지명담	진도군 임회면 굴포리 남선마을	강진간 (남, 1939년생)	589_FOTA_20170609_NSR_KJG_001
원을 막아준 윤선도 공적비	지명담	진도군 임회면 굴포리 남선마을	강진간 (남, 1939년생)	589_FOTA_20170609_NSR_KJG_005
청동기때부터 사람이 살았던 백동리	지명담	진도군 임회면 굴포리 남선마을	강진간 (남, 1939년생)	589_FOTA_20170609_NSR_KJG_008
남선마을 인구 변화 추이	지명담	진도군 임회면 굴포리 남선마을	강진간 (남, 1939년생)	589_MONA_20170609_NSR_KJG_002
공룡 발자국이 새겨진 시릿떡바위	지명담	진도군 임회면 굴포리 남선마을	이길삼 (남, 1937년생)	589_FOTA_20170630_NSR_LKS_001
남선에 있는 고름장 터	지명담	진도군 임회면 굴포리 남선마을	이길삼 (남, 1937년생)	589_FOTA_20170630_NSR_LKS_002
해지 모퉁이 돌에 새겨진 말 발자국	지명담	진도군 임회면 굴포리 남선마을	이길삼 (남, 1937년생)	589_FOTA_20170630_NSR_LKS_003
학이 춤추는 형상의 무학재	지명담	진도군 임회면 굴포리 번답마을	박청길 (남, 1940년생)	589_FOTA_20170630_BDR_PCG_001

설화제목	유형	조사마을	제보자	조사코드
쩍골이라고불렀던남선마을	지명담	진도군 임회면 굴포리 번답마을	박청길 (남, 1940년생)	589_FOTA_20170630_BDR_PCG_003
달이 잘보이는 근월제 서당	지명담	진도군 임회면 굴포리 번답마을	박청길 (남, 1940년생)	589_FOTA_20170630_BDR_PCG_004
소가 누워있는 소산들	지명담	진도군 임회면 굴포리 번답마을	박청길 (남, 1940년생)	589_FOTA_20170630_BDR_PCG_005
동령포와 월출산 이름 속의 비밀	지명담	진도군 임회면 굴포리 번답마을	박청길 (남, 1940년생)	589_FOTA_20170630_BDR_PCG_007
남선마을 역사를 찾기 위한 노력	지명담	진도군 임회면 굴포리 번답마을	박청길 (남, 1940년생)	589_FOTA_20170630_BDR_PCG_008
날로 번창해간다는 번답마을 유래	지명담	진도군 임회면 굴포리 번답마을	박청길 (남, 1940년생)	589_FOTA_20170630_BDR_PCG_010
60년 된 상미마을 역사	지명담	진도군 임회면 명슬리 상미마을	김구보 (남, 1942년생)	589_FOTA_20170918_SMR_KGB_001
마을을 지켜주는 선바위, 호랑이 바위, 눈바위	지명담	진도군 임회면 명슬리 상미마을	김구보 (남, 1942년생)	589_FOTA_20170918_SMR_KGB_002
전주이씨석보군파제각	지명담	진도군 임회면 봉상리 송월마을	이기정 (남, 1941년생)	589_FOTA-20170424_SWR_LKJ_001
누구나 말에서 내려야 했던 송월리 하마석	지명담	진도군 임회면 봉상리 송월마을	이기정 (남, 1941년생)	589_FOTA_20170424_SWR_LKJ_002
사제뜰에서 하미로 이사온 이유	지명담	진도군 임회면 삼막리 하미마을	하영호 (남, 1945년생)	589_FOTA_20170612_HMR_HYH_004
위패 수가 가장 많은 하씨 제각	지명담	진도군 임회면 삼막리 하미마을	하영호 (남, 1945년생)	589_FOTA_20170612_HMR_HYH_005
미륵이 떠내려가다	지명담	진도군 임회면 삼막리 하미마을	하영호 (남, 1945년생)	589_FOTA_20170612_HMR_HYH_006
갑부가 사용한 절구통 한쌍	지명담	진도군 임회면 용호리 호구동마을	조 은 (남, 1936년생)	589_FOTA_20170526_HGDR_JE_002
임사정(臨司亭) 지명의 유래	지명담	진도군 임회면 용호리 호구동마을	조 은 (남, 1936년생)	589_FOTA_20170526_HGDR_JE_003
금광에서 번 돈으로 지은 100년 고택	지명담	진도군 임회면 용호리 호구동마을	조 은 (남, 1936년생)	589_FOTA_20170526_HGDR_JE_004
팽나무 두 그루에 꽃아놓은 돌	지명담	진도군 임회면 용호리 호구동마을	김환산 (남, 1939년생)	589_FOTA_20170526_HGDR_KHS_001
이야기로 도둑 잡은 노부부	지명담	진도군 임회면 용호리 호구동마을	김환산 (남, 1939년생)	589_FOTA_20170526_HGDR_KHS_002
호랑이혈이라 소나무 숲을 만든 호구마을	지명담	진도군 임회면 용호리 호구동마을	김환산 (남, 1939년생)	589_FOTA_20170526_HGDR_KHS_003
광석 초등학교 교명의 유래	지명담	진도군 임회면 용호리 호구동마을	김환산 (남, 1939년생)	589_MONA_20170526_HGDR_KHS_001
강계 앞바다 두 개의 샘	지명담	진도군 임회면 죽림리 강계마을	최영심 (여, 1935년생)	589_FOTA_20170415_KKR_CYS_001
바다 한 가운데 있는 갯섬	지명담	진도군 임회면 죽림리 동헌마을	윤홍기 (남, 1951년생)	589_FOTA_20170916_DHR_YHG_002
물 반 고기 반	지명담	진도군 임회면 죽림리 동헌마을	윤홍기 (남, 1951년생)	589_MONA_20170916_DHR_YHG_003
호랑이를 피해 죽림 성(城)터에 살던 사람들	지명담	진도군 임회면 죽림리 죽림마을	김명선 (남, 1947년생)	589_FOTA_20170817_JRR_KMS_001
사라호 태풍에 진도까지 떠 밀려온 제주해녀	지명담	진도군 임회면 죽림리 죽림마을	김명선 (남, 1947년생)	589_MONA_20170817_JRR_KMS_001

설화제목	유형	조사마을	제보자	조사코드
낭떠러지로 굴러 떨어진 죽림 흔들바위	지명담	진도군 임회면 죽림리 죽림마을	박순실 (여, 1930년생)	589_FOTA_20170415_JRR_PSS_001
젊은이들이 넘어뜨린 애기바위	지명담	진도군 임회면 죽림리 죽림마을	이길재 (남, 1938년생)	589_FOTA_20170415_JRR_LKJ_001
경치좋고 아름다운 죽림 마을자랑	지명담	진도군 임회면 죽림리 죽림마을	이송금 (여·1931년생)	589_MONA_20170613_JRR_LSK_004
6년 배움을 채워준 죽림 간이 학교	지명담	진도군 임회면 죽림리 죽림마을	이천심 (여, 1931년생)	589_MONA_20170613_JRR_LCS_001
살기좋은탑립마을	지명담	진도군 임회면 죽림리 탑립마을	소연단 (여, 1919년생)	589_MONA_20170415_TRR_SYD_001
산소에 불낸 사연	지명담	진도군 임회면 죽림리 탑립마을	윤영환 (여, 1940년생)	589_MONA_20170415_TRR_YYH_002
대학봉과 잿밭등	지명담	진도군 의신면 거룡리 사정마을	박석규 (남, 1942년생)	589_FOTA_20170611_SJR_PSG_001
씨름과 강강술래놀이터였던 백중봉	지명담	진도군 의신면 거룡리 사정마을	박석규 (남, 1943년생)	589_FOTA_20170611_SJR_PSG_002
금갑 만호가 다녔던 백봉산 만호길	지명담	진도군 의신면 거룡리 사정마을	박석규 (남, 1944년생)	589_FOTA_20170611_SJR_PSG_003
금갑진성 돌을 굴양식에 사용하다	지명담	진도군 의신면 금갑리 금갑마을	윤주빈 (남, 1938년생)	589_MONA_20170613_KKR_YJB_001
옛날에 접도 가는 길	지명담	진도군 의신면 금갑리 금갑마을	윤주빈 (남, 1939년생)	589_MONA_20170613_KKR_YJB_002
재행(再行) 풍습으로 알게 된 금갑 마을의 유래	지명담	진도군 의신면 금갑리 금갑마을	황석옥 (남, 1931년생)	589_FOTA_20170511_KKR_HSO_001
금갑성에는 세 개의 문이 있었다	지명담	진도군 의신면 금갑리 금갑마을	황석옥 (남, 1931년생)	589_FOTA_20170511_KKR_HSO_003
무관심으로 방치된 금갑 만호 선정비	지명담	진도군 의신면 금갑리 금갑마을	황석옥 (남, 1931년생)	589_MONA_20170511_KKR_HSO_002
수군이 활을 쏘거나 사격 연습을 했던 사장등	지명담	진도군 의신면 금갑리 금갑마을	황석옥 (남, 1931년생)	589_FOTA_20170511_KKR_HSO_004
물맛이 아주 좋았던 만호 전용 샘	지명담	진도군 의신면 금갑리 금갑마을	황석옥 (남, 1931년생)	589_FOTA_20170511_KKR_HSO_005
낮에는 연기로, 밤에는 불빛으로 연대산 연대봉	지명담	진도군 의신면 금갑리 금갑마을	황석옥 (남, 1931년생)	589_FOTA_20170511_KKR_HSO_006
마을을 옮기게 한 송장바위	지명담	진도군 의신면 금갑리 금갑마을	황석옥 (남, 1931년생)	589_FOTA_20170511_KKR_HSO_007
금갑리에 여러 성씨가 모여 사는 이유	지명담	진도군 의신면 금갑리 금갑마을	황석옥 (남, 1931년생)	589_MONA_20170511_KKR_HSO_003
학동들이 뽑은 주량팔경	지명담	진도군 의신면 돈지리 돈지마을	박현재 (남, 1945년생)	589_MONA_20170704_DJR_PHJ_001
첨찰산에서 발원하여 길게 흐르는 의신천	지명담	진도군 의신면 돈지리 돈지마을	박현재 (남, 1945년생)	589_FOTA_20170704_DJR_PHJ_001
쇠목돌이에서 헤엄치기	지명담	진도군 의신면 돈지리 돈지마을	박현재 (남, 1945년생)	589_MONA_20170704_DJR_PHJ_002
떼무덤과 평지 들녘에 목화를 심다	지명담	진도군 의신면 돈지리 돈지마을	박현재 (남, 1945년생)	589_MONA_20170704_DJR_PHJ_003
격세지감이 느껴지는 감지평 들녘	지명담	진도군 의신면 돈지리 돈지마을	박현재 (남, 1945년생)	589_MONA_20170704_DJR_PHJ_004
감지평 들녘의 젖줄이었던 참샘	지명담	진도군 의신면 돈지리 돈지마을	박현재 (남, 1945년생)	589_FOTA_20170704_DJR_PHJ_005

설화제목	유형	조사마을	제보자	조사코드
송씨들의 자자유촌 초사리 초상마을	지명담	진도군 의신면 돈지리 돈지마을	박현재 (남, 1945년생)	589_FOTA_20170704_DJR_PHJ_006
쌍계사 절고랑의 벼락바위	지명담	진도군 의신면 사천리 사상마을	박정석 (남, 1948년생)	589_MONA_20170411_SSR_PJS_001
엎힌바위가 인장바위로 불리게 된 사연	지명담	진도군 의신면 사천리 사상마을	박정석 (남, 1948년생)	589_FOTA_20170411_SSR_PJS_001
병풍 친 것 같은 평평바위	지명담	진도군 의신면 사천리 사상마을	박정석 (남, 1948년생)	589_FOTA_20170411_SSR_PJS_003
동외리 서당 화재사건	지명담	진도군 의신면 사천리 사하마을	김명자 (여, 1963년생)	589_MONA_20170827_SHR_KMJ_005
기와를 구웠던 잣굴	지명담	진도군 의신면 사천리 사하마을	박옥길 (남, 1942년생)	589_FOTA_20170606_SHR_POG_001
시어머니에게 구박 받은 각시의 한이 서린 각시둠벙	지명담	진도군 의신면 사천리 사하마을	차철웅 (남, 1954년생)	589_FOTA_20170716_SHR_CCW_002
운림산방을 복원하기까지	지명담	진도군 의신면 사천리 사하마을	차철웅 (남, 1954년생)	589_MONA_20170716_SHR_CCW_001
동산이 구슬처럼 이어진 연주리	지명담	진도군 의신면 연주리 연주마을	조권준 (남, 1952년생)	589_FOTA_20170508_YJR_JGJ_001
부유하고 기세등등했던 연주리	지명담	진도군 의신면 연주리 응덕마을	박복용 (남, 1936년생)	589_FOTA_20170518_EDR_PBY_001
넙덕골 덕사동이 응덕마을로 된 이유	지명담	진도군 의신면 연주리 응덕마을	박복용 (남, 1936년생)	589_FOTA_20170518_EDR_PBY_002
돔바위에서 돔을 낚시하다	지명담	진도군 의신면 연주리 응덕마을	박복용 (남, 1936년생)	589_FOTA_20170518_EDR_PBY_004
누에머리와 정지머리 이야기	지명담	진도군 의신면 옥대리 정지마을	김삼순 (남, 1943년생)	589_FOTA_20170623_JJR_KSS_001
의신면 마을 변천사	지명담	진도군 의신면 옥대리 중리마을	김영식 (남, 1936년생)	589_FOTA_20170509_JR_KYS_001
짱배미에서 공치기를 하며 화합하던 풍습	지명담	진도군 의신면 옥대리 중리마을	김영식 (남, 1936년생)	589_MONA_20170509_JR_KYS_001
마음을 곱게 쓰지 않아서 망한 구룡머리	지명담	진도군 의신면 옥대리 청용마을	박종성 (남, 1936년생)	589_FOTA_20170502_CYR_PJS_003
경지정리로 사라져버린 사불계샘	지명담	진도군 의신면 창포리 가단마을	김신수 (남, 1950년생)	589_FOTA_20170521_GDR_KSS_001
행귀샘의 물이 나오지 않은 사연	지명담	진도군 의신면 창포리 가단마을	김신수 (남, 1951년생)	589_FOTA_20170521_GDR_KSS_002
대덕산의 여러 명칭	지명담	진도군 의신면 창포리 가단마을	김신수 (남, 1952년생)	589_FOTA_20170521_GDR_KSS_003
음양의 형상을 띤 논배미	지명담	진도군 의신면 창포리 가단마을	김신수 (남, 1953년생)	589_FOTA_20170521_GDR_KSS_004
유휴각(裕休閣)안에 세워진 철비(鐵碑)	지명담	진도군 의신면 칠전리 칠전마을	조규일 (남, 1937년생)	589_FOTA_20170823_CJR_CGI_001
유서 깊은 서당 노암재(露巖齋)	지명담	진도군 의신면 칠전리 칠전마을	조규일 (남, 1939년생)	589_FOTA_20170823_CJR_CGI_003
칠전 마을의 유래담	지명담	진도군 의신면 칠전리 칠전마을	조규일 (남, 1941년생)	589_FOTA_20170823_CJR_CGI_005
읍내서 뺨 맞고 꿀재에서 눈 감춘다	지명담	진도군 의신면 칠전리 칠전마을	조규일 (남, 1942년생)	589_FOTA_20170823_CJR_CGI_006
진도의물물교환칠전장터	지명담	진도군 의신면 칠전리 칠전마을	조규일 (남, 1943년생)	589_FOTA_20170823_CJR_CGI_007

설화제목	유형	조사마을	제보자	조사코드
영산마을에 터를 일군 송씨들의 돌 떡판	지명담	진도군 의신면 침계리 영산마을	박행집 (남, 1942년생)	589_FOTA_20170504_YSR_PHJ_001
쌀이 나온 광전굴	지명담	진도군 의신면 침계리 영산마을	박행집 (남, 1942년생)	589_FOTA_20170504_YSR_PHJ_002
장수들이 돈치기 하던 장수바위	지명담	진도군 의신면 침계리 영산마을	박행집 (남, 1942년생)	589_FOTA_20170504_YSR_PHJ_003
웃 영매 아랫 영매	지명담	진도군 의신면 침계리 영산마을	박행집 (남, 1942년생)	589_FOTA_20170504_YSR_PHJ_004
매생이바위와 매생이둠벙	지명담	진도군 의신면 침계리 침계마을	조상인 (남, 1943년생)	589_MONA_20170502_CGR_JSI_003
송군마을 언덕에서 한라산을 보다	지명담	진도군 의신면 초사리 송군마을	김종대 (남, 1939년생)	589_FOTA_20170508_SGR_KJD_001
진도에서 맨 처음 사람이 살기 시작한 군포	지명담	진도군 의신면 초사리 송군마을	김종대 (남, 1939년생)	589_FOTA_20170508_SGR_KJD_002
수십 척의 배들이 모여들었던 송군 앞바다	지명담	진도군 의신면 초사리 송군마을	김종대 (남, 1939년생)	589_FOTA_20170508_SGR_KJD_003
부자들이 많은 초상마을	지명담	진도군 의신면 초사리 초상마을	박동양 (남, 1939년생)	589_FOTA_20170502_CSR_PDY_003
마을로 굴러 내려온 충제봉의 바위	지명담	진도군 의신면 초사리 초중마을	박동판 (남 1947년생)	589_FOTA_20170720_CJR_PDP_001
송장 닮은 바위가 있는 무서운 넘언들	지명담	진도군 의신면 초사리 초중마을	박동판 (남 1947년생)	589_FOTA_20170720_CJR_PDP_002
단합이 잘 되는 칠전마을	지명담	진도군 의신면 초사리 초중마을	박동판 (남 1947년생)	589_MONA_20170720_CJR_PDP_002
옛날 교통의 요지 꿀재	지명담	진도군 의신면 초사리 초중마을	박동판 (남 1947년생)	589_FOTA_20170720_CJR_PDP_004
문둥이 골창, 진골	지명담	진도군 의신면 초사리 초중마을	박동판 (남 1947년생)	589_FOTA_20170720_CJR_PDP_005
300년 된 학계 철비	지명담	진도군 의신면 초사리 초중마을	박동판 (남 1947년생)	589_FOTA_20170720_CJR_PDP_006
초사리 해안가 기미마을	지명담	진도군 의신면 초사리 초하마을	신주생 (남, 1939년생)	589_FOTA_20170502_CHR_SHS_002
샛금의 유래	지명담	진도군 의신면 초사리 초하마을	신주생 (남, 1939년생)	589_FOTA_20170502_CHR_SHS_003
병사가 주둔했던 군포	지명담	진도군 의신면 초사리 초하마을	신주생 (남, 1939년생)	589_FOTA_20170502_CHR_SHS_004
제주 말을 풀었던 몰막기미	지명담	진도군 의신면 초사리 초하마을	신주생 (남, 1939년생)	589_FOTA_20170502_CHR_SHS_005
나란히 앉아있는 형제바위	지명담	진도군 지산면 거제리 거제마을	박 청 (남, 1940년생)	589_FOTA_20170828_GJR_PC_001
마을에서 관리하는 동구 밖 하산	지명담	진도군 지산면 거제리 거제마을	박 청 (남, 1940년생)	589_FOTA_20170828_GJR_PC_003
마을의 운세를 막는 망매산	지명담	진도군 지산면 거제리 거제마을	박 청 (남, 1940년생)	589_FOTA_20170828_GJR_PC_004
이가네 벌안과 박가네 벌안	지명담	진도군 지산면 거제리 거제마을	박 청 (남, 1940년생)	589_MONA_20170828_GJR_PC_001
갯포를 막아야 얻어진다는 거제 예명	지명담	진도군 지산면 거제리 거제마을	박 청 (남, 1940년생)	589_FOTA_20170828_GJR_PC_005
아이 갖기를 빌었던 남근바위	지명담	진도군 지산면 관마리 관마마을	윤영웅 (남, 1940년생)	589_FOTA_20170816_GMR_YYU_003

설화제목	유형	조사마을	제보자	조사코드
관매창이 관마리로 바뀐 이유	지명담	진도군 지산면 관마리 관마마을	윤영웅 (남, 1940년생)	589_FOTA_20170817_GMR_YYU_004
삼별초 지씨와 노수신이 유배 왔던 거제	지명담	진도군 지산면 길은리 용동마을	박양수 (남, 1945년생)	589_FOTA_20170715_YDR_PYS_004
용동리와 지도리를 잇는 이슨바우	지명담	진도군 지산면 길은리 용동마을	박양수 (남, 1945년생)	589_FOTA_20170715_YDR_PYS_006
등등매 잔등과 어둠골 잔등	지명담	진도군 지산면 보전리 상보전마을	김민제 (남, 1939년생)	589_FOTA_20170824_SBJR_KMJ_001
마을을 지켜주는 두 개의 검은 돌	지명담	진도군 지산면 소포리 소포마을	김덕춘 (남, 1931년생)	589_FOTA_20170725_SPR_KDC_001
소포유래비와 들독	지명담	진도군 지산면 소포리 소포마을	김덕춘 (남, 1931년생)	589_MONA_20170725_SPR_KDC_003
간척공사 이전의 소포마을	지명담	진도군 지산면 소포리 소포마을	김덕춘 (남, 1931년생)	589_FOTA_20170725_SPR_KDC_004
웃심동이 망한 이유	지명담	진도군 지산면 심동리 하심동마을	허경환 (남, 1949년생)	589_FOTA_20170824_HSDR_HKH_001
목 잘린 목섬	지명담	진도군 지산면 심동리 하심동마을	허경환 (남, 1949년생)	589_FOTA_20170824_HSDR_HKH_004
죽은 총각을 묻은 성재 잔등	지명담	진도군 지산면 심동리 하심동마을	허경환 (남, 1949년생)	589_FOTA_20170824_HSDR_HKH_005
동석산의 쌀 나오는 구멍	지명담	진도군 지산면 인지리 독치마을	김봉의 (남, 1939년생)	589_FOTA_20170816_DCR_KBU_004
용샘에 도구통을 넣으면 우수영 울돌목에서 솟구친다고	지명담	진도군 진도읍 교동리 북상마을	박종민 (남, 1925년생)	589_FOTA_20170418_BSR_PJM_003
철마산에서 나온 철마들	지명담	진도군 진도읍 교동리 북상마을	박종민 (남, 1925년생)	589_FOTA_20170418_BSR_PJM_004
북상리가 원래 오씨촌이었다고 그래	지명담	진도군 진도읍 교동리 북상마을	박종민 (남, 1925년생)	589_FOTA_20170418_BSR_PJM_005
물 좋고 마르지 않는 북상리 마을샘	지명담	진도군 진도읍 교동리 북상마을	박종민 (남, 1925년생)	589_FOTA_20170418_BSR_PJM_0015
시신이 밀려온 시시밤골과 생꼭	지명담	진도군 진도읍 북상리 30번지 조규식 자택	조규식 (남, 1951년생)	589_FOTA_20170609_BSR_JGS_001
새끼미, 매실리까지 포함하는 왜덕산	지명담	진도군 진도읍 북상리 30번지 조규식 자택	조규식 (남, 1951년생)	589_FOTA_20170609_BSR_JGS_002
많은 성씨가 모여 사는 하율	지명담	진도군 진도읍 북상리 30번지 조규식 자택	조규식 (남, 1951년생)	589_FOTA_20170609_BSR_JGS_003
석장 근처에는 유물이 꼭 있어	지명담	진도군 진도읍 북상리 30번지 조규식 자택	조규식 (남, 1951년생)	589_FOTA_20170609_BSR_JGS_004
여우샘 때문에 하율로 이사한 사람들	지명담	진도군 진도읍 북상리 30번지 조규식 자택	조규식 (남, 1951년생)	589_FOTA_20170609_BSR_JGS_005
제2의 홍콩이라고 불린 섬등포 꽃게 파시	지명담	진도군 진도읍 진도향교길 37-7	김복용 (남, 1947년생)	589_MONA_20171110_SYR_KBY_001
상강 무렵에 열린 서거차 삼치 파시	지명담	진도군 진도읍 진도향교길 37-7	김복용 (남, 1947년생)	589_MONA_20171110_SYR_KBY_002
남도만호가 하미실 하씨에게 병풍 선물한 사연	지명담	진도군 진도읍 남동리 남동마을	박병훈 (남, 1936년생)	589_FOTA_20170420_NDR_PBH_002
진도읍 최초의 동외리 서당	지명담	진도군 진도읍 포산리 포구마을	박상림 (남, 1935년생)	589_FOTA_20171024_PGR_PSL_001
흔적이 남아있는 성터와 성 뜰	지명담	진도군 진도읍 포산리 포구마을	박상림 (남, 1935년생)	589_FOTA_20171024_PGR_PSL_002

풍속담

설화제목	유형	조사마을	제보자	조사코드
석불에서 나이만큼 뛰어내리기	풍속담	진도군 임회면 상만리 상만마을	이계진 (남, 1932년생)	589_FOTA_20170511_SMR_LKJ_003
다시 세운 장승	풍속담	진도군 군내면 덕병리 덕병마을	이상문 (남, 1942년생)	589_MONA_20170518_DBR_LSM_001
돌장승에 소 피 뿌리는 액막이	풍속담	진도군 군내면 덕병리 덕병마을	이상문 (남, 1942년생)	589_FOTA_20170518_DBR_LSM_002
삼별초 군사들의 원혼과 돌장승	풍속담	진도군 군내면 덕병리 덕병마을	이상문 (남, 1942년생)	589_FOTA_20170518_DBR_LSM_003
지금은 사라져버린 물레방아	풍속담	진도군 군내면 분토리 한사마을	박성배 (남, 1938년생)	589_MONA_20170603_HSR_PSB_001
송산과 상만은 진도 문헌방	풍속담	진도군 군내면 송산리 송산마을	조재홍 (남, 1942년생)	589_FOTA_20170603_SSR_JJH_001
정성을 다해 모셨던 송산마을의 별신제	풍속담	진도군 군내면 송산리 송산마을	조재홍 (남, 1942년생)	589_FOTA_20170603_SSR_JJH_002
세등마을의 미륵제와 별신제	풍속담	진도군 군내면 세등리 세등마을	곽재복 (남, 1947년생)	589_FOTA_20170606_SDR_KJB_001
지바구산에서 정성을 다해 모시는 충제	풍속담	진도군 군내면 정자리 정자마을	강남철 (남, 1955년생)	589_FOTA_20170518_JJR_KNC_002
개옹 물줄기로 고을의 길흉을 점치다	풍속담	진도군 고군면 가계리 가계마을	허광무 (남, 1946년생)	589_FOTA_20170506_GGR_HGM_002
금호도 숲속 암반 위에서 모시는 당제	풍속담	진도군 고군면 금계리 금호도마을	양재복 (남, 1947년생)	589_FOTA_20170426_GHDR_YJB_002
범벅과 설 음식 나눠먹기	풍속담	진도군 고군면 금계리 금호도마을	양재복 (남, 1947년생)	589_FOTA_20170426_GHDR_YJB_003
나무 위에 아이를 업혀놓는 장례 풍습	풍속담	진도군 고군면 금계리 금호도마을	양재복 (남, 1947년생)	589_FOTA_20170426_GHDR_YJB_004
잎을 피워 비를 점치는 팽나무	풍속담	진도군 고군면 금계리 회동마을	용홍심 (여, 1928년생)	589_FOTA_20170507_HDR_YHS_001
바닷물이 갈라지는 첫등	풍속담	진도군 고군면 금계리 회동마을	용홍태 (남, 1932년생)	589_FOTA_20170507_HDR_YHT_001
허씨문중 시제는 온동네 잔칫날	풍속담	진도군 고군면 원포리 원포마을	임경웅 (남, 1942년생)	589_FOTA_20170422_WFR_LKY_007
정월 대보름 당심애굴 통과하기	풍속담	진도군 고군면 원포리 원포마을	임경웅 (남, 1942년생)	589_FOTA_20170422_WFR_LKY_008
머슴들과 나무하며 부른 짓봉산 타령	풍속담	진도군 고군면 지막리 지막마을	박석근 (남, 1933년생)	589_MONA_20170409_JMR_PSG_003
친정나들이에 동생과 주고받은 산타령	풍속담	진도군 고군면 지막리 지막마을	박석근 (남, 1933년생)	589_MONA_20170409_JMR_PSG_004
음력 시월에 모시는 산제	풍속담	진도군 조도면 가사도리 가사도마을	문형주 (남, 1938년생)	589_FOTA_20171009_GSDR_MHJ_003
지금은 사라진 씻김굿	풍속담	진도군 조도면 가사도리 가사도마을	문형주 (남, 1938년생)	589_FOTA_20171009_GSDR_MHJ_004
화장말고 상여로 해라	풍속담	진도군 조도면 가사도리 가사도마을	문형주 (남, 1938년생)	589_MONA_20171009_GSDR_MHJ_007
초분을 하는 이유	풍속담	진도군 조도면 가사도리 가사도마을	문형주 (남, 1938년생)	589_FOTA_20171009_GSDR_MHJ_005
정월 대보름 놀이의 추억	풍속담	진도군 임회면 고정리 매정마을	이화자 (여, 1938년생)	589_MONA_20170417_MJR_PJS_001

설화제목	유형	조사마을	제보자	조사코드
참나무등에 있던 독담벌	풍속담	진도군 임회면 굴포리 남선마을	강진간 (남, 1939년생)	589_FOTA_20170609_NSR_KJG_007
망자가 탄 가마 상여와 상여집	풍속담	진도군 임회면 삼막리 하미마을	하영호 (남, 1945년생)	589_FOTA_20170612_HMR_HYH_001
마을의 안녕과 풍년을 기원하는 거리제 제사	풍속담	진도군 임회면 삼막리 하미마을	하영호 (남, 1945년생)	589_FOTA_20170612_HMR_HYH_009
죽은 아이를 장사지내는 아장목	풍속담	진도군 임회면 상만리 상만마을	이계진 (남, 1932년생)	589_FOTA_20170511_SMR_LKJ_006
구슬샘에서 불 피우는 기우제	풍속담	진도군 임회면 죽림리 죽림마을	이천심 (여, 1931년생)	589_FOTA_20170613_JRR_LCS_001
말 타고 장가 가던 시절	풍속담	진도군 임회면 죽림리 탑립마을	윤영환 (여, 1940년생)	589_MONA_20170415_TRR_YYH_001
충제(蟲祭)가 없어진 이유	풍속담	진도군 의신면 거룡리 사정마을	박석규 (남, 1945년생)	589_FOTA_20170611_SJR_PSG_004
진도의 상여소리가 전 세계로	풍속담	진도군 의신면 돈지리 돈지마을	조오환 (남, 1949년생)	589_MONA_20170913_DJR_JOH_001
어머니의 구성진 엿타령	풍속담	진도군 의신면 돈지리 돈지마을	조오환 (남, 1949년생)	589_MONA_20170913_DJR_JOH_002
한 집안의 엿타령 역사	풍속담	진도군 의신면 돈지리 돈지마을	조오환 (남, 1949년생)	589_MONA_20170913_DJR_JOH_003
지금은 사라진 청용 농악	풍속담	진도군 의신면 돈지리 돈지마을	조오환 (남, 1949년생)	589_MONA_20170913_DJR_JOH_004
지극정성으로 제사를 모시는 할아버지의 태도	풍속담	진도군 의신면 돈지리 향교마을	강송대 (여, 1941년생)	589_MONA_20170624_HGR_KSD_002
강성봉에 모여서 충제를 지내다	풍속담	진도군 의신면 옥대리 중리마을	김영식 (남, 1936년생)	589_FOTA_20170509_JR_KYS_002
자손없는 걸인들을 위한 마을 제사	풍속담	진도군 의신면 옥대리 중리마을	김영식 (남, 1936년생)	589_FOTA_20170509_JR_KYS_003
유골을 잘 묻어준 포크레인 기사	풍속담	진도군 의신면 옥대리 청용마을	박종성 (남, 1939년생)	589_MONA_20170502_CYR_PJS_001
정월대보름 팽돌이 세우기	풍속담	진도군 의신면 초사리 초중마을	김광철 (남, 1956년생)	589_FOTA_20170811_CJR_KGC_001
가물면 묏 파고 산에 불 피고	풍속담	진도군 진도읍 교동리 북상마을	박종민 (남, 1925년생)	589_FOTA_20170418_BSR_PJM_001
애기가 죽으면 동우에 넣어 묻었어	풍속담	진도군 진도읍 교동리 북상마을	박종민 (남, 1925년생)	589_FOTA_20170418_BSR_PJM_007
죽은 딸을 신작로 가운데다 묻은 서외리 사람	풍속담	진도군 진도읍 교동리 북상마을	박종민 (남, 1925년생)	589_FOTA_20170418_BSR_PJM_008
바닷가로 밀려온 시신에 대한 대처	풍속담	진도군 진도읍 북상리 30번지 조규식 자택	조규식 (남, 1951년생)	589_MONA_20170609_BSR_JGS_001
매실리 자갈밭 옆 묘지	풍속담	진도군 진도읍 북상리 30번지 조규식 자택	조규식 (남, 1951년생)	589_MONA_20170609_BSR_JGS_004
제각을 복원하고 다시 모신 당산제	풍속담	진도군 진도읍 북상리 30번지 조규식 자택	조규식 (남, 1951년생)	589_FOTA_20170609_BSR_JGS_006
그믐날 열두 시 넘으면 제를 모신다	풍속담	진도군 진도읍 북상리 30번지 조규식 자택	조규식 (남, 1951년생)	589_FOTA_20170609_BSR_JGS_007
강강술래 가사의 유래	풍속담	진도군 진도읍 남동리 남동마을	박병훈 (남, 1936년생)	589_FOTA_20170420_NDR_PBH_001
상여를 함께 떠매던 성동리 상조계	풍속담	진도군 진도읍 성내리 성동마을	조재언 (남, 1925년생)	589_FOTA_20170505_SDR_JJE_001

설화제목	유형	조사마을	제보자	조사코드
귀하디 귀한 상여 조립자	풍속담	진도군 진도읍 성내리 성동마을	조재언 (남, 1925년생)	589_FOTA_20170505_SDR_JJE_002
동네 창고에 썩어가는 북, 장구	풍속담	진도군 진도읍 성내리 성동마을	조재언 (남, 1925년생)	589_FOTA_20170505_SDR_JJE_003
술을 맛있게 담그는 법	풍속담	진도군 진도읍 성내리 성동마을	허춘심 (여, 1941년생)	589_MONA_20171009_SDR_HCS_001
홍주와 박문주	풍속담	진도군 진도읍 쌍정리 두정마을	이평은 (남, 1936년생)	589_FOTA_20171009_SJR_LPE_001
박문주 제조법	풍속담	진도군 진도읍 쌍정리 두정마을	김덕수 (남, 1942년생)	589_FOTA_20170918_DJR_KDS_001
삼과 짚으로 엮는 짚신	풍속담	진도군 진도읍 쌍정리 두정마을	김덕수 (남, 1942년생)	589_FOTA_20170918_DJR_KDS_002
짚신 만드는 삼 손질법	풍속담	진도군 진도읍 쌍정리 두정마을	김덕수 (남, 1942년생)	589_FOTA_20170918_DJR_KDS_003
청등으로 만든 산태미	풍속담	진도군 진도읍 쌍정리 두정마을	김덕수 (남, 1942년생)	589_FOTA_20170918_DJR_KDS_004
무명베를 잘 짠 누님	풍속담	진도군 진도읍 쌍정리 두정마을	김덕수 (남, 1942년생)	589_FOTA_20170918_DJR_KDS_005
선산에 위패로 모신 아버지	풍속담	진도군 진도읍 포산리 포구마을	박상림 (남, 1935년생)	589_FOTA_20171024_PGR_PSL_005
제사는 자시에 모셔야 한다	풍속담	진도군 진도읍 포산리 포구마을	박상림 (남, 1935년생)	589_FOTA_20171024_PGR_PSL_007
모조밥과 미역국을 길거리에 뿌리는 해창마을 거리제	풍속담	진도군 진도읍 해창리 해창마을	김동심 (여, 1935년생)	589_FOTA_20171028_HCR_KDS_001

풍수담

설화제목	유형	조사마을	제보자	조사코드
세등은 새가 둥지를 튼 형국	풍수담	진도군 군내면 세등리 세등마을	곽재복 (남, 1940년생)	589_FOTA_20170606_SDR_KJB_002
친정 명당자리를 차지한 입신조 할머니	풍수담	진도군 군내면 세등리 세등마을	곽재복 (남, 1940년생)	589_FOTA_20170606_SDR_KJB_003
정자리는 암소가 넓은 들녘을 품은 형국	풍수담	진도군 군내면 정자리 정자마을	김진일 (남, 1950년생)	589_FOTA_20170518_JJR_KJI_001
두 날개를 돌로 눌러놓아야 하는 학의 혈, 지막리	풍수담	진도군 고군면 지막리 지막마을	조병재 (남, 1947년생)	589_FOTA_20170503_JMR_JBJ_004
일제가 박은 오봉산 쇠말뚝	풍수담	진도군 임회면 굴포리 남선마을	강진간 (남, 1939년생)	589_FOTA_20170609_NSR_KJG_0011
어명을 받은 어사묘	풍수담	진도군 임회면 굴포리 남선마을	강진간 (남, 1939년생)	589_FOTA_20170609_NSR_KJG_0012
죽림 저수지 둑에 있는 묘	풍수담	진도군 임회면 죽림리 죽림마을	최수봉 (여, 1929년생)	589_MONA_20170415_JRR_CSB_001
말이 물을 먹는 혈, 갈마음수형	풍수담	진도군 의신면 초사리 초상마을	박동양 (남, 1939년생)	589_FOTA_20170502_CSR_PDY_001
골목에 엽전뿌리고 명당에 묘 쓰기	풍수담	진도군 의신면 초사리 초하마을	신주생 (남, 1939년생)	589_FOTA_20170502_CHR_SHS_001
용동은 여의주를 가진 용 형국	풍수담	진도군 지산면 길은리 용동마을	박양수 (남, 1945년생)	589_FOTA_20170715_YDR_PYS_001

설화제목	유형	조사마을	제보자	조사코드
음양 조화형 풍수	풍수담	진도군 지산면 길은리 용동마을	박양수 (남, 1945년생)	589_FOTA_20170715_YDR_PYS_002
지력산 명당을 찾아라	풍수담	진도군 지산면 길은리 용동마을	박양수 (남, 1945년생)	589_FOTA_20170715_YDR_PYS_003
소리마을 거문고 혈	풍수담	진도군 지산면 소포리 소포마을	김덕춘 (남, 1931년생)	589_FOTA_20170725_SPR_KDC_005
학 혈인 박좌수 묘	풍수담	진도군 지산면 심동리 하심동마을	허경환 (남, 1949년생)	589_FOTA_20170824_HSDR_HKH_003
지리학박사 지관이 내빼불었어	풍수담	진도군 진도읍 교동리 북상마을	박종민 (남, 1925년생)	589_FOTA_20170418_BSR_PJM_002
양무골 '매화락지'에 시아버지 묏을 쓰게 된 사연	풍수담	진도군 진도읍 쌍정리 통정마을	이행자 (여, 1942년생)	589_MONA_20170918_TJR_LHJ_005